Sommaire gén

UE 1 : Fondamentaux du droit

UE 8 : Systèmes d'information de gestion

DCG

Toute la 1re année

DCG 1 FONDAMENTAUX DU DROIT

DCG 8 SYSTÈMES D'INFORMATION DE GESTION

DCG 9 COMPTABILITÉ

Sous la direction d'Alain Burlaud

Françoise Rouaix
David Balny
Jean-Louis Echeviller
Jean-François Soutenain
Marie Teste

SUP FOUCHER

ISBN 978-2-216-16267-3

Tout le DCG 1

Fondamentaux du droit

Mémos

Sous la direction d'Alain Burlaud

Françoise Rouaix Agrégée d'économie et de gestion,
ancienne élève de l'ENS-Cachan, professeur en classes préparatoires
au DSCG et membre des commissions des examens d'expertise comptable

Sommaire

Le droit : caractères, sources, preuves

1 Caractères de la règle de droit

A. Caractères généraux

La règle de droit :
- est générale, abstraite et obligatoire (elle s'applique dans les rapports sociaux)
- a une portée **relative** (elle s'applique dans un domaine et à des situations qu'elle définit)
- est **impérative** (son application est obligatoire) **OU supplétive** (est appliquée par la volonté des personnes)

Sanctions en cas d'inapplication de la règle de droit :
- sur le plan **CIVIL** : nullité des actes accomplis ou versement de dommages intérêts pour réparer les préjudices causés ;
- sur le plan **PÉNAL**, si une infraction est commise : peines (*ex.* : amende).

B. Spécialisation de la règle de droit

On distingue :

Droit PUBLIC	Droit PRIVÉ
Qui comprend notamment : • le droit constitutionnel : règles d'organisation et de fonctionnement de l'État ; • le droit administratif : règles d'organisation et de fonctionnement des administrations et services publics ; • le droit fiscal : règles relatives au budget de l'État et des collectivités publiques ; • le droit pénal : règles relatives aux infractions ; • le droit international public : règles relatives aux relations entre les États.	*Qui comprend notamment* : • le droit civil : règles relatives aux particuliers ; • le droit commercial : règles relatives aux commerçants et à la vie des affaires ; • le droit social : dont une partie concerne les relations entre employeur et salarié ; • le droit international privé : règles relatives aux personnes dans les relations internationales.

2 Les sources

Les sources sont les instances qui créent les règles de droit selon des modalités précises :
- **trois niveaux** : international, communautaire (ou européen), national ;
- **principe** : **hiérarchie des sources de droit**.

Niveau 1 : sources INTERNATIONALES

= **Traités** et **accords internationaux** conclus entre les États ; *ex.* : les traités bilatéraux ou multilatéraux (concernent un domaine particulier), les conventions internationales (visent à défendre des droits fondamentaux).

▸ Niveau 2 : sources COMMUNAUTAIRES (ou EUROPÉENNES)

Institutions de l'Union européenne (UE)	Domaines de compétence
Commission européenne	*Notamment* : élaboration des propositions de nouvelles lois européennes. Elle est l'**organe exécutif** de l'UE et veille à l'application du droit avec la Cour de justice de l'Union européenne. Elle peut participer à la négociation d'accords entre l'UE et d'autres États hors UE.
Conseil de l'UE	Exercice du **pouvoir législatif** conjointement avec le Parlement européen dans de nombreux domaines (*cf.* par ex. : le budget annuel de l'UE).
Parlement européen	Exercice du **pouvoir législatif**, partagé avec le Conseil de l'UE.
- Cour de justice de **l'Union européenne (CJUE)** - Tribunal de **l'Union européenne** - Tribunal de la **fonction publique**	Exercice du **pouvoir judiciaire**.

• DROIT COMMUNAUTAIRE (OU DROIT DE L'UNION EUROPÉENNE) :
- **traités fondateurs** (*ex.* : traité de Paris en 1951) et les **traités qui les ont modifiés ou complétés** (*ex.* : traité de Lisbonne en 2009) ;
- **droit dérivé**, c'est-à-dire les actes créés par les institutions de l'UE : les **règlements** (d'application générale et obligatoire), les **directives** (dont le but est l'harmonisation des législations européennes en fixant des objectifs à atteindre par les États), les **décisions** (d'application particulière et obligatoire), les **recommandations** et les **avis** ;
- **jurisprudence** des juridictions européennes.

▸ Niveau 3 : sources NATIONALES

Principe : **hiérarchie des sources de droit**

1. La Constitution (du 4 octobre 1958)	• elle est au sommet de la hiérarchie et organise le fonctionnement politique de l'État ; • le Conseil constitutionnel veille à la conformité des lois à la Constitution.
2. La loi	• est votée par le Parlement ; elle découle de l'initiative d'un ministre (projet de loi) ou d'un membre du Parlement (proposition de loi) ; • entre en vigueur dès sa promulgation par le président de République. Son application est territoriale et suit le principe de la non-rétroactivité des lois ; • est codifiée (*ex.* : Code civil, Code pénal) en principe.

3. Le règlement	• correspond à la règle posée par le pouvoir exécutif ou une autorité administrative ; • peut être un décret (*ex.* : décret en Conseil des ministres), un arrêté, une circulaire.
4. L'ordonnance	• est prise par le Gouvernement pour l'exécution de son programme. Le Parlement autorise le Gouvernement pendant un temps déterminé à prendre des ordonnances dans un domaine qui est normalement celui de la loi ; • doit être ratifiée par le Parlement pour acquérir valeur de loi.
5. La coutume	• est une pratique généralisée et reconnue, de longue durée.
6. La doctrine	• regroupe les travaux des juristes.
7. La jurisprudence	• est constituée par l'ensemble des décisions rendues par les tribunaux et les cours ; • a pour rôle d'appliquer la règle de droit, voire de l'interpréter.
8. Les conventions	• doivent être conclues dans le cadre du droit en vigueur, par *ex.* : convention collective, contrat de vente.

3 Les preuves en droit

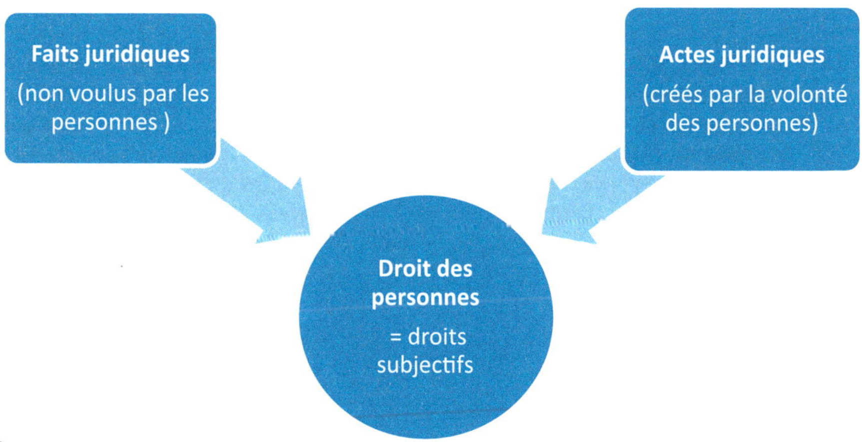

En cas de litige :

le demandeur a la **charge de la preuve** du droit dont il prétend être titulaire.
Exception : les **présomptions** (conséquences que la loi ou le juge tire d'un fait connu à un fait inconnu). On distingue :

- les présomptions du fait de l'homme qui sont simples (contre lesquelles la preuve contraire peut être apportée) ;
- les présomptions légales qui sont simples ou irréfragables (pas de preuve contraire possible).

Moyens de preuve :

L'écrit :

- peut prendre deux formes : **acte sous signature privée** ou **acte authentique** ;
- est requis par la loi en matière civile pour tout acte d'un montant supérieur à 1 500 € ; peut être un **écrit électronique**, qui a même valeur juridique qu'un écrit manuscrit. La signature peut être aussi électronique.

Autres moyens : le **témoignage**, l'**aveu** (judiciaire notamment), le **serment**.

À noter :

- les témoignages et les présomptions sont en principe écartés quand la preuve par écrit peut être rapportée ;
- dans les domaines pénal, commercial et social, on applique le **principe de la liberté de la preuve** (ou preuve par tous moyens).

Mots clés : règle de droit, droit public, droit privé, hiérarchie des sources de droit, traités et accords internationaux, Commission européenne, Conseil de l'UE, Parlement européen, Cour de Justice de l'Union européenne, Tribunal de l'Union européenne, Tribunal de la fonction publique, traités fondateurs, droit dérivé, règlements, directives, décisions, recommandations, avis, Constitution, loi, règlement, ordonnance, coutume, doctrine, jurisprudence, conventions, preuves, faits juridiques, actes juridiques, charge de la preuve, présomptions, écrit, principe de la liberté de la preuve.

La résolution des litiges par les instances judiciaires

1 Les instances européennes

Juridictions	Caractéristiques fondamentales	Compétences
Cour Européenne des Droits de l'Homme (CEDH)	• créée en 1959 ; • siège à Strasbourg.	• veille au respect de la Convention européenne des Droits de l'homme (CEDH) ; • peut être saisie par un État ou un particulier ; • garantit à chaque plaideur le droit à un procès équitable, en matière civile et pénale.
Juridictions communautaires		
Cour de Justice de l'Union Européenne (CJUE)	• créée en 1952 ; • siège à Luxembourg ; • comprend autant de juges que d'États membres.	• assure que le droit de l'Union européenne (UE) est appliqué dans tous les États de l'UE.
Tribunal de l'Union Européenne	• créé en 1988 ; • siège à Luxembourg ; • comprend autant de juges que d'États membres.	• assurer le respect du droit communautaire et décharger la CJUE ; • statue en 1re instance pour certains litiges (*ex.* : concurrence, droit des marques).
Tribunal de la fonction publique (TFP)	• créé en 2005 ; • siège à Luxembourg ; • composé de sept juges.	• statue sur le contentieux de la fonction publique de l'UE.

2 L'organisation de la justice en France

A. Les principes généraux du système judiciaire français

En cas de litige entre deux (ou plusieurs) personnes :

Action en justice pour faire trancher le litige	deux parties	**demandeur** (prend l'initiative de l'instance)
		défendeur

2 La résolution des litiges par les instances judiciaires

Juridiction compétente	• **compétence d'attribution**, *ex.* : juridiction commerciale pour un litige entre commerçants, juridiction civile pour un litige entre particuliers.
	• **compétence territoriale** : *En matière civile et commerciale* : principe : juridiction dans le ressort de laquelle est domicilié le défendeur, et exceptions : *ex.* : les commerçants peuvent prévoir une clause attributive de compétence dans le contrat qui les lie. *En matière pénale*, la juridiction compétente peut être notamment celle du lieu de commission de l'infraction ou du lieu d'arrestation du délinquant. *En matière administrative*, est en principe compétente la juridiction dans le ressort de laquelle est située l'autorité administrative dont la décision est l'objet du litige.

Procès	→ **Principes** posés par la loi :
	• **dispositif** : les parties délimitent le cadre de leur contentieux et le juge ne peut se prononcer sur des faits dont il n'est pas saisi ;
	• **contradictoire** : s'impose aux parties et au juge, qui dispose des mêmes documents (assignation, conclusions, pièces). Quand les parties ont échangé leurs conclusions et ont communiqué leurs pièces, l'affaire est en état d'être jugée ; l'audience publique (avec les plaidoiries) peut alors avoir lieu ;
	• **publicité de l'audience** : sauf quand celle-ci se tient en chambre du conseil (*ex.* : en matière commerciale) ou à huis clos (*ex.* : en matière pénale) ;
	• **oralité des débats** : les parties peuvent présenter leurs arguments, leurs plaidoiries et, le cas échéant, faire intervenir des témoins devant le juge ;
	• **indépendance et neutralité du juge**, qui peut cependant ordonner des mesures d'instruction (*ex.* : expertise judiciaire) pour compléter son information ;
	• **gratuité** : les parties ne rémunèrent pas le juge mais ont à régler des frais (*ex.* : dépens, frais d'avocat) ; la loi prévoit les conditions dans lesquelles les parties peuvent bénéficier d'une aide juridictionnelle.

Décisions	rendues	**au 1er degré** : **jugements** (par les tribunaux notamment)
		au 2nd degré (par les cours d'appel) et par la Cour de cassation : **arrêts**
	avec	**l'autorité de chose jugée** (une même affaire ne peut être jugée une 2nde fois)
		la force exécutoire (l'exécution forcée de la décision peut être demandée)

B. Les juridictions de l'ordre judiciaire

1. Au premier degré

Juridiction CIVILE de droit commun		
Tribunal judiciaire (TJ)	• est en principe compétent pour statuer sur tout litige relevant du **contentieux privé** ; • au moins un TJ par département.	• comprend des magistrats du siège (notamment les juges qui statuent sur les litiges) et un ministère public (procureur de la République et ses substituts) ; • est divisé en chambres et statue en formation collégiale (3 juges au moins) ou à juge unique. Pour certaines affaires, il juge en chambre du conseil ; • les parties doivent être représentées par un avocat.
	Compétence d'attribution	est triple : • *compétence partagée* (avec le tribunal de proximité) en matière personnelle et mobilière car le TJ est compétent pour des sommes supérieures à 10 000 € et à charge d'appel ; • *compétence exclusive* dans des cas prévus par la loi (*ex.* : droits de propriété industrielle) quelle que soit la somme en jeu ; compétence en matière immobilière ; • *compétence exceptionnelle* quand il connaît des affaires commerciales s'il n'y a pas de tribunal de commerce.
	Compétence territoriale	• principe : TJ dans le ressort duquel est domicilié le défendeur ; • par exception, dans le domaine contractuel par exemple, le TJ peut être celui du lieu d'exécution d'un contrat.
	Procédure	Se déroule en *5 phases* : 1. l'instance est introduite par une assignation du demandeur ; 2. l'affaire est mise en état d'être jugée (instruction par le juge et échange de documents entre les avocats) ; 3. l'affaire vient à l'audience ; 4. l'affaire est mise en délibéré et le jugement est rendu.

Juridiction CIVILE de droit commun		
Le président du TJ	exerce une compétence propre : • pour les problèmes d'exécution des jugements notamment ; • en matière de référé et de requête : il rend alors des ordonnances de référé ou sur requête, qui sont des décisions provisoires.	

Juridictions SPÉCIALISÉES		
Tribunal de proximité (TP)	Caractéristiques	• un TP par arrondissement ; • les jugements sont rendus par un juge unique ; • pas de ministère public permanent auprès du TP ; • la constitution d'avocat n'est pas obligatoire.
	Compétence d'attribution	• *compétence générale* : litiges civils d'un montant inférieur à 10 000 € ; • *compétence exclusive* : dans les cas prévus par la loi (*ex.* : crédit à la consommation) quelle que soit la somme ; • le juge peut rendre des ordonnances de référé ou sur requête. Il est aussi notamment le juge des tutelles.
	Compétence territoriale	• principe : le TP dans le ressort duquel est domicilié le défendeur ; • par exception, dans le domaine contractuel par exemple, le TP peut être celui du lieu de signature d'un contrat.

Juridictions SPÉCIALISÉES		
Tribunal de commerce (TC)	Caractéristiques	• appelé juridiction consulaire ; il comprend des juges qui sont des professionnels élus (commerçants, industriels) et sont des bénévoles ; • divisé en chambres et statue en formation collégiale ou à juge unique (pour rendre des ordonnances de référé ou sur requête) ; • pas de ministère public attaché au TC, mais le procureur de la République et ses substituts peut intervenir notamment dans l'application du droit des entreprises en difficulté au nom de l'intérêt général ; • la constitution d'avocat n'est pas obligatoire.
	Compétence d'attribution	• *notamment* : litiges entre commerçants, contestations relatives aux sociétés commerciales, litiges entre toutes personnes concernant les actes de commerce ; • juge en dernier ressort quand le litige ne dépasse pas 4 000 € ; • le président du TC rend des ordonnances de référé et des ordonnances sur requête.
	Compétence territoriale	*notamment* : le TC dans le ressort duquel est domicilié le défendeur ou celui du lieu de l'exécution du contrat.
Conseil de prud'hommes (CP)	Caractéristiques	• au moins un CP dans le ressort de chaque TGI ; • constitué de juges (appelés conseillers) élus, qui sont des employeurs et des salariés par leurs pairs en nombre égal ; • divisé en cinq sections autonomes : encadrement, industrie, commerce, agriculture, activités diverses. Chaque section est divisée en chambres ; chaque chambre comprend un bureau de conciliation et d'orientation (avec 2 conseillers : 1 employeur et 1 salarié) dont les audiences ne sont pas publiques, et un bureau de jugement (avec 4 conseillers : 2 employeurs et 2 salariés) dont les audiences sont publiques.
	Compétence d'attribution	litiges relatifs aux contrats de travail, aux contrats d'apprentissage, aux promesses d'embauche.

Juridictions SPÉCIALISÉES		
Conseil de prud'hommes (CP) (suite)	Compétence territoriale	• CP dans le ressort duquel est fixé l'établissement où travaille le salarié, ou le domicile du salarié (ex : si travail à domicile) ; • autre choix pour le salarié : CP du lieu où il a été engagé ou du siège social de l'entreprise qui l'emploie.
	Procédure	• les parties doivent comparaître en personne et peuvent organiser leur défense avec un avocat ; • la procédure commence par une tentative de conciliation devant le *bureau de conciliation et d'orientation* ; en cas d'échec, les parties soumettent leur litige au bureau de jugement. En cas de partage des voix entre les conseillers du *bureau de jugement*, un juge du TGI est juge départiteur. Le CP juge en dernier ressort quand le litige ne dépasse pas 4 000 € ; • une formation de référé (avec 2 conseillers : 1 employeur et 1 salarié), commune à toutes les sections, rend des ordonnances de référé.
Tribunal paritaire des baux ruraux	Caractéristiques	composé du juge d'instance qui préside les audiences, et de quatre juges non professionnels désignés sur proposition des organisations professionnelles les plus représentatives intéressées en fonction de leur audience respective : deux représentants des propriétaires (bailleurs) et deux représentants des exploitants (preneurs).
	Compétence	litiges entre un propriétaire et l'exploitant de terres ou de bâtiments agricoles.

La loi de programmation et de réforme de la justice du 23 mars 2019 a créé le tribunal judiciaire à compter du 1er janvier 2020. Cette nouvelle juridiction est une fusion du tribunal de grande instance et du tribunal d'instance.
Depuis le 1er janvier 2019, le contentieux social, qui était réparti entre les tribunaux des affaires de sécurité sociale (TASS), les tribunaux du contentieux de l'incapacité (TCI) et les commissions départementales d'aide sociale (CDAS), a été fusionné et transféré aux tribunaux de grande instance. Les TASS, TCI et CDAS ont été supprimés.

Juridictions PÉNALES		
Juridictions d'instruction	**Juge d'instruction**	magistrat (du TGI) qui recherche des éléments de preuve (à charge et à décharge) pour les infractions dont il est saisi par le ministère public ; a en particulier le pouvoir de mettre en examen les personnes.
	Juge des libertés et de la détention	magistrat (du TGI) qui statue notamment sur la mise en détention provisoire des personnes.
Juridictions de jugement	**Juge de proximité**	compétent pour juger les contraventions les moins graves (celles des quatre premières classes) ; il valide aussi les compositions pénales de son ressort territorial (qui est celui du TGI).
	Tribunal de police (TP)	composé d'un juge d'instance qui statue au pénal. Le ministère public est présent au TP. Le TP est compétent pour juger les contraventions de 5e classe.
	Tribunal correctionnel	composé d'une ou plusieurs chambres du TGI qui statuent au pénal ; • le ministère public est présent ; • compétent d'attribution : juger les délits ; • compétence territoriale : notamment : lieu de commission de l'infraction ou d'arrestation du prévenu.
	Cour d'assises	• composée de magistrats professionnels (conseillers de la cour d'appel) et de neuf jurés ; • le ministère public est présent (procureur général) ; • compétence d'attribution ; juger les crimes ; • les audiences sont publiques en principe ; • siège en principe au chef-lieu du département.

2. Au second degré

<table>
<tr><td rowspan="4">Cour d'appel (CA)</td><td>Caractéristiques</td><td>• composée de chambres spécialisées (notamment : chambre civile, chambre commerciale, chambre des appels correctionnels) ;
• les magistrats sont appelés conseillers ;
• le ministère public est représenté par le procureur général assisté d'avocats généraux et de substituts généraux ;
• audiences publiques ou en chambre du conseil selon les cas ;
• statue en formation collégiale ;
• en principe, les parties doivent être assistées par un avocat.</td></tr>
<tr><td>Compétence d'attribution</td><td>• notamment : appels relatifs aux jugements et aux ordonnances de référé des TGI, des TI, des CP ;
• la chambre des appels correctionnels rend des arrêts sur les jugements rendus par les tribunaux de police et les tribunaux correctionnels de son ressort ;
• la chambre de l'instruction est une chambre de la cour d'appel ; c'est une juridiction d'appel des ordonnances rendues par le juge d'instruction et le juge des libertés et de la détention. Elle statue en formation collégiale.</td></tr>
<tr><td>Compétence territoriale</td><td>s'étend sur un ou plusieurs départements.</td></tr>
<tr><td>Effets de l'appel</td><td>suspensif (pour l'exécution de la décision contestée), dévolutif (la CA statue sur les faits et le droit ; elle rend un arrêt où elle confirme ou infirme en tout ou partie le jugement ou l'ordonnance), d'évocation (pour trancher sur des points non jugés en 1re instance).</td></tr>
<tr><td colspan="2">Cour d'assises d'appel</td><td>statue sur les arrêts rendus par les Cours d'assises.</td></tr>
</table>

3. La Cour de cassation

Caractéristiques fondamentales	• située à Paris ; • juridiction suprême de l'ordre judiciaire.
Composition	• magistrats appelés « conseillers » ; • ministère public dirigé par un procureur général ; • six chambres composent la Cour : - 3 chambres civiles, - 1 chambre commerciale, financière et économique, - 1 chambre sociale, - 1 chambre criminelle.
Compétence d'attribution	• statuer sur les pourvois formés contre les arrêts des cours d'appel et sur les décisions des juridictions du 1er degré rendues en 1er et dernier ressort ; • doit statuer uniquement sur le droit.
Procédure	• les parties doivent être représentées par un avocat aux conseils ; • la Cour rend un arrêt de rejet ou de cassation (avec ou sans renvoi), qui peut être total ou partiel. Quand il y a un renvoi, la juridiction de renvoi rejuge l'affaire dans son intégralité. Si cette juridiction statue comme la première juridiction, un nouveau pourvoi est possible et la Cour rejuge l'affaire en assemblée plénière.

C. Les juridictions de l'ordre administratif

1. Compétence

Ces juridictions statuent sur les litiges entre des particuliers et l'État ou des collectivités publiques.

Juridictions		Compétence
Au 1er degré	**Tribunal administratif** (TA)	• juridiction de droit commun, et est en principe compétent pour statuer sur les litiges administratifs ; • est en principe compétent celui dans le ressort duquel est située l'autorité administrative dont la décision ou l'acte est contesté.
Au 2nd degré	**Cour administrative d'appel** (CAA)	statue sur les jugements rendus par les TA, à l'exception de ceux qui (en application de la loi) sont portés devant le Conseil d'État.

Juridictions	Compétence
Conseil d'État	• situé à Paris ; • *attributions consultatives* : ses 5 sections (intérieur, finances, travaux publics, sociale, rapports et études) sont consultées par le Gouvernement pour donner avis sur les projets de lois et de décrets ; • *attributions contentieuses* : est juge de première instance dans les cas prévus par la loi (il statue alors en 1er et dernier ressort), juge d'appel (*ex* : pour contentieux électoral) et juge de cassation (pour les jugements rendus en 1er et dernier ressort, les arrêts des CAA notamment). Dans ce dernier cas, il est la juridiction suprême dans l'ordre administratif.

À noter : les **juridictions administratives spécialisées** sont notamment les Conseils nationaux des ordres professionnels, la Cour des comptes, le Conseil supérieur de la magistrature.

Le tribunal des conflits statue, le cas échéant, pour déterminer si, pour une affaire, c'est une juridiction de l'ordre judiciaire ou une juridiction de l'ordre administratif qui est compétente.

2. Procédure

Décision préalable de l'administration

⇓

Différents recours peuvent être exercés devant ces juridictions, notamment :

- **recours en annulation** : pour faire constater l'illégalité d'un acte administratif (ex. : pour incompétence) et le faire annuler ;
- **recours en plein contentieux** : pour obtenir l'annulation, la réformation d'un acte administratif, la condamnation à la réparation d'un préjudice ;
- **recours en interprétation et en appréciation de légalité d'un acte administratif.**

⇒ La procédure est écrite, contradictoire et inquisitoire (le juge est chargé de l'instruction).

D. Les personnels des juridictions

Ce sont les juges et les auxiliaires de justice.

1. Les juges

Les magistrats	Ordre judiciaire	On distingue, compte tenu des fonctions qu'ils exercent : • les **magistrats du siège :** rendent des ordonnances, des jugements ou des arrêts, selon les cas. Ils bénéficient de l'inamovibilité et de l'indépendance ; • les **magistrats du parquet** (ou ministère public) : font des réquisitions au nom de l'intérêt général ; en matière pénale, ils agissent en application du principe d'opportunité des poursuites. Ils constituent un corps hiérarchisé, ne sont pas inamovibles et sont soumis hiérarchiquement au garde des Sceaux. Ce dernier peut leur donner des instructions mais la règle suivante s'applique « si la plume est serve, la parole est libre ». Les magistrats de l'ordre judiciaire peuvent être sanctionnés par le Conseil supérieur de la magistrature.
	Ordre administratif	Le statut des magistrats varie en fonction de la juridiction dont ils font partie.
Juges non professionnels		Selon leur statut, ils sont : • nommés (*ex.* : conseillers prud'hommes nommés par arrêté conjoint des ministres de la justice et du travail) ; • élus par leurs pairs (*ex.* : au tribunal de commerce) ; • tirés au sort (*ex.* : Cour d'assises : jurés tirés sur les listes électorales). Ils rendent notamment des jugements.

2. Les auxiliaires de justice

Ce sont des professionnels qui participent au fonctionnement de la justice.

Assistants de justice	personnes nommées pour aider les magistrats du siège de l'ordre judiciaire, des tribunaux administratifs et du Conseil d'État.
Personnels des greffes	• fonctionnaires, sauf au tribunal de commerce ; • ont notamment pour rôle d'assister les magistrats à l'audience, d'être dépositaires des minutes des décisions rendues et d'en délivrer des expéditions ; • le greffier en chef est placé sous l'autorité de la juridiction à laquelle le greffe est rattaché.

Avocats	• exercent une profession libérale ; • font partie d'un barreau (il y a un barreau auprès de chaque TGI) administré par un conseil de l'ordre (qui est présidé par le bâtonnier) ; • exercent différentes missions : assistance (conseil, plaidoirie), représentation (actes de postulation, rédaction de conclusions).
Officiers publics et ministériels	• sont titulaires d'une charge (qu'ils achètent et peuvent revendre) et investis de leurs pouvoirs par le Gouvernement ; • on distingue : - les **avocats aux conseils**, qui interviennent devant la Cour de cassation et le Conseil d'État ; ils ont des missions de représentation et d'assistance ; - les **huissiers de justice**, qui procèdent à des significations d'actes tels que les jugements et qui peuvent être huissiers audienciers ; - les **greffiers des tribunaux de commerce**.
Mandataires de justice	• exercent leurs missions dans les procédures relatives aux difficultés des entreprises ; • on distingue : – les **conciliateurs**, qui ont notamment pour mission de faciliter la conclusion d'un accord entre une entreprise débitrice et ses principaux créanciers ; – les **administrateurs judiciaires**, qui ont notamment pour rôle de surveiller, assister ou remplacer les dirigeants des entreprises qui font l'objet d'une procédure collective ; – les **mandataires liquidateurs**, qui sont en particulier chargés de la liquidation des entreprises.
Conciliateurs et médiateurs	*Cf.* la fiche relative aux « Modes alternatifs de résolution des conflits ».

Mots clés : Cour Européenne des Droits de l'Homme, Cour de Justice de l'Union Européenne, Tribunal de l'Union Européenne, Tribunal de la fonction publique, litige, action en justice, demandeur, défendeur, juridiction, compétence d'attribution, compétence territoriale, procès, jugements, arrêts, autorité de chose jugée, force exécutoire, ordre judiciaire, tribunal judiciaire, tribunal de proximité, tribunal de commerce, conseil de prud'hommes, tribunal paritaire des baux ruraux, juge d'instruction, juge des libertés et de la détention, tribunal de police, tribunal correctionnel, cour d'assises, cour d'appel, cour d'assises d'appel, Cour de cassation, ordre administratif, tribunal administratif, cour administrative d'appel, Conseil d'État, tribunal des conflits, juges, magistrats, juges non professionnels, auxiliaires de justice, assistants de justice, personnels des greffes, avocats, officiers publics et ministériels, mandataires de justice, conciliateurs, médiateurs.

Les modes alternatifs de résolution des conflits

Pourquoi ?

les personnes en conflit décident de ne pas recourir à une juridiction étatique, et donc à une procédure judiciaire

Comment ?

la loi (*cf.* notamment le Code de procédure civile, le Code de procédure pénale, le Code civil) réglemente les modes de règlement amiable et l'arbitrage

1 Les modes de règlement amiable

A. Conciliation

Le **recours à la conciliation** n'est pas autorisé dans certains cas, tels que les litiges concernant l'état des personnes (*ex.* : état civil), les relations avec l'administration.

Le conciliateur de justice

- est une personne bénévole dont les conditions de désignation sont prévues par la loi (durée des fonctions : 3 ans...) ;
- a pour mission de faciliter le règlement amiable des litiges qui portent sur des droits dont les intéressés (les personnes en litige) ont la libre disposition.

Issue de la conciliation

- soit un **compromis** est trouvé : le conciliateur doit en dresser procès-verbal (PV) ; c'est le juge d'instance qui donne force exécutoire au PV ;
- soit **la conciliation échoue** : les parties peuvent porter leur litige devant une juridiction de l'ordre judiciaire.

B. Médiation

Le **médiateur** (personne physique ou association) peut conduire deux types de situation.

<table>
<tr><th>Conditions de recours au médiateur</th><th>Nature de la médiation</th><th>Déroulement de la médiation</th><th>Issue de la médiation</th></tr>
<tr><td>Les personnes en litige décident elles-mêmes de recourir à un médiateur</td><td>conventionnelle</td><td rowspan="2">Le but est que le médiateur entende les parties, que celles-ci renouent le dialogue entre elles et, le cas échéant, qu'elles trouvent elles-mêmes une solution au conflit qui les oppose.
La médiation porte sur tout ou partie du litige.
À noter : la médiation judiciaire ne dessaisit pas le juge, qui peut prendre à tout moment les autres mesures qui lui paraissent nécessaires. Elle est prévue pour une durée initiale de 3 mois, et peut être renouvelée une fois par le juge.</td><td rowspan="2">Si la médiation réussit, l'accord des parties est homologué par le juge à leur demande.
Si la médiation échoue :
• les parties peuvent saisir le juge pour statuer sur leur litige si la médiation est conventionnelle ;
• les parties sont renvoyées devant le juge si la médiation est judiciaire et la procédure judiciaire reprend son cours.</td></tr>
<tr><td>Le médiateur est saisi par le juge qui, après avoir recueilli l'accord des parties qui se sont présentées devant lui, le désigne.</td><td>judiciaire</td></tr>
</table>

C. Médiation pénale

▸ Recours à la médiation

- elle est organisée à l'initiative du procureur de la République et s'applique aux litiges mineurs. Les faits doivent être simples, clairement établis et reconnus par leur auteur. La victime et l'auteur de l'infraction doivent donner leur accord ;
- le médiateur tente d'aboutir à une issue acceptée par la victime et par l'auteur de l'infraction.

▸ En cas de réussite de la médiation

- le procureur dresse un procès-verbal, qui est signé par lui-même et par les parties, et dont une copie leur est remise ;
- l'auteur des faits peut s'engager à verser des dommages intérêts à la victime. Le dossier est alors classé sans suite.

D. Résolution amiable en matière administrative

1. Conclusion d'une **transaction**

La transaction

- est un *contrat écrit* par lequel les parties mettent fin à une contestation qui est née ou qui va naître ;
- a autorité de *chose jugée entre les parties* ;
- est utilisée entre les particuliers, entre les particuliers et l'État ou les collectivités publiques.

À noter : on ne peut y recourir en ce qui concerne l'état des personnes ou l'ordre public.

2. Recours au Défenseur des droits

Statut du **Défenseur des droits** :

- est une autorité constitutionnelle qui regroupe les missions du Médiateur de la République, du Défenseur des enfants, de la Haute Autorité de lutte contre les discriminations et pour l'égalité (HALDE) et de la Commission nationale de déontologie de la sécurité (CNDS) ;
- est nommé par le président de la République pour 6 ans non renouvelable et non révocable ; sa nomination est soumise au vote de l'Assemblée nationale et du Sénat.

Compétence : il peut être saisi notamment par toute personne qui s'estime :

- lésée par le fonctionnement d'une administration ou d'un service public
- victime d'une discrimination.

2 L'arbitrage

On peut y recourir sur les plans interne et international.

Procédure	Arbitrage sur plan interne	Arbitrage sur plan international
Cas de recours	• Toute personne capable peut y recourir. • *Un ou des arbitres* sont sollicités pour rendre une décision concernant un litige. • L'arbitrage est très utilisé *en matière commerciale* sur le plan national (*ex.* : litiges relatifs aux contrats de vente). Exceptions : en matière commerciale certaines affaires ne peuvent faire l'objet d'un arbitrage : par exemple les procédures collectives, les litiges concernant les droits de propriété industrielle. • L'arbitrage est interdit en ce qui concerne le respect de l'ordre public (*ex.* : en matière pénale), les litiges avec l'administration, le droit du travail et l'état des personnes (*ex.* : divorce).	L'arbitrage international : • met en cause les intérêts du *commerce international* ; • peut concerner des entreprises, mais aussi l'État ou des personnes morales de droit public.
Conclusion de conventions d'arbitrage	*2 types de convention* : - **clause compromissoire** : convention par laquelle les parties à un contrat s'engagent à soumettre à l'arbitrage les litiges qui pourraient naître relativement à ce contrat ; - **compromis** : convention par laquelle les parties à un litige né soumettent celui-ci à l'arbitrage d'une ou plusieurs personnes. • *Forme* : conventions écrites, à peine de nullité. • *Contenu* : indique le nom du ou des arbitres, ou prévoit les modalités de leur désignation. • *Effet* : pas de recours à une juridiction étatique pour statuer sur les litiges.	La **convention d'arbitrage** peut : • directement ou par référence à un règlement d'arbitrage, désigner le ou les arbitres ou prévoir les modalités de leur désignation et régler la procédure à suivre dans l'instance arbitrale ; • soumettre l'instance arbitrale à la loi de procédure qu'elle détermine.
Instance arbitrale	L'**arbitre** est : • une personne capable ; est une personne physique ou une personne morale (qui a alors seulement le pouvoir d'organiser l'arbitrage) ou un tribunal arbitral (nombre impair d'arbitres) ; • indépendant des parties.	L'arbitre peut être une personne physique ou une personne morale (*ex.* : la Chambre de commerce internationale de Paris).

Procédure	Arbitrage sur plan interne	Arbitrage sur plan international
Décision de l'instance arbitrale	• Le *délai* dans lequel la décision doit être rendue peut être prévu dans la convention d'arbitrage. • Le ou les arbitres ne sont pas tenus d'observer la *procédure* suivie par les juridictions étatiques, sauf si les parties l'ont prévu. Cependant, le principe dispositif et le principe du contradictoire doivent être respectés. • Les parties peuvent demander aux arbitres de statuer en **amiables compositeurs** : ils statuent alors en *équité*. • La décision rendue est une **sentence arbitrale**. Elle est écrite. • Si la sentence n'est pas exécutée à l'amiable, une **ordonnance d'exequatur** doit être demandée au tribunal de grande instance. La sentence est alors exécutoire.	*L'arbitre* : • tient compte dans tous les cas des usages du commerce ; • statue comme amiable compositeur si la convention des parties lui a conféré cette mission. La **sentence arbitrale** : • est reconnue en France si son existence est établie par celui qui s'en prévaut et si cette reconnaissance n'est pas manifestement contraire à l'ordre public international ; • a, dès qu'elle est rendue, l'autorité de la chose jugée relativement à la contestation qu'elle tranche ; • doit, pour être exécutoire, faire l'objet d'une décision d'exequatur émanant du tribunal de grande instance dans le ressort duquel la sentence a été rendue.
Voies de recours contre la sentence arbitrale	Sont autorisés : • l'*appel* (sauf si l'arbitre a statué en amiable compositeur) ; • le *recours en annulation* dans les cas prévus par la loi (*ex.* : l'arbitre a statué sans convention d'arbitrage). Ces voies de recours sont exercées devant la *cour d'appel* dans le ressort de laquelle la sentence arbitrale a été rendue.	Sont autorisés : • l'*appel*, dans les cas autorisés par la loi (si le tribunal arbitral a été irrégulièrement composé ou l'arbitre unique irrégulièrement désigné) ; • le *recours en annulation*. Ces voies de recours sont exercées devant la *cour d'appel* dans le ressort de laquelle la sentence a été rendue.

3 Les modes alternatifs de résolution des conflits

Mots clés : modes alternatifs de résolution des conflits, règlement amiable, conciliation, conciliateur de justice, compromis, médiation, médiateur, médiation pénale, transaction, défenseur des droits, arbitrage, arbitrage international, conventions d'arbitrage, clause compromissoire, instance arbitrale, arbitre, amiable compositeur, sentence arbitrale, ordonnance d'exequatur, voies de recours.

La variété des statuts des personnes

1 Personnalité juridique

Le statut d'une personne dépend des caractéristiques de sa **personnalité juridique**. Pour une personne, qu'elle soit physique ou morale, la personnalité juridique est l'*aptitude à être titulaire de droits et à les exercer.*

Étapes de la vie de la personne	Personne PHYSIQUE	Personne MORALE
1. Acquisition de la personnalité juridique	• à sa *naissance*, la personne physique acquiert la personnalité juridique : elle est inscrite sur le registre de l'**état civil** ; • l'*identification* d'une personne physique se fait par son nom de famille (le nom du père ou celui de la mère ou les deux accolés), son ou ses prénoms, son sexe, sa nationalité (acquise par la filiation ou la naissance en France selon les cas), son domicile (qui est le lieu de la résidence principale) ; • le *domicile* permet de définir le droit applicable à un grand nombre d'actes accomplis par une personne.	• L'acquisition de la personnalité juridique par une personne morale a lieu à la date de : – son **immatriculation au registre du commerce et des sociétés** (*cf.* les sociétés commerciales, les sociétés civiles, les groupements d'intérêt économique) ; – ou de son **enregistrement à la préfecture** (*cf.* les associations). • La naissance de la personne morale fait l'objet d'une **publicité légale** (au Journal d'annonces légales (JAL), au registre du commerce et des sociétés (RCS), au Bulletin des annonces civiles et commerciales (BODACC)... au Journal officiel de la République française (JORF) pour les associations). • L'**identification** d'une personne morale figure en particulier dans les **statuts** déposés pour l'immatriculation ou l'enregistrement. Il s'agit du nom (*ex.* : dénomination sociale), du siège (siège social pour les sociétés) et de la nationalité (qui détermine le droit applicable). • Le **siège** correspond au lieu du principal établissement de la personne morale. Il permet notamment de connaître les juridictions compétentes en cas de litige.

Étapes de la vie de la personne	Personne PHYSIQUE	Personne MORALE
2. Vie de la personnalité juridique	• La personne physique a : - des **droits** et des **obligations** issus de la loi et des engagements qu'elle contracte ; - un **patrimoine**, qui est constitué par l'ensemble de ses biens et de ses dettes ; elle peut aussi agir en justice pour défendre ses intérêts. • La **capacité** d'une personne est son aptitude à effectuer les actes de la vie juridique. Elle dépend de la situation de la personne mineur ou majeur.	• La personne morale agit en application du **principe de spécialité** : - elle a un **objet** défini dans ses statuts et met en œuvre les moyens nécessaires pour réaliser cet objet ; - elle doit être représentée par une personne physique pour agir : c'est le **représentant légal** (*ex.* : gérant) dont le nom figure dans les statuts. Ce représentant est le **mandataire** de la personne morale. • La personne morale a un **patrimoine**, qui est constitué par ses **biens** et ses **dettes**. Elle peut **agir en justice** pour défendre des intérêts personnels ; elle peut avoir pour objet la défense d'intérêts collectifs (*ex.* : associations, ordres professionnels, syndicats professionnels).
3. Perte de la personnalité juridique	• Par le **décès** ; celui-ci est inscrit sur le registre de l'état civil. • Le décès entraîne la **succession** de la personne, c'est-à-dire la transmission du patrimoine de la personne à d'autres personnes.	La personne morale perd sa personnalité juridique lors de sa **dissolution** et de sa **radiation** du registre sur lequel sa naissance avait été inscrite.

2 Notion de mineur et majeur

Le **mineur** (qui n'a pas 18 ans accomplis) peut être dans deux situations différentes :

A. le mineur non émancipé

- peut seulement agir pour accomplir les actes de la vie courante ;
- pour les autres actes, il est représenté par l'un de ses parents ou les deux : c'est le régime de l'**administration légale**. Elle est simple, si les deux parents exercent en commun l'autorité parentale ; elle est sous contrôle du juge des tutelles, s'il y a un seul parent.

À défaut d'administration légale, la loi prévoit la **tutelle** du mineur, où interviennent le juge des tutelles (qui est un juge du tribunal judiciaire), le conseil de famille, le subrogé tuteur et le tuteur (désigné par testament ou acte notarié) pour gérer les intérêts et les biens du mineur ;

- le **mineur émancipé** (à partir de 16 ans) :
  - n'est plus sous l'autorité de ses parents ; mais son autonomie est limitée (*ex.* : il ne peut voter) ;
  - peut être commerçant sur autorisation du juge des tutelles au moment de la décision d'émancipation et du président du TJ s'il formule cette demande après avoir été émancipé ;
  - s'il a seize ans révolus, peut être autorisé (par ses deux parents qui exercent en commun l'autorité parentale ou par son administrateur légal sous contrôle judiciaire avec l'autorisation du juge des tutelles) à accomplir seul les actes d'administration nécessaires pour les besoins de la création et de la gestion d'une entreprise individuelle à responsabilité limitée ou d'une société unipersonnelle.

B. Le majeur est capable d'accomplir tout acte

Toutefois, dans certains cas, il est **protégé** car il est **incapable**. L'incapacité du majeur peut résulter d'un trouble ponctuel (*ex.* : trouble mental lors de la passation d'un acte) ou continu.

En fonction de la situation du majeur, la loi a prévu trois régimes de protection du majeur :

- la **sauvegarde de justice** permet au majeur d'exercer ses droits, mais les actes qu'il a passés peuvent être rescindés (en cas de lésion) ou réduits (en cas d'excès) ;
- la **curatelle** est prévue en cas de prodigalité, d'intempérances ou d'oisiveté du majeur. Ce régime limite l'exercice des droits du majeur car un curateur est désigné pour assister le majeur pour tous les actes de disposition ;
- la **tutelle** est prévue quand survient une altération des facultés mentales ou des facultés physiques qui empêche l'expression de la volonté. Ce régime met en place un système de représentation permanente du majeur par un tuteur pour les actes de la vie juridique.

La loi accorde la personnalité juridique à des **groupements** de personnes ou de biens, appelés « personnes morales ».

3 Notion des personnes morales

A. Caractéristiques fondamentales

Le groupement est créé par plusieurs personnes (qui peuvent être des personnes physiques, des personnes morales).

Le **patrimoine** de la personne morale est en principe séparé de celui des personnes qui la constituent (*ex.* : dans une société commerciale, les personnes qui font des apports ont un patrimoine séparé de celui de la société).

La loi prévoit des exceptions à ce principe de la **séparation des patrimoines**. Par exemple, dans la société en nom collectif (SNC) : les patrimoines personnels des associés et le patrimoine de la SNC sont confondus. Par ailleurs, une personne peut engager son patrimoine au profit d'une personne morale (*ex.* : si elle se porte caution de cette personne morale).

B. Deux types de groupements :

Groupements de personnes	relevant du droit privé	**sociétés commerciales**	*ex.* : la société en nom collectif (SNC), la société à responsabilité limitée (SARL), la société anonyme (SA), qui ont pour but de réaliser une activité commerciale et/ou industrielle et de réaliser un profit.
		sociétés civiles	objet : • réalisation d'une activité civile ou libérale ; *ex* : société civile immobilière (SCI) ; • mise en commun de moyens : société civile de moyens (SCM) ; • exercice en commun de l'activité professionnelle : société civile professionnelle (SCP).
		groupements d'intérêt économique (GIE)	objet : faciliter ou développer l'activité économique des membres et non réaliser un profit pour lui-même.
		associations	• mise en commun de compétences par les membres ; • le but n'est pas le partage d'un profit.

Groupements de personnes (suite)	relevant du droit public	entreprises publiques	le capital est détenu majoritairement par l'État.
		sociétés d'économie mixte	associent des capitaux publics et privés et ont des objets spécifiques ; *ex.* : pour des constructions immobilières.
		ordres professionnels	constitués par des personnes exerçant des professions libérales (*ex.* : ordre des experts-comptables).
Groupements de biens	droit public essentiellement	fondations	objet : affecter de manière permanente des biens à une œuvre d'intérêt général.

À noter : en ce qui concerne la **responsabilité** des personnes qui font partie de groupements de personnes :

- les associés de la SNC et de la SCP, ainsi que les membres du GIE ont une responsabilité indéfinie et solidaire : leur patrimoine personnel et celui de la société sont confondus ;
- les associés de la SARL, de la SA et de la SCM ont une responsabilité limitée au montant de leurs apports ;
- dans l'association, les membres n'engagent pas leur responsabilité quant aux dettes de l'association.

Mots clés : statut d'une personne, personnalité juridique, droits, personne physique, personne morale, état civil, immatriculation au registre du commerce et des sociétés, enregistrement à la préfecture, publicité légale, statuts, obligations, patrimoine, capacité, principe de spécialité, représentant légal, décès, succession, dissolution, radiation, mineur, mineur non émancipé, mineur émancipé, majeur, sauvegarde de justice, curatelle, tutelle, séparation des patrimoines, sociétés commerciales, sociétés civiles, groupements d'intérêt économique, associations, entreprises publiques, sociétés d'économie mixte, ordres professionnels, fondations, responsabilité.

MÉMO 5 Les commerçants et les autres professionnels de la vie des affaires

1 Les commerçants personnes physiques

Le Code de commerce définit le cadre juridique dans lequel les commerçants personnes physiques exercent leur activité professionnelle.

A. Notion de commerçant

Selon la loi, est commerçant la personne :
- qui réalise des **actes de commerce** et qui en fait sa **profession habituelle** ;
- **personne physique**, qui exploite une **entreprise individuelle** ;
- son **patrimoine personnel** et son **patrimoine professionnel** sont **confondus** ;
- est **immatriculé au registre du commerce et des sociétés** du greffe dans le ressort géographique duquel son entreprise est située.

B. Actes de commerce

La loi ne définit pas l'acte de commerce, mais énumère les actes de commerce dans différents articles du Code de commerce.
Ces actes peuvent être classés en *trois catégories* :

Actes présumés commerciaux (même s'ils ne sont pas effectués par un commerçant)	**actes de commerce par nature**	• achats de biens meubles ou immeubles en vue de leur revente (les meubles peuvent être revendus en l'état ou après avoir été transformés) ; • opérations financières (opérations de banque, opérations d'assurance, opérations de change) ; • opérations d'intermédiaire, de courtage (qui ont pour objet de mettre en relation des personnes pour conclure des actes juridiques) ; • opérations relatives au domaine maritime.
	actes de commerce par la forme	les lettres de change entre toutes personnes, les sociétés commerciales (sociétés en nom collectif, sociétés en commandite simple, les sociétés à responsabilité limitée et les sociétés par actions).

Actes commerciaux par leur contexte	**actes des entreprises commerciales**	• entreprises de location de meubles, de manufacture (activité industrielle…), de transport par terre ou par eau, de fournitures (marchandises…), de construction… • activités d'intermédiaires : courtage, commission (le commissionnaire effectue en son propre nom une opération pour autrui), agent commercial (est un mandataire professionnel indépendant).
Les actes de commerce accessoires [(1)]	sont accessoires à un acte de commerce, à une opération commerciale ou à l'activité commerciale de l'entreprise.	par exemple : • acte accessoire à un acte de commerce : notamment gage commercial (garantit le paiement d'une dette commerciale) ; cautionnement donné par une société commerciale ; • acte accessoire à une opération commerciale tel qu'un nantissement sur un fonds de commerce.

[(1)] Par application du principe selon lequel l'**accessoire suit le principal**, des actes civils deviennent commerciaux quand ils sont considérés comme accessoires à un acte de commerce ou à une opération commerciale. Les actes accessoires sont présumés être des actes de commerce ; il s'agit d'une **présomption simple**.

Dans la mesure où le code de commerce ne fournit pas une liste exhaustive des actes de commerce qui sont effectués par les entreprises, la doctrine et la jurisprudence ont énoncé **trois critères pour caractériser les actes de commerce** :
- l'entremise dans la circulation de richesses ;
- la spéculation ;
- l'existence d'une entreprise.

Régime juridique des actes de commerce

- Les personnes doivent avoir la **capacité** requise par la loi pour faire des actes de commerce.

Mineur	Doit avoir une autorisation du juge pour être commerçant (*cf.* mémo 4).
Majeur	S'il est sous sauvegarde de justice : les actes de commerce qu'il effectue peuvent être rescindés pour lésion ou réduits en cas d'excès. S'il est sous curatelle : il peut faire des actes de disposition avec l'assistance du curateur.

- Pour leur **validité**, les actes de commerce doivent remplir certaines conditions concernant leur forme, telles que :
- inscription de mentions obligatoires : *ex.* : dans une lettre de change ;
- exécution de formalités pour informer les tiers : *ex.* : immatriculation d'une société commerciale au registre du commerce et des sociétés.
- **Preuve** des actes de commerce **entre commerçants** : elle peut être apportée **par tous moyens**. Par exception, un écrit est exigé dans certains cas (*ex.* : le contrat de société est écrit).
- Coutume : la **solidarité passive** est présumée dans les contrats commerciaux qui comportent plusieurs codébiteurs.
- Cas de l'**acte mixte** (passé entre un commerçant et un non-commerçant) : le principe de la liberté de la preuve s'applique seulement vis-à-vis du commerçant et le non-commerçant bénéficie des règles prévues par le Code civil. La solidarité doit être prévue dans le contrat pour jouer à l'encontre des codébiteurs non-commerçants.

En cas de **litige**, **juridiction** compétente :

si le défendeur est non-commerçant	si le défendeur est commerçant
le commerçant doit l'assigner devant une juridiction civile.	le non-commerçant a le choix de l'assigner devant le tribunal de commerce ou une juridiction civile.

C. Le statut personnel du commerçant

Qualité de commerçant

- **immatriculation du commerçant au registre du commerce et des sociétés** (RCS) crée une présomption légale de la qualité de commerçant personne physique ; cependant il s'agit d'une **présomption simple** ;
- la personne qui veut être immatriculée au RCS dépose sa demande d'immatriculation au **Centre de formalités des entreprises** (CFE) situé dans le ressort géographique du lieu de l'installation de son entreprise. Le CFE transmet les informations contenues dans le dossier au greffe et aux administrations intéressées.

Pour être immatriculé au RCS

Tenu par le greffe dans le ressort duquel va être située l'entreprise, le commerçant doit remplir les **conditions** suivantes :

- être *majeur* ;
- *ne pas subir d'incompatibilité* (*ex.* : être fonctionnaire), *d'interdiction* (durée maximale : 5 ans, à la suite d'une condamnation pour certains délits).

À noter que l'interdiction peut être d'origine commerciale (durée maximale : 15 ans) si elle est prononcée par le tribunal de commerce dans le cadre d'une procédure collective : c'est l'interdiction de diriger, gérer, administrer ou contrôler, directement ou indirectement, toute entreprise commerciale ou artisanale, toute exploitation agricole et toute personne morale ;

- fournir au greffe des informations concernant sa *situation matrimoniale* :
- s'il est marié : il doit indiquer s'il est marié sous le régime de la communauté légale ou s'il a conclu un contrat de mariage (notamment : séparation des biens, communauté universelle) ;
- s'il a conclu un pacte civil de solidarité (PACS) : si ce pacte est imprécis, la loi soumet la gestion des biens au régime légal de la séparation des biens.

Obligations légales :

- en matière bancaire : se faire ouvrir un compte dans un établissement de crédit ;
- en matière comptable : tenir une comptabilité (inventaire, comptes annuels...). La comptabilité doit être régulièrement tenue ; elle a une valeur juridique ;
- en matière fiscale : acquitter les impôts et taxes relatifs à son activité ;
- en matière sociale : cotiser aux différents organismes sociaux (URSSAF...).

D. Le statut du conjoint du commerçant

La loi impose au **conjoint** du chef d'entreprise qui travaille dans l'entreprise familiale de choisir l'un des statuts juridiques suivants :

Conjoint collaborateur	assiste le commerçant sans être rémunéré ; peut engager l'entreprise par ses actes et n'a pas d'autre activité professionnelle.
Conjoint salarié	a un contrat de travail.
Conjoint associé	fait un apport lorsque l'entreprise a la forme juridique d'une société commerciale.

À noter : à défaut de déclaration d'activité professionnelle le conjoint ayant exercé une activité professionnelle de manière régulière dans l'entreprise est réputé l'avoir fait sous le statut de conjoint salarié (loi Pacte du 22 mai 2019).

2 Les autres professionnels

Définition	Statut
L'**artisan** doit être titulaire d'un **diplôme** qui atteste ses compétences professionnelles ou justifier dans le métier d'une expérience professionnelle de 3 ans minimum. *Trois critères doivent être réunis pour que l'entreprise soit artisanale :* • l'activité doit être exercée de manière indépendante ; • le travail réalisé est manuel et l'artisan y participe effectivement ; • l'entreprise artisanale emploie 10 salariés au maximum ; le conjoint de l'artisan ou certains membres de sa famille proche peuvent s'y ajouter.	• L'artisan doit être **immatriculé au répertoire des métiers** (RM) tenu par la chambre des métiers dans le ressort géographique de laquelle l'activité professionnelle est exercée. Pour acquérir le titre de **maître artisan**, il faut notamment avoir deux ans de pratique professionnelle. • L'artisan est soumis au **droit civil**. Cependant, à noter par exemple que : - le conjoint de l'artisan bénéficie des mêmes dispositions que celui du commerçant ; - le refus de renouvellement du bail des locaux dans lesquels est exploité le fonds artisanal donne le droit à l'artisan de percevoir une indemnité. • L'artisan qui exploite une entreprise individuelle doit s'affilier aux **régimes d'assurances sociales des artisans** et est soumis à l'impôt sur le revenu. Il peut aussi exercer son activité dans le cadre d'une société.
Le **professionnel libéral** est la personne qui exerce une activité libérale : elle apporte des *services non commerciaux* (c'est-à-dire de nature intellectuelle), *exerce son activité de manière indépendante* et est rémunérée par des *honoraires.* L'activité libérale est une **activité civile**.	• Le statut de chaque profession libérale est réglementé par un **ordre professionnel**. Cela concerne : - les conditions d'accès à la profession ; - les conditions d'exercice de la profession : *ex.* : respect d'un code de déontologie, du secret professionnel ; - le conjoint du chef d'entreprise libérale qui bénéficie des mêmes dispositions que celui du commerçant. • L'activité libérale peut être exercée dans le cadre : - d'une **entreprise individuelle** par une personne physique ; - d'une **société**, qui peut être une société civile (société civile de moyens (SCM) ou société civile professionnelle (SCP) ou une société d'exercice libéral (SEL).

Définition	Statut
Les **activités agricoles** sont définies par le Code rural. Il s'agit notamment de : • l'agriculture et de l'élevage ; • la fabrication de produits dans le prolongement de l'acte de production : *ex.* : vin ; • la pêche, la pisciculture et l'aquaculture. Ce sont des **activités civiles**.	• Tout agriculteur (personne physique ou morale) doit être immatriculé au **registre de l'agriculture** (RA) tenu par la chambre de l'agriculture dans le ressort géographique de laquelle est situé le siège de l'exploitation. • Le fonds agricole peut être exploité dans le cadre : - d'une **entreprise individuelle** par une personne physique ; - d'une **société** (qui est civile). • Les **juridictions civiles** sont compétentes, sauf dans certains cas : par exemple, le tribunal paritaire des baux ruraux statue sur les litiges relatifs aux baux ruraux.

Mots clés : commerçants, artisans, professionnels libéraux, agriculteurs, personnes physiques, actes de commerce, actes de commerce accessoires, régime juridique des actes de commerce, capacité, preuve, acte mixte, litige, présomption simple, Centre de formalités des entreprises, obligations légales, conjoint, répertoire des métiers, ordre professionnel, activités civiles, activités agricoles, registre de l'agriculture.

MÉMO 6 La théorie du patrimoine

Toute personne (physique ou morale) a un patrimoine.

1 Les diverses conceptions du patrimoine

La loi ne définit pas le patrimoine.
La notion de « patrimoine » est une construction juridique.
Deux conceptions du patrimoine sont utilisées :

Conception **traditionnelle** du patrimoine	Conception **objective** du patrimoine
Composition : • ensemble des **biens** et **obligations** d'une personne qui ont une valeur pécuniaire ; • **actif** (biens) et **passif** (dettes). Caractéristiques : • **indivisibilité** ou unité du patrimoine : une personne n'a qu'un patrimoine ; • **universalité de droit** : l'actif répond du passif. Les biens qui composent l'actif peuvent être saisis et vendus aux enchères publiques en cas de dettes impayées ; c'est la **saisissabilité** du patrimoine (certains biens sont déclarés insaisissables par la loi : vêtements...). On dit aussi que le patrimoine d'une personne constitue le **droit de gage général** des créanciers. Par ailleurs, certains biens peuvent être affectés à la garantie de dettes précises (*ex.* : si une hypothèque est constituée sur une maison) ; • **cessibilité** : les biens sont cessibles entre vifs ; • **transmissibilité** : les biens sont transmissibles par succession au décès de la personne.	Le patrimoine est considéré en fonction de son utilisation : c'est un **patrimoine d'affectation**. Le patrimoine comprend : un **actif** (constitué pour réaliser une activité) et un **passif** (les dettes nées à l'occasion de l'activité de la personne). Lors de la **création d'une personne morale**, telle qu'une société, les personnes qui la créent (appelées « associés ») veulent séparer leur patrimoine personnel de celui de la société qu'elles constituent. La société a alors son *propre patrimoine* composé de biens et de dettes ; les biens pouvant servir à payer les dettes, le cas échéant.

2 Le patrimoine est composé de biens et de droits

A. Classification des biens

1. Distinction des biens meubles et des immeubles

La loi distingue les **meubles** et les **immeubles** :

Meubles	Immeubles
• Meubles **corporels** : - meubles par nature : *ex.* : choses inanimées et transportables ; - meubles par anticipation : *ex.* : récolte sur pied ; • Meubles **incorporels** : - droits mobiliers par l'objet auquel ils s'appliquent : *ex.* : usufruit d'un meuble, créance relative à un meuble ; - droits mobiliers par détermination de la loi : *ex.* : droits des associés dans les sociétés.	• Immeubles **par nature** : *ex.* : sol, bâtiments ; • Immeubles **par destination** : objets et animaux placés par le propriétaire pour l'exploitation du fonds : ex : biens d'équipement ; effets mobiliers attachés au fonds à perpétuelle demeure : ex : miroirs ; • Immeubles **par l'objet auquel ils s'appliquent**, notamment : - droits réels immobiliers : *ex.* : servitudes ; - actions immobilières : *ex.* : action possessoire relative à un immeuble.

intérêts de la distinction

- *pour les droits portant sur les immeubles* : le droit de propriété est inscrit à la Conservation des hypothèques ; la possession peut être prouvée en justice par l'action possessoire. Les opérations relatives aux immeubles doivent faire l'objet d'une publicité légale ;
- *pour les droits portant sur les meubles* : en principe, la possession fait présumer la propriété ;
- *en cas de litige* : en matière immobilière, c'est la juridiction dans le ressort de laquelle est situé l'immeuble qui est compétente, alors qu'en matière mobilière, c'est en principe la juridiction dans le ressort de laquelle est domicilié le défendeur qui est compétente pour statuer sur le litige.

2. Autres distinctions

en fonction de la nature des biens

Biens	Caractéristiques	Effets de la distinction
Biens consomptibles	Se consomment pas leur usage. *Ex.* : combustibles.	L'usager ne peut restituer la chose en nature.
Biens non consomptibles	Ne se détruisent pas par leur usage. *Ex.* : voiture.	L'usager peut restituer la chose, le cas échéant.

Biens	Caractéristiques	Effets de la distinction
Choses de genre (ou biens fongibles)	Sont équivalentes, par rapport à leur restitution ou leur paiement.	Notamment : le débiteur peut se libérer de sa dette en remettant une chose du même genre que celle qui lui a été remise.
Corps certains	Choses certaines et déterminées, non interchangeables.	Le débiteur doit restituer la chose qui lui a été remise.

‣ en fonction des gains procurés par les biens

Fruits	naissent périodiquement ; on distingue : les fruits naturels, les fruits industriels, les fruits civils (*ex.* : loyers).
Produits	découlent d'un bien en épuisant sa substance (*ex.* : revenus tirés de l'exploitation d'une carrière).

B. Distinction des droits réels et des droits personnels

Caractéristiques	Droit réel	Droit personnel
Domaine d'application	• porte sur une chose et donne un pouvoir sur cette chose. • on distingue : - les **droits réels principaux** (*ex.* : propriété, servitude) ; - les **droits réels accessoires** (*ex.* : gage, hypothèque). Ils confèrent à leur titulaire une garantie de paiement sur le bien concerné.	correspond à une relation qui s'est établie entre deux personnes (physiques ou morales).
Attributs et étendue	• est opposable aux tiers ; • comporte un **droit de suite** sur la chose (celle-ci peut être poursuivie entre les mains d'un tiers) ; • comporte un **droit de préférence** sur la chose, pour la faire saisir et vendre aux enchères publiques.	• c'est un **rapport de droit** entre les personnes qui se traduit par l'existence d'une obligation (ex. : lors d'un contrat de vente) ; • la personne qui doit exécuter l'obligation est le **débiteur**, l'autre est le **créancier**.

Mots clés : patrimoine, personne physique, personne morale, biens, obligations, actif, passif, universalité de droit, droit de gage général, cessibilité, transmissibilité, patrimoine d'affectation, meubles (corporels, incorporels), immeubles (par nature, par destination, par l'objet auquel ils s'appliquent), Conservation des hypothèques, possession, fruits, produits, droits réels, droits personnels.

L'étendue de la propriété

Le Code civil consacre un nombre relativement important d'articles à la propriété.

1 Notion de propriété

A. Théorie générale de la propriété

Caractéristiques et attributs du droit de propriété		Prérogatives du droit de propriété
• Ce droit porte sur un bien meuble ou immeuble ; c'est un **droit réel**. • Le titulaire du droit est une personne physique ou morale ; c'est un **droit subjectif**. • Attributs du droit de propriété : - **user des choses** (usus) ; *ex.* : utiliser une voiture ; - **jouir des choses** (fructus) : percevoir des revenus (fruits ou produits) ; *ex.* : percevoir des loyers ; - **disposer des choses** (abusus) : *ex.* : vendre une chose ou la donner en garantie. Le droit de propriété confère aussi à son titulaire le droit d'administrer une chose (*ex.* : conclure un contrat de bail) et le droit d'aménager et de transformer une chose.	+	Le droit de propriété est : • **absolu** : le propriétaire est libre d'user, de jouir et de disposer de la chose comme bon lui semble, à condition de respecter les lois et règlements en vigueur. Cependant, il existe des restrictions au droit de propriété qui répondent à des objectifs d'intérêt général, d'ordre public, d'intérêt des tiers ou de protection des personnes ; • **exclusif** : ce droit est privatif ; • **perpétuel** : ce droit est imprescriptible (exception : application de la prescription acquisitive), inviolable (exception : expropriation pour cause d'intérêt public), transmissible (par succession).

B. Acquisition de la propriété

Par un acte juridique	convention	• *ex.* : contrat de vente (contrat à titre onéreux), contrat de donation (contrat à titre gratuit) ; • application du **principe du consensualisme**.
	acte unilatéral	*ex.* testament contrat à titre gratuit).
Par un fait juridique	possession	• la personne ne dispose pas d'un titre légitime de propriété. La possession se caractérise par : - un **élément matériel** (la possession doit être continue, paisible et publique) ; - un **élément psychologique ou intentionnel** (la possession doit être non équivoque et exercée à titre de propriétaire). • La durée de la prescription acquisitive pour un immeuble est de 10 ans quand le possesseur est de bonne foi et de 30 ans dans le cas contraire.
	accession	quand un **bien accessoire** est incorporé à un bien principal. On distingue deux cas d'incorporation : l'adjonction et la spécialisation.
	succession *ab intestat*	lorsqu'une personne décède sans avoir réglé par **testament** la dévolution de ses biens, sa succession est ouverte *ab intestat*.

C. Étendue du droit de propriété

1. L'objet du droit de propriété

Le droit de propriété peut porter sur :

Un meuble	Un immeuble
corporel ou incorporel (*ex.* : droit de créance, fonds de commerce). À noter que le propriétaire d'un bien meuble a un **droit d'accession** sur tous les éléments qui s'y incorporent (*ex.* : améliorations apportées).	*ex.* : terrain, construction. À noter que le propriétaire a un **droit d'accession** sur les éléments qui s'incorporent au sol (*ex.* : plantations, eaux fluviales).

2. La propriété démembrée

Le droit de propriété peut être décomposé en **deux droits réels** :

usufruit	nue-propriété
= **usus + fructus** pour l'usufruitier.	= **abusus** pour le nu-propriétaire.

L'usufruit est un *droit mobilier ou immobilier* (*cf.* le bien sur lequel il porte).
C'est un droit réel, temporaire (il a un terme) et purement personnel. Il est légal (*ex.* : pour le conjoint survivant) ou volontaire (*ex.* : un contrat prévoit l'habitation d'une maison).

L'usufruitier et le nu-propriétaire ont des **droits** et des **obligations.**

Statut	Droits	Obligations
Usufruitier	en cours d'usufruit : jouir des choses.	• prendre les choses dans l'état où elles se trouvent au moment de l'ouverture de l'usufruit ; • lors de l'ouverture de l'usufruit : dresser un inventaire contradictoire des meubles et immeubles concernés ; • en cours d'usufruit : conserver la substance.
Nu-propriétaire	céder son droit à titre gratuit ou onéreux.	respecter le droit de jouissance de l'usufruitier.

À noter : la *fin du démembrement du droit de propriété* correspond à la reconstitution de la pleine propriété sur la tête du nu-propriétaire. L'usufruit est éteint notamment par le décès de l'usufruitier.

3. Les servitudes

Caractéristiques :

Une servitude est un **droit sur la chose d'autrui** (*ex.* : droit de passage), elle est :
- une charge pour le fonds servant ;
- utile pour le fonds dominant ;
- attachée à chaque fonds (servant, dominant) et cédée avec celui-ci.

On distingue :
- les **servitudes légales** (qui sont d'utilité publique ou privée) ;
- les **servitudes établies par le fait de l'homme** (qui découlent d'une convention ou d'un testament).

+

La servitude :
- est un **droit réel** ;
- peut s'éteindre par la **prescription extinctive**, c'est-à-dire son non-usage pendant 30 ans.

4. Les entraves au droit de propriété

Ces entraves visent à protéger les tiers et à protéger la propriété privée.

<table>
<tr><td rowspan="2">protection des tiers : découle de l'application de deux théories par la jurisprudence</td><td>théorie de l'abus de droit</td><td>quand le propriétaire exerce son droit pour nuire aux tiers.</td><td rowspan="2">ces abus sont sanctionnés par la mise en jeu de la responsabilité civile délictuelle du propriétaire.</td></tr>
<tr><td>théorie des troubles anormaux de voisinage</td><td>quand le trouble causé est excessif par rapport aux inconvénients normaux liés au voisinage.</td></tr>
<tr><td rowspan="3">protection de la propriété privée</td><td>atteintes matérielles</td><td>ex. : dégradations.</td><td>responsabilité civile et pénale de l'auteur.</td></tr>
<tr><td rowspan="2">atteintes juridiques</td><td>ex. : vol.</td><td>responsabilité pénale de l'auteur.</td></tr>
<tr><td>ex. : expropriation.</td><td>indemnité versée au propriétaire.</td></tr>
</table>

2 Applications particulières de la propriété

A. Le fonds de commerce

Il comprend :
• des **éléments incorporels** :
- la clientèle et l'achalandage ;
- le nom commercial ;
- l'enseigne ;
- le droit au bail (ou propriété commerciale) ;
- les droits de propriété intellectuelle (droits d'auteur et droits de propriété industrielle (brevets d'invention, licences, marques, dessins et modèles).

À noter : le fonds de commerce *ne comprend pas* les contrats (car il n'inclut pas les dettes et les créances contractées par l'entreprise). Cependant, la loi prévoit la cession de certains contrats avec le fonds (*ex.* : licence, autorisation administrative).

• des **éléments corporels** : le matériel, l'outillage, les marchandises.

Nature juridique

• C'est un **meuble incorporel** car :
- il ne comprend pas d'immeuble ;
- la clientèle et le droit au bail en sont des éléments essentiels.

• Il peut faire l'objet d'une cession, d'un usufruit ou d'un nantissement.

B. La propriété commerciale

= le **bail commercial**

1. Réglementation

- But : protéger le locataire (ou preneur).
- Caractéristiques du contrat de bail commercial :
- parties au contrat : le bailleur et le preneur (qui est commerçant) ;
- durée du bail : 9 ans en principe ;
- biens loués : sont utilisés pour l'exploitation du fonds de commerce (*ex.* : immeubles, locaux, terrains) ;
- le preneur doit avoir sa propre clientèle.

2. Régime juridique

1. L'exécution du contrat de bail :

- **les obligations du preneur :**
- exploiter le fonds (à défaut : perte du droit au renouvellement du bail) ;
- payer le loyer (qui fait l'objet d'une révision annuelle ou triennale ; le contrat peut contenir une clause d'échelle mobile, une clause dite « de recette »).
  Si le preneur ne respecte pas ses obligations, le contrat peut être résilié ;
- **les droits du preneur :**
- demander la **résiliation** du contrat ;
- faire une sous-location totale ou partielle du fonds ;
- céder le bail ;
- demander au propriétaire l'autorisation de déspécialiser le bail en suivant une procédure prévue par la loi. La **déspécialisation** du bail peut être simple (ajout d'une activité connexe ou complémentaire à l'activité initiale) ou plénière (ajout d'une activité nouvelle ou changement d'activité).

2. Le renouvellement du contrat de bail doit être demandé par l'une des parties (à défaut, le bail se poursuit par tacite reconduction) en suivant la procédure prévue par la loi.

Le droit au renouvellement du bail est acquis pour neuf ans, ou plus si les parties le décident.

Si le bail n'est pas renouvelé, le preneur a droit à une **indemnité d'éviction** ; le bailleur peut exercer un **droit de repentir** s'il renonce à l'éviction. Le bailleur dispose aussi d'un **droit de reprise** dans des cas prévus par la loi (*ex.* : comportement fautif du preneur).

C. La propriété intellectuelle

Elle comprend :

- les droits de propriété industrielle :
- brevet ;
- dessins et modèles ;
- marques.
- la propriété littéraire et artistique : droit d'auteur.

1. Les droits de propriété industrielle

Brevet = porte sur une invention	
Protection de l'invention	**Droits du titulaire du brevet**
• Pour être protégée par un brevet, l'invention doit : - être **nouvelle** (elle n'est pas comprise dans l'état de la technique) ; - impliquer une **activité inventive** ; - être **susceptible d'application industrielle**.	• exercer un **monopole d'exploitation** pendant vingt ans sur le territoire français (dix ans pour le certificat d'utilité) ;
• Une invention peut être **protégée sur le territoire français** à partir d'une procédure prévue par le droit international ou le droit communautaire (*cf.* le brevet européen) ou le droit national. Dans ce dernier cas : la demande de brevet ou de certificat d'utilité doit être effectuée auprès de l'**Institut national de la propriété industrielle** (**INPI**, qui vérifie notamment s'il n'y a aucune antériorité). La demande peut être refusée.	• **céder** le brevet, l'apporter en société ; • accorder une **licence** sur le brevet ;
• En principe, c'est le **premier déposant** qui est titulaire du brevet. À noter que l'invention d'un salarié appartient à l'employeur si elle intervient en cours de mission.	• exercer une **action en contrefaçon** pour faire valoir ses droits, sur les plans civil (il y a responsabilité civile délictuelle de l'auteur) et pénal (il y a délit de contrefaçon).

Dessins et modèles = le dessin est une figure à deux dimensions alors que le modèle comporte trois dimensions.	
Protection	**Droits du titulaire**
• Pour être protégé, le dessin ou le modèle doit : - être **nouveau** (il n'y a pas d'antériorité) ; - présenter un **caractère propre** et ne pas être contraire à l'ordre public ou aux bonnes mœurs. • Une procédure légale doit être suivie pour obtenir la protection ; la demande d'enregistrement doit être faite déposée à l'**INPI** en principe.	• exercer un **monopole d'exploitation** ; • **céder** le dessin ou modèle ; • concéder une **licence** sur le dessin ou modèle ; • constituer un **gage** sur ce bien ;
• Si la protection est accordée, elle est valable pendant une période de **cinq ans**, renouvelable jusqu'à un maximum de vingt-cinq ans.	• exercer une **action en contrefaçon** (par *ex.* : si le dessin ou le modèle est reproduit sans autorisation) sur les plans civil et pénal.

Marque = signe distinctif pour un produit ou un service d'une entreprise pour le distinguer des biens vendus par les entreprises concurrentes.	
Protection	**Droits du titulaire**
Pour être protégée, la marque doit : - être un signe **distinctif** ; - être **licite** et être **disponible** (pas d'antériorité).	• exercer un **monopole d'exploitation** ; • **céder** la marque, faire un apport de la marque en société,
• Une procédure légale doit être suivie pour obtenir la protection ; la demande d'enregistrement doit être faite déposée à l'**INPI**.	• concéder une **licence** ;
• Si la protection est accordée, elle est valable pendant une période de **dix ans**, renouvelable indéfiniment.	• exercer une **action en contrefaçon** (*ex.* : si la marque est reproduite sans autorisation) sur les plans civil et pénal.

2. La propriété littéraire et artistique

Droit d'auteur = porte sur une œuvre de l'esprit (*ex.* : livres, compositions musicales, logiciels).	
Caractéristiques	**Droits du titulaire**
• La loi ne donne pas une liste limitative des œuvres de l'esprit ; cependant deux éléments essentiels caractérisent une **œuvre de l'esprit** : - une création intellectuelle ; - une réalisation même inachevée. • Le droit d'auteur appartient à celui ou à ceux sous le nom de qui l'œuvre est divulguée. Elle peut appartenir à plusieurs personnes si c'est une œuvre de collaboration.	= **droit de propriété incorporelle exclusif et opposable à tous** qui se compose de différents droits : • **droit moral**, qui protège la personnalité de l'auteur de l'œuvre et qui comprend : - le droit au respect de son nom, de sa qualité et de son œuvre ; - le droit de divulgation de son œuvre ; - le droit de repentir ou de retrait (quand il a cédé son droit d'exploitation). Attaché à la personne de l'auteur, le droit moral est perpétuel, inaliénable et imprescriptible, mais il ne fait pas partie du patrimoine de l'auteur ; • **droit pécuniaire**, qui correspond au **monopole d'exploitation de l'œuvre** (notamment par représentation ou reproduction de l'œuvre). Il dure jusqu'à 70 ans après la mort de l'auteur ou après la divulgation si l'œuvre appartient à une personne morale (*ex.* : association). Ce droit peut être cédé (notamment par un contrat d'édition ou par un contrat de représentation). Il fait partie du patrimoine de l'auteur.

Mots clés : propriété, droit réel, usus, fructus, abusus, prérogatives du droit de propriété, principe du consensualisme, convention, acte unilatéral, possession, accession, succession ab intestat, meuble, immeuble, droit d'accession, usufruit, nue-propriété, servitudes, théorie de l'abus de droit, théorie des troubles anormaux de voisinage, propriété privée, fonds de commerce, éléments corporels et incorporels, meuble incorporel, propriété commerciale, contrat de bail commercial, droit au renouvellement du bail, , propriété intellectuelle, droits de propriété industrielle, brevet, Institut national de la propriété industrielle, monopole d'exploitation, licence, action en contrefaçon, dessins et modèles, marque, propriété littéraire et artistique, droit d'auteur, droit moral, droit pécuniaire, œuvre de l'esprit.

La théorie générale des contrats

Le droit des contrats a été modernisé par l'ordonnance n° 2016-131 du 10 février 2016 portant réforme du droit des contrats, du régime général et de la preuve des obligations, et qui a été ratifiée par la loi n° 2018-287 du 20 avril 2018. Ce droit est inscrit dans le Code civil.
Cette réforme s'applique aux contrats conclus après le 1er octobre 2016.

1 Les caractéristiques fondamentales du contrat

A. Définition

Le contrat est un **accord de volontés** entre deux ou plusieurs personnes destiné à créer, modifier, transmettre ou éteindre des obligations.

B. Principes fondamentaux

- Le principe de la **liberté contractuelle**, qui s'applique de trois façons :
- liberté de contracter ou ne de pas contracter ;
- liberté de choix du cocontractant ;
- liberté de déterminer le contenu et la forme du contrat.

Cette liberté a deux limites :
- la **loi**, qui doit être respectée ;
- l'**ordre public**, auquel il est interdit de déroger.

- Le principe de **bonne foi** (c'est-à-dire pas d'abus ou de fraude dans le comportement) concerne la négociation, la formation et l'exécution du contrat. Il est d'ordre public.

- Le principe de la **force obligatoire du contrat** : quand le contrat est légalement formé, il tient lieu de loi à ceux qui l'ont fait.

C. Classification des contrats

Contrat (C)	Caractéristiques
C nommé	Il a une dénomination propre (*ex.* : contrat de vente). Les règles particulières au contrat s'appliquent en priorité par rapport aux règles générales des contrats.
C innommé	Il n'a pas de dénomination propre. Les règles générales des contrats sont applicables.
C synallagmatique	Les contractants s'obligent réciproquement les uns envers les autres (*ex.* : contrat de transport).
C unilatéral	Une ou plusieurs personnes s'obligent envers une ou plusieurs autres sans qu'il y ait d'engagement réciproque de celles-ci (*ex.* : contrat de donation).

Contrat (C)	Caractéristiques
C à titre onéreux	Chaque partie reçoit de l'autre un avantage en contrepartie de celui qu'elle procure (*ex.* : contrat de vente).
C à titre gratuit	L'une des parties procure à l'autre un avantage sans attendre ni recevoir de contrepartie (*ex.* : contrat de prêt gratuit).
C commutatif	Chaque partie s'engage à procurer à l'autre un avantage qui est regardé comme l'équivalent de celui qu'elle reçoit (*ex.* : paiement d'un prix en échange de l'achat d'un bien).
C aléatoire	Les parties acceptent de faire dépendre les effets du contrat, quant aux avantages et aux pertes qui en résulteront, d'un événement incertain (*ex.* : réalisation d'un risque dans un contrat d'assurance).
C consensuel	Il se forme par le seul échange des consentements quel qu'en soit le mode d'expression ; l'accord peut donc être oral (en principe).
C solennel	Sa validité est subordonnée à des formes déterminées par la loi (*ex.* : acte authentique).
C réel	Sa formation est subordonnée à la remise d'une chose (*ex.* : contrat de vente).
C de gré à gré	Les stipulations sont négociables entre les parties (*ex.* : vente d'une maison).
C d'adhésion	Il comporte un ensemble de clauses non négociables, déterminées à l'avance par l'une des parties (*ex.* : contrat de transport).
C cadre	C'est un accord par lequel les parties conviennent des caractéristiques générales de leurs relations contractuelles futures (*ex.* : contrat qui organise les relations entre un fournisseur et son client).
C d'application	Il précise les modalités d'exécution d'un contrat cadre (*ex.* : commande spécifique passée par un client à son fournisseur).
C à exécution instantanée	Les obligations peuvent s'exécuter en une prestation unique (ex. : contrat de vente d'un matériel).
C à exécution successive	Les obligations d'au moins une partie s'exécutent en plusieurs prestations échelonnées dans le temps (*ex.* : contrat de travail).

2 La formation du contrat

A. La conclusion du contrat

Négociations précontractuelles
↓
Offre et acceptation
↓
Cas particuliers :
- Avant-contrats : pacte de préférence, promesse unilatérale
- Contrat conclu par voie électronique

▸ Les **négociations précontractuelles**

- L'initiative, le déroulement et, le cas échéant, la rupture de ces négociations sont **libres**. La loi exige que les personnes soient de **bonne foi**.
- Le **devoir d'information précontractuelle** est d'ordre public. Il doit être exécuté dans les conditions suivantes :
  - il est à la charge de la partie qui détient une **information déterminante** du consentement de son cocontractant ;
  - le manquement à cette information est sanctionné par la responsabilité et la possible annulation du contrat s'il constitue un vice du consentement.
- Les personnes en négociation ont une **obligation de confidentialité** : l'utilisation ou la divulgation sans autorisation d'une information confidentielle obtenue à l'occasion des négociations et le non-respect d'une clause de confidentialité engagent la responsabilité extracontractuelle de la personne.

▸ L'**offre** et l'**acceptation**

Les parties doivent manifester leur **volonté** de s'engager dans l'offre et l'acceptation pour que le contrat soit formé.

- **Caractéristiques de l'offre** :
  - **destinataires** : personne(s) déterminée(s) ou indéterminée(s) ;
  - **contenu** : les éléments essentiels du contrat envisagé et expression de la volonté de son auteur d'être lié en cas d'acceptation ;
  - **rétractation** : l'offre peut être librement rétractée (c'est-à-dire retirée) tant qu'elle n'est pas parvenue à son destinataire. Elle ne peut être rétractée avant l'expiration du délai fixé par son auteur ou, à défaut, l'issue d'un délai raisonnable ;
  - **caducité** : l'offre est caduque (c'est-à-dire qu'elle ne produit plus d'effet) à l'expiration du délai fixé par son auteur ou, à défaut, à l'issue d'un délai raisonnable.
- **Caractéristiques de l'acceptation** :
  - **définition** : c'est la manifestation de volonté de son auteur d'être lié dans les termes de l'offre.
  - application de la **théorie de la réception** : l'acceptation doit parvenir à l'offrant. Tant qu'elle ne lui est pas parvenue, elle peut être librement rétractée, pourvu que la

rétractation parvienne à l'offrant avant l'acceptation. La **conclusion du contrat a lieu dès que l'acceptation parvient à l'offrant** ;

- le **silence** ne vaut pas acceptation ; exceptions, par ex. : application de la loi, des usages ;
- un **délai de réflexion** (délai avant l'expiration duquel le destinataire de l'offre ne peut manifester son acceptation) et un **délai de rétractation** (délai avant l'expiration duquel son bénéficiaire peut rétracter son consentement) peuvent être prévus par la loi ou le contrat ;
- les **conditions générales** doivent être connues des parties et acceptées par elles pour être applicables. Les **conditions particulières** priment sur les conditions générales en cas de discordance.

Avant-contrats

- **Pacte de préférence :**
- **définition** : contrat par lequel une partie s'engage à proposer prioritairement à son bénéficiaire de traiter avec lui pour le cas où elle déciderait de contracter ;
- **sanctions** : en cas de conclusion d'un contrat en violation d'un pacte de préférence, le bénéficiaire du pacte peut agir en justice pour obtenir la réparation du préjudice subi ou, si le tiers connaissait l'existence du pacte et l'intention du bénéficiaire de s'en prévaloir, la nullité du contrat ou sa substitution au tiers dans le contrat conclu.
- La loi prévoit la protection du bénéficiaire du pacte par l'**action interrogatoire** : le tiers peut demander par écrit au bénéficiaire de confirmer dans un délai qu'il fixe et qui doit être raisonnable, l'existence d'un pacte de préférence et s'il entend s'en prévaloir. L'écrit doit mentionner qu'à défaut de réponse dans ce délai, le bénéficiaire du pacte ne pourra plus solliciter sa substitution au contrat conclu avec le tiers ou la nullité du contrat.
- **Promesse unilatérale** :
- **définition** : contrat par lequel une partie, le **promettant**, accorde à l'autre, le **bénéficiaire**, le droit d'opter pour la conclusion d'un contrat dont les éléments essentiels sont déterminés, et pour la formation duquel ne manque que le consentement du bénéficiaire ;
- **révocation** : n'empêche pas la formation du contrat promis si elle intervient pendant le temps laissé au bénéficiaire pour opter ;
- **sanction** : le contrat conclu en violation de la promesse unilatérale avec un tiers qui en connaissait l'existence est nul.

Règles spécifiques au contrat conclu par voie électronique

- **champ d'application** : peuvent être diffusées par voie électronique les **informations** demandées en vue de la conclusion du contrat ou au cours de l'exécution du contrat si le destinataire des informations accepte l'usage du support électronique ;
- **conditions à respecter par le professionnel** qui fait une **offre pour la fourniture de biens ou la prestation de services** :
- la mise à disposition des stipulations contractuelles applicables doit permettre leur conservation et leur reproduction ;

• l'auteur de l'offre reste engagé par celle-ci tant que, de son fait, elle est accessible par voie électronique ;
• l'offre doit contenir certaines *informations*, notamment : les différentes étapes à suivre pour conclure le contrat par voie électronique ;

- **conclusion du contrat** :

• elle est valable si le **destinataire de l'offre** a pu vérifier le détail de sa commande, le prix total et corriger d'éventuelles erreurs, avant de confirmer sa commande pour exprimer son acceptation définitive ;
• l'**auteur de l'offre** doit accuser réception sans délai injustifié, par voie électronique, de la commande qu'il a reçue ;
• la commande, la confirmation de l'acceptation de l'offre et l'accusé de réception sont considérés comme reçus quand les parties au contrat peuvent y avoir accès ;
• le consommateur dispose d'un délai de quatorze jours calendaires révolus pour exercer son **droit de rétractation**, sans avoir à justifier de motif ni à supporter de pénalités.

B. La validité du contrat

Trois conditions doivent être remplies pour la validité d'un contrat :
- le consentement des parties ;
- leur capacité à contracter ;
- un contenu licite et certain.

▸ Le **consentement des parties** :
- **validité** : il faut être sain d'esprit pour exprimer son consentement ;
- **vices du consentement** : l'**erreur**, le **dol** et la **violence** : doivent être de telle nature que, sans eux, l'une des parties n'aurait pas contracté ou aurait contracté à des conditions substantiellement différentes. Ces vices sont des **causes de nullité relative du contrat**.

L'**erreur sur la valeur** par laquelle, sans se tromper sur les qualités essentielles de la prestation, un contractant fait seulement de celle-ci une appréciation économique inexacte, n'est pas une cause de nullité.

Le **dol** est constitué dans les cas suivants :
• un contractant obtient le consentement de l'autre par des *manœuvres* ou des *mensonges* ;
• il y a *dissimulation intentionnelle* par l'un des contractants d'une information dont il sait le caractère déterminant pour l'autre partie ;

La **violence** survient dans les cas suivants :
• une partie s'engage sous la pression d'une contrainte qui lui inspire la ***crainte*** d'exposer sa personne, sa fortune ou celles de ses proches à un mal considérable. Elle est exercée par une partie ou par un tiers ;

- une partie, ***abusant de l'état de dépendance*** dans lequel se trouve son cocontractant à son égard, obtient de lui un engagement qu'il n'aurait pas souscrit en l'absence d'une telle contrainte et en tire un avantage manifestement excessif ;

- **délai de l'action en nullité du contrat** : en cas d'erreur ou de dol, il court du jour où ils ont été découverts et, en cas de violence, du jour où elle a cessé.

▸ La **capacité des parties** à contracter et la **représentation** :

- **capacité** :
  - *personne physique* : elle peut contracter sauf en cas d'incapacité prévue par la loi (cf. les différentes situations des mineurs non émancipés et des majeurs protégés) ;
  - *personnes morales* : leur capacité est limitée par les règles qui leur sont applicables.

    L'**incapacité de contracter** est une cause de **nullité relative** du contrat.

    La **prescription de l'action en nullité** court notamment à l'égard des actes faits par un mineur, du jour de la majorité ou de l'émancipation et à l'égard des actes faits par un majeur protégé, du jour où il en a eu connaissance alors qu'il était en situation de les refaire valablement ;
- **représentation** :
  - le **représentant** est **légal**, **judiciaire** ou **conventionnel ;**
  - **le représentant doit agir dans la limite des pouvoirs qui lui ont été conférés** et le représenté est seul engagé par l'acte conclu ; en revanche, si le représentant contracte en son propre nom, il est seul engagé par l'acte ;
  - **si le représentant accomplit un acte sans pouvoir ou au-delà de ses pouvoirs**, l'acte est *inopposable* au représenté. Toutefois, l'acte peut être validé si, en application de la théorie du *mandat apparent*, le tiers contractant a légitimement cru en la réalité des pouvoirs du représentant, notamment en raison du comportement ou des déclarations du représenté.

    Si le tiers contractant ignorait que l'acte était accompli par un représentant sans pouvoir ou au-delà de ses pouvoirs, il peut en invoquer la *nullité* ;
  - **si le représentant détourne ses pouvoirs au détriment du représenté**, ce dernier peut invoquer la *nullité* de l'acte accompli *si le tiers avait connaissance du détournement ou ne pouvait l'ignorer* ;
  - **si le tiers doute de l'étendue du pouvoir du représentant conventionnel** à l'occasion d'un acte qu'il s'apprête à conclure, il peut exercer une **action interrogatoire** (c'est-à-dire qu'il peut demander par écrit au représenté de lui confirmer, dans un délai qu'il fixe et qui doit être raisonnable, que le représentant est habilité à conclure cet acte. L'écrit mentionne qu'à défaut de réponse dans ce délai, le représentant est réputé habilité à conclure cet acte.

▸ Le **contenu licite et certain** du contrat :

- le contrat ne peut déroger à l'**ordre public** ni par ses stipulations, ni par son but ;
- toute **obligation** a pour objet une *prestation présente ou future*, qui doit être possible et déterminée ou déterminable.

La prestation est *déterminable* lorsqu'elle peut être déduite du contrat ou par référence aux usages ou aux relations antérieures des parties, sans qu'un nouvel accord des parties soit nécessaire ;
- la fixation du **prix** :
• dans les *contrats cadre* : il peut être convenu que le prix sera fixé unilatéralement par l'une des parties ; en cas d'abus dans la fixation du prix, le *juge* peut être saisi d'une demande de dommages et intérêts et le cas échéant de la résolution du contrat ;
• dans les *contrats de prestation de service* : à défaut d'accord des parties avant leur exécution, le prix peut être fixé par le créancier ; en cas d'abus dans la fixation du prix, le *juge* peut être saisi d'une demande de dommages et intérêts et, le cas échéant, de la résolution du contrat ;
- l'**équivalence des prestations** : si cette équivalence n'est pas réalisée dans les *contrats synallagmatiques*, ce n'est pas une cause de nullité du contrat sauf si la loi en dispose autrement ;
- la **contrepartie** dans un *contrat à titre onéreux* : si, au moment de la formation du contrat, la contrepartie convenue au profit de celui qui s'engage est illusoire ou dérisoire, le contrat est nul ;
- le **déséquilibre significatif** dans un *contrat d'adhésion* : toute clause non négociable qui crée un déséquilibre entre les droits et les obligations des parties au contrat est réputée non écrite. L'appréciation du déséquilibre significatif ne porte ni sur l'objet principal du contrat ni sur l'adéquation du prix à la prestation.

C. La forme du contrat

▸ Principe : **les contrats sont consensuels.**

▸ Exceptions :
- pour les *contrats solennels* : leur validité est subordonnée à l'observation de formes déterminées par la loi ; à défaut, le contrat est nul, sauf si la régularisation est possible ;
- la formation de certains contrats est subordonnée par la loi à la *remise d'une chose*.

D. Les sanctions

Les sanctions sont la nullité et la caducité du contrat.

▸ **Nullité du contrat** :
- **causes de nullité** : le contrat ne remplit pas les conditions requises pour sa validité ;
- **types de nullité** et règles applicables :

Caractéristiques	Nullité ABSOLUE	Nullité RELATIVE
Situations en cause	La règle violée a pour objet la sauvegarde de l'**intérêt général**.	La règle violée a pour seul objet la sauvegarde d'un **intérêt privé**.

Caractéristiques	Nullité ABSOLUE	Nullité RELATIVE
Actions en nullité	La nullité peut être demandée par *toute personne justifiant d'un intérêt*, ainsi que par le *ministère public*. Elle *ne peut être couverte par la confirmation* du contrat.	La nullité peut être demandée seulement par la *partie que la loi veut protéger*. Elle *peut être couverte par la confirmation*.

Différents moyens peuvent être utilisés en cas de nullité :

- la **confirmation** est l'acte par lequel la personne qui pourrait se prévaloir de la nullité y renonce ;
- une partie peut exercer une **action interrogatoire** : elle peut demander par écrit à celle qui pourrait se prévaloir de la nullité soit de confirmer le contrat, soit d'agir en nullité dans un délai de six mois à peine de forclusion ;
- lorsque la cause de nullité n'affecte qu'une ou plusieurs clauses du contrat, l'acte tout entier est nul si cette ou ces clauses ont constitué un **élément déterminant de l'engagement** des parties ou de l'une d'elles ;

- **modalités de l'annulation** : la nullité est prononcée par le **juge** ou bien elle est constatée d'un **commun accord par les parties** ;
- **effets de l'annulation** :
  - le contrat annulé est censé n'avoir jamais existé ; l'annulation a un **effet rétroactif** ;
  - indépendamment de l'annulation du contrat, la partie lésée peut demander réparation du dommage subi dans le cadre de la **responsabilité extracontractuelle**.

▸ **Caducité du contrat** :

- **notion** de caducité : un contrat est caduc s'il est privé d'effet par la survenance d'un fait dans les conditions prévues par la loi ;
- **causes** de caducité, notamment : *si l'un des éléments essentiels* d'un contrat (*ex.* : non-obtention d'une autorisation administrative) valablement formé disparaît ;
- **effet** de la caducité : **fin** du contrat.

3 L'interprétation du contrat

- Le contrat s'interprète d'après la **commune intention des parties**. Lorsque cette intention ne peut être décelée, le contrat s'interprète selon le sens que lui donnerait une personne raisonnable placée dans la même situation.
- **Toutes les clauses d'un contrat s'interprètent les unes par rapport aux autres.**
- Cas particuliers : dans le **doute**, le *contrat de gré à gré* s'interprète contre le créancier et en faveur du débiteur, et le *contrat d'adhésion* contre celui qui l'a proposé.

4 Les effets du contrat

A. Les effets du contrat entre les parties

Force obligatoire du contrat

- *Principe* : le contrat a deux effets :
  - le contrat **ne peut être modifié ou révoqué que par le consentement mutuel des parties** ou pour les causes que la loi autorise ;
  - le contrat contient des **obligations** qui doivent être exécutées par les parties ; il oblige aussi ces dernières à toutes les suites issues de l'équité, de l'usage ou de la loi ;
- *Exception* : application du mécanisme de l'**imprévision** qui s'applique dans les conditions suivantes :
  - si un changement de *circonstances imprévisible* lors de la conclusion du contrat rend l'exécution excessivement onéreuse pour une partie qui n'avait pas accepté d'en assumer le risque, celle-ci peut demander une *renégociation du contrat* à son cocontractant. Elle continue à exécuter ses obligations durant la renégociation ;
  - en cas de refus ou d'échec de la renégociation, les **parties** peuvent convenir de la *résolution du contrat*, à la date et aux conditions qu'elles déterminent, ou demander d'un commun accord au juge de procéder à son *adaptation*. À défaut d'accord dans un délai raisonnable, le **juge** peut, à la demande d'une partie, *réviser* le contrat ou y *mettre fin*, à la date et aux conditions qu'il fixe.

Effet translatif de propriété et des risques de la chose :

- **moment** du transfert :
  - il intervient lors de la *conclusion du contrat* ;
  - il peut être *différé* par la volonté des parties, la nature des choses ou par l'effet de la loi ;
- **effets** du transfert de propriété :
  - principe : il y a transfert des **risques de la chose** ;
  - l'obligation de **délivrer** la chose emporte obligation de la conserver jusqu'à la délivrance, en y apportant tous les soins d'une personne raisonnable ;
- cas des **acquéreurs successifs** sur les biens :
  - si le bien est un *meuble corporel* : lorsque deux acquéreurs successifs tiennent leur droit d'une même personne, celui qui a pris *possession* de ce meuble en premier est préféré à condition qu'il soit de *bonne foi* ;
  - si le bien est un *immeuble* : lorsque deux acquéreurs successifs tiennent leur droit d'une même personne, celui qui a, le premier, *publié* son titre d'acquisition passé en la forme authentique au fichier immobilier est préféré à condition qu'il soit de *bonne foi*.

Le paiement : mode normal d'exécution du contrat

- Définition : le paiement est l'exécution volontaire de la prestation due.

- Conditions du paiement :

Moment du paiement	Il doit être fait *sitôt que la dette devient exigible.*
Personne bénéficiaire du paiement	Il doit être *fait au créancier ou à la personne désignée* pour le recevoir.
Paiement à un *créancier apparent*	S'il est fait de bonne foi, il est valable.
Paiement *partiel*	Le créancier peut le refuser même si la prestation est divisible.
Paiement *sous une autre forme*	Le créancier peut l'accepter.
Lieu du paiement	À défaut d'une autre désignation par la loi, le contrat ou le juge, le paiement doit être fait au domicile du débiteur.
Frais du paiement	Ils sont à la charge du débiteur.
Paiement lorsqu'il y a *plusieurs dettes*	Le débiteur peut indiquer, quand il paie, celle qu'il entend acquitter.

- Effets :
- *libération du débiteur* à l'égard du créancier et *extinction de la dette* ;
- *preuve du paiement* : par tout moyen.

- Dispositions particulières aux obligations de sommes d'argent

Montant du paiement	Le débiteur d'une obligation de somme d'argent se libère par le versement de son *montant nominal*. Le montant de la somme due peut varier par le jeu de l'*indexation.*
Droit aux intérêts	Lorsque l'obligation de somme d'argent porte intérêt, le débiteur se libère en versant le *principal* et les *intérêts.* L'intérêt est accordé par la *loi* ou stipulé dans le *contrat*.
Capitalisation des intérêts (ou anatocisme)	Les intérêts échus, dus au moins pour une année entière, produisent intérêt si le contrat l'a prévu ou si une décision de justice le précise.
Monnaie de paiement	Le paiement en France d'une obligation de somme d'argent s'effectue en euros en principe.
Lieu du paiement	C'est le domicile du créancier, à défaut d'une autre désignation par la loi, le contrat ou le juge.
Délais de paiement	Le *juge* peut, compte tenu de la situation du débiteur et en considération des besoins du créancier, reporter ou échelonner, *dans la limite de deux années*, le paiement des sommes dues. Par décision spéciale et motivée, il peut ordonner que les sommes correspondant aux échéances reportées porteront intérêt à un *taux réduit au moins égal au taux légal*, ou que les paiements s'imputeront d'abord sur le capital. La *décision du juge suspend les procédures d'exécution* qui auraient été engagées par le créancier. Les majorations d'intérêts ou les pénalités prévues en cas de retard ne sont pas encourues pendant le délai fixé par le juge. *Toute stipulation contraire est réputée non écrite.*

- La mise en demeure du débiteur
  - *forme* : soit sommation ou acte portant interpellation suffisante, soit, si le contrat le prévoit, par exigibilité de l'obligation ;
  - *production de plein droit des intérêts* : elle fait courir l'intérêt moratoire, au taux légal ;
  - *quand elle porte sur la délivrance d'une chose* : elle met les risques à la charge du débiteur, s'ils n'y sont déjà.

B. Les effets du contrat à l'égard des tiers

▸ **Principe : effet relatif du contrat**, qui produit deux effets :
- le contrat ne crée d'obligations qu'**entre les parties** ;
- le contrat est **opposable aux tiers** : ceux-ci doivent respecter la situation juridique créée par le contrat.

▸ **Exceptions**
- **Le porte-fort**

  Dans ce contrat : une personne, le **promettant**, peut se porter fort en promettant le fait d'un **tiers**. Le promettant est libéré de toute obligation si le tiers accomplit le fait promis ; dans le cas contraire, il peut être condamné à des dommages et intérêts.
- **La stipulation pour autrui** :
  - **conditions** : on peut stipuler pour autrui (*ex.* : dans un contrat d'assurance-vie). L'un des contractants, le **stipulant**, peut faire promettre à l'autre, le **promettant**, d'accomplir une prestation au profit d'un tiers, le **bénéficiaire** ;
  - **acceptation** : elle est expresse ou tacite et peut émaner du bénéficiaire ou, après son décès, de ses héritiers ;
  - **révocation** : le stipulant peut librement révoquer la stipulation tant que le bénéficiaire ne l'a pas acceptée.

5 L'inexécution du contrat

▸ Énoncé des **sanctions de l'inexécution**
- La partie qui n'exécute pas ses obligations contractuelles engage sa **responsabilité civile contractuelle**.
- La partie envers laquelle l'engagement n'a pas été exécuté, ou l'a été imparfaitement, peut :
  - refuser d'exécuter ou suspendre l'exécution de sa propre obligation : l'*exception d'inexécution* est alors invoquée ;
  - poursuivre l'*exécution forcée en nature* de l'obligation ;
  - solliciter une *réduction du prix* ;
  - provoquer la *résolution du contrat* ;
  - demander *réparation* des conséquences de l'inexécution.

- Les sanctions qui ne sont pas incompatibles peuvent être cumulées ; des *dommages et intérêts* peuvent toujours s'y ajouter.

▸ **Règles spécifiques** applicables aux différentes sanctions :
- l'inexécution est due à un **cas de force majeure** :
  • *définition* : il y a force majeure en matière contractuelle quand un événement échappant au contrôle du débiteur, qui ne pouvait être raisonnablement prévu lors de la conclusion du contrat et dont les effets ne peuvent être évités par des mesures appropriées, empêche l'exécution de son obligation par le débiteur. La force majeure a donc un caractère **irrésistible** et **imprévisible** ;
  • *effets* d'un cas de force majeure : *si l'empêchement est temporaire* : l'exécution de l'obligation est suspendue à moins que le retard qui en résulterait ne justifie la résolution du contrat ; *si l'empêchement est définitif*, le contrat est résolu de plein droit et les parties sont libérées de leurs obligations ;
- l'inexécution découle d'une **exception d'inexécution** :
  • 1re situation : une partie peut *refuser d'exécuter son obligation*, alors même que celle-ci est exigible, si l'autre n'exécute pas la sienne et si cette inexécution est suffisamment grave ;
  • 2e situation : une partie peut *suspendre l'exécution de son obligation* dès lors qu'il est manifeste que son cocontractant ne s'exécutera pas à l'échéance et que les conséquences de cette inexécution sont suffisamment graves pour elle ;
- le créancier d'une obligation demande l'**exécution forcée en nature**, il **peut**, *après mise en demeure,* exercer l'une des actions suivantes :
  • *poursuivre l'exécution* en nature de l'obligation, sauf si cette exécution est impossible ou s'il existe une disproportion manifeste entre son coût pour le débiteur **de bonne foi** et son intérêt pour le créancier ;
  • *faire exécuter lui-même l'obligation* dans un délai et à un coût raisonnables ou, sur autorisation préalable du juge, détruire ce qui a été fait en violation de l'obligation ;
- **en cas d'inexécution imparfaite de la prestation, le créancier peut, après mise en demeure, accepter d'en réduire le prix de manière proportionnelle (par écrit) ;**
- la **résolution du contrat** :
  • *modalités :*
    ✓application d'une **clause résolutoire** (qui précise les engagements dont l'inexécution entraînera la résolution du contrat) : la résolution est subordonnée à une *mise en demeure infructueuse* qui mentionne expressément qu'à défaut pour le débiteur de satisfaire à son obligation, le créancier sera en droit de résoudre le contrat ;
    ✓dans tous les cas, la résolution peut être **demandée en justice** ;
  • *effets.*
    ✓*fin* du contrat ;
    ✓restitution des *prestations* déjà échangées si elles trouvaient leur utilité par l'exécution complète du contrat ;
    ✓maintien des *clauses de règlement des différends* (clause d'arbitrage...), des *clauses de confidentialité et de non-concurrence* ;

- la **réparation du préjudice résultant de l'inexécution du contrat** :
  - *conditions* : les dommages sont dus si le débiteur a préalablement reçu une **mise en demeure** de s'exécuter dans un délai raisonnable ;
  - *nature des dommages et intérêts (DI)* : le débiteur est condamné, s'il y a lieu, au paiement de DI s'il y a *inexécution* de l'obligation ou si l'exécution a lieu en *retard* s'il ne justifie pas que l'exécution a été empêchée par la force majeure ;
  - *évaluation des DI* : ils correspondent en général à la perte subie par le créancier et au gain dont il a été privé.

Le débiteur n'est tenu que des **dommages et intérêts** (ou **pénalité**) *qui ont été prévus ou qui pouvaient être prévus lors de la conclusion du contrat*, sauf lorsque l'inexécution est due à une faute lourde ou dolosive.

Lorsque le contrat stipule que celui qui manquera de l'exécuter paiera une certaine somme à titre de dommages et intérêts, il ne peut être alloué à l'autre partie une somme plus forte ni moindre. Néanmoins, *le* **juge** *peut, même d'office, modérer ou augmenter la pénalité ainsi convenue si elle est manifestement excessive ou dérisoire*. Lorsque l'engagement a été exécuté en partie, la pénalité convenue peut être diminuée par le juge, même d'office, à proportion de l'intérêt que l'exécution partielle a procuré au créancier.

Les dommages et intérêts dus à raison du **retard dans le paiement d'une obligation de somme d'argent** consistent dans l'**intérêt au taux légal,** à compter de la mise en demeure. Ils sont dus sans que le créancier soit tenu de justifier d'aucune perte.

Mots clés : contrat, liberté contractuelle, ordre public, bonne foi, classification des contrats, négociations précontractuelles, offre, acceptation, avant-contrat, pacte de préférence, promesse unilatérale, contrat conclu à distance, droit de rétractation, consentement, vices du consentement, capacité, représentation, contenu licite et certain, contrat consensuel, contrat solennel, nullité (absolue, relative) du contrat, action interrogatoire, caducité du contrat, interprétation du contrat, force obligatoire du contrat, mécanisme de l'imprévision, paiement, effet relatif du contrat, porte-fort, stipulation pour autrui, responsabilité civile contractuelle, sanctions de l'inexécution, cas de force majeure, exception d'inexécution, exécution forcée en nature, résolution du contrat, dommages intérêts.

UE 1

MÉMO 9

Les contrats de l'entreprise 1re partie

1 Les contrats portant sur le fonds de commerce

A. Location-gérance

<table>
<tr><th colspan="2">Définition</th></tr>
<tr><td colspan="2">Lorsque le propriétaire ou l'exploitant d'un fonds de commerce confie l'exploitation de ce fonds à un tiers, il conclut un contrat de location-gérance ou contrat de gérance libre. Ce tiers est le locataire-gérant du fonds.</td></tr>
<tr><th colspan="2">Formation</th></tr>
<tr><th>Conditions de FOND</th><th>Conditions de FORME</th></tr>
<tr><td>• Le propriétaire du fonds de commerce doit l'avoir exploité au préalable pendant une période minimale de deux ans.
• Le locataire-gérant doit avoir la capacité commerciale, car il a la qualité de commerçant.
• L'objet du contrat : la location d'un fonds de commerce.</td><td>• Publicité du contrat au JAL, inscription du locataire-gérant au RCS, mention du contrat au BODACC, mention de la location-gérance sur les documents commerciaux du locataire- gérant.
• À défaut de publication du contrat, le propriétaire est solidairement responsable avec le locataire-gérant des dettes contractées lors de l'exploitation du fonds.</td></tr>
<tr><th colspan="2">Effets</th></tr>
<tr><td colspan="2">• Les parties ont des droits et des obligations, notamment :
– le propriétaire du fonds perçoit le loyer et peut céder le fonds ; il doit garantir au locataire une jouissance paisible du fonds (pas de concurrence...) ;
– le locataire-gérant exploite le fonds à ses risques et périls ; il doit payer le loyer prévu, exploiter le fonds en bon père de famille et ne pas céder le fonds.
• Les tiers peuvent, dès la conclusion du contrat, exiger immédiatement les dettes afférentes à l'exploitation du fonds.
• La fin du contrat intervient dans les conditions prévues au contrat. Si la valeur du fonds s'est accrue, on applique la théorie de l'accession en faveur du propriétaire. Les contrats en cours ne sont pas cessibles au loueur ; et les dettes contractées par le locataire-gérant sont immédiatement exigibles.</td></tr>
</table>

Au moment de la location-gérance, les dettes du loueur du fonds afférentes à l'exploitation du fonds peuvent être déclarées immédiatement exigibles par le tribunal de commerce de la situation du fonds, s'il estime que la location-gérance met en péril leur recouvrement.

L'action doit être introduite, à peine de forclusion, dans le délai de trois mois à dater de la publication du contrat de gérance sur un support habilité à recevoir les annonces légales.

B. Vente

Formation du contrat	
Conditions de FOND	**Conditions de FORME**
• Les parties doivent avoir la **capacité commerciale** et leur consentement ne doit pas être vicié. • L'**objet** du contrat correspond aux obligations des parties, et en particulier la description des éléments cédés. • La **cause** du contrat doit être licite.	• Le contrat doit contenir des **mentions** prévues par la loi (*ex.* : sûretés grevant le fonds, bail) ; à défaut, la nullité de l'acte est encourue. • Le vendeur doit remettre certains **documents** à l'acquéreur du fonds (*ex.* : livres de comptabilité). • La vente du fonds doit faire l'objet de formalités de **publicité** : enregistrement auprès du fisc, publication de la vente au BODACC. • Les créanciers du fonds peuvent faire **opposition** au paiement du prix dans un délai de 10 jours après la publication au BODACC.
Effets	
Obligations du vendeur	**Obligations de l'acheteur**
• Obligation de **délivrance** : il met l'acquéreur en possession des éléments du fonds. • Obligation de **garantie** qui comprend : - une obligation de garantie des vices cachés (sanction en cas de vice : résolution de la vente ou réduction du prix ; - une obligation de garantie d'éviction (notamment : pas de concurrence du vendeur).	• Payer le prix convenu. • Si le fonds est acheté à crédit, le vendeur bénéficie du **privilège du vendeur de fonds de commerce.** Ce privilège doit être inscrit sur un registre tenu au greffe du tribunal de commerce ; il porte sur les éléments du fonds énumérés dans la vente et dans l'inscription.

2 Le contrat de vente

Définition et caractéristiques

- Contrat conclu entre un vendeur (qui livre une chose) et un acheteur (qui paie le prix convenu).
- Il est un synallagmatique, à titre onéreux, commutatif, consensuel (en principe, mais peut contenir une clause de réserve de propriété).

A. Formation

- **Obligation générale d'information** : selon le bien vendu, le vendeur a une obligation de renseignement, de mise en garde (pour l'utilisation) et/ou de conseil.
- **Conditions de validité** : les conditions de validité du droit commun s'appliquent (consentement non vicié, capacité...).
- Les parties peuvent conclure un **avant-contrat**, qui peut être un contrat cadre, une promesse unilatérale de vente ou une promesse unilatérale d'achat, une promesse synallagmatique de vente (ou compromis) ; la vente peut être conditionnelle.
- Un contrat avec **faculté de repentir** (avec versement d'un dédit ou d'arrhes) peut être conclu.
- La **chose** doit exister, être inaliénable et être déterminée ou déterminable.
- Le **prix** doit être déterminé, réel (il n'y a pas de contre-lettre) ; il peut être remis en cause en cas de lésion (*ex.* : *cf.* l'action en rescision pour lésion pour un immeuble).

B. Effets réels du contrat

Le transfert de propriété

- est **immédiat** (dès l'échange des consentements) entre les parties. Cependant, les parties peuvent prévoir un terme, une condition ou une clause de réserve de propriété ;
- vis-à-vis des tiers, lorsque la chose est un meuble, c'est la personne qui est entrée en possession de bonne foi la première qui est préférée sur la chose. Pour un immeuble, le transfert de propriété est publié à la Conservation des hypothèques.

Le transfert des risques est organisé

- par la **loi** : le propriétaire de la chose en supporte les risques (principe) ; le transfert de la propriété est dissocié de celui des risques (exception) ;
- ou par la **convention** : les parties dissocient le transfert de propriété et le transfert des risques.

C. Obligations

Vendeur

- **Obligation de délivrance** :
- délivrer la chose convenue avec ses accessoires (conformité de la chose) ;
- par la remise matérielle de la chose, la remise d'un titre (*ex.* : brevet) ou de clés (*ex.* : immeuble) ;
- la chose est quérable ou portable.
- En cas de défaut de délivrance, des **sanctions** peuvent être appliquées :
- sanctions **légales** : *ex.* : résolution de la vente, exécution forcée, l'exercice de la faculté de remplacement du bien, dommages intérêts ;
- sanctions **conventionnelles** : la responsabilité du vendeur peut être limitée par une clause du contrat.

Le vendeur est exonéré de sa responsabilité en cas de force majeure (application de la théorie des risques).

- Obligation de garantie qui comprend :
- la **garantie d'éviction** du fait personnel du vendeur et du fait des tiers. L'éviction est totale (la vente du fonds est anéantie) ou partielle (l'acheteur demande des dommages intérêts) ;
- la **garantie contre les vices cachés** : le **vice** est **rédhibitoire** si la chose est impropre à l'usage auquel elle est destinée (action rédhibitoire) ou le vice diminue l'usage de la chose, (action estimatoire). Il doit être caché et antérieur à la vente.

L'action en garantie doit être intentée dans un **délai de deux ans** à compter de la découverte du vice.

La jurisprudence pose une **présomption irréfragable de mauvaise foi du vendeur professionnel**.

Acheteur

- **Obligation de retirement** :
- consiste à prendre livraison de la chose.
- en cas d'inexécution de cette obligation, le vendeur demander en justice l'exécution forcée du contrat ou la résolution du contrat ;
- **Obligation de paiement du prix** (prix de la vente, intérêts et frais de la vente) :
- paiement est comptant ou différé ;
- **lieu** de paiement : déterminé par les parties ;
- **preuve** du paiement à l'aide de quittances. Pour un meuble, la remise de la chose vaut présomption de paiement ; pour un immeuble, le paiement est visé par l'acte authentique.

⟹ **À défaut de paiement**, le vendeur demander en justice l'exécution forcée de l'obligation ou la résolution du contrat.

MÉMO 10 Les contrats de l'entreprise 2e partie

1 Le contrat de consommation

Définition et caractéristiques

Le contrat de consommation est conclu entre un professionnel et un consommateur.
Le Code de la consommation dispose « qu'est considérée comme un consommateur toute personne physique qui agit à des fins qui n'entrent pas dans le cadre son activité commerciale, industrielle, artisanale ou libérale ».
Ce contrat concerne la vente de biens ou de prestations de services.

A. Formation

Conditions de FOND	• Les **conditions de validité du droit commun** s'appliquent. • Le droit de la consommation prévoit des **conditions spécifiques** pour protéger le consommateur : - **obligation précontractuelle d'information du professionnel** : a pour but de fournir au consommateur toutes les informations dont il a besoin pour conclure le contrat en connaissance de cause. Elle porte sur les caractéristiques essentielles du bien ou du service offert au consommateur et peut être effectuée sur divers supports (*ex.* : étiquette, affiche) ; - **offre de produits** : peut être faite à distance par voie électronique ; la loi impose au professionnel d'inscrire des mentions obligatoires (*ex.* : étapes à suivre pour conclure le contrat). Le défaut d'information est constitutif d'un dol par réticence, qui est sanctionné par la nullité du contrat. - **formation du contrat** : a lieu au moment de l'échange des consentements entre le professionnel et le consommateur. Le consommateur dispose d'un **droit de repentir** (pour renoncer au contrat à compter de l'engagement ou de la réception de l'objet), d'un **délai de réflexion** (appelé « délai de rétractation »). Dans le cas du **contrat de vente électronique**, le client doit avoir le temps de bien vérifier sa commande, son prix et de corriger d'éventuelles erreurs avant de la confirmer par deux « clics » (à défaut de ces « clics », la vente est nulle).
Conditions de FORME	• C'est un contrat **consensuel**. • Le **formalisme** se développe, *ex.* : si le consommateur contracte des engagements importants : la loi impose alors un écrit. L'**écrit électronique** peut être sous-seing privé ou authentique.

B. Protection du consommateur

Droit commun	• L'équilibre des obligations entre les parties est préservé par l'application de la **théorie de l'abus de droit**. Le but est de sanctionner le professionnel qui tire des avantages excessifs du contrat. • **Clauses interdites** : clause attributive de compétence, clause compromissoire. • **Clauses pénales** sont autorisées, mais peuvent être révisées par le juge.
Droit de la consommation	• **Interdiction des clauses abusives** : dans les contrats conclus entre professionnels et non professionnels, ces clauses ont pour objet ou pour effet de créer, au détriment du non professionnel ou du consommateur, un déséquilibre significatif entre les droits et obligations des parties au contrat : - ces clauses peuvent être inscrites sur des supports variés (*ex.* : bons de commande, factures) ; - une clause abusive n'entraîne pas la nullité du contrat, car elle est réputée non écrite. • **Obligation de sécurité** : incombe au professionnel et a plusieurs volets : - la sécurité des produits ; - l'information sur les produits (informations utiles pour évaluer les risques inhérents à l'utilisation des produits...) ; - la prévention des risques : le professionnel doit faire un suivi de ses produits, voire les retirer du marché si des risques apparaissent pour les consommateurs. • **Le professionnel peut engager sa responsabilité du fait des services et des produits défectueux sur deux plans** : - responsabilité civile : si le produit défectueux cause un dommage au consommateur. Le consommateur doit prouver : la faute, le préjudice et le lien de causalité et agir dans les délais légaux (dans les 10 ans de la mise en circulation du bien et dans les 3 ans à compter de la découverte du dommage) ; - responsabilité pénale : *ex.* : en cas de délit de manquement à une obligation de sécurité ou délit de mise en danger de la vie d'autrui. • **Obligation de conformité du produit**, qui a plusieurs sources : - la loi en vigueur ; - la normalisation (AFNOR), qui n'est pas obligatoire en principe ; - le contrat conclu entre le professionnel et le consommateur : la conformité s'apprécie par rapport au prix (respect du prix indiqué sur publicité), au respect du délai prévu pour la livraison, à la garantie relative à la qualité du produit ou du service.

C. Effets du contrat

Interprétation du contrat	• Les **clauses du contrat** doivent être présentées et rédigées de façon claire et compréhensible. • Pour interpréter le contrat, le **juge** recherche la commune intention des parties et interprète les clauses du contrat dans le sens le plus favorable au consommateur.
Exécution du contrat	• Le **principe de la force obligatoire** du contrat s'applique si le contrat est équilibré. • Le consommateur peut se désengager en exerçant : - la **faculté de dédit** (par le versement d'arrhes) ; - le **droit de repentir** (où il renonce au contrat dans un délai déterminé) ; - le **droit de rétractation** (délai d'exercice : 14 jours) pour les contrats conclus à distance ou hors établissement. • Le **comportement de bonne foi** des parties est exigé. Le professionnel a une obligation de renseignement et une obligation de conseil envers le consommateur. • Le **paiement du prix** par le consommateur peut être un paiement anticipé (par un acompte) ; il doit être fait conformément au contrat. Le cas échéant, il y a paiement avec un délai ; le juge peut accorder un délai de grâce (il y a report ou échelonnement du paiement dans la limite de deux années). • Le **mode de paiement** du prix est choisi par les parties ; cependant la loi prévoit que le paiement d'un particulier à un professionnel ne peut s'opérer en espèces au-delà d'un montant de 1 000 €.

Actions en justice

- Un **consommateur** peut agir en justice selon le droit commun s'il subit un préjudice individuel du fait d'un professionnel.
- Une **association de défense des consommateurs** représentative au niveau national et agréée peut exercer une **action de groupe** pour obtenir la réparation de préjudices individuels subis par des consommateurs placés dans une situation similaire ou identique ; il s'agit de réparer des préjudices patrimoniaux résultant de dommages matériels).

2 Le contrat de crédit à la consommation

Définition et caractéristiques

- Ce contrat est conclu par un consommateur (personne physique) quand il emprunte des fonds pour acquérir une chose à crédit.
- Le Code de la consommation protège le consommateur dans cette opération.

A. Formation

Conditions de FOND	• L'emprunteur est un **consommateur**. Si une **caution** garantit le remboursement de la dette, elle bénéficie de cette réglementation. Le prêteur n'est pas obligatoirement un établissement de crédit. • L'**opération de crédit** peut prendre diverses formes, telles que : **prêt bancaire** (banque accorde un prêt ou une autorisation de découvert sur le compte), **vente à crédit** (vendeur accorde le crédit), **crédit renouvelable** (consenti par une société financière qui accorde une ouverture de crédit : ce dernier est utilisable par fraction et se renouvelle au fur et à mesure des remboursements effectués par le consommateur). • L'**offre de crédit** : - des **mentions** doivent figurer obligatoirement dans la publicité de tout crédit à la consommation ; par exemple l'identité du prêteur, les conditions du prêt (taux effectif global annuel du crédit...) ; - une **information précontractuelle** de l'emprunteur est obligatoire, notamment : explications sur l'adaptation de l'offre pour répondre aux besoins de l'emprunteur et conséquences du crédit ; - l'**offre de contrat de crédit** est écrite et le prêteur doit maintenir les conditions de l'offre pendant une durée minimale de 15 jours à compter de son émission. Le consommateur dispose d'un délai de rétractation de 14 jours à compter de l'acceptation de son offre. • Le **contenu du contrat de crédit** (caractéristiques du prêt...) est prévu par la loi.
Conditions de FORME	Forme du contrat de crédit : acte sous-seing privé ou acte authentique (dans ce cas, le droit protecteur de la consommation ne s'applique pas).

B. Effets

- Application du **droit commun** pour l'exécution du contrat.
- Application de diverses dispositions du **droit de la consommation** :

- la conclusion du **contrat principal** (contrat de vente du bien ou service) est soumise à l'obtention du crédit demandé par le consommateur pour le financer ;
- si le consommateur procède à un **remboursement anticipé**, aucune pénalité ne peut lui être infligée ;
- le **tribunal judiciaire** est compétent pour statuer sur les litiges en matière de crédit à la consommation. Le prêteur doit agir en justice contre le consommateur défaillant dans le délai de deux ans, à peine de forclusion.

MÉMO 11 Les contrats de l'entreprise 3e partie

1 Les contrats relatifs au financement des activités de l'entreprise

A. Compte de dépôt bancaire

1. Définition

- C'est un **instrument de paiement** (fonds déposés utilisés pour payer les dépenses du titulaire) et un instrument **de crédit** (la banque autorise un compte débiteur).
- Les commerçants et les entreprises ont l'obligation d'avoir un compte de dépôt bancaire ou un compte chèque postal.

2. Ouverture

- Application des conditions de **droit commun** de validité des contrats.
- **Règles spécifiques**, *notamment* : l'établissement de crédit (ou banquier) :
- doit fournir un certain nombre d'**informations** à son client (*ex.* : conditions d'utilisation du compte) ;
- peut refuser l'ouverture de compte ;
- peut limiter les **services liés à l'ouverture du compte** (*ex.* : tenue et clôture du compte, domiciliation de virements bancaires ou postaux) ;
- doit vérifier notamment le domicile et l'identité du futur **client** avant l'ouverture du compte ;

À noter : le contrat conclu pour l'ouverture du compte est consensuel, mais un **écrit** est souvent établi.

3. Fonctionnement

- **Obligations de l'établissement de crédit** (ou banquier) :
- vis-à-vis du titulaire du compte : **tenue du compte** (passation des écritures de débit et crédit…), surveillance du compte, respect du **secret professionnel** ;
- vis-à-vis des créanciers du titulaire du compte : répondre aux demandes de **saisie** (saisie-conservatoire, saisie-attribution).
- **Obligations du titulaire du compte** :
- verser les **intérêts** quand le solde du compte est débiteur conformément à la convention conclue avec le banquier ;
- payer les **commissions** pour les services rendus (*ex.* : délivrance d'une carte de crédit).

4. Clôture

- La clôture du compte **met fin à la convention** qui lie le banquier à son client. Elle peut découler notamment de la volonté commune des parties ou de l'une d'elles, ou de l'incapacité ou du décès du titulaire du compte.
- La clôture **n'a pas d'effet rétroactif** ; il y a liquidation des opérations en cours (c'est-à-dire que les opérations sont achevées).

B. Transferts de fonds

1. Virement et procédés dérivés du virement

Virement

- procédé de **transfert de fonds par un jeu d'écritures** d'un compte bancaire ou postal vers un autre compte bancaire ou postal ;
- l'**ordre de virement** est un contrat consensuel (pas de formalisme imposé) ; l'ordre de virement électronique se développe ;
- l'**inscription du crédit au compte du** bénéficiaire rend l'ordre de virement irrévocable.

Procédés dérivés

- l'**avis de prélèvement**, qui est caractérisé par une autorisation permanente de paiement donnée par le débiteur au profit d'un créancier déterminé (*ex.* : EDF). Il repose sur un double mandat permanent : mandat de prélèvement et mandat de virement ;
- le **titre interbancaire de paiement** (TIP) est un moyen de paiement qu'un débiteur reçoit de l'un de ses créanciers (*ex.* : France Télécom) ; il est accompagné d'une facture qui permet au débiteur un règlement à distance sans émettre un chèque. Le TIP est un ordre de virement à échéance.

2. Chèque

- **Définition** : titre par lequel une personne (le tireur) donne l'ordre à une banque ou un établissement de crédit assimilé (le tiré) de payer à vue une somme d'argent à une troisième personne (le porteur du chèque).
  La nature commerciale ou civile du chèque dépend de la qualité de son émetteur (commerçant ou non).
- **Emission du chèque** : elle met en jeu trois personnes :
- le **tireur** est titulaire d'un compte bancaire et il crée matériellement le titre ;
- le **tiré** est notamment un établissement de crédit ou le Trésor public ;
- le **bénéficiaire** est en principe la personne désignée par le tireur du chèque ; sinon le chèque est au porteur.
- **Forme du chèque** : est réglementée : il doit contenir des **mentions obligatoires** (*ex.* : dénomination « chèque », nom de celui qui doit payer (le tiré), signature du tireur).
- **Transmission du chèque** s'effectue par endossement : l'endossement translatif a pour objet de transmettre la propriété
- du chèque à une personne appelée « endossataire » ;
- l'endossement de procuration a pour objet de conférer un mandat de recouvrement à l'endossataire (qui est le banquier du bénéficiaire).
- **Paiement par chèque** :
- le chèque doit être présenté au paiement chez le **banquier du tiré** dans un délai de huit jours à compter de son émission ; le tiré doit le payer s'il a la provision, sinon

il peut refuser de le payer (dans ce cas : il peut notamment prononcer une interdiction bancaire contre le tireur) ;
- le tireur peut faire **opposition** au paiement du chèque dans des cas précis (*ex.* : perte ou vol du chèque) ;
- le porteur d'un chèque impayé peut (dans un délai de six mois) faire jouer la **solidarité** entre les signataires du chèque pour en obtenir le paiement et demander notamment des intérêts moratoires au juge.

• **Garanties du paiement du chèque** :
- lors de l'émission du chèque, la propriété de la **provision** est transférée de plein droit au bénéficiaire. La provision est la créance de somme d'argent que détient le tireur à l'encontre du tiré ; elle doit être préalable à l'émission du chèque, suffisante pour assurer le paiement du chèque et disponible ;
- le banquier a l'obligation légale de payer tout chèque d'un montant inférieur ou égal à quinze euros, même s'il n'est pas suffisamment provisionné ;
- des **garanties conventionnelles** peuvent être prévues pour le paiement : visa, certification, aval, chèque de banque.

3. Carte de paiement

• **Divers types de cartes** sont utilisés :
- cartes de **paiement** (émises par les établissements de crédit) : pour effectuer des paiements au comptant ;
- cartes de **crédit** (émises par les commerçants notamment) : pour utiliser une ligne de crédit d'un montant déterminé ;
- carte de **retrait** : pour retirer des sommes, notamment dans les distributeurs ;
- cartes de **garantie** : pour garantir, dans la limite d'un montant déterminé par convention, le paiement des chèques émis par les titulaires de cartes.

• L'utilisation d'une carte repose sur l'organisation d'un **réseau d'établissements** (les adhérents), tels que les commerçants, qui acceptent le paiement par carte.

• Le **titulaire de la carte a diverses obligations** : être solidaire avec le titulaire du compte bancaire, se servir de la carte conformément à la convention conclue avec l'établissement qui l'a émise et déclarer immédiatement la perte ou le vol de la carte.

• Le **paiement** par carte ne requiert **aucun formalisme** :
- l'adhérent doit vérifier la validité de la carte et demander une autorisation spéciale au centre gestionnaire de la carte si le montant de la facture dépasse un montant fixé de manière conventionnelle ;
- le titulaire de la carte donne un ordre ou un engagement de payer qui est irrévocable. Une opposition au paiement peut être faite en cas de perte, vol ou utilisation frauduleuse de la carte.

2 Les contrats de crédit aux entreprises

A. Contrats de crédit AVEC mobilisation de créances

Ils permettent aux entreprises d'obtenir du crédit à court terme

1. Escompte

Caractéristiques	= technique qui permet au porteur d'un effet de commerce de mobiliser sa créance commerciale : il conclut un **contrat d'escompte** avec le banquier. L'effet de commerce escompté peut être : • une **lettre de change** : titre par lequel une personne (le tireur) donne l'ordre à l'un de ses débiteurs (le tiré) de payer une certaine somme, à une date déterminée, à une troisième personne (le bénéficiaire ou le porteur du titre) ; • un **billet à ordre** : titre par lequel une personne (le souscripteur) s'engage à payer à une date déterminée une somme d'argent à une autre personne (le bénéficiaire).
Mécanisme	• Le contrat d'escompte est formé par l'échange des **consentements** des parties. Le remettant (qui est le porteur de l'effet de commerce) transmet le titre au banquier par un endossement ; la somme remise correspond au montant de l'effet duquel est déduite la rémunération du banquier. • Le banquier peut **réescompter** l'effet pour se procurer des fonds. • Si le banquier n'est pas payé à l'échéance, il a deux **recours** : - demander au remettant de lui rembourser l'avance ; - agir contre les signataires de l'effet qui sont tenus solidairement et indéfiniment au paiement de celui-ci.

2. Cession de créances professionnelles

Caractéristiques	La cession et le nantissement de créances professionnelles s'effectuent à l'aide d'un document appelé « **bordereau Dailly** ».
Mécanisme	•La cession s'effectue en trois étapes : - conclusion d'un contrat de vente à crédit entre deux professionnels ; - le créancier qui détient plusieurs créances non encore arrivées à échéance décide de les transférer à la banque ; - le créancier cède ces créances à la banque en remplissant un bordereau Dailly. • L'utilisation du bordereau Dailly est subordonnée au respect de **conditions** : - conditions de **forme** : un écrit doit être rédigé et certaines mentions obligatoires doivent y figurer (*ex.* : caractéristiques des créances cédées) ; à défaut, le titre ne vaut pas comme acte de cession de créances ; - conditions de **fond** : les créances cédées sont issues de l'activité professionnelle ; elles doivent être liquides et exigibles. • Le **cédant** (qui est le créancier) transfère au **cessionnaire** (la banque) la propriété de la créance cédée ; ce transfert a lieu lors de l'apposition de la date sur le bordereau par le cessionnaire. • Le banquier peut **transférer le bordereau à un autre établissement de crédit** par un endossement ou une clause à ordre.

3. Affacturage

Caractéristiques	Dans le **contrat d'affacturage**, une personne (le **factor**) s'engage, en échange du paiement d'une commission, à acheter et à régler tout ou partie des créances que son client (l'adhérent) possède à l'encontre des tiers (débiteurs du client).
Mécanisme	• Le factor prend le **risque d'impayé** ; il règle les créances à son client avant qu'elles arrivent à échéance. • Le contrat est conclu pour une durée d'**un an** ; il est **écrit**. En principe, il comporte une **clause d'exclusivité** (*ex.* : elle est totale si l'adhérent doit remettre toutes ses factures au factor). • L'adhérent verse la **commission** convenue au factor. Ce dernier règle les factures à leur échéance ; le factor est donc **subrogé** dans la créance du client sur le débiteur. Le débiteur doit donc être **informé** du changement de créancier afin de ne pas payer sa dette au créancier originaire.

B. Contrats de crédit SANS mobilisation de créances

	Exemple : le contrat de crédit-bail mobilier
Caractéristiques et formation	• **Trois personnes** interviennent dans le contrat de crédit-bail mobilier. Le mécanisme du contrat est le suivant : - étape 1 : le futur locataire choisit le bien et passe commande à une personne (le loueur) qui va commander et financer le bien ; - étape 2 : le loueur passe commande du bien à un fournisseur ; - étape 3 : le fournisseur livre le bien au locataire ; le loueur paie le prix du bien au fournisseur ; - étape 4 : le locataire paie un loyer au loueur. • Le **locataire** est une entreprise ; le **loueur ou crédit bailleur** est en général un établissement de crédit ; le **fournisseur** peut être le fabricant ou un distributeur de biens d'équipement ou de matériel d'outillage. • Le **bien** doit être à **usage professionnel**. • Le **contrat** contient des clauses telles que : la durée de location choisie (entre 36 et 84 mois en général), le prix du loyer, une clause par laquelle le locataire peut exercer une option d'achat en fin de bail, afin d'acquérir le bien à un prix résiduel fixé à l'avance. • Le contrat est **écrit** ; il doit faire l'objet d'une **publicité** : inscription sur un registre spécial tenu au greffe du tribunal de commerce où le crédit bailleur est immatriculé.

Exemple : le contrat de crédit-bail mobilier	
Effets	• **Obligations du crédit-bailleur** : - l'obligation de **délivrance** du bien au locataire ; - l'obligation de **garantie des vices cachés**. • **Obligations du locataire** (ou crédit-preneur) : - fournir des **garanties** au bailleur, lors de la signature du contrat ; - **payer les loyers** convenus selon la périodicité définie dans le contrat. A défaut, le contrat prévoit en principe la résiliation de plein droit du contrat ; - veiller à l'**entretien** du bien loué. • Le **dénouement du contrat** intervient de deux façons : - **rupture anticipée** par le locataire : le locataire peut avoir à payer une indemnité importante au bailleur ; - fin du contrat **à la date prévue** : le locataire a le choix entre **trois options** : restituer le matériel, demander le renouvellement du contrat de location ou lever l'option d'achat et régler la somme correspondant à la valeur résiduelle du bien.

C. Contrat de prêt

Caractéristiques et formation	= convention par laquelle une personne (le prêteur) remet une somme d'argent à une autre personne (le bénéficiaire) ; cette dernière s'engage à **rembourser** la somme ultérieurement, moyennant (en principe) le paiement d'un **intérêt**. • Le contrat de prêt d'argent est le plus souvent consenti par un **établissement de crédit**. • Conditions de validité du contrat sont celles du **droit commun** : - capacité des parties ; - consentement non vicié ; - contenu licite et certain du contrat. À noter que le taux d'intérêt appliqué au prêt doit respecter des règles légales ; il correspond à un taux effectif global (TEG) qui ne doit pas être usuraire ; • En pratique, le contrat conclu entre un prêteur et une entreprise fait l'objet d'un **écrit**.
Effets	• **Obligation du prêteur** : mettre à disposition de l'entreprise les fonds convenus à la date prévue. • **Obligation de l'emprunteur** : **rembourser** le capital emprunté (le principal) et les intérêts selon les échéances prévues. En cas de non-respect d'une échéance, il y a déchéance conventionnelle du terme et le prêteur peut exiger immédiatement le paiement du montant qui reste dû ; le juge peut accorder un **délai de grâce** de deux ans au maximum.

MÉMO 12 Les contrats de l'entreprise 4e partie

1 Les contrats relatifs aux sûretés

A. Notion de sûreté

La sûreté est un mécanisme juridique établie en faveur du créancier dans le but de garantir le **paiement d'une dette à son échéance**.
Le créancier est protégé contre le risque d'impayé.

On distingue deux types de sûretés :

Sûretés PERSONNELLES	Sûretés RÉELLES
• sont toujours établies par contrat ; • ce sont les **cautionnements, garanties autonomes, lettres d'intention** ; • objet : ajouter un ou plusieurs débiteurs au débiteur d'origine de la dette.	• certaines sont établies par contrat, d'autres sont prévues par la loi ; • ce sont les **gages, nantissements, hypothèques, privilèges** ; • elles portent sur un ou plusieurs biens (meubles ou immeubles) déterminés, qui appartiennent au débiteur ou à un tiers.

B. Sûretés PERSONNELLES

1. Cautionnement

Définition et caractéristiques	• La **caution** (personne physique ou morale) d'une obligation s'engage envers le créancier à exécuter cette obligation si le débiteur ne le fait pas dans les conditions prévues. • L'engagement pris par la caution est le **cautionnement**. • Le **contrat de cautionnement** est un contrat unilatéral ; c'est un contrat accessoire à un contrat principal (*ex.* : contrat de vente commerciale). • Le cautionnement est : - **civil** (en principe) ou **commercial** (*ex.* : un cautionnement peut être donné à une banque ou à un créancier par un commerçant pour les besoins de son activité) ; - **simple** (pas de solidarité entre les cautions) ou **solidaire**. Quand la solidarité est stipulée, la caution ne peut se prévaloir du bénéfice de discussion (pour demander que les biens du débiteur soient d'abord saisis et vendus), ni du bénéfice de division (pour que les autres cautions soient poursuivies).

Formation	• Les **conditions de fond** pour la validité du contrat sont celles du **droit commun**. • Le contrat est **consensuel** en principe. En pratique, il est constaté dans un **titre** et comporte la signature de la caution ainsi que la mention écrite de la somme garantie en toutes lettres et en chiffres. • Le cautionnement : - peut garantir la totalité ou une partie de la dette du débiteur ; - a une **durée** qui est fonction de la durée de la dette principale.
Mécanisme	• Le **créancier a une obligation d'information annuelle envers la caution** en ce qui concerne l'évolution de la dette garantie ou la défaillance du débiteur principal. • La **caution peut utiliser différents moyens pour éviter de payer le créancier** lorsqu'elle est poursuivie par celui-ci : - opposer au créancier toutes les exceptions qui appartiennent au débiteur principal (*ex.* : livraison de produits défectueux) ; - invoquer le bénéfice de discussion ou le bénéfice de division si le cautionnement est simple. • Après avoir payé le créancier, la caution peut notamment exercer un **recours** contre le débiteur principal pour récupérer la somme qu'elle a versée. • **Le cautionnement peut s'éteindre par voie accessoire** (quand l'obligation principale est éteinte) **ou par voie principale** (quand la caution a payé à la place du débiteur principal).

2. Garantie autonome

= engagement par lequel le garant s'oblige, en considération d'une obligation souscrite par un tiers, à verser une somme soit à première demande, soit suivant des modalités convenues.

3. Lettre d'intention

= engagement de faire ou de ne pas faire ayant pour objet le soutien apporté à un débiteur dans l'exécution de son obligation envers son créancier.

C. Sûretés RÉELLES

1. Gage

Définition et caractéristiques	• Le **gage** (ou gage de droit commun) : - est une **sûreté réelle mobilière** ; - découle d'un contrat de gage écrit et conclu entre le créancier et un constituant. • Le **constituant**, qui constitue le bien en gage (ou bien grevé), est le débiteur ou un tiers. Il doit être propriétaire du bien mis en gage (bien corporel présent ou futur).

Modalités de conclusion	• **Gage avec dépossession** : *le bien est remis au créancier gagiste ou à un tiers*. Cette dépossession permet l'opposabilité du gage aux tiers. Le détenteur du bien doit le conserver et l'entretenir, et le restituer lorsque la dette a été payée. Le détenteur exerce un droit de rétention en cas de non-paiement. • **Gage sans dépossession** : *le débiteur conserve le bien et il doit veiller à sa conservation*. L'opposabilité du gage aux tiers résulte d'une **publicité** par inscription du gage sur un registre spécial au greffe du tribunal de commerce.
Mécanisme	**À défaut de paiement à l'échéance**, le créancier va poursuivre la **réalisation du gage**. Il a le choix entre deux moyens : • la vente forcée du bien grevé (aux enchères publiques) ; le créancier exerce un droit de préférence sur le paiement du prix ; • l'attribution au créancier du bien grevé par décision du juge.
Gages spéciaux	Ils sont constitués en fonction des biens qui peuvent être constitués en garantie : • **gage automobile** : peut être convenu dans tout contrat de vente à crédit ou de prêt destiné à l'achat de véhicules (*ex.* : automobiles). Le contrat est écrit et le gage est inscrit sur un registre tenu à la préfecture (durée 5 ans, renouvelable une fois). Il confère le **droit de rétention**, le **droit de suite** et le **droit de préférence** au créancier gagiste ; • **gage des stocks** : porte sur des biens fongibles, présents ou futurs détenus par les constituants. Pour son opposabilité aux tiers, il fait l'objet d'une inscription sur un registre tenu au greffe du tribunal de commerce ; • **nantissement des biens d'équipement professionnel** (souvent appelé nantissement du matériel et de l'outillage) : il garantit le paiement de la somme due au vendeur ou du prêteur de fonds. Il doit être inscrit sur un autre registre tenu au greffe du tribunal de commerce. C'est un gage sans dépossession. Le créancier a un **droit de préférence** et un **droit de suite** ; il peut demander l'attribution judiciaire du bien ou la vente forcée ; • **warrants** : on distingue le **warrant des magasins généraux** (sûreté avec dépossession qui porte sur des matières premières ou des denrées déposées dans les magasins généraux) et le **warrant pétrolier** (sûreté sans dépossession, qui porte sur des stocks de pétrole brut ou de produits pétroliers).

2. Nantissement

Définition	= **sûreté réelle** qui porte **sur un ou plusieurs meubles incorporels**.

Variété des nantissements	• **nantissement de créance** : une créance est constituée en garantie pour le paiement d'une dette. Le créancier impayé peut se faire attribuer la créance de manière conventionnelle ou judiciaire ; • **nantissement de parts sociales** : concerne les parts des sociétés commerciales (notamment sociétés en nom collectif et société à responsabilité limitée) et des sociétés civiles ; il est conventionnel ou judiciaire ; • **nantissement de fonds de commerce** : est fait sans dépossession et est conventionnel ou judiciaire ; • **nantissement du droit d'exploitation des logiciels** : doit être inscrit à l'INPI (durée : cinq ans, renouvelable une fois).

3. Hypothèque

Définition et caractéristiques	= **sûreté réelle immobilière**. Elle est constituée **sans dépossession du débiteur** et est **un droit réel accessoire.**
Variété des hypothèques	3 sources : • **une convention** ⟹**hypothèque conventionnelle** : - le constituant de l'hypothèque est propriétaire du bien immeuble : c'est le débiteur ou un tiers ; - elle garantit le paiement du principal de la dette, les intérêts et autres accessoires ; - le **contrat d'hypothèque** est un acte notarié ; - elle est inscrite à la **Conservation des hypothèques** (condition d'opposabilité aux tiers) ; sa date d'inscription est attributive de rang : les créanciers titulaires d'une hypothèque sur un même bien seront payés dans l'ordre des dates d'inscription. La **réalisation de l'hypothèque survient à défaut de paiement à l'échéance** de la somme due par le débiteur ; le créancier peut poursuivre la vente forcée de l'immeuble ou demander son attribution judiciaire. À l'égard des tiers, **le créancier hypothécaire a un droit de suite et un droit de préférence**. L'hypothèque est éteinte quand la créance principale garantie disparaît ; • **la loi** ⟹**hypothèque légale** est accordée par la loi à certains créanciers ou pour certaines créances (*ex.* : hypothèque légale d'un époux sur les biens de l'autre) ; • **un jugement** ⟹**hypothèque judiciaire conservatoire**, qui consiste en une inscription provisoire d'hypothèque que le créancier est autorisé à prendre par le juge à l'occasion d'un procès. Le but est de protéger le créancier contre l'insolvabilité que pourrait organiser le débiteur pendant son procès.

4. Antichrèse

Définition et caractéristiques	= **affectation d'un immeuble en garantie d'une obligation**. Elle emporte **dépossession du constituant**, qui est le débiteur de la dette principale ou un tiers.
Mécanisme	• Le constituant doit être propriétaire de l'immeuble. • Le **contrat d'antichrèse** est un acte notarié ; pour son opposabilité, il doit être publié à la **Conservation des hypothèques**. • Le **créancier titulaire de l'antichrèse** a : - les **droits d'usus** et de **fructus** sur l'immeuble ; le **droit de suite** et le **droit de rétention** sur l'immeuble ; - des **obligations** : notamment la conservation et l'entretien de l'immeuble en bon père de famille, perception des fruits de l'immeuble et imputation sur les intérêts puis sur le capital. • **En cas de non-paiement de la dette**, le créancier a le choix entre deux moyens pour réaliser l'antichrèse : - **vente forcée de l'immeuble** ; le créancier bénéficie alors d'un droit de préférence ; - **attribution de l'immeuble**, qui peut être conventionnelle ou judiciaire.

5. Privilèges

Définition et caractéristiques du privilège

- **sûreté réelle**, qui porte **sur un ou plusieurs meubles ou immeubles** ;
- **sûreté légale**, qui est constituée automatiquement en fonction de la nature de la créance ;
- son **rang** est déterminé par la date de naissance de la créance ;
- confère un **droit de préférence** à son titulaire.

On distingue :

Les privilèges généraux qui ont pour assiette un ensemble de biens

Privilèges généraux sur meubles et immeubles	Privilèges généraux sur meubles
Sont soumis à une **règle de subsidiarité** : ils s'exercent sur les immeubles à défaut de biens meubles.	Leur assiette est limitée aux **meubles du débiteur**.

Privilèges généraux sur meubles et immeubles	Privilèges généraux sur meubles
On distingue *notamment* : • le privilège des salaires, qui profite aux salariés ; • le privilège des frais de justice ; • le privilège de la conciliation, qui bénéficie au créancier d'une entreprise en difficulté qui fait un nouvel apport en trésorerie au débiteur pour assurer la poursuite d'activité.	On distingue : • le privilège du Trésor ; • le privilège des caisses de sécurité sociale ; • les privilèges tels que le privilège des frais de dernière maladie ou le privilège des victimes d'accident du travail.

Les privilèges spéciaux qui ont pour assiette des biens déterminés

Privilèges spéciaux mobiliers	Privilèges spéciaux immobiliers
• Certains privilèges sont fondés sur l'idée de **gage tacite** : - privilège du bailleur d'immeuble ; - privilège de l'hôtelier ; - privilège du concessionnaire (sur les marchandises qui font l'objet de son obligation) ; - privilège du transporteur. • D'autres privilèges sont fondés sur **l'enrichissement que le créancier a procuré au débiteur** : *ex.* : - privilège du vendeur de meubles ; - privilège du vendeur de fonds de commerce.	Exemples : • privilège du vendeur d'immeuble ; • privilège du prêteur de deniers ; • privilège des architectes, entrepreneurs.

6. Autres garanties

Garantie	Droit de rétention	Réserve de propriété
Caractéristiques	= droit pour un créancier de **refuser la délivrance ou la restitution d'une chose** (meuble ou immeuble) tant qu'il n'a pas obtenu le paiement de sa créance. La créance concernée doit être certaine, liquide et exigible.	= découle d'une **clause de réserve de propriété,** qui est une stipulation par laquelle le vendeur conserve la propriété de la chose vendue jusqu'au complet paiement du prix. Cette clause est convenue par écrit.

Garantie	Droit de rétention	Réserve de propriété
Mécanismes	• La jurisprudence exige un **lien de connexité** entre la créance et la chose retenue par le créancier. • Le créancier qui retient la chose n'a **pas droit** aux fruits et **ne peut jouir de la chose** et il doit **veiller à la conservation de la chose**. Il n'a **pas de droit de préférence**. • Le droit de rétention est **opposable** à tout créancier et à tout ayant cause du débiteur.	**En cas de non-paiement à l'échéance**, le créancier peut **revendiquer la chose** ; cette revendication suppose que le bien se retrouve en nature dans les biens du débiteur.

Mots clés : contrats portant sur le fonds de commerce (location-gérance, vente), contrat de vente, contrat de consommation (protection du consommateur, actions en justice, action de groupe), contrat de crédit à la consommation, compte de dépôt bancaire, transferts de fonds (virement, chèque, carte de paiement), contrats de crédit aux entreprises avec mobilisation de créances (escompte, cession de créances professionnelles, affacturage), sans mobilisation de créances (contrat de crédit-bail mobilier), contrat de prêt, sûretés personnelles (cautionnement, garantie autonome, lettre d'intention), sûretés réelles (gage, nantissement, hypothèque, antichrèse, privilèges, droit de rétention, réserve de propriété).

L'entreprise et la responsabilité extra-contractuelle

MÉMO 13 UE1

1 Théorie de la responsabilité extra-contractuelle

A. Domaine

On distingue la **responsabilité pénale** et la **responsabilité civile** ; dans la responsabilité civile, on différencie la **responsabilité civile contractuelle** et la **responsabilité extra-contractuelle**.

Critères de distinction	Responsabilité CIVILE	Responsabilité PENALE
Fondement	**Responsabilité civile contractuelle** : inexécution ou mauvaise exécution d'un contrat. **Responsabilité civile extra-contractuelle** : un fait personnel qui cause un dommage à autrui.	Violation de la loi pénale : une infraction est commise.
Objectif	Réparer le préjudice causé au cocontractant (si responsabilité est contractuelle) ou à la victime (si responsabilité est extra-contractuelle).	Réparer le préjudice causé à la société en général.
Modalités de la réparation	Le plus souvent : dommages intérêts.	Peines (ex : amende, emprisonnement).

À noter : la jurisprudence applique un **principe de non-cumul de la responsabilité civile extra-contractuelle et de la responsabilité civile contractuelle.**

B. Buts et fondements de la responsabilité extra-contractuelle

Buts

- **Réparation du préjudice** subi par la victime par des indemnités (les dommages intérêts). Le préjudice est matériel ou moral. La réparation est prononcée par le juge et dépend de la gravité de la **faute** commise.
- **Prévention** des comportements qui peuvent causer des préjudices (cf. notamment le principe de précaution).

Fondements

- **De la faute au risque** : le principe fondamental en matière de responsabilité extra-contractuelle est l'existence d'une faute. Pour faciliter l'indemnisation des victimes, la jurisprudence et la loi ont reconnu peu à peu la responsabilité sans faute et la responsabilité fondée sur le risque.

- L'application de la **théorie de la garantie** a pour effet que la réparation des dommages prononcée par le juge est indépendante du comportement (fautif ou non) du responsable des dommages. Sont garantis les dommages corporels et matériels.
- **De l'assurance à la solidarité** : le **mécanisme de l'assurance en responsabilité civile** s'est développé. Par ailleurs, la **socialisation des risques** est mise en place notamment dans le cadre de la Sécurité sociale ; il y a solidarité entre les victimes et les personnes qui contribuent (par leur cotisation) à leur indemnisation.
- Le non-respect du **principe de précaution** par une personne peut être sanctionné par le juge.

2 Conditions de mise en œuvre de la responsabilité extra-contractuelle

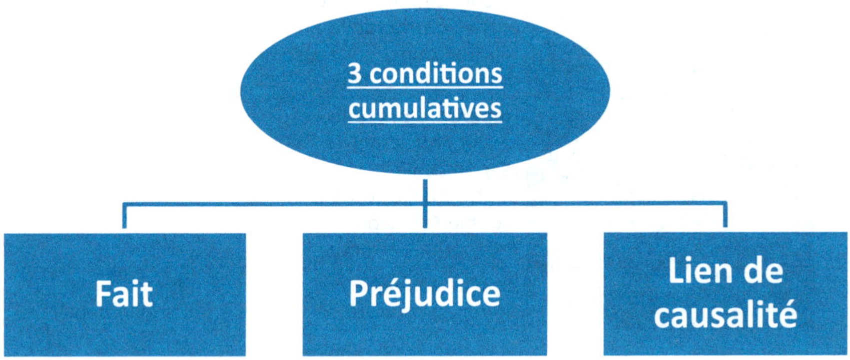

A. Fait

<table>
<tr><td>Fait PERSONNEL</td><td>• Est une faute :
- volontaire ;
- involontaire : c'est une négligence ou une imprudence.
• La victime doit apporter la preuve de la faute. Ce peut être une faute :
- de commission (ex. : violation d'une loi) ;
- d'abstention (ou faute d'omission, ex : inexécution d'une obligation).
• Le juge apprécie la faute in abstracto (par rapport à la compétence et à la diligence moyenne de tout citoyen) et recherche le caractère volontaire ou involontaire de la faute.
• Si la responsabilité pour faute d'une personne est prouvée, cette personne peut invoquer différents faits pour bénéficier d'une exonération de responsabilité :
- faits justificatifs en matière pénale (ex. : légitime défense) ou en matière civile (ex. : prise de risques par la victime) ;
- cause étrangère (ex. : force majeure) ;
- fait d'un tiers ;
- faute de la victime.
Le juge prononce une exonération partielle de responsabilité si le fait du tiers ou de la victime ne présente pas les caractères de la force majeure, ou une exonération totale dans le cas inverse.</td></tr>
<tr><td>Fait des CHOSES</td><td>• La loi pose un principe général du fait des choses que l'on a sous sa garde.
• Le juge apprécie la qualité de gardien in concreto : il recherche les pouvoirs d'usage, de contrôle et de direction de la chose au moment où le dommage s'est produit.
Il pose une présomption simple selon laquelle le propriétaire est gardien de la chose. Le transfert de la garde est volontaire ou involontaire (ex. : vol).
• La responsabilité du fait des choses est une responsabilité sans faute ; elle est fondée sur le risque.
• Le gardien peut être exonéré de sa responsabilité, notamment s'il prouve que la garde a été transférée ou qu'il y a eu force majeure.</td></tr>
</table>

Fait des CHOSES (suite)	• **Cas de la responsabilité du fait des produits défectueux** : - le **producteur d'un bien meuble** engage sa responsabilité si le produit est défectueux, c'est-à-dire si celui-ci n'offre pas la sécurité à laquelle on peut légitimement s'attendre. Le producteur est une personne agissant à titre professionnel ; - **le juge apprécie *in abstracto* le caractère défectueux du bien** ; le producteur encourt une **responsabilité sans faute** (le producteur est lié ou non par un contrat avec la victime) ; - la **charge de la preuve** incombe à la victime ; cette dernière doit agir dans un double délai (trois ans à compter de la connaissance du dommage ou de l'identité du producteur, et dix ans suivant la date de mise en circulation du produit par le producteur). • La loi distingue deux **cas d'exonération de la responsabilité** : exonération partielle ou totale (*ex.* : si faute de la victime), exonération totale (*ex.* : si le défaut du produit n'existait pas lors de la mise en circulation du produit).
Fait d'AUTRUI	= **responsabilité du fait des personnes dont on doit répondre** ; c'est une **responsabilité sans faute**. • La **responsabilité du commettant du fait de ses préposés** a pour but d'indemniser la victime d'un dommage causé notamment par un salarié dans le cadre du contrat de travail qui le lie à son employeur : - **2 conditions** doivent être remplies pour engager la responsabilité du commettant : il existe un lien de préposition (cf. les ordres donnés...) et le dommage est causé par le fait du préposé en lien avec ses fonctions ; - le commettant peut **s'exonérer de sa responsabilité** en prouvant que les conditions de cette responsabilité ne sont pas réunies ou qu'il y a faute de la victime ou fait d'un tiers à l'origine du dommage. • La **responsabilité de l'artisan du fait de ses apprentis** peut être mise en cause si les conditions suivantes sont réunies : - il existe une relation d'apprentissage entre la personne qui dispense la formation (qui peut être un artisan) et l'apprenti ; - l'artisan est responsable s'il exerce un pouvoir de surveillance sur le mineur ; - l'apprenti a commis une faute qui a causé un dommage à un tiers.

B. Préjudice

Notion de préjudice

- Le préjudice est le **dommage matériel ou moral** subi par une personne du fait d'un tiers.

Pour faire l'objet d'une demande d'**indemnisation**, le préjudice doit être **personnel** (sur plans patrimonial et/ou extrapatrimonial), **certain**, **direct** et **légitime** (un intérêt légitime est atteint).

- La jurisprudence distingue **trois types de préjudice** :
- **matériel** (*ex.* : perte de clientèle) ;
- **moral** (*ex.* : si diffamation) ;
- **corporel** (*ex.* : blessure) : peut être source de dommages patrimoniaux (*ex.* : soins, pertes de revenus) ou extrapatrimoniaux (ex : souffrance physique et morale, préjudice esthétique).
- La loi prévoit que toute personne responsable d'un **préjudice écologique** est tenue de le réparer :
- définition : ce préjudice consiste en une atteinte non négligeable aux éléments ou aux fonctions des écosystèmes ou aux bénéfices collectifs tirés par l'homme de l'environnement ;
- action en réparation : par toute personne ayant qualité à agir (État, Agence française pour la biodiversité, collectivités territoriales...) ;
- nature de la réparation : par priorité en nature ; à défaut, le juge condamne le responsable à verser des dommages intérêts. Le juge peut aussi prescrire les mesures raisonnables propres à prévenir ou faire cesser le dommage.

Réparation du préjudice

- **Peuvent demander la réparation** :
- la **victime** : par voie de transaction ou par voie judiciaire. Le droit à réparation pour les dommages matériels entre dans la succession ;
- **certains groupements** peuvent agir en justice pour défendre des intérêts qui ne leur sont pas personnels : ex : syndicats professionnels, associations.
- **Sont obligés à la réparation** :
- l'**auteur** du dommage ou ses **héritiers** ;
- le cas échéant, l'**assureur** de l'auteur doit verser l'indemnité à la victime.
- **Action en réparation du préjudice** :
- devant une **juridiction civile ou pénale** (s'il y a eu une infraction) ; le délai pour agir en justice est de cinq ans ;
- la victime peut demander la **réparation** de tout le préjudice qu'elle a subi. Le juge apprécie la situation *in concreto* et fixe le montant des **dommages intérêts** ;
- 2 types de réparation : **pécuniaire** : par l'octroi de dommage intérêts à la victime. Il s'agit d'indemniser un préjudice matériel ou un préjudice moral ; **en nature**, quand le dommage peut être réparé matériellement.

C. Lien de causalité

- Le juge retient le lien de causalité quand **le fait dommageable est à l'origine du préjudice** et en est la cause directe. La **preuve** (par tous moyens) du lien de causalité doit être apportée par la victime.

- Lorsque plusieurs causes sont à l'origine du préjudice, les personnes responsables du dommage sont tenues d'une **obligation *in solidum*** pour réparer le préjudice causé à la victime. Le responsable qui a indemnisé la victime peut exercer une **action récursoire** contre les autres responsables.
- Les personnes peuvent bénéficier d'une **exonération de responsabilité** en cas de force majeure (exonération totale) ou de faute de la victime (exonération partielle).

Mots clés : responsabilité civile contractuelle, responsabilité civile délictuelle, responsabilité pénale, fait (fait personnel, fait des choses, fait d'autrui), préjudice, lien de causalité, réparation du préjudice, exonération de responsabilité.

L'entreprise et la responsabilité pénale

1 Droit pénal général

A. Éléments constitutifs de l'infraction

Pour qu'une infraction soit punissable, trois éléments doivent être réunis en principe : élément légal, élément matériel et élément moral (ou intentionnel). S'il manque un de ces éléments, il n'y a pas d'infraction.

1. Élément LÉGAL

- Le Code pénal pose le **principe de légalité des crimes, délits, des contraventions et des peines** : ces infractions et les peines applicables doivent être prévues par la loi pour que les personnes puissent être sanctionnées.
- **Application de la loi pénale dans l'espace et dans le temps** : la loi pénale est territoriale (elle s'applique sur le territoire français en principe) ; une loi pénale nouvelle est non-rétroactive (sauf si elle est moins sévère que la loi en vigueur).
- La **classification des infractions** selon l'élément légal distingue : les crimes, les délits et les contraventions :

Intérêts de la classification	Crime	Délit	Contravention
Sources de droit	Loi		Règlement
Prescription de l'action publique (par le ministère public en principe)	20 ans à compter du jour où l'infraction a été commise	6 ans à compter du jour où l'infraction a été commise	1 an à compter du jour où l'infraction a été commise
Procédure d'instruction (par le juge d'instruction)	Obligatoire	Facultative	
Charge de la preuve	Ministère public		Faute présumée
Complicité	Punissable		Punissable dans certaines conditions
Tentative	Punissable	Punissable si un texte la prévoit	Non punissable
Juridiction compétente	Cour d'assises	Tribunal correctionnel	Tribunal de police
Peines	Criminelles *Ex.* : réclusion criminelle à temps	Correctionnelles *Ex.* : amende, emprisonnement.	Contraventionnelles : *ex.* : amende (NB : pas d'emprisonnement)

Intérêts de la classification	Crime	Délit	Contravention
Prescription de la peine	20 ans à compter de la date à laquelle la décision de condamnation est devenue définitive	6 ans à compter de la date à laquelle la décision de condamnation est devenue définitive	3 ans à compter de la date à laquelle la décision de condamnation est devenue définitive

2. Élément MATÉRIEL

- Définition : c'est le **comportement de la personne** physique décrit par la loi pénale pour chaque infraction.
- **Classification** des infractions selon l'élément matériel :
  - infraction **de commission** (un acte interdit est effectué) ou **d'omission** (un acte prescrit par la loi n'est pas exécuté) ;
  - infraction **instantanée** (réalisée en une seule fois) ou **continue** (qui se déroule sur un certain temps ; la prescription de l'action publique court du jour où l'acte a cessé) ;
  - infraction **simple** (un seul acte est commis) ou **complexe** (plusieurs actes sont commis ; la prescription de l'action publique court du jour du dernier acte).
- Il y a **tentative** si les éléments suivants sont réunis :
  - il y a un commencement d'exécution de l'élément matériel ;
  - la réalisation de l'élément matériel est interrompue pour des raisons indépendantes de la volonté de l'auteur : il y a absence de désistement volontaire.

Pour être punie, la tentative doit être prévue par le texte qui définit l'infraction. Elle n'est jamais punissable en matière de contravention.

La tentative est punie des mêmes peines que l'infraction consommée.

3. Élément MORAL (ou INTENTIONNEL)

La loi distingue :

Infractions intentionnelles	**L'intention** (mauvaise foi...) **de l'auteur de l'infraction doit être prouvée**, pour que l'auteur soit puni.
Infractions non intentionnelles	• Il n'est **pas nécessaire de rechercher (et de prouver) que l'auteur a eu la volonté de commettre l'infraction**. • La loi pénale distingue plusieurs **types d'infractions non intentionnelles** : *ex.* : délit de mise en danger délibérée de la personne d'autrui (*ex.* : manque de dispositifs de sécurité dans l'entreprise), faute contraventionnelle (qui est présumée).

B. Personnes responsables

1. Cas de responsabilité

- **Responsabilité d'une personne physique** : chacun est responsable de son fait personnel. S'il y a plusieurs personnes : ce sont les coauteurs.
- **Responsabilité d'une personne morale** : elle peut être mise en jeu si certaines conditions sont réunies :

- personne morale de droit privé ;
- infraction est commise pour son compte par ses organes ou ses représentants ;
- personne morale tire un profit de l'infraction.

À noter : les poursuites engagées contre la personne morale n'excluent pas celles qui peuvent être engagées contre la ou les personnes physiques auteurs des faits.

- **Responsabilité pénale du fait d'autrui** : est essentiellement celle qui est encourue par le chef d'entreprise (employeur) du fait des infractions commises par ses salariés lors de l'exécution de leur contrat de travail :

- il engage sa responsabilité s'il a commis une **faute personnelle** ; s'il n'est pas l'auteur direct du dommage et s'il a seulement créé ou contribué à créer la situation qui a permis la réalisation du dommage, il sera poursuivi s'il a violé de façon manifeste une obligation légale (la faute est délibérée) ou bien s'il a commis une faute qui expose autrui à un risque anormal qu'il ne pouvait ignorer (la faute est caractérisée) ;
- il peut être **exonéré de sa responsabilité** en prouvant qu'il a procédé à une **délégation de pouvoir**s dans les conditions suivantes : la délégation est claire, précise et expresse et le salarié qui la reçoit a la compétence, l'autorité et les moyens nécessaires pour la mettre en œuvre.

2. Cas de complicité

Pour que le **délit de complicité** soit punissable **trois éléments doivent être réunis** :

Élément LÉGAL	= il existe un fait principal punissable, qui est un crime ou un délit. L'infraction principale doit être punissable.
Élément MATÉRIEL	= il y a un fait positif : provocation ou fourniture d'instructions, aide (*ex.* : fourniture d'un plan, d'une arme) ou assistance. De plus, l'acte doit être antérieur ou concomitant à la commission de l'infraction.
Élément INTENTIONNEL	= avoir agi en connaissance de cause

À noter : le complice encourt les **mêmes peines** que l'auteur de l'infraction principale.

C. Peines

1. Notion de peine

• L'auteur d'une infraction encourt une **sanction pénale** appelée peine.
Elle a notamment pour but de **protéger la société en général** et les intérêts de la victime, de favoriser l'insertion du condamné et de prévenir la commission de nouvelles infractions.
Remarque : les mesures de sûreté ne sont pas des peines : ce sont des mesures individuelles qui peuvent remplacer les peines.

• Le juge applique **deux principes** :
- **légalité des peines** : le juge prononce une peine qui est définie par le texte qui prévoit une infraction ;
- **personnalisation des peines** : le juge fixe la peine dans les limites prévues par la loi.

2. Classification des peines

La loi prévoit des peines **pour les personnes physiques** :

Peines criminelles	*Ex.* : réclusion criminelle à temps (*ex.* : 10 ans) ou à perpétuité.
Peines correctionnelles	*Ex.* : emprisonnement, amende, jour-amende, travail d'intérêt général
Peines contraventionnelles	*Ex.* : amende

La loi prévoit des peines **pour les personnes morales** :

Peines criminelles et correctionnelles	*Ex.* : amende dont le montant est le quintuple que celui prévu pour les personnes physiques, fermeture temporaire ou définitive d'un établissement, dissolution de l'entreprise, affichage ou diffusion de la décision qui condamne la personne morale
Peines contraventionnelles	*Ex.* : amende

Le juge :
• doit prononcer les **peines principales** (*cf.* ci-dessus) ;
• peut aussi prononcer des **peines complémentaires** (pour compléter la peine principale pour un crime ou un délit quand la loi le prévoit : *ex.* : interdiction, déchéance) et des peines alternatives ou de substitution (pour remplacer la peine principale en matière de délit ou de contravention : *ex.* : travail d'intérêt général).

3. Fixation des peines

▸ En cas d'infraction unique

• Le juge **individualise la peine**.
• Le cas échéant, il doit prendre en compte les **circonstances aggravantes** (*ex.* : acte commis en bande organisée).

▸ En cas de pluralité d'infractions

Plusieurs situations sont possibles : *par exemple* :

- la **récidive** : lorsqu'un délinquant, qui a déjà été condamné définitivement pour une infraction, en commet une nouvelle qui va être jugée, la loi double en principe les peines encourues pour la nouvelle infraction ;
- le **concours réel d'infractions** : un délinquant commet une nouvelle infraction alors que la précédente n'a pas encore été jugée définitivement : le juge applique le principe de **non-cumul des peines** en matière criminelle et correctionnelle ;
- la **suspension ou** l'**extinction des peines** : la suspension résulte du sursis (simple ou avec mise à l'épreuve notamment) qui est prononcé par le juge ; le délinquant est dispensé de l'exécution de sa peine tant que le sursis n'est pas révoqué. L'extinction résulte notamment de la prescription de la peine ou d'une réhabilitation du délinquant.

2 Procédure pénale

Le **Code de procédure pénale** contient les dispositions relatives à cette procédure. Les **4 phases** essentielles de la procédure pénale :

Phase 1
- Enquêtes de police judiciaire (A)

Phase 2
- Poursuite : les actions publique et civile (B)

Phase 3
- Instruction (C)

Phase 4
- Décisions rendues en 1re instance et voies de recours (D)

A. Enquêtes de police judiciaire

- La **police judiciaire** (PJ) est chargée de **constater les infractions**, d'en rassembler les **preuves** et d'en rechercher les **auteurs** tant que le juge d'instruction n'est pas saisi.

- Elle est **saisie par le ministère public** (procureur de la République, substituts). Elle peut faire **deux types d'enquête** :

Éléments de distinction	Enquête préliminaire	Enquête de flagrance
Objet	• Recherche des auteurs d'une infraction et des preuves. • La PJ est saisie par le procureur ou se saisit d'office.	• Concerne les crimes et délits pour lesquels la loi prévoit un emprisonnement. • **L'infraction est en train de se commettre ou vient de se commettre.**
Pouvoirs de la PJ	Notamment : • auditions ; • gardes à vue ; • perquisitions.	Les officiers de PJ sont compétents : notamment : • transport sur les lieux ; • arrestation de l'auteur de l'infraction ; • perquisitions, saisies ; • auditions des témoins.

B. Poursuite

Elle découle des **actions en justice** : **action publique** et **action civile** :

Éléments de distinction	Action publique	Action civile
Objet	Réparer le **trouble causé à l'ordre public** par l'infraction.	Réparer le **préjudice causé à la victime** par l'infraction.
Exercice	• Par le **ministère public** (qui déclenche l'enquête (*ex.* : à la suite d'une plainte), qui saisit le juge d'instruction, fait des réquisitions à l'audience) ou certains fonctionnaires (*ex.* : contribution indirectes). • Le ministère public (MP) agit en application du **principe de l'opportunité des poursuites**. • **Si le MP ne poursuit pas**, il fait un classement sans suite ; mais la victime peut déclencher l'action publique par citation directe ou plainte avec constitution de partie civile.	• Par la **victime** ou ses héritiers. La victime (personne physique ou morale) doit avoir subi un préjudice personnel, certain et direct. • Peuvent agir : les syndicats professionnels, les ordres professionnels, certaines associations.

Éléments de distinction	Action publique	Action civile
Exercice (suite)	• Le MP peut prendre des **mesures alternatives aux poursuites** : classement sous conditions (*ex.* : rappel à la loi), médiation pénale (avec désignation d'un médiateur) ou composition pénale (pour certains délits : un majeur peut reconnaître son infraction et par ex. réparer le dommage causé).	
Modes d'exercice	• **Réquisitoire introductif d'instance** pour saisir un juge d'instruction. • **Citation directe** (c'est une assignation à comparaître) : pour saisir une juridiction. • En matière correctionnelle et contraventionnelle : *ex.* : **comparution immédiate** en cas de flagrant délit, **comparution volontaire** (il y a seulement avertissement de la personne). • **Comparution sur reconnaissance préalable de culpabilité** : c'est la procédure du plaider coupable applicable pour certains délits.	• La victime choisit la voie pénale ou la voie civile : - si **choix de la voie pénale** : la décision pénale s'impose sur le plan civil ; - si **choix de la voie civile** : en principe, il faut attendre la décision pénale pour statuer au civil. • La victime peut : - saisir le tribunal par **citation directe** devant la juridiction de jugement ou **plainte avec constitution de partie civile** devant le juge d'instruction ; - **se constituer partie civile** devant le juge d'instruction ou la juridiction de jugement quand le ministère public a déjà mis en mouvement l'action publique.
Personnes poursuivies	Auteur, coauteurs, complices et héritiers (*Cf.* amendes).	Auteur, coauteurs, complices, personnes civilement responsables.
Causes d'extinction	*Notamment* : • prescription de l'action publique • abrogation de la loi pénale ; • décès du prévenu ; • retrait de la plainte de la victime.	*Notamment* : • prescription de l'action civile ; • transaction ; • chose jugée.

C. Instruction

1. Le juge d'instruction (JI)

Est un magistrat du siège du tribunal de grande instance.
Il statue à juge unique et est indépendant.

Rôle du JI

- Lors de l'instruction préparatoire (ou information) : **rechercher les éléments à charge et à décharge** à propos des faits pour lesquels il est saisi. Il informe après avoir été saisi par un réquisitoire du procureur de la République ou par une plainte avec constitution de partie civile.
- Il est obligatoirement saisi pour les crimes, de manière facultative pour les délits et exceptionnellement pour les contraventions.

Pouvoirs du JI

- **Au cours de l'instruction** :
- **mise en examen** des personnes afin de les informer sur les faits pour lesquels elles sont poursuivies ;
- **actes d'instruction** : ex : constatations matérielles, auditions de témoins, saisies, perquisitions ;
- rendre des ordonnances de **mise sous contrôle judiciaire** ;
- émettre des **mandats** (ordres) de recherche, de comparution, d'amener, d'arrêt, de dépôt ;
- faire des **commissions rogatoires** (pour déléguer des actes à d'autres juges d'instruction ou la PJ).
- **À l'issue de l'instruction** :
- le juge **informe** le procureur de la République de la fin de l'instruction et lui communique le dossier. Le procureur a trois mois pour adresser ses réquisitions ;
- **puis** le juge rend une **ordonnance** de non-lieu (pas de continuation des poursuites), de renvoi (devant le tribunal correctionnel ou de police) ou de mise en accusation (devant la cour d'assises).

2. Le juge des libertés et de la détention (JLD)

Est un magistrat du tribunal de grande instance.
Il est saisi par une ordonnance du juge d'instruction.

Pouvoirs du JLD

Il rend des ordonnances de :

- placement en détention provisoire (ou pour prolonger la détention) ;
- mise en liberté ;
- placement sous contrôle judiciaire.

3. La chambre de l'instruction

Est une formation pénale de la cour d'appel. C'est une juridiction d'instruction du second degré.

Elle est saisie par le juge d'instruction, le procureur général, la personne mise en examen ou la partie civile.

▸ Pouvoirs de la chambre

- Statuer sur les appels contre les ordonnances du juge d'instruction et du juge des libertés et de la détention.
- Contrôler les instructions conduites par les juges d'instruction.

D. Décisions rendues en 1re instance et voies de recours

1. Décisions rendues en 1re instance

En matière pénale :

- la procédure est publique (en principe), orale et contradictoire ;
- la **constitution d'avocat** est obligatoire devant la Cour d'assises, facultative devant les autres juridictions ;
- différentes **juridictions** statuent en 1re instance :

Tribunal de police	• Statue sur les **contraventions**. • La procédure suivie est celle du tribunal correctionnel (sauf : amende forfaitaire, ordonnance pénale).
Tribunal correctionnel	• Statue sur les **délits**. • Après le réquisitoire du ministère public et les plaidoiries des parties, le jugement est délibéré sur le siège ou en chambre du conseil.
Cour d'assises	• Statue sur les **crimes**. • Est composée de 9 citoyens (les jurés) et de 3 magistrats professionnels ; le ministère public est le procureur général ou un avocat général. • Dans certains cas, il y a audience à huis clos. • Après les débats, les plaidoiries, la Cour se retire pour délibérer sur la culpabilité et les peines qui sont l'objet de l'action publique. Seule la cour statue sur l'action civile.

À noter : les tribunaux rendent des **jugements**, la Cour d'assises rend des **arrêts**. Ces décisions sont rendues en audience publique.

2. Voies de recours

L'appel

- Il permet un **nouvel examen de l'affaire en fait et en droit** :

En matière criminelle	Devant une **cour d'assises d'appel** contre les arrêts de condamnation, par l'accusé, le ministère public, la partie civile.
En matière correctionnelle	Devant la **chambre des appels correctionnels**, par le prévenu, le ministère public, la partie civile (pour intérêts civils).
En matière contraventionnelle	Est possible dans les **cas prévus par la loi** : *ex.* : si l'amende encourue est celle des contraventions de 5e classe (1 500 €) ; fait par le prévenu, la partie civile.

- Le **délai d'appel** est de **10 jours à compter du prononcé du jugement**.
- L'appel a un **effet suspensif** et un **effet dévolutif** (son étendue est différente selon la personne qui fait appel : *ex.* : si l'appel émane de la partie civile : seuls les intérêts civils sont examinés).

L'opposition

- Permet un **nouvel examen de l'affaire toute entière**.
- Est exercée :
- **contre les jugements rendus par défaut** en matière correctionnelle et contraventionnelle. C'est une **voie de rétractation** portée devant la juridiction qui a déjà statué ; la décision qui avait été rendue peut être anéantie ;
- par le **prévenu** et la **partie civile** ;
- dans les 10 jours à compter de la signification du jugement rendu par défaut (**délai d'opposition**).

Le pourvoi en cassation

- Le pourvoi :
- permet à la Cour de cassation de **statuer sur le droit** ;
- est formé par les **parties** dans les cas prévus par la loi (*ex.* : violation de la loi pénale, nullité de forme, incompétence) ;
- a un **effet suspensif** en principe et un **effet dévolutif** (sur les questions de droit).
- La Cour **statue sur** :
- les jugements en dernier ressort rendus par les tribunaux de police ou correctionnel ;
- les pourvois contre les arrêts des cours d'appels (chambre des appels correctionnels, cours d'assises d'appel).
- Le **délai** du pourvoi est de 5 jours à compter du prononcé de la décision attaquée. Le procureur général près la Cour de cassation peut faire (sans délai) un pourvoi dans l'intérêt de la loi.

La demande en révision et la demande en réexamen

- La demande en révision est possible notamment si un fait nouveau se produit et la demande en réexamen si une condamnation définitive a été prononcée en violation de la Convention européenne de sauvegarde des droits de l'homme et des libertés fondamentales.
- Elles sont formées devant la **cour de révision et de réexamen** (composée de magistrats de la Cour de cassation), qui rend un arrêt motivé (qui rejette la demande ou annule la condamnation) non susceptible de recours.
- La demande émane du ministre de la Justice ou du condamné ; elle n'a **pas d'effet suspensif**.

Mots clés : éléments constitutifs de de l'infraction (élément légal, élément matériel, élément moral (ou intentionnel)), classifications des infractions, responsabilité d'une personne physique, responsabilité d'une personne morale, responsabilité pénale du fait d'autrui, délit de complicité, peines, légalité des peines, personnalisation des peines, classification des peines, infraction unique, pluralité d'infractions, procédure pénale, enquêtes de police judiciaire (enquête préliminaire, enquête de flagrance), ministère public, poursuite, action publique, action civile, instruction, juge d'instruction, juge des libertés et de la détention, chambre de l'instruction, tribunal de police, tribunal correctionnel, cour d'assises, jugements, arrêts, voies de recours (appel, opposition, pourvoi en cassation, demande en révision, demande en réexamen).

Tout le DCG 8

Systèmes d'information de gestion

Mémos

Sous la direction d'Alain Burlaud

Jean-François Soutenain, Agrégé d'économie et gestion, enseignant en classes préparatoires à l'expertise comptable (DCG/DSCG) ; membre des commissions d'examen

David Balny, Agrégé d'économie et gestion, enseignant en BTS Services informatiques aux organisations. IAN pour l'académie Orléans-Tours. Formateur académique auprès de la DAFOP et de la DANE, titulaire du CAFA

Jean-Louis Echeviller, Agrégé d'économie et gestion, enseignant en classes préparatoire à l'expertise comptable (DCG/DSCG) ; membre des commissions d'examen

Sommaire

Notion de système d'information dans les organisations

Les informations sont aujourd'hui omniprésentes. Les organisations manipulent de grandes quantités d'informations et les médias parlent beaucoup de société de l'information, de big data, mais aussi, de plus en plus, de *fake news* (infox ou fausses informations), tandis que de nombreux canulars (*hoax*) circulent sur Internet et les réseaux sociaux.
Il devient donc indispensable de savoir identifier une information de qualité.

1 La qualité d'une information

A. Qu'est-ce qu'une information de qualité ?

La qualité d'une information peut être appréciée à partir d'un certain nombre de critères.

Fiable	Exacte, précise et complète, actualisée et objective, provenant d'une source identifiée et digne de confiance permettant de la valider.
Pertinente	Adaptée aux besoins de celui qui la reçoit.
Disponible	Accessible au moment voulu.
Licite	Conforme à la loi.

B. Comment contrôler cette qualité ?

Pour distinguer les vraies informations des fausses (infox, rumeurs), il faut se poser les questions suivantes.

- Est-ce une information ?
  - intérêt pour le public ?
  - factuelle (ce n'est pas un avis) ?
  - vérifiée ?
- Qui est l'auteur ? Est-il un professionnel de l'information ?
- Quelle est la source ? primaire ou secondaire, identifiable ou anonyme ?
- Quelle est la fiabilité du site ? mentionne-t-il ses sources ?

Il est donc nécessaire de :
- détecter les rumeurs : repérer et contrôler les infox qui circulent sur les réseaux sociaux ou les blogs ;
- vérifier la date de l'information ;
- analyser photos et vidéos qui peuvent être détournées, sorties de leur contexte, manipulées ;
- vérifier l'URL (l'adresse du site comprenant nom de domaine et extension) et se méfier des URL masquées ;
- et enfin, se méfier des messages choc et réfléchir avant de partager.

Les informations sont ensuite regroupées dans le système d'information.

2 Nature et composantes du système d'information

A. Définition du système d'information (SI)

Un système d'information peut être défini comme un ensemble organisé de ressources : matériel, logiciel, personnel, données, procédures permettant d'acquérir, traiter, stocker, communiquer des informations (sous forme de données, textes, images, sons, etc.) dans des organisations (R. Reix).

B. Quelles sont les composantes du SI ?

Le système d'information comporte 3 composantes
Composante humaine : personnels de l'organisation, informaticiens, utilisateurs externes (partenaires, sous-traitants, clients, fournisseurs...)
Composante organisationnelle : procédures et traitements, réalisés en fonction de processus prédéfinis, effectués automatiquement ou de façon interactive et parfois manuellement (de moins en moins)
Composante technologique : matériels et de logiciels (serveurs, postes de travail, réseaux, périphériques, progiciels bureautiques ou de gestion...)

C. Quelles sont les fonctions du SI ?

Le système d'information permet de répondre à quatre fonctions	
La collecte de l'information (saisie, numérisation, transmission automatisée...)	**Le traitement de l'information** pour la rendre facilement utilisable par les destinataires.
Le stockage de l'information pour pouvoir l'utiliser quand nous en aurons besoin	**La diffusion de l'information** aux destinataires habilités

D. Le SI au cœur du système d'organisation

Dans l'approche systémique, le système d'information apparaît comme un sous-système en interaction avec les autres sous-systèmes de l'entreprise (pilotage et opérationnel) et avec l'environnement.

- Le **système de pilotage** (ou de décision) prend les décisions stratégiques et tactiques de l'organisation grâce aux informations remontées par le SI (rapports, comptes rendus, *reporting*...) puis à son tour transmet ces décisions au SI pour stockage et diffusion.
- Le **système d'information (SI)** permet la collecte et la mémorisation les informations provenant du système opérant puis les traite pour les diffuser au système de pilotage.

- Le **système opérant** (ou opérationnel) (production, commercialisation, gestion des ressources humaines) exécute les décisions tactiques transmises par le SI et restitue les comptes rendus de son activité.

Les outils tels les **PGI** permettent la collecte des données à la source par le système opérant. Ces données seront ensuite traitées pour être exploitées dans le SI, permettant une prise de décision tactique par les cadres intermédiaires de l'organisation. L'information est ensuite condensée sous forme de tableaux de bord et d'indicateurs permettant la prise de décision stratégique.

Le SI est donc indispensable car il apporte une aide à la décision au système de pilotage et les informations nécessaires au système opérationnel pour effectuer les tâches quotidiennnes.

MÉMO 2

Rôle du système d'information dans les organisations

Le système d'information doit être cartographié, c'est-à-dire schématisé pour prendre en compte les nouveaux besoins et objectifs de l'organisation. Dans ce cas, il faut le présenter sous la forme d'une succession de vues pour présenter chaque niveau à faire évoluer en fonction des besoins de l'entreprise : vue métier (les processus), vue fonctionnelle (les principales fonctions), vue applicative (les applications) et vue technique (les matériels).

1 Les niveaux du système d'information

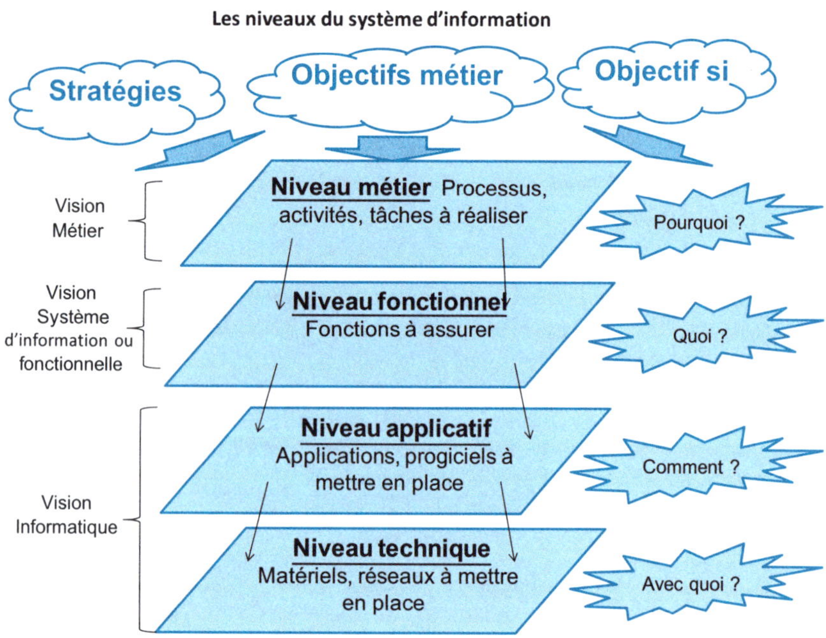

▲ Les niveaux du SI

A. L'architecture métier

Le SI doit évoluer en fonction de la stratégie de l'entreprise pour permettre la réalisation des décisions. Un système d'information inadapté peut conduire à l'échec d'une stratégie. Il est donc nécessaire de procéder à l'alignement stratégique du système d'information avec la stratégie de l'entreprise.

Il est important de tenir compte des objectifs métiers pour définir la stratégie du système d'information. Ces objectifs métiers vont être déterminés à travers la modélisation des processus utilisés, s'appuyant sur un ensemble d'activités et de tâches accomplies en réponse à un événement extérieur ou interne à l'entreprise. C'est une représentation qui répond à la question « **pourquoi** ? ».

B. L'architecture fonctionnelle

C'est la description des fonctionnalités attendues du SI pour réaliser les différents processus schématisés au niveau métier, ainsi que l'identification des interactions entre ces différentes fonctions.
Cette vision fonctionnelle répond à la question « **quoi** ? ».

C. L'architecture applicative

Après avoir identifié les fonctions, il est nécessaire de les implémenter à travers différentes applications et de couvrir les interactions nécessaires entre ces applications (interopérabilité assurée soit par PGI soit par EAI).
Cette vision informatique du SI répond à la question « **comment** ? ».

D. L'architecture technique

Enfin, la dernière vue représente l'architecture technique sur laquelle seront déployées les applications (les serveurs et équipements réseau...). Ce sont le plus souvent des matériels internes à l'entreprise mais ils peuvent aussi être externalisés sur le *cloud* (informatique en nuage).
Cette dernière vision informatique répond à la question « **avec quoi** ? ».
Ces différentes cartographies permettant d'avoir une vision complète du SI sont souvent réalisées avec le **concours du gestionnaire ou du comptable** car ils ont une approche transversale et globale de la situation de l'entreprise et une connaissance approfondie des processus utilisés dans l'organisation. On les sollicite donc pour rédiger le cahier des charges ou pour coordonner les projets permettant l'évolution du système d'information.

2 Rôle opérationnel et stratégique du système d'information

Le SI peut être décomposé en système d'information operationnel (permettant la collecte des informations à la source) et en système d'information stratégique permettant après traitement de cette information, de proposer aux décideurs des outils leur permettant la prise de décision.

A. Rôle opérationnel du SI

Le SI doit permettre la réalisation optimale des opérations quotidiennes et des processus d'affaires. Le **SI opérationnel** permet d'améliorer la communication entre les différents services de l'entreprise et entre l'organisation et son environnement. Il permet aussi de collecter un volume de plus en plus important d'informations générées par différents outils nécessaires à la mise en œuvre des principales fonctions de l'entreprise.

Le SI opérationnel peut regrouper :
- le **SI bureautique** (données générées par les outils bureautiques),
- le **SI comptable et gestion des ressources humaines** (logiciels comptables, d'immobilisation, de paye et les documents générés),
- le **SI production et fabrication** (robots ou capteurs (objets connectés) ou outils automatisés des ateliers de production),
- le **SI commercial et marketing** (documents commerciaux d'achat ou de vente, de gestion des stocks),
- le **SI logistique** répondant à un besoin de plus en plus important de traçabilité et alimenté par des modules de SCM (*Supply chain management* ou Gestion de la chaîne logistique, GCL) permettant de suivre le transport depuis le fournisseur jusqu'au client ainsi que les différentes étapes de stockage.

Les entreprises doivent également se doter d'outils pour faire face à une concurrence accrue sur les marchés :
- outils de **CRM** (*Customer relationship management* ou Gestion de la relation client, GRC) : informations sur les prospects ou sur les clients dans le but de les fidéliser ;
- outils de **SRM** (*Supplier relationship management* ou Gestion de la relation fournisseur, GRF) : informations sur les fournisseurs pour optimiser les approvisionnements.

Ces différents SI doivent être interconnectés les uns avec les autres (on parle d'**interopérabilité**) en ayant recours soit à un **PGI** (progiciel de gestion intégré), logiciel permettant la communication de différents modules autour d'une base de données unique, soit à un **EAI** (*Enterprise application integration* ou Intégration des applications de l'entreprise, IAE), plateforme permettant la communication grâce à des connecteurs (*middleware*).

Des zones d'échange interne se développent soit pour travailler en équipe avec des outils collaboratifs (*groupware*) soit avec des *workflows* pour permettre l'échange d'information de façon automatisée et régulée entre les différents modules et les différents utilisateurs.

Les échanges avec les partenaires extérieurs s'automatisent avec l'**EDI** (échange de données informatisé) pour améliorer la communication avec les services fiscaux, le cabinet d'expertise, ainsi qu'avec les clients, fournisseurs et transporteurs.

Le rôle opérationnel du SI est donc primordial pour faire face aux besoins quotidiens d'information et de communication. Mais il ne faut pas négliger le rôle stratégique du SI.

B. Rôle stratégique du SI

Le SI a un rôle stratégique car il permet aux dirigeants une meilleure prise de décision. Les données mémorisées dans le SI Opérationnel vont être extraites pour être analysées, croisées avec d'autres informations et combinées avec des outils mathématiques pour détecter des tendances ou proposer des statistiques. Cela va permettre aux dirigeants de suivre **l'évolution de l'activité** et disposer de **tableaux**

de bord de façon à regrouper des indicateurs pouvant déclencher des alertes ou confirmer des prévisions.

À travers cette **informatique décisionnelle** ou **Business Intelligence** (BI), les informations en provenance de sources très variées dans et hors de l'entreprise (bases de données, CRM, documents bureautiques, sites web, réseaux sociaux...) vont être collectées puis regroupées après harmonisation et historisation dans un entrepôt de données (*datawarehouse*).

Toutes ces informations caractérisées par un volume très important et qui se développent rapidement constituent le **big data** (mégadonnées ou données massives). Ce concept est souvent caractérisé par 3 V : Volume, Vitesse et Variété, souvent complété par Valeur et Véracité.

Aujourd'hui, le développement du ***cloud computing*** (Informatique en nuage) permet aux entreprises de louer des espaces de stockage hors de leur entreprise et de leurs serveurs internes pour faire face à cet afflux de données.

Il est souvent fait appel à l'**intelligence artificielle** pour exploiter ce volume considérable de données et en extraire des informations adaptées aux décideurs. D'autres outils vont être utilisés pour traiter ces informations et déceler des tendances, faire des prévisions, constituer des statistiques ou élaborer des indicateurs de contrôle :

- les techniques de ***datamining*** (forage de données) permettant de découvrir des corrélations, des tendances ou des incohérences ;
- les hyper cubes **OLAP** (traitement analytique en ligne) permettent de représenter et croiser les données sous plusieurs dimensions ;
- les requêtes permettant d'extraire des informations de la base dans un langage normalisé : le **SQL** (*Structured query language*) ;
- le ***reporting*** (reddition de comptes) permet de produire des tableaux de bord, d'établir des rapports d'activité à destination des décideurs.

Tous ces outils vont fournir aux décideurs des données élaborées, transformées, prêtes à être exploitées facilement par ceux qui en ont besoin.

MÉMO 3 La direction du système d'information

Le système d'information est une composante essentielle de toute organisation. La gestion du SI implique d'assurer un bon fonctionnement opérationnel au quotidien, mais aussi d'anticiper les évolutions. C'est la mission de la DSI.

1 Vue d'ensemble

Le développement des technologies de l'information et de la communication (TIC), en anglais *information technology* (IT), génère dans les organisations des besoins en compétences pour concevoir et faire fonctionner les moyens nécessaires. Ces missions peuvent être confiées à des prestataires externes (voir fiche 8) ou assurées en interne ce qui implique le recrutement de personnels spécialisés dans ces domaines.

Dans beaucoup de petites entreprises, la fonction SI se limite à une personne ayant le titre de responsable informatique ou d'administrateur réseau. Parfois il n'y a aucun personnel dédié et la fonction est entièrement externalisée. Mais dans les grandes entreprises cette mission implique un nombre de personnes plus ou moins important au sein d'une direction des systèmes d'information (DSI).

> La direction des systèmes d'information est une fonction support responsable du système d'information d'une entreprise. Elle est en charge de définir et faire évoluer l'architecture du SI, de concevoir, installer et déployer ses différentes composantes. Elle assure son bon fonctionnement au quotidien.

La DSI agit sous l'autorité de la direction générale. Elle assure la mise à disposition des ressources informatiques pour un ensemble d'utilisateurs internes et externes. Les tâches nécessaires peuvent être regroupées en quatre grandes catégories :

- **conseil en système d'information et maîtrise d'ouvrage** : assister la direction générale et les directions métiers dans la prise de décisions et la supervision de leur mise en œuvre ;
- **études, développement et intégration** : définir les projets d'évolution à venir du SI, mener à bien les projets correspondants pour intégrer ces évolutions dans le SI ;
- **production et exploitation** : assurer le bon fonctionnement du SI au quotidien en mettant à disposition des utilisateurs les services attendus ;
- **support et assistance** : apporter des réponses aux problèmes posés par les utilisateurs.

Une cinquième catégorie regroupe les tâches nécessaires au fonctionnement de la DSI elle-même.

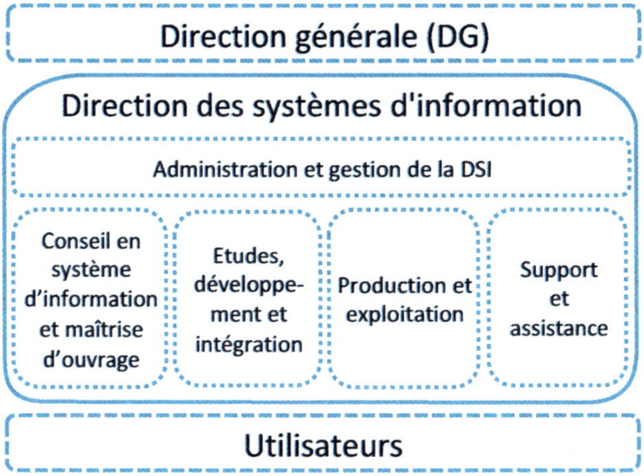

▲ Organisation de la DSI

2 Missions

La direction des systèmes d'information a pour mission la conception, la mise en œuvre et le maintien en conditions opérationnelles du système d'information, dans les conditions de sécurité et avec le niveau de qualité requis.

Dans les grandes entreprises, cette fonction est sous la responsabilité d'un(e) directeur(trice) des systèmes d'information (DSI).

En anglais, le terme employé est *Chief Information Officer* (CIO) à ne pas confondre avec *Chief Executive Officer* (CEO), équivalent de PDG.

> Le (la) DSI assure la cohérence entre le SI et la stratégie de l'entreprise. Il (elle) est responsable de la conception, de la mise en œuvre et du maintien en conditions opérationnelles du système d'information, ainsi que de la sécurité et de sa qualité. Son rôle est aussi d'anticiper les évolutions nécessaires de l'informatique de l'entreprise, de piloter ces évolutions, tout en maîtrisant les coûts, de s'assurer de l'efficacité du SI et de la maîtrise des risques.

Le tableau suivant présente les activités et tâches d'un(e) directeur(trice) des systèmes d'information selon le CIGREF.

Le CIGREF, réseau de Grandes Entreprises, regroupe plus de cent très grandes entreprises et organismes français et européens de tous les secteurs d'activité (banque, assurance, énergie, distribution, industrie, services...). Le CIGREF s'est donné pour mission de promouvoir la culture numérique comme source d'innovation et de performance.

Activités de la DSI	
Activités	**Tâches**
Définition et supervision de la politique de SI et de sa mise en œuvre	• Définit des orientations stratégiques au niveau SI de l'entreprise • Conseille et définit la politique du SI de l'entreprise • Suit l'ensemble des activités de la DSI • Arbitre les moyens de la DSI (études, ressources, budgets, investissements…)
Promotion de la qualité dans les relations avec les partenaires internes	• Organise, anime et suit les concertations et échanges entre la direction générale et les responsables du système d'information • Garantit la qualité de la relation clients (les différents services de l'entreprise) - fournisseur (la DSI) • Définit et garantit le respect des contrats de service
Définition et mise en œuvre d'une politique de « faire ou faire-faire »	• Négocie, maîtrise et suit les contrats et leur mise en œuvre • Analyse le marché, évalue les offres et est force de proposition vis-à-vis de la direction générale • Analyse les performances et contrôle la qualité des prestations
Communication interne, motivation et animation du personnel de la DSI	• Définit et supervise la gestion générale et l'organisation de la DSI • Gère et arbitre les projets pluridisciplinaires impliquant des acteurs géographiquement dispersés • Met en œuvre des actions d'accompagnement du changement pour les informaticiens
Supervision des relations avec les prestataires et partenaires extérieurs	• Gère les relations avec les organismes extérieurs partenaires (fournisseurs, ESN…) • Expression des besoins, suivi des prestations…
Garant de la sécurité informatique	• Définit et met en œuvre la politique de gestion des risques informatiques • Garantit la fiabilité, la confidentialité et l'intégrité des systèmes d'information

3 Interactions DSI-Direction générale-Métiers

L'action de la DSI s'inscrit dans une relation avec la direction générale (DG) qui prend les grandes décisions d'orientation de l'entreprise et donne à la DSI les moyens de fonctionner (investissements et dépenses courantes). La DSI doit définir ses objectifs dans le cadre d'un plan pluriannuel. Celui-ci doit être en cohérence avec la stratégie d'ensemble de l'entreprise. Cette mise en cohérence est appelée **alignement stratégique**.

Les besoins des utilisateurs s'expriment à travers les différents services auxquels ils appartiennent. Ils utilisent les services de la DSI dans le cadre de leurs missions au sein de l'entreprise. Ces missions sont organisées au sein de directions métiers (DM) pour lesquelles le SI est un moyen d'atteindre leurs objectifs. Il y a donc une interaction forte entre la DSI et les directions métiers qui s'inscrit dans une relation de type fournisseur-client.
La DSI doit répondre aux besoins des directions métiers tout en prenant en compte les attentes des utilisateurs. Cela implique une communication entre la DSI et les DM pour coconstruire le SI. Cette démarche peut se concrétiser par une contractualisation définissant les engagements des deux parties.
Le bon déroulement des interactions conditionne l'efficacité d'un SI et, en conséquence, la réussite de l'entreprise.

4 Une vision orientée services

Le CIGREF propose une description des métiers existants dans les Directions des Systèmes d'Information (DSI) des grandes entreprises en 9 grandes familles.
Plutôt qu'une vision technique du système d'information, la nomenclature du CIGREF vise à donner une vision basée sur les services offerts aux clients.

Les familles de métiers selon le CIGREF	
Familles	**Missions**
1. Pilotage des évolutions du système d'information	Métiers qui touchent de manière globale à la mise en cohérence organisationnelle et fonctionnelle du SI
2. Management de projet	Métiers qui pilotent, suivent et coordonnent les projets
3. Cycle de vie des applications	Métiers liés à la conception, au développement et à la réalisation technique et applicative des projets
4. Mise à disposition et maintenance des infrastructures	Métiers liés à l'étude, la conception, le développement, l'intégration et l'exploitation des infrastructures
5. Support et assistance aux utilisateurs	Métiers tournés vers l'utilisateur ou usager du SI en termes d'assistance et d'accompagnement
6. Sécurité	Métiers liés à la définition, à l'audit, à la mise en place et au contrôle de la sécurité et cybersécurité des SI
7. Management opérationnel	Métiers à responsabilité hiérarchique en termes de budget, de décision ou de périmètre
8. Données	Cette famille regroupe les métiers liés au cycle de gestion de la donnée
9. Relations fournisseurs	Métiers liés à la relation avec les fournisseurs en matière d'achats, de gestion des contrats et licences

Dans une vision purement technique du SI le rôle de la DSI est de mettre des moyens à disposition des métiers et d'en assurer le fonctionnement dans le cadre d'un budget attribué par la DG.

Dans une vision orientée services, le rôle de la DSI est d'accompagner, voire d'anticiper l'évolution de l'entreprise dans une démarche proactive. L'informatique n'est alors plus une charge mais un moyen de participer à la création de valeur par l'entreprise.

La DSI est aujourd'hui un acteur essentiel de l'entreprise dans le cadre de la **transformation numérique**, c'est-à-dire la transformation de l'entreprise pour intégrer et tirer le meilleur parti des évolutions des technologies de l'information.

Le SI et ses utilisateurs

Quelles que soient les technologies utilisées, les systèmes d'information ont une dimension humaine. Leur bon fonctionnement dépend de différents acteurs. Ceux-ci utilisent les informations produites par le SI et participent à leur production. Pour remplir leurs missions, ils interagissent avec des outils numériques qui doivent être conçus en tenant compte des utilisateurs, mais qui requièrent aussi de leur part des compétences.

1 Les attentes des utilisateurs

La notion d'expérience utilisateur (EU), en anglais *User eXperience* (UX), correspond au fait d'analyser les interactions avec un système technologique du point de vue de l'utilisateur. Cela recouvre la manière dont l'utilisateur a recours à l'outil et la perception qu'il en a.

Tout système technologique implique un ajustement de l'individu à la technologie qui se fait par interactions entre l'individu et la technologie en situation d'utilisation.

L'appréciation que l'utilisateur porte sur l'outil technologique comporte deux dimensions :

- Utilité perçue : correspond à un gain de temps et d'efficacité ou encore à ce que l'outil permet de faire que l'on ne pourrait faire autrement.
- Facilité d'utilisation : correspond à la possibilité de percevoir facilement ou même de façon intuitive les fonctionnalités de l'outil et la façon de les mettre en œuvre (ergonomie).

La norme ISO 9241 définit l'utilisabilité comme « la mesure dans laquelle un produit peut être utilisé par des utilisateurs particuliers dans un objectif défini avec efficacité, efficience et satisfaction dans un contexte précis d'utilisation ».

Un outil logiciel se présente à l'utilisateur sous forme de menus déroulants ou d'icônes permettant d'activer des fonctionnalités par différents moyens (clavier, souris, écran tactile...) : c'est l'Interface Homme Machine (IHM). Cette interface peut aussi être sonore.

Les outils techniques sont dans une certaine mesure contraignants c'est-à-dire que leur utilisation est déterminée par leur conception. Cependant, leur utilisation dépend aussi de ce que les utilisateurs en font.

Plusieurs attitudes possibles (d'après Reix et al., *Systèmes d'information et management des organisations*, Vuibert) :

- **Abstention** : l'outil est rejeté par les utilisateurs et n'est pas utilisé ;
- **Utilisation réduite** : l'utilisateur se limite aux usages les plus courants, l'outil est sous-utilisé ;
- **Utilisation détournée** : l'utilisateur fait une utilisation non prévue pour des objectifs personnels ;
- **Utilisation intensive** : l'utilisateur tire pleinement parti de l'outil et améliore progressivement sa maîtrise.

Le processus par lequel l'utilisateur améliore sa maîtrise de l'outil, par apprentissage en situation, s'appelle **appropriation**. L'utilisateur intègre le recours à l'outil dans son activité et peut faire évoluer de lui-même l'utilisation qu'il en fait.

L'appropriation dépend de différents facteurs liés d'une part à la conception de l'outil (IHM), aux caractéristiques individuelles de l'utilisateur (formation, expérience, attrait pour la technologie…) et au contexte organisationnel (implication des dirigeants, DSI communicante…).

Il ne suffit pas d'introduire un outil technologique. Son efficacité nécessite le développement des compétences des utilisateurs qui comporte deux dimensions :

- un apprentissage formalisé dans le cadre de formations, lors de la mise en place de l'outil et à intervalles réguliers en fonction des besoins.
- un apprentissage par l'expérience, en autonomie, qui dépend des compétences et de l'implication des utilisateurs.

L'aide intégrée aux logiciels et l'assistance aux utilisateurs permettent d'accompagner l'apprentissage dans la durée.

La direction générale et la direction des systèmes d'information ont une responsabilité pour créer les conditions favorables en mettant en place des moyens, mais aussi par une communication qui justifie et donne du sens aux évolutions technologiques.

2 Les interactions avec la DSI

La qualité des interactions utilisateurs-DSI est une condition essentielle de l'efficacité du SI.

Une vision orientée services du système d'information implique un dialogue avec les utilisateurs en premier lieu au niveau des méthodes de conception.

Ceux-ci doivent être associés aux projets par leur présence dans différents organes et en particulier les comités d'utilisateurs. Cette participation a un double intérêt : d'une part elle garantit la prise en compte du point de vue des utilisateurs dans la conception et la réalisation des projets, d'autre part elle permet que ces **utilisateurs-clés (*key users*)** impliqués dans les projets contribuent ensuite à faciliter leur mise en œuvre.

Le bon fonctionnement du SI dépend aussi de la possibilité offerte à tous les utilisateurs de dialoguer à tout moment avec les membres de la DSI. Celle-ci doit être à l'écoute à travers une **plate-forme d'assistance (*help desk*)**, regroupant des personnes chargées de répondre aux demandes des utilisateurs, joignables par téléphone (*hot line*), par mail ou par une page dédiée sur l'Intranet. Le lien entre la DSI et les utilisateurs peut aussi se faire par la mise en place de correspondants dans les services.

La norme ISO 13407 définit les conditions de mise en œuvre d'un processus centré sur l'opérateur humain à travers cinq principes nécessaires.

- Une préoccupation amont des utilisateurs, de leurs tâches et de leur environnement.
- La participation active de ces utilisateurs, ainsi que la compréhension claire de leurs besoins et des exigences liées à leurs tâches.
- Une répartition appropriée des fonctions entre les utilisateurs et la technologie (répartition des tâches entre ce que fait l'utilisateur et ce qui est automatisé).
- L'itération des solutions de conception (organisation par étapes successives et articulation entre celles-ci).
- L'intervention d'une équipe de conception multidisciplinaire.

3 Deux catégories d'utilisateurs

Il est nécessaire d'établir une distinction entre les différents acteurs d'une organisation du point de vue de leur relation avec le système d'information.

- Les salariés dans leur ensemble sont utilisateurs. Le SI leur fournit des données et eux-mêmes l'alimentent. Les salariés subissent les évolutions du SI qu'ils peuvent percevoir comme un danger (supprime des emplois) ou une contrainte (la façon de travailler est modifiée) et une difficulté (il faut s'adapter aux nouveaux outils).
- Les responsables ou décideurs utilisent des fonctions avancées du SI : outils de recherche, d'aide à la décision... Ayant une plus grande autonomie et des objectifs plus larges que la plupart des salariés, leur performance est plus sensible à la façon dont ils maîtrisent le SI. De plus les évolutions en termes de partage de l'information peuvent les déstabiliser vis-à-vis de leurs subordonnés comme de leurs responsables.

4 Les compétences attendues des utilisateurs

Gérer des données et des informations

La saisie de données est l'utilisation la plus simple de ce que l'on peut faire avec un ordinateur, d'autant que la saisie est souvent assistée par des modèles pré-établis. Vérifier la conformité et la cohérence des données saisies correspond à une compétence plus avancée.

La technologie permet de gérer des données (stocker, organiser, partager...), mais surtout de les utiliser pour produire des informations utiles dans un contexte donné. Exploiter les données de façon efficace demande des compétences « métier », relatives à l'utilisation qui peut être faite des informations, mais aussi des compétences informatiques pour extraire et mettre en forme les données, même si cette exploitation des données peut être plus ou moins automatisée.

Au-delà de l'utilisation des ressources du SI interne, l'utilisateur doit aussi avoir des compétences pour rechercher l'information disponible via Internet. La facilité d'accès à l'information ne doit pas masquer la nécessité de faire preuve de discernement. Il s'agit ici des compétences nécessaires pour construire une stratégie de recherche en fonction d'un besoin en utilisant des options de recherche avancées, évaluer la fiabilité et la pertinence de diverses sources, utiliser des outils de veille automatisée.

Interagir à travers le SI

Le SI fournit aussi des outils de communication numérique de personne à personne (messagerie) ou d'une personne à plusieurs, voire beaucoup. L'utilisateur doit être capable de sélectionner les outils ou services adaptés au contexte et à la situation de communication ; identifier et éviter les contenus inappropriés ; maîtriser les codes de la communication en ligne.

Interagir c'est aussi utiliser des services numériques pour partager des idées et coproduire des contenus dans le cadre d'un projet ; à un niveau plus avancé les compétences peuvent être d'organiser et animer un travail collaboratif.

Produire des documents

Créer des documents simples (courriers...) est une compétence aujourd'hui assez répandue.

Pour établir des rapports ou des tableaux de bord il faut maîtriser les fonctionnalités avancées du traitement de texte ou du tableur.

Il faut également une certaine maîtrise pour produire des tableaux de bord ou des états de synthèse à partir d'un progiciel de gestion.

Au-delà des documents textuels et chiffrés, les documents comportant de l'image ou du son nécessitent des compétences spécifiques.

L'utilisateur qui produit des documents doit maîtriser les différents formats ; savoir adapter les formats des contenus numériques à leur mode de diffusion ; appliquer les règles du droit d'auteur, du droit à l'image et du droit à la protection des données personnelles.

Participer au bon fonctionnement et à la sécurité du SI

L'utilisateur du SI doit avoir une connaissance générale des technologies de l'information, comprendre le fonctionnement des matériels, des réseaux, des logiciels pour s'en servir de façon pertinente, personnaliser un environnement numérique, choisir des services numériques en fonction de ses besoins et du contexte d'usage, identifier des problèmes techniques liés à un environnement informatique.

Il doit connaître les différents types de matériels, les services numériques et leurs caractéristiques techniques, le cadre juridique de leur utilisation, leur modèle économique.

Il doit comprendre les enjeux de sécurité et mettre en œuvre à son niveau les mesures appropriées.

Ces compétences numériques doivent être mises à jour et améliorées en permanence.

L'espace numérique de travail

L'ouverture vers l'extérieur des systèmes d'information, la diversité des outils (ordinateur portable, tablette, smartphone...) et des services numériques obligent les organisations et les utilisateurs à maîtriser leur espace numérique de travail. Des compétences sont attendues dans l'utilisation et le choix des outils et des applications à déployer en fonction des besoins spécifiques des organisations.

1 Vue d'ensemble

L'**espace numérique de travail** est un ensemble intégré de services numériques organisés et mis à disposition par l'organisation.

Le **système d'information** est accessible en interne comme en externe, par des outils qui sont la propriété de l'organisation ou des salariés. La frontière entre la sphère professionnelle et la sphère privée devient poreuse, obligeant l'État à légiférer sur le sujet (droit à la déconnexion au travers de la loi Travail du 8 août 2016).

Le développement du **BYOD**, « *Bring Your Own Device* » (« apportez votre équipement personnel de communication ») souligne les changements de pratiques en acceptant les appareils personnels au sein du réseau de l'organisation. Ces pratiques peuvent nuire à la sécurité informatique de l'organisation si elles ne sont pas encadrées. Certaines organisations lui préfèrent le COPE, abréviation de l'anglais « *Corporate Owned Personnally Enabled* » (« propriété de l'organisation avec accès privé ») qui consiste à mettre à disposition des salariés des solutions techniques d'accès achetées et configurées par l'organisation pour un usage professionnel mais offrant la possibilité d'un usage personnel.

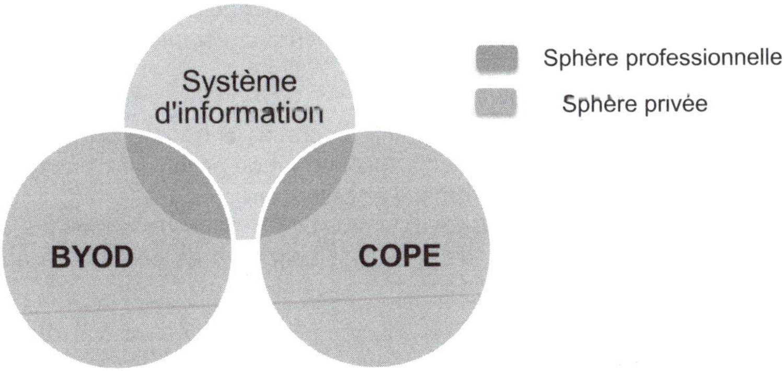

▲ Système d'Information : sphère professionnelle / sphère privée

2 Outils numériques

Le poste de travail fixe reste largement présent dans les organisations mais il est progressivement complété voire remplacé par des solutions nomades.

Même si les éléments de l'architecture matérielle restent identiques (microprocesseur, mémoire centrale, mémoire de masse...), chaque solution correspond à des besoins spécifiques.

A. Le poste de travail fixe

Un poste de travail est dit « fixe » parce que celui-ci est destiné à rester dans un même lieu du fait des nombreux périphériques rattachés (clavier, souris, écran...). On retrouve souvent le terme d'ordinateur de bureau pour l'identifier du fait de son lieu de localisation.

B. Le poste de travail portable

Un poste de travail portable est un ordinateur qui permet d'être mobile en raison de sa taille et de son poids. Du fait d'un espace réduit, les composants sont plus petits que ceux d'un poste fixe, ce qui peut générer des surchauffes et des pannes.

C. La tablette tactile

Une tablette est un ordinateur sans clavier physique et sans souris. L'écran tactile est le seul élément d'interaction avec l'appareil. Elle permet d'accéder à des contenus multimédias, de relever les courriels, de participer à des visioconférences, de naviguer sur les réseaux, de produire ou visualiser des photos et des vidéos et enfin de télécharger des applications hébergées dans des magasins.

D. L'ordinateur hybride

L'ordinateur hybride est à mi-chemin entre la tablette et l'ordinateur portable. Il bénéficie d'un écran tactile mais dispose des périphériques d'entrée tels que la souris, un clavier ou encore un stylet permettant d'écrire directement sur l'écran.

E. Le smartphone et la phablet

La **phablet** (téléphone-tablette) est un compromis entre un **smartphone** (mobile multifonctions) et une tablette tactile. Elle permet de bénéficier d'une taille d'écran se situant entre celle d'un smartphone et celle d'une tablette tactile.
Nous retrouvons des caractéristiques semblables à celles de la tablette, les seules différences sont dans la taille de l'écran, la puissance de calcul et le nombre de connexions.

F. Les objets connectés

Les **objets connectés** regroupent tous les objets ayant la capacité de se connecter au réseau. On trouve souvent le terme d'**Internet des objets** (*Internet of Things - IoT*) pour désigner l'ensemble des objets connectés à Internet.
Ces objets sont connectés directement sur le réseau (*ex.* : par WiFi ou par technologies cellulaires comme la 4G ou la 5G), par l'intermédiaire d'un smartphone

avec une liaison Bluetooth ou encore grâce à des protocoles de communication qui leur sont propres (*ex.* : en domotique, le protocole Z-Wave).

G. Les critères de choix de l'outil numérique

Les critères de choix de l'outil numérique le plus adapté à un contexte organisationnel peuvent être résumés de la façon qui suit.

Mobilité et autonomie	Prix
Taille et résolution de l'écran	**Connectivité**
Durée de vie	**Sécurité**
Évolutivité	**Ergonomie**
Puissance de traitement Elle est mesurée par l'architecture (nombre de cœurs) et la cadence de l'horloge (exprimée en général en GHz) du microprocesseur.	**Capacité de stockage** Elle représente le volume d'informations binaires que le dispositif peut stocker. Elle s'exprime en multiples d'octets (*ex.* : 1 giga octet = 10^9 = 1 milliard d'octets).

Plusieurs critères de choix peuvent être énoncés pour sélectionner la tablette la plus adaptée au besoin exprimé : le système d'exploitation (IOS, Android, Windows ou Linux), la taille et la résolution de l'écran, la connectique (WiFi, Bluetooth, USB, Webcam, port HDMI...), la capacité de stockage et la durée d'autonomie.

3 Le système d'exploitation

Le **système d'exploitation** (SE ou OS, *Operating System*) est une interface logicielle entre le matériel, les applications et les utilisateurs.
L'installation d'une application repose sur le système d'exploitation dont la fonction est d'assurer les échanges entre le processeur, la mémoire et les périphériques.
Le système d'exploitation est responsable de la gestion des ressources matérielles, notamment par l'utilisation de pilotes. Cela permet aux applications d'être compatibles avec tous matériels.
Les organisations ont donc le choix, suivant leur stratégie du système d'information, entre l'adoption d'un système d'exploitation propriétaire (*ex.* : Windows ou mac OS), ou d'un système d'exploitation libre (*ex.* : Linux).

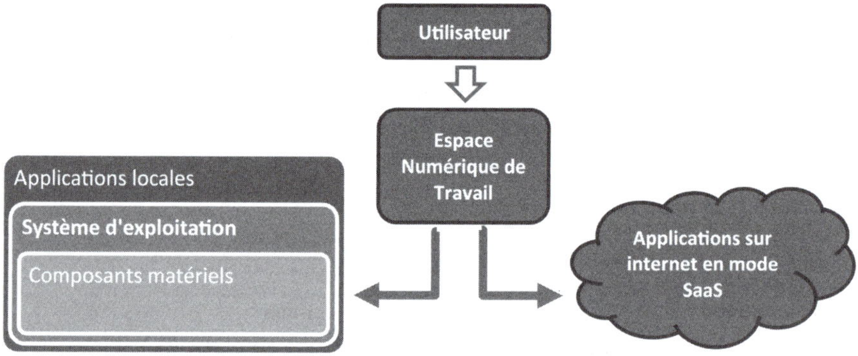

▲ Le rôle du système d'exploitation

4 Les applications

A. Les applications bureautiques

Les **applications bureautiques** automatisent des tâches réalisées dans un bureau. On y retrouve principalement : le traitement de texte, le tableur et le système de gestion de bases de données.

▸ Le traitement de texte

Les logiciels de **traitement de texte** sont chargés d'aider l'utilisateur à saisir, à mettre en forme, à imprimer et à gérer des documents par l'intermédiaire de fonctionnalités de base ou avancées.

▸ Le tableur

Le **tableur** est un logiciel qui permet d'organiser, d'analyser et de présenter graphiquement des données.

▸ Le système de gestion de bases de données

Le **système de gestion de bases de données** permet de gérer d'importants volumes de données. Son objectif est de créer des structures de données, appelées « bases de données », qui permettent à l'utilisateur de saisir, de mettre à jour et d'exploiter ses données.

B. Les applications métiers

Les **applications métiers** répondent au besoin d'automatiser le traitement des activités métiers de l'organisation en respectant les processus internes. Elles peuvent être développées spécifiquement ou disponibles sous une forme standard avec la possibilité d'affiner le paramétrage pour intégrer les particularités propres à chaque organisation.

Les applications métiers spécifiques

Les **applications métiers spécifiques** sont adaptées aux organisations dont les processus métiers sont très particuliers et ne peuvent pas être couverts par des progiciels standards. Le coût et la dépendance envers l'ESN (si recours à un prestataire) sont le prix à payer pour disposer d'une application parfaitement adaptée aux besoins de l'entreprise.

Les progiciels standards

Les **progiciels standards** répondent à des besoins métiers génériques et nécessitent une personnalisation pour être intégrés dans le système d'information d'une organisation. Cette configuration peut être réalisée par l'éditeur, une ESN ou en interne si la compétence est disponible.

Dans cette catégorie, le **progiciel de gestion intégré** permet de doter l'ensemble des salariés de l'organisation d'une base de données partagée et accessible *via* une interface adaptée à leur rôle dans l'entreprise. Chacun disposant de droits d'accès selon son profil.

C. Les logiciels utilitaires

On nomme **logiciel utilitaire** un programme prévu pour analyser, exploiter, configurer, optimiser ou maintenir un périphérique, des données, un logiciel ou l'ensemble du système d'exploitation.

Certains utilitaires sont livrés avec le système d'exploitation.

Au niveau du stockage, on trouve des programmes spécialisés dans la sauvegarde, le clonage, la synchronisation, le chiffrement, la compression et la récupération de données, ou dans le nettoyage le partitionnement ou la défragmentation de disque.

D'autres utilitaires de surveillance système vérifient le bon fonctionnement de la mémoire vive, du processeur, de la carte graphique et des adaptateurs réseau.

Certains utilitaires sont dédiés à l'amélioration d'une fonctionnalité du système. On trouve par exemple des programmes de presse-papiers, de capture d'écran ou de copie de fichiers.

Pour entretenir les drivers (en français, les pilotes) et le système d'exploitation, des utilitaires de contrôle de version peuvent proposer des mises à jour de sécurité. Certains outils de nettoyage système gèrent les données de configuration et effacent les fichiers temporaires, les doublons et les composants obsolètes.

Bien que les logiciels utilitaires livrés avec les systèmes d'exploitation soient de plus en plus complets et sophistiqués, les utilisateurs installent souvent des logiciels utilitaires tiers en remplacement ou en complément de ceux fournis avec le système d'exploitation.

MÉMO 6 Les services et les ressources réseaux

Du fait de l'élargissement de la taille des réseaux d'entreprises et de la diversité des services et ressources proposés, il devient essentiel de savoir les identifier et les localiser.

1 Les serveurs et les services réseaux

A. Les serveurs

En général, un **serveur** est dédié, c'est-à-dire réservé à la gestion du réseau. Il ne peut être utilisé comme poste de travail. Le serveur de réseau local doit être plus puissant que les postes de travail pour 3 raisons.

- Son **disque dur** contient l'ensemble des fichiers et programmes nécessaires au paramétrage et au fonctionnement des stations de travail ainsi que l'ensemble des données des utilisateurs stockées dans les espaces privés.
- Son **microprocesseur** doit être assez puissant pour travailler en même temps pour tous les utilisateurs connectés au réseau. Il est multi-utilisateur et multitâche.
- Sa **mémoire RAM** doit être suffisante pour stocker l'ensemble des instructions et des données nécessaires pour traiter les demandes des stations de travail.

Un serveur doit respecter le principe de redondance permettant la haute disponibilité des données et des services. La haute disponibilité doit permettre un accès sans interruption à l'utilisateur aux données et aux services. Ainsi, les éléments essentiels d'infrastructure doivent être redondants (au moins deux alimentations, deux microprocesseurs, deux disques durs et plusieurs barrettes mémoires).
Un matériel nommé « onduleur » peut être positionné avant le branchement électrique pour assurer une régularité dans l'alimentation électrique et l'arrêt programmé des services hébergés en cas de coupure persistante.

B. Les services réseaux

Un **service réseau** est une fonctionnalité proposée par un serveur à d'autres solutions techniques d'accès (*ex.* : ordinateur portable) via une connexion réseau normalisée.

Les services réseaux sont multiples mais nous pouvons citer les plus répandus tels que le service de résolution de noms (DNS), la distribution automatique de paramètres réseaux (DHCP), la messagerie, l'hébergement d'application web, le transfert de fichiers ou encore la gestion d'un annuaire d'authentification des utilisateurs. Sur des réseaux importants, il peut y avoir plusieurs serveurs dédiés à différents services (accès au réseau, stockage, impression...)

Le service de résolution de noms (DNS)

Le **service DNS** (*Domain Name System*, ou Système de noms de domaine en français) est un service dont la fonction est de traduire un nom de domaine en adresse IP sur un réseau privé ou sur le réseau public « Internet ».

L'opération de traduction est appelée la « résolution du nom (de domaine) ».
Ex. : www.google.fr = adresse IP publique 66.249.64.0
Le rôle du service DNS est de simplifier l'identification sur le réseau des ressources par l'utilisateur.
Pour cela, il agit comme un annuaire que consulte un ordinateur au moment d'accéder à un autre ordinateur via un réseau.

Le service de distribution automatique des paramètres réseaux (DHCP)

Le **service DHCP** (*Dynamic Host Configuration Protocol*, Protocole de configuration d'hôte dynamique en français) garantit la configuration automatique des paramètres IP d'une solution technique d'accès.

Il lui attribue automatiquement une adresse IP, une adresse de serveur d'accès à Internet, des adresses de serveurs de noms DNS, etc.
Le service DHCP facilite l'administration des postes sur le réseau et permet un accès automatique des utilisateurs dès la connexion de sa solution technique d'accès.
Bien entendu, ce service doit être correctement configuré pour limiter les risques de faille de sécurité liée à une connexion d'une station de travail qui ne serait pas légitime.

Le service de messagerie électronique

Un **service de messagerie électronique** est un logiciel qui permet à un utilisateur d'envoyer et de recevoir des courriers électroniques. Pour se connecter au serveur de messagerie, l'utilisateur a recours à un logiciel client capable de gérer l'adressage (ou envoi) du courriel mais aussi sa réception.

Le service de messagerie est généralement fourni par les FAI (Fournisseur d'accès à Internet) ou l'entreprise elle-même.

L'hébergement d'applications web : le service web

Un **service web** est proposé par un ordinateur connecté à Internet et sur lequel sont hébergés des sites web, composés de pages HTML.

Un service web regroupe généralement plusieurs services tels que :
- le service HTTP qui permet de centraliser les différentes pages de l'application web au même endroit (le plus fréquemment utilisé se nomme « Apache ») ;
- l'interpréteur de langage dynamique qui permet de traduire les pages PHP en page HTML compréhensibles par tous les navigateurs ;
- un gestionnaire de base de données (tel que MySQL).

Le service de transfert de fichiers

Le **service de transfert de fichiers** permet aux utilisateurs du réseau de charger, télécharger, supprimer, renommer, déplacer et copier des fichiers sur un serveur.

C'est le protocole FTP (*File Transfer Protocol*) de type client-serveur qui repose sur deux canaux de communication entre le client et le serveur : un canal de commande pour contrôler la conversation et un canal de données pour transmettre du contenu sous forme de fichiers. La mise à jour à distance du contenu des sites web nécessite l'utilisation de ce service.

Le service d'annuaire

Le **service d'annuaire** (basé sur le protocole LDAP *Lightweight Directory Access Protocol*, en français Protocole d'accès à l'annuaire léger) centralise la gestion des informations d'authentification et d'habilitations des utilisateurs du réseau de l'entreprise.

Il permet d'obliger tout utilisateur à devoir saisir un identifiant et un mot de passe avant d'accéder aux services et ressources proposés par l'entreprise sur son réseau.

2 Localisation des ressources sur les réseaux

A. Réseau local / réseau étendu

- Un **réseau local** (**LAN** : *Local Area Network*) couvre un domaine géographique limité, de l'ordre du kilomètre.
- Au-delà, lorsque le réseau permet de rejoindre des organisations distantes, il s'agit d'un **réseau étendu** (**WAN** : *Wide Area Network*).
- Un réseau de la taille d'une ville ou d'une agglomération est couvert par le **réseau métropolitain** (**MAN** : *Metropolitan Area Network*) (*ex.* : le réseau informatique d'une université d'une grande ville qui permet de relier les différentes entités géographiquement dispersées).

B. Réseaux publics / réseaux privés

Un **réseau informatique** est un ensemble d'équipements interconnectés dont l'objectif est de partager des données et des ressources.

Nous distinguons les réseaux publics des réseaux privés.

Réseaux publics (Internet)

- **Internet**

Vers la fin des années 1960, les Américains créent un réseau militaire : le projet ARPA (*Advanced Research Project Agency*) aboutit à la naissance du réseau Arpanet, ancêtre d'**Internet**.

Internet ne possède pas d'infrastructure propre : aucun câble spécifique à Internet n'existe. Internet, contraction d'*INTERconnected NETworks* est un ensemble de protocoles qui permettent de connecter des réseaux entre eux quelle que soit la façon dont ils ont été conçus.

- **Le web**

Le **web** (www : *World Wide Web*) ou, en français, la Toile, est un des services d'Internet. Il permet de **publier et de consulter des documents** multimédias à partir d'un ordinateur connecté n'importe où dans le monde.

Chaque serveur relié au réseau possède un nom qu'il suffit de saisir pour être connecté au site souhaité. L'URL (*Uniform Resource Locator* = localisateur universel de ressources) est un procédé qui permet de référencer chaque fichier qui se trouve sur Internet (*ex.* : http://www.servweb.dcg.fr/mondossier/unfichier).
L'**Afnic** (Association française pour le nommage Internet en coopération) est une association à but non lucratif qui a pour mission principale de gérer la distribution des noms de domaines pour certaines extensions (*ex.* : l'extension **.fr** pour la France).
C'est le logiciel de navigation (Firefox, Edge, Safari...) qui permet d'afficher des pages **HTML** (*HyperText Markup Language*).

Réseaux privés (Intranet et Extranet)

- **Intranet**

Un **Intranet** est un ensemble de services Internet (*ex.* : un serveur web, un serveur de messagerie, un serveur de fichiers) mais à l'échelle d'une organisation.

Il est mis en place dans les organisations pour favoriser le travail collaboratif. Les utilisateurs de ce réseau sont souvent soumis à une authentification pour accéder aux ressources partagées. Le réseau Intranet couvre un ou plusieurs réseaux locaux. Il est isolé du réseau Internet par des pare-feu appliquant des règles qui filtrent les accès depuis ou vers l'extérieur.

- **Extranet**

Un **Extranet** est une extension du système d'information d'une entreprise à des partenaires situés au-delà du réseau de cette entreprise. Cette extension est sécurisée de manière à autoriser l'accès uniquement aux personnes désignées.

Il s'agit d'une extension du réseau offrant par exemple aux partenaires de l'entreprise un accès privilégié à certaines ressources informatiques provenant du réseau Intranet. Ces réseaux privés d'entreprise utilisent Internet pour véhiculer l'information, mais l'information n'est pas accessible au grand public.
C'est une liaison par réseau privé virtuel VPN qui assure le cryptage des données de l'entreprise pendant leur consultation ou leur transfert via le réseau public.

▸ Les DMZ (Zones démilitarisées)

Une DMZ (*DeMilitarized Zone*, en français zone démilitarisée) permet d'isoler des services et des ressources dans un sous-réseau spécifique accessible depuis Internet mais également depuis le réseau privé de l'entreprise.

Les autorisations d'accès à cette zone sont réglementées par le paramétrage d'un pare-feu. Son rôle est de filtrer les flux pour assurer une protection du réseau privé de l'entreprise. Il applique des règles différenciées pour une protection maximum du réseau privé et une plus grande souplesse d'accès aux serveurs de la DMZ.

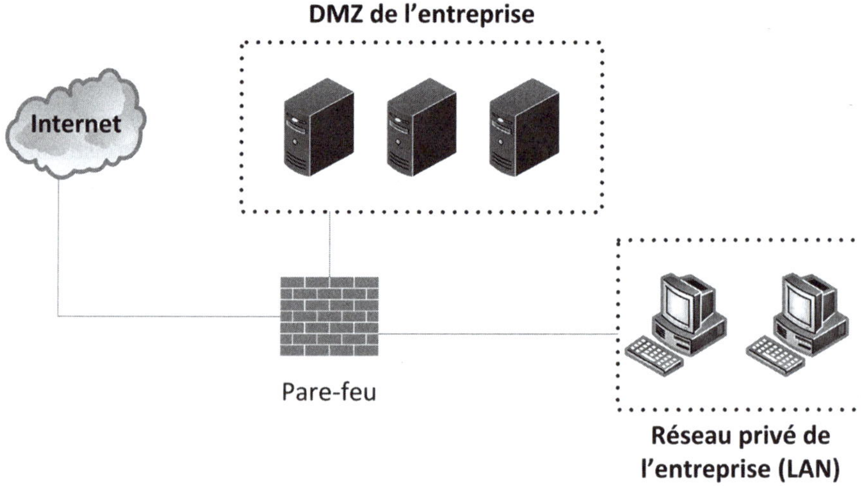

C. L'informatique en nuage (*le cloud*)

La satisfaction des clients et le maintien d'une position concurrentielle obligent les entreprises à disposer de ressources informatiques plus importantes, notamment d'espace de stockage.
Les **data centers** permettent de répondre à ce besoin d'accès à un espace de stockage volumineux.

Remarque Le terme de *data center* est souvent confondu avec celui de *cloud computing* ou **informatique en nuage**, alors qu'il s'agit bien de deux notions différentes. Le **cloud computing** donne l'accès à des ressources informatiques qui peuvent être déployées rapidement et simplement.

Ces ressources – serveurs offrant des capacités de calcul, du stockage, logiciels de messagerie électronique, de paie – sont mises à disposition par des sociétés tierces et accessibles via Internet.

Au lieu d'acheter très cher des serveurs et des logiciels, qui ne sont pas utilisés à 100 %, les entreprises les louent et ne paient que pour l'usage qu'elles en font. Elles peuvent aussi, en quelques minutes, accéder à des capacités de stockage et de calcul supplémentaires, auxquelles elles n'auraient, dans le cas de PME, jamais pu prétendre si elles avaient dû se les payer seules.
La responsabilité du service informatique est externalisée dans le cas du *cloud computing*, contrairement au *data center* privé.

Services

Trois **services principaux** sont proposés par les fournisseurs du *cloud computing*.

- **SaaS (Software as a Service)** ou *Logiciel en tant que service* : le fournisseur est responsable de l'accès et de la disponibilité des services mis à disposition (les services mis à disposition sont ceux mentionnés dans la partie précédente). Avec ce type de solution, les applications, et les données sont accessibles de n'importe quel lieu avec une simple connexion Internet. Le SaaS est une forme d'externalisation des applications. Les données sont ainsi accessibles à partir de n'importe quel poste (de façon sécurisée) sans qu'il soit nécessaire d'acheter des licences et d'installer quoi que ce soit sur les postes de travail ou les serveurs de l'entreprise utilisatrice. *Ex.* : mise à disposition d'un service de messagerie.
- **IaaS (Infrastructure as a Service)** : le fournisseur assure la mise à disposition d'éléments d'infrastructure réseau tels qu'une puissance de calcul ou de l'espace de stockage via un environnement virtualisé. *Ex.* : un serveur virtualisé avec un CPU Intel Xeon 4 cœurs cadencé à 4,2 GHz, une RAM de 32 Go DDR4 et un disque dur de 8 To.
- **PaaS (Platform as a service)** : un environnement de développement est fourni aux entreprises. Les utilisateurs bénéficient rapidement d'un système d'exploitation, d'un environnement de programmation et d'un gestionnaire de bases de données. *Ex.* : un environnement de développement fourni par Microsoft Azure avec un Framework (Visual Studio) facilitant le développement sous divers langages de programmation (PHP, Java...).

Avantages du cloud computing

Le principe du cloud computing permet de passer progressivement pour certaines parties du SI à une informatique à la demande :
- optimisation des coûts : les ressources font l'objet d'une facturation en fonction de l'utilisation réelle (paiement à l'usage : *pay per use*) ;
- flexibilité : les ressources s'adaptent aux besoins ;
- facilité, rapidité de mise en œuvre : le prestataire est responsable de la disponibilité du service ;
- accès universel : les ressources ne sont pas liées à une localisation géographique.

▸ Limites du cloud computing

Le cloud computing soulève des questions de sécurité (cyberattaques, perte de données, etc.) et de confidentialité des données. Se posent également des questions juridiques : responsabilités respectives, droit applicable…

La réversibilité est également source d'inquiétudes : les entreprises souhaitent préserver la possibilité de revenir en arrière en cas de difficultés. Cela passe par une négociation rigoureuse lors de la négociation du contrat.

Pour maîtriser ces risques, les grandes entreprises peuvent mettre en place un **cloud privé**, en mobilisant les ressources propres de l'entreprise, ou un **cloud communautaire**, c'est-à-dire la mutualisation de ressources entre entreprises d'un même groupe. Cela permet de bénéficier des avantages du cloud, sans les risques du **cloud public** dont les services sont disponibles pour tous les utilisateurs potentiels et qui repose sur des ressources et des opérateurs qui ne sont pas forcément identifiés ni localisés. Une autre possibilité est la mise en place d'un **cloud hybride** alliant les avantages d'un cloud privé avec ceux d'un cloud public et permettant de mieux gérer à la fois ses ressources mais également ses dépendances envers des entreprises de services.

3 Les modalités d'accès aux réseaux

Pour rendre le réseau accessible aux utilisateurs de manière fiable, il faut assurer l'accès physique des appareils à connecter et le respect des bonnes pratiques mises en place par l'organisation.

A. Les supports et les équipements permettant l'accès au réseau

▸ Les supports réseau

- **Liaison filaire**

Le fil de cuivre en paire torsadée : câbles utilisant les signaux électriques pour transmettre les données. Il permet d'assurer une liaison avec un débit acceptable (jusqu'à 1000 Mégabits par seconde) sur une distance courte (maximum 100 mètres).

La fibre optique : câble formé de minces filaments de verre entourés d'une gaine réfléchissante véhiculant des impulsions lumineuses et non pas électromagnétiques. Elle est recommandée pour les réseaux devant couvrir de très grandes distances (plusieurs kilomètres) et nécessitant des débits importants pour accélérer le transfert de fichiers volumineux. Si son installation reste assez délicate et coûteuse, c'est le type de câblage qui permet les débits les plus élevés, de plusieurs centaines de Mbits/s à plusieurs Tbits/s.

- **Liaison non-filaire**

Le WiFi : encadré par les normes IEEE 802.11 (*Institute of Electrical and Electronics Engineers,* organisme de normalisation US), il est utilisé pour connecter des appareils au réseau sans fil. Le WiFi a une portée de plusieurs dizaines de mètres, suivant les obstacles.
Le Bluetooth : permet de relier des appareils entre eux lorsqu'ils sont séparés par de très courtes distances (quelques mètres). Il est généralement utilisé pour connecter des objets au réseau, comme une tablette graphique.

La carte réseau

La carte réseau est l'intermédiaire entre le réseau et l'unité centrale des appareils connectés. Chaque carte dispose d'une adresse spécifique, appelée adresse MAC (*Media Access Control*), affectée par le constructeur de la carte, ce qui lui permet d'être identifiée de façon unique dans le monde parmi toutes les autres cartes réseau.

Les éléments d'interconnexion permettant l'accès au réseau

Ils correspondent à des appareils électroniques qui peuvent intégrer des fonctionnalités de gestion du réseau.

- Un **point d'accès WiFi** se connecte à un routeur, commutateur ou hub par câble Ethernet et diffuse un signal WiFi pour une zone dédiée.
- Un **commutateur** ou ***switch*** sélectionne, conserve et libère un chemin entre deux machines. Les commutateurs assurent la transmission d'informations de façon sélective à des groupes de machines (domaine de diffusion).
- Un **routeur** est un périphérique faisant la liaison entre au moins deux réseaux différents, généralement entre la connexion Internet et les terminaux rattachés à cette dernière. Sa fonction première est d'aiguiller un message d'un réseau vers un autre réseau.

B. Fiabiliser l'accès au réseau par le respect des bonnes pratiques

La fiabilité de l'accès au réseau doit être assurée en grande partie par le choix des supports et le paramétrage des éléments d'interconnexion mentionnés précédemment.

Cependant, la fiabilité d'accès au réseau passe également par le respect des bonnes pratiques rédigées par le service responsable de la sécurité du SI de l'entreprise et les recommandations des organismes de sécurité nationaux de référence, notamment l'ANSSI (Agence nationale de la sécurité des systèmes d'information).

La prévention des incidents et des attaques informatiques relève souvent de réflexes simples qui concourent à une protection globale de l'entreprise.

Il s'agit de respecter les bonnes pratiques de l'organisation lors de la connexion au réseau : choix et renouvellement des mots de passe, fermeture de session, connexion à des réseaux privés sécurisés (VPN).

MÉMO 7 Enjeux stratégiques du SI

Les technologies de l'information ont pris une place croissante dans le fonctionnement des organisations comme dans l'ensemble de la société. Le SI doit permettre de saisir les opportunités offertes par le développement de la société numérique, en lien avec la stratégie de l'organisation, dans le cadre de la transformation digitale.

1 SI et stratégie

A. La dimension stratégique du SI

L'évolution des technologies de l'information, leur incorporation dans les produits, le développement de nouveaux services, leur usage intensif aussi bien dans l'organisation que dans les relations inter-organisations font que le système d'information a des implications stratégiques : les technologies de l'information ne sont plus seulement une ressource de support mais deviennent un enjeu stratégique, source d'avantage concurrentiel durable.

L'accélération des changements technologiques remet en cause les technologies banalisées et nécessite d'en maîtriser sans cesse de nouvelles. Ce changement permanent doit être intégré dans la stratégie car il est porteur d'enjeux qui concernent toute l'organisation, voire son existence même, sur un horizon pluriannuel.

B. Technologies de l'information et forces concurrentielles

Dans un secteur d'activité donné, la mise en œuvre des technologies de l'information peut permettre de modifier considérablement l'équilibre des forces concurrentielles. Il est possible d'établir un lien entre les différents aspects de la concurrence suivant le modèle de M. Porter et les possibilités offertes par les technologies de l'information :

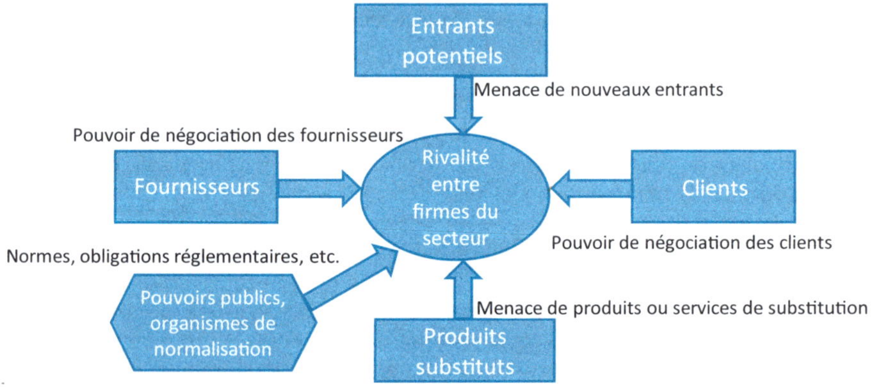

▲ Modèle des 5+1 forces, d'après M. Porter

Intensité de la concurrence intrasectorielle	Utilisation des TI pour se différencier de la concurrence : services en ligne proposés par les banques.
Pouvoir de négociation vis-à-vis des fournisseurs	Centralisation des achats à l'échelle d'un groupe en s'appuyant sur un suivi des stocks en temps réel.
Pouvoir de négociation vis-à-vis des clients	Cartes de fidélité donnant des avantages spécifiques, des possibilités de crédit...
Nouveaux entrants	Les programmes de fidélisation, la CRM, les outils de gestion des connaissances peuvent constituer des obstacles coûteux à surmonter pour d'éventuels entrants.
Produits substituts	Les outils automatisés de veille permettent de surveiller les évolutions technologiques.
Pouvoir réglementaire	Les TI permettent de répondre aux multiples exigences règlementaires (traçabilité...).

C. SI et innovation

Si les entreprises peuvent faire face à la concurrence, elles peuvent aussi faire en sorte de ne pas avoir à l'affronter.

Pour cela, il faut innover en développant une nouvelle offre et en créant de nouveaux marchés. Selon les cas, on peut faire l'un ou l'autre ou les deux.

Il s'agit de sortir du périmètre actuel de la concurrence pour créer un nouvel espace stratégique et développer une activité dans laquelle il n'y a pas de concurrent.

Le développement des technologies de l'information peut offrir de telles opportunités.

Ex. : Blablacar a inventé un nouveau mode de déplacement basé sur une plateforme qui met en relation des personnes disposant d'une voiture pour effectuer un trajet et d'autres voulant effectuer le même trajet mais ne disposant pas de véhicule.

D. Technologies de l'information et avantage concurrentiel

Pour repérer les impacts des technologies de l'information, il est possible de les étudier, toujours à la suite de M. Porter, suivant le concept de **chaîne de valeur**.

Selon Porter, chaque activité peut être vue sous deux dimensions : physique et informationnelle, qui représentent :

- toutes les tâches directes pour exécuter l'activité (fabriquer, négocier, etc.) ;
- toutes les tâches d'acquisition, de transformation, de diffusion de l'information nécessaires pour exécuter l'activité.

Les technologies de l'information jouent un rôle :

- au niveau de chaque activité : gain direct par baisse de coût ou différenciation ;
- dans la coordination entre les différentes activités à l'intérieur de l'entreprise et avec l'extérieur en permettant de conserver les informations créées et de les utiliser dans d'autres activités de la chaîne de valeur.

Le schéma ci-après illustre l'utilisation des technologies de l'information dans les différentes composantes de la chaîne de valeur.

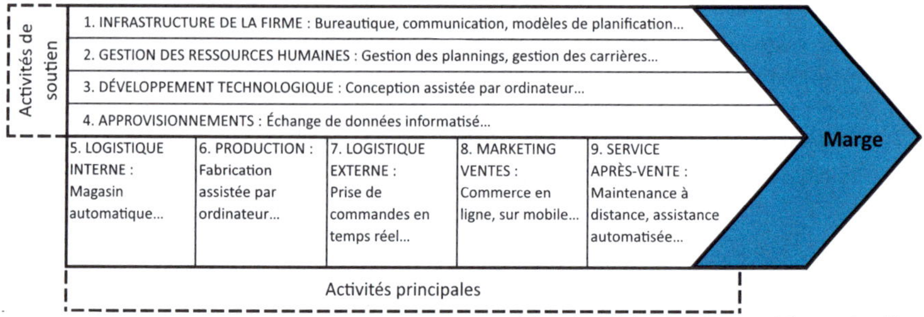

D'après Michael E. Porter, Victor E. Millar,
How Information Gives You Competitive Advantage,
Harvard Business Review, 07/85

▲ **TI et chaîne de valeur**

1. Les logiciels de bureautique, la messagerie électronique, la téléconférence... améliorent la productivité de l'infrastructure de gestion.
2. L'informatique permet un meilleur suivi des salariés de l'entreprise.
3. La conception assistée par ordinateur (CAO), grâce à la modélisation 3D, réduit les délais de mise au point et de commercialisation, permettant une meilleure adéquation de l'offre à la demande.
4. L'échange de données informatisé (EDI) permet de réduire les délais et les coûts administratifs.
5. Les entrepôts automatisés, où les produits identifiés par code-barre ou radiofréquence (RFID) sont rangés, retrouvés et délivrés par des automates, permettent une optimisation du stockage (coûts/délais/disponibilité).
6. La fabrication assistée par ordinateur, couplée à la CAO, permet des gains de temps et de précision, mais aussi de diversifier l'offre.
7. Les systèmes de prise de commandes en temps réel par téléphone ou Internet permettent d'enregistrer directement, en limitant ou supprimant les interventions humaines, la commande du client et de déclencher les opérations nécessaires à sa préparation.
8. Les vendeurs qui visitent les clients sont équipés d'outils numériques (ordinateur portable, tablette, etc.) permettant de visualiser les propositions et contenant les spécifications, les stocks disponibles, les prix, etc. mis à jour en temps réel par Internet pour adapter en permanence les propositions faites au client.
9. De nombreuses activités utilisent des services d'assistance en ligne dont l'efficacité dépend de la qualité des bases de données dont disposent les opérateurs ou les assistants virtuels (*chatbots* ou dialogueurs).

2 Transformation numérique

> La transformation digitale peut être définie comme un processus continu par lequel les entreprises s'adaptent aux changements profonds liés à la numérisation, ou en sont le moteur auprès de leurs clients et sur leurs marchés, en utilisant les outils numériques et les compétences associées pour créer de nouveaux modèles économiques, produits et services.

La transformation numérique, parfois appelée transition digitale, s'inscrit au centre de la stratégie des entreprises : elle concerne tous les secteurs d'activités et les structures de toutes tailles.
Elle implique une nouvelle culture et une nouvelle façon de travailler, remettant en cause les modèles économiques, les chaînes de valeur, les process, les métiers, ainsi que les modes d'organisation et de relations interorganisationnelles.
La donnée est la matière première de la transformation digitale. La multiplication des données internes et externes constitue un gisement de connaissances et une source d'avantages concurrentiels pour les organisations qui savent les exploiter.
Ces données apparaissent entre autres sur le web et les réseaux sociaux. Elles proviennent également des **objets connectés** (IoT), dont le nombre devrait atteindre 56 milliards en 2025, selon IDC. Ces flux doivent être exploités pour être utiles. Les mégadonnées nécessitent des outils d'analyse appropriés.

- Le *cloud*, la *blockchain*, l'intelligence artificielle (IA) et la réalité virtuelle sont les axes de développement de la digitalisation de l'économie dans les années à venir.
- Le cloud (informatique en nuage) permet de dissocier les usages de l'informatique des moyens nécessaires à leur mise en œuvre, ceux-ci étant fournis par le prestataire *cloud*. L'entreprise bénéficie ainsi d'une plus grande flexibilité et capacité à suivre les évolutions technologiques.
- La *blockchain* (chaîne de blocs) permet d'enregistrer des opérations, sous forme de blocs liés les uns aux autres dans l'ordre chronologique de leur validation, de façon certaine et vérifiable. Cela facilite les transactions interentreprises et leur traçabilité.
- L'intelligence artificielle permet d'exploiter les données massives fournies entre autres par l'Internet des objets (*internet of things*, IoT).
- La réalité virtuelle permet d'interagir avec des objets dans un espace numérique. Ainsi la création d'un avatar (double virtuel) permet d'essayer des vêtements sur un site Internet avant de les acheter.

3 La notion d'alignement stratégique

L'observation de l'évolution des systèmes d'information montre que l'on élargit continuellement le cadre de leur utilisation et que les changements attendus sont de plus en plus profonds. Cette évolution pose le problème de la cohérence entre la stratégie et le système d'information.

Les TI peuvent ainsi influencer les choix stratégiques.
Le champ d'activités de l'entreprise est défini par ses positions en termes de produits, marchés, technologies. Les technologies de l'information peuvent entraîner un élargissement ou un déplacement de ce champ.
Désormais, il semble trop restrictif de considérer la définition des objectifs d'un système d'information en termes techniques ou même en termes d'efficience.
L'interaction SI/stratégie nécessite la mise en cohérence du système d'information ou **alignement stratégique** (en anglais, *Strategic Alignment*).
Ce concept met en interaction quatre éléments fondamentaux :

1. Une **stratégie générale de l'organisation** qui constitue le point de départ du processus de mise en cohérence.
2. Une **stratégie des technologies de l'information** : les technologies disponibles dans l'organisation, celles qu'elle souhaite acquérir directement ou obtenir sous forme de services externes.
3. Une **organisation**, caractérisée par sa structure et par les processus de gestion qui s'y déroulent ; cette structure et ces processus peuvent être modifiés en engageant des ressources appropriées.
4. Des **systèmes d'information** articulés entre eux (infrastructure) et exécutant des processus d'acquisition, stockage, traitement, communication d'informations. Ces systèmes d'information sont définis, réalisés, implantés et animés grâce à des ressources (spécialistes, outils, etc.).

La définition du rôle et des objectifs d'un système d'information doit découler d'une mise en cohérence globale préalable prenant en compte les éléments de la stratégie générale, les caractéristiques de l'organisation et les paramètres liés à la gestion des technologies de l'information.

Le dilemme Internalisation/Externalisation

La gestion du SI peut être externalisée en tout ou en partie. Cette démarche comporte des avantages, mais aussi des risques qu'il convient de maîtriser. Elle est encadrée par des contrats de services avec les prestataires externes. Ils définissent des niveaux de services qui peuvent aussi servir de référence dans les relations entre la DSI et les directions métier.

1 Le recours à l'externalisation

D'une façon générale, l'externalisation (*outsourcing*) consiste à faire réaliser par un prestataire externe des tâches ou une activité que l'entreprise ne souhaite pas (ou plus) effectuer en interne.

Cette pratique concerne l'ensemble des activités économiques, mais elle est particulièrement présente dans les activités en relation avec les systèmes d'information.

Infogérance est le terme le plus souvent employé à propos de l'externalisation dans le domaine des systèmes d'information. En anglais, on parle de *facilities management*. Le terme officiel en français est « gérance de l'informatique ».

> Selon la définition de l'Agence française de normalisation (Norme AFNOR Z 67 801-1), « l'infogérance est un service défini comme le résultat d'une intégration d'un ensemble de services élémentaires, visant à confier à un prestataire informatique tout ou partie du système d'information d'un client, dans le cadre d'un contrat pluriannuel, à base forfaitaire, avec un niveau de services et une durée définis. »

L'infogérance désigne donc la prise en charge des tâches liées au fonctionnement du SI dans la durée. Lorsqu'il s'agit d'améliorer les fonctionnalités du SI par la mise en place de nouveaux éléments matériels ou applicatifs, il s'agit d'intégration.

Les ESN peuvent intervenir comme infogérants ou intégrateurs.

Des termes plus spécifiques désignent certaines prestations tels que **tierce maintenance applicative (TMA)** qui désigne spécifiquement la prise en charge par un prestataire de la maintenance d'une application ou de l'ensemble des applications d'une entreprise.

L'intérêt pour l'entité qui externalise est de bénéficier de l'expertise du prestataire basée sur l'expérience acquise auprès de ses différents clients.

Formes d'externalisation	
Forme d'externalisation	**Contenu**
Location de matériel informatique	L'entreprise loue le matériel informatique qu'elle utilise au lieu de le posséder. Cela évite d'immobiliser des capitaux. La location peut inclure ou pas la maintenance.

Forme d'externalisation	Contenu
Maintenance du matériel	L'entreprise confie à un prestataire la maintenance des ordinateurs, imprimantes, serveurs...
Tierce maintenance applicative (TMA)	La maintenance d'une ou plusieurs applications est assurée par un prestataire.
Intégration	Mettre en place de nouveaux éléments matériels ou logiciels en préservant la cohérence d'ensemble du système.
Développement	Mise au point d'applications ou de compléments applicatifs pour apporter de nouvelles fonctionnalités ou faire communiquer des applications entre elles.
Infogérance	Le prestataire prend en charge, pour une durée déterminée, tout ou partie du système d'information, ce qui peut inclure les différents aspects ci-dessus.

2 Les acteurs

L'externalisation consiste à confier la responsabilité de tout ou partie du SI à un prestataire.

Les entreprises qui assurent ce type de prestations étaient appelées traditionnellement sociétés de services et d'ingénierie informatique (SSII ou SS2I).

Désormais, le terme utilisé est : **entreprises de services du numérique (ESN)**. Ce terme met l'accent sur l'élargissement du champ de leur intervention : il ne s'agit plus seulement d'informatique, mais du numérique qui inclut l'informatique, en mettant l'accent sur les usages (services <u>du</u> numérique). Ces entreprises se positionnent ainsi comme acteurs de la transformation digitale basée sur les technologies du numérique.

3 Avantages et limites

Les raisons qui poussent à l'externalisation sont liées à la recherche d'avantages.

Avantages de l'externalisation	
Avantages	Description
Recentrage	L'entreprise qui externalise peut consacrer tous ses efforts à son (ses) activité(s) principale(s).
Maîtrise des coûts	Négociation et suivi du contrat permettent une meilleure maîtrise des coûts. De plus, le prestataire optimise ses coûts en les répartissant sur ses différents clients, ce qui peut permettre des tarifs plus intéressants pour le client que s'il devait supporter seul tous les coûts.

Avantages	Description
Variabilisation des charges	La prestation est facturée à la durée, il n'y a pas de coût fixe, le service et donc son coût peut être ajusté en fonction de l'évolution du besoin. Possibilité de faire face à des besoins ponctuels.
Maîtrise du SI	L'externalisation limite le risque de dépendance vis-à-vis des services informatiques internes qui parfois ont tendance à imposer leurs choix au reste de l'entreprise.
Compétences du prestataire	Le prestataire est spécialisé dans son métier ce qui lui permet d'apporter à l'entreprise l'expérience acquise auprès de l'ensemble de sa clientèle et les meilleures solutions disponibles sur le marché.
Flexibilité	Le prestataire peut moduler ses effectifs en nombre et en niveau de compétences en fonction des besoins car il peut redéployer son personnel entre ses différents clients.
Transfert des risques	L'externalisation permet de reporter sur le prestataire une partie des risques inhérents au fonctionnement du SI, dans les limites du contrat.

Cependant, l'externalisation est aussi porteuse de risques et de difficultés qu'il faut maîtriser.
Les risques de l'infogérance sont ceux de l'externalisation dans le cas général, avec des spécificités liées aux compétences mises en œuvre et aux enjeux en termes de sécurité.

Risques de l'externalisation	
Risques	**Description**
Perte de maîtrise du système d'information	Le client peut se voir imposer des choix techniques avantageux pour le prestataire. Il faut donc conserver des compétences en interne pour gérer la relation avec le prestataire.
Surcoût	Le prestataire peut profiter de ses compétences et de sa connaissance des conditions de réalisation de son intervention pour facturer des services inutiles ou surfacturer ses prestations.
Risques de conflits avec le prestataire	Cela peut résulter d'une définition imprécise des objectifs et de l'absence d'indicateurs permettant d'en vérifier l'atteinte.
Sécurité du système d'information	Baisse du niveau de sécurité du fait de l'intervention de personnes extérieures à l'entreprise, des transferts de données entre l'entreprise et le prestataire ; cela peut porter atteinte à l'intégrité et/ou à la confidentialité des données.

Risques	Description
Résistances au changement	Le recours à un prestataire externe peut se traduire par des suppressions de postes ou des transferts de salariés repris par le prestataire, mais aussi des difficultés pour faire travailler ensemble des salariés ayant des statuts et des employeurs différents.
Difficultés en fin de contrat	En cas de non-renouvellement ou de rupture du contrat, voire de disparition du prestataire, la reprise du service par le client ou par un nouveau prestataire entraînera des coûts et des délais.

Avant d'externaliser, une organisation doit définir précisément les compétences qu'elle souhaite conserver en interne.
- Elle peut choisir de garder la maîtrise de certaines activités.
- Elle peut aussi vouloir disposer des moyens de contrôler le prestataire. En effet, celui-ci peut limiter ses efforts avec un risque de dégradation de la qualité du service ou de dérapage des coûts.

Certaines organisations, après avoir externalisé, adoptent parfois une position inverse : le *back-sourcing*. Cela consiste à reprendre en interne des activités jugées intéressantes à contrôler. Cette opération peut se faire soit par rupture du contrat d'externalisation soit à la fin normale de ce contrat.

4 Contrats de services

A. Contenu

La relation avec un prestataire s'appuie sur un cahier des charges, qui sert de base à la négociation avec les prestataires potentiels. Lorsque le client et le prestataire se sont mis d'accord sur les modalités de la prestation, celle-ci fait l'objet d'un contrat dont les termes doivent être soigneusement définis.

Le contrat de prestation de service informatique ne fait pas l'objet d'une réglementation particulière. Comme tout contrat, il doit comporter certaines mentions :
- les parties au contrat et les obligations des parties ;
- l'objet du contrat et la durée du contrat ;
- les prix des prestations de services ;
- les modalités d'exécution des prestations et les modalités d'évaluation de la prestation ainsi que les sanctions éventuelles ;
- les modalités de renouvellement et de résiliation ;
- le règlement des litiges (clause d'arbitrage, juridiction compétente, etc.).

Certaines clauses sont plus spécifiques aux contrats informatiques ou présentent des particularités :
- la sécurité des données : il s'agit d'exploiter les données tout en garantissant leur intégrité, leur confidentialité et leur pérennité.

- les modalités de fin de contrat : il se termine à l'échéance (non renouvellement), ou par rupture dans les conditions prévues au contrat. Dans tous les cas, il doit être prévu les conditions de transfert entre l'ancien et le nouveau prestataire ou l'entreprise elle-même en cas de reprise en interne ; il faut définir ce qui doit être restitué ou conservé par le prestataire.
- la fixation du prix et les modalités de révision : Pour un contrat dont l'exécution s'inscrit dans la durée, il faut non seulement se mettre d'accord sur un prix, mais aussi sur les conditions de révision d'une année sur l'autre.

La facturation varie suivant le type de contrat : au forfait ou en régie.

<table>
<tr><td>Contrat au forfait
Le montant facturé est défini à l'avance.
Le prix forfaitaire intègre le coût des fournitures, les salaires et les frais généraux.
Le montant du forfait se calcule sur le projet et non sur le temps passé réellement. Le coût final peut donc être parfois plus élevé qu'avec une facturation au temps passé.
L'avantage du forfait est qu'il est ferme et définitif (dans le cadre du périmètre défini et sous réserve des clauses de révision), mais sa fixation est délicate.</td><td>Contrat en régie
La facturation est effectuée en fonction des moyens humains (et matériels s'il y a lieu) mis à la disposition du client.
Ce sont les tâches effectivement réalisées par le prestataire (majorées d'un coefficient de frais généraux) qui sont facturées au fur et à mesure.
La régie présente des avantages :
•pour la société de service, qui limite ses risques ;
•pour la société cliente, qui n'a pas à définir par avance la durée.</td></tr>
<tr><td colspan="2">Contrats mixtes
Le contrat au forfait est une sécurité pour le client qui sait par avance ce qu'il va payer. Il peut être risqué pour le prestataire s'il mesure mal l'ampleur du travail.
Dans le cadre d'un projet susceptible d'évoluer au fur et à mesure de son avancée, le contrat en régie sera privilégié.
Dans la pratique, il est rare qu'au démarrage d'un projet, on sache exactement ce qu'il y a à faire. Cela peut conduire à une combinaison des deux modes de facturation : au forfait dans la limite d'un périmètre défini et en régie pour des travaux complémentaires qui apparaitraient nécessaires.</td></tr>
</table>

B. Contrats internes

Un contrat de niveaux de services peut également être établi pour formaliser la relation entre la DSI, en tant que prestataire, et ses clients internes, les directions métiers.

Cela permet tout d'abord de créer les conditions d'une négociation entre les parties. Le client interne va préciser ses attentes et la DSI ses engagements.

Dans certains cas, le client va « payer » pour les services dont le prix est négocié avec la DSI. Le prix de cession interne prélevé sur le budget de la direction concernée constitue une « recette » pour la DSI.

La négociation d'un contrat de service permet de cadrer la relation entre la DSI et les utilisateurs et de limiter les risques de conflits.

5 Engagements de niveaux de services

Un accord de niveau de service (*Service Level Agreement*, SLA) définit le niveau et la qualité d'une prestation.

Il faut expliciter les engagements du prestataire en lien avec les attentes du client. Cela nécessite de définir précisément les niveaux de service attendus, en s'appuyant sur les meilleures pratiques du secteur.

Un contrat de service entre un prestataire externe ou interne avec son client ou ses utilisateurs formalise des engagements. Il doit s'inscrire dans une démarche de qualité. Il implique une définition claire du niveau des prestations qui font l'objet du contrat.

Au-delà des généralités, un contrat de service doit préciser de manière détaillée les obligations de chacune des parties.

Les services à livrer doivent être décrits de façon précise. Cela implique de définir des indicateurs à mettre en place pour permettre le suivi des engagements tels que :

- temps de réponse des serveurs ;
- délais de traitement ;
- taux de disponibilité du réseau ;
- délais de reprise d'activité en cas de panne ;
- niveaux de satisfaction...

Les engagements du client en termes de moyens et d'informations à fournir au prestataire sont :

- donner toutes les informations nécessaires sur le parc matériel et applicatif ;
- classification des traitements et des données ;
- prévision des volumes ;
- documentation et formation des utilisateurs.

Le contrat précise les modalités de fourniture d'un *reporting* sur le bon déroulement des opérations et la mise en place d'une structure de gouvernance de la prestation pour en assurer le suivi.

Le contrat définit le niveau de services attendu par des indicateurs précis et mesurables. Un indicateur doit être **SMART** (acronyme signifiant « intelligent » en anglais) :

- **S**pécifique : être en relation directe avec l'objet du contrat ;
- **M**esurable : pouvoir se traduire de façon quantitative ;
- **A**cceptable : faire l'objet d'un accord entre les participants ;
- **R**éaliste : le niveau défini doit être possible à atteindre ;
- **T**emporellement défini : être associé à une date ou une période déterminée.

Un comité de suivi est mis en place pour faire le point régulièrement sur le niveau des indicateurs. Celui-ci doit rester dans des marges définies par le contrat, au-delà desquelles des sanctions peuvent être prévues, sous forme de pénalités financières sur le montant des sommes dues.

Les contrats de services peuvent être ponctuels (réalisation d'un projet) ou pluri-annuels (maintenance, services d'assistance...).

L'étude des processus : les flux

Les organisations, pour gagner en efficacité et en qualité, s'appuient sur des processus qu'il est nécessaire d'optimiser.

1 Les processus

A. Notion de processus

L'ISO (Organisation internationale de normalisation) définit le **processus** comme un « ensemble d'activités corrélées ou interactives qui transforme des éléments d'entrée en éléments de sortie » et précise : « un processus est un enchaînement d'activités logiques qui apportent de la valeur ajoutée ».
Une **activité** peut se définir comme un ensemble de tâches qui aboutissent à un même résultat final.
Ex. : gestion des commandes, facturation, élaboration de la paye, élaboration des états de synthèse, inscription à un examen, relance des impayés, contrôle qualité...

B. Typologie des processus

L'AFNOR (Association française de normalisation) distingue 3 catégories de processus.

- Les processus opérationnels ou de réalisation permettent de réaliser un produit ou un service. C'est un processus correspondant au « métier » de l'entreprise : fabrication ou recherche et développement dans l'industrie, vente ou de marketing pour une entreprise commerciale, inscriptions des étudiants pour une université...
- Les processus de support ou de soutien correspondent à des activités transversales, fournissant des ressources nécessaires au fonctionnement des processus opérationnels : gestion du système d'information, gestion comptable ou financière, gestion des ressources humaines, entretien des locaux...
- Les processus de direction ou de management (ou processus de pilotage) permettent le pilotage et la cohérence des processus opérationnels et de support de façon à atteindre les objectifs stratégiques de l'organisation.

2 Contribution du système d'information (SI) à la qualité des processus

A. Le SI fournit des ressources pour les processus

L'exécution des processus nécessite des informations, des données de référence, des textes de loi ou des normes stockées dans les bases de données internes ou externes de l'entreprise (sur le cloud). Le SI facilite donc l'accès à ces informations (utilisation de requêtes, structuration des données...) pour rendre cette recherche plus efficace. Les logiciels contribuent également à une automatisation toujours plus importante des différents processus :

- processus opérationnels (traitement automatique des commandes et des réapprovisionnements, suivi logistique...) ;
- processus support (automatisation de la saisie des factures ou des éléments de paie en comptabilité par exemple).
- processus de management : l'arrivée de l'intelligence artificielle permet la prise en charge par la machine de mécanismes complexes de prise de décision Les algorithmes sophistiqués traitent d'énormes quantités de données (le big data) et peuvent déceler des tendances et prendre des décisions qu'aucun humain n'aurait été capable de réaliser.

Ces processus s'appuient sur des procédures propres à l'entreprise qui doivent être modélisées pour les optimiser avant de les intégrer dans les applications. Ils restent incontournables pour assurer la qualité de la démarche, adapter les procédures en cas d'évolution et sont les garants de la sécurité du système.

B. Le SI contribue à la coordination entre acteurs

Le système d'information est avant tout un outil de communication. Il facilite les échanges et la coordination entre les différents acteurs internes ou externes.

Ainsi, la communication avec les clients ou les fournisseurs peut être facilitée par un EDI (échange de données informatisé) qui assure l'identification des acteurs, une normalisation des langages utilisés, un protocole de confidentialité pour éviter que l'information ne soit interceptée et un protocole de sécurité pour assurer l'intégrité des données communiquées (les données envoyées et reçues sont identiques). La communication avec les transporteurs et les plateformes de stockage peut se faire via un outil de gestion de la chaîne logistique (*Supply chain management*, SCM). La communication avec l'administration fiscale (déclarations de TVA) ou les banques (relevés bancaires) se fait le plus souvent au travers des modules du progiciel de gestion intégré (PGI). L'alimentation des processus en données provenant de l'extérieur s'en trouve ainsi facilitée.

Des moteurs de *workflow* intégrés aux différents PGI du marché facilitent les échanges à l'intérieur de l'entreprise, ce qui a des conséquences sur l'efficacité des processus. Ces moteurs permettent la communication à travers l'application elle-même pour gérer l'enchaînement des activités des différents acteurs. Ainsi, le traitement de l'information est accéléré, les procédures sont uniformisées et la traçabilité des opérations est assurée. Des délais à respecter peuvent être intégrés à ces *workflows* (avec des rappels automatisés) et une procédure de validation et de contrôle peut être envisagée.

Enfin, avec le développement du travail en équipe ou par projet, il devient nécessaire d'utiliser des outils ou des espaces collaboratifs (applications de *Groupware* ou collecticiels, espaces de stockage ou de travail collaboratif). Ces différents outils permettent à des utilisateurs même distants de travailler ensemble et donc plus efficacement ce qui a pour effet d'améliorer l'exécution des processus.

Il est cependant nécessaire de schématiser ces processus pour les analyser, les comprendre, les optimiser et les faire évoluer. Plusieurs méthodes de modélisation existent mais nous avons fait le choix de représenter les modélisations MERISE.

3 Représentation d'un processus sous forme d'un schéma de flux

A. Présentation et formalisme du Modèle conceptuel des flux (MCF)

Le **Modèle conceptuel des flux** (MCF) permet de représenter la circulation des flux d'informations à l'intérieur de l'organisation mais aussi les échanges d'informations avec ses partenaires. Chacun des processus est représenté séparément.
Le domaine d'étude est un sous-ensemble de l'organisation qui va constituer le sujet de l'analyse. Il peut s'agir d'un service, d'une activité, ou d'un processus.

▸ Exemple : domaine étude « gestion commerciale »

Les clients contactent l'entreprise avec des projets, que le service commercial transmet au bureau d'études. Le bureau d'études peut contacter des sous-traitants pour réaliser des éléments spécifiques. Il renvoie ensuite une documentation technique et un avis au service commercial. Celui-ci, à l'aide des éléments de réponse fournis par les sous-traitants, va établir un devis qu'il envoie au client. Si le client accepte le devis, celui-ci est transmis pour enregistrement et envoyé au service ordonnancement qui va fixer une date de mise en production. La confirmation de la commande est alors transmise au client.

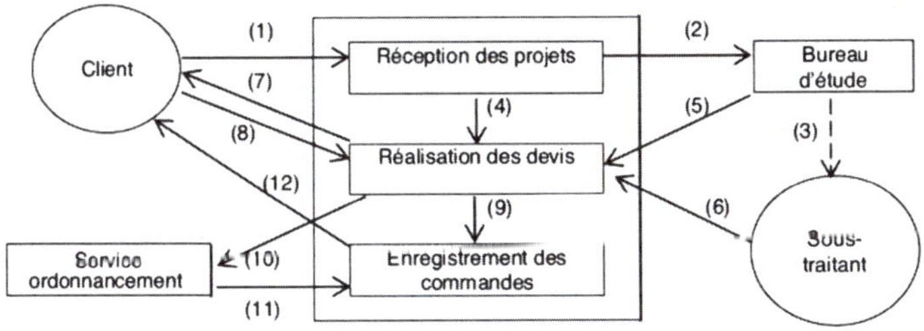

(1) envoi d'un projet
(2) transmission bureau d'étude
(3) interrogation sous-traitant
(4) projet en attente
(5) documentation technique et avis
(6) réponse sous-traitant
(7) devis
(8) acceptation devis
(9) projet accepté
(10) demande de programmation
(11) programmation
(12) confirmation de commande

Le flux (3) ne concerne pas directement le domaine d'étude. Il figure sur le schéma pour en améliorer la compréhension.

▲ Schéma conceptuel des flux

B. Les niveaux du modèle de flux

▸ Le modèle des flux de niveau 0 ou modèle de contexte

Le modèle de contexte représente les flux entre le domaine d'étude et les acteurs externes ou domaines connexes. Les activités et sous-activités du domaine et les flux entre ces activités n'apparaissent pas dans un modèle de contexte, contrairement au schéma précédent (dans ce cas, le domaine GESTION COMMERCIALE serait vide).

Le modèle des flux de niveau 1

Au Niveau 1 sont représentés les principales activités du domaine d'étude et les flux les concernant. Le modèle de flux en exemple est donc un schéma de flux de niveau 1.

Le modèle des flux de niveau 2

Les principales activités présentées au niveau 1 sont elles-mêmes décomposées en sous-activités. C'est le cas par exemple si l'enregistrement des commandes implique plusieurs sous-activités génératrices de flux elles aussi (vérifier les stocks, contacter les magasiniers, éditer des ordres de préparation...).

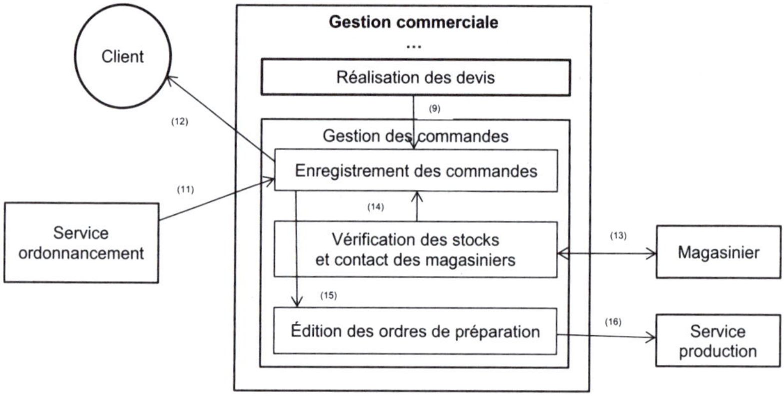

(9) projet accepté
(11) programmation
(12) confirmation de commande
(13) stocks vérifiés par magasinier
(14) confirmation stocks suffisants
(15) confirmation commande
(16) envoi ordre préparation

▲ **Extrait Modèle conceptuel des flux de niveau 2 Gestion commerciale**

Ce modèle permet de délimiter le domaine d'étude et de cerner les différentes activités composant les processus de l'entreprise. Cette schématisation met en évidence les liens entre les différents acteurs (acteurs externes, domaines connexes) et le domaine d'étude, présentant globalement les activités. Ces flux et ces diverses activités seront ensuite analysés de façon plus précise (en mettant en évidence les opérations) dans un autre modèle complémentaire : le schéma événements-résultats.

L'étude des processus : le schéma événements-résultats

Le modèle de flux ne décrit pas les activités dans le détail. Les événements déclencheurs ainsi que les résultats n'apparaissent que sous forme de flux. C'est pourquoi il est nécessaire d'affiner l'étude des processus par un modèle événements-résultats.

1 Au niveau conceptuel : présentation du Modèle conceptuel des traitements (MCT)

A. Définition du MCT

Le **Modèle conceptuel des traitements** (MCT) représente l'enchaînement des opérations élémentaires qui permettent l'exécution d'une activité de l'organisation. Des événements déclencheurs, liés par une contrainte de synchronisation, déclenchent une opération, numérotée et décrite, qui va produire, selon des règles d'émission, un ou plusieurs événements résultats.

Ex. : en début de mois : l'arrivée d'un chèque ou d'un virement déclenche l'enregistrement comptable. Si le règlement présente un écart avec le montant dû, une relance est effectuée. Dans le cas contraire, les points fidélités sont calculés. Dans tous les cas, une écriture comptable est saisie.

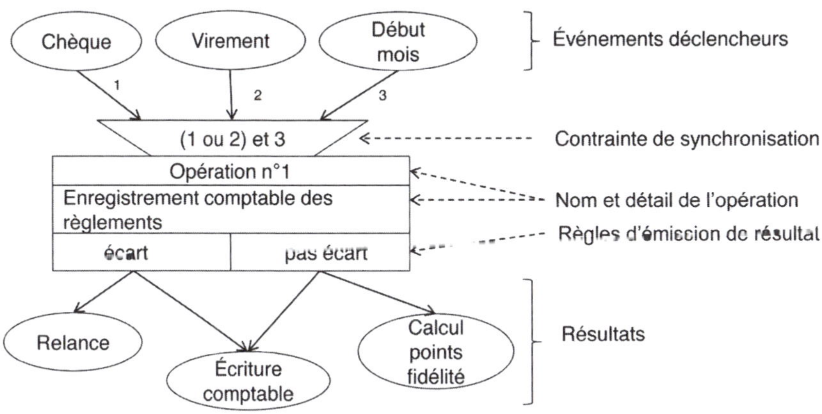

▲ **Modèle conceptuel des traitements de l'enregistrement des règlements**

Le MCT affine la modélisation des traitements réalisée à l'aide du modèle conceptuel des flux vu précédemment. Chacune des actions réalisées par le domaine d'étude va donner lieu à une modélisation plus précise dans le MCT.

B. Formalisme du Modèle conceptuel des traitements

Événements déclencheurs

L'événement déclencheur correspond à un flux pris en compte par le système d'information.

On parle d'événement déclencheur lorsque l'événement participe au déclenchement d'une opération. Dans certains cas, il est possible de trouver des événements temporels (par ex. une date ou une heure qui déclenche un traitement).

Le MCT de l'exemple précédent propose trois événements déclencheurs, dont un événement temporel (début de mois).

Contrainte de synchronisation

La synchronisation apparaît lorsque plusieurs événements participent au déclenchement d'une opération. La synchronisation utilise les clauses ET et OU, qui peuvent être combinées à l'aide de parenthèses. (exemple précédent : (chèque ou virement) et début de mois).

Opération (ou traitement)

Succession de tâches non interruptibles qui débouchent sur un résultat.

Opération décrite dans l'exemple précédent : enregistrement comptable des règlements.

Règles d'émission des résultats

Elles sont indiquées dans la partie inférieure du cadre représentant l'opération et permettent de préciser les conditions de production des résultats lorsque des résultats alternatifs différents doivent être générés (*ex.* : un résultat si la vérification est conforme et un autre résultat si elle ne l'est pas).

Lorsque la production de l'événement résultat est systématique, la règle d'émission n'est pas divisée et on indique « toujours ».

Une même règle peut produire plusieurs résultats qui se cumuleront alors (*ex.* : lettre de relance est envoyée et écriture comptable générée).

Résultats

L'opération va produire des flux d'informations, des résultats. Ces informations peuvent être à destination de l'environnement ou rester dans l'activité (*ex.* : les deux résultats écriture comptable et points à calculer restent dans l'activité mais la relance pourra être faite par un autre service). Ainsi, le résultat d'une opération peut être l'événement déclencheur d'une autre opération (*ex.* : la relance à effectuer déclenche une autre opération pour le service recouvrement ou le résultat points à calculer va déclencher une autre opération pour le même acteur).

Notion d'opération interruptible

La principale difficulté de la réalisation d'un MCT est de bien évaluer le découpage des différentes activités. Si une tâche peut être interrompue, notamment par l'arrivée d'une information provenant d'un acteur externe ou d'un domaine connexe, elle doit alors être découpée en autant d'opérations qu'il y a d'interruptions.

2 Au niveau organisationnel : les apports du Modèle organisationnel des traitements (MOT)

Le Modèle organisationnel des traitements (MOT) ajoute au MCT les informations sur les choix d'organisation opérés pour les traitements. Il peut apporter davantage de détail au découpage des processus si l'opération est réalisée sur plusieurs lieux ou par plusieurs acteurs différents.
Le MOT va répondre aux questions suivantes :
- sur quel site organisationnel l'opération est-elle réalisée ?
- quel type d'acteur réalise l'opération ?

A. Réalisation du Modèle organisationnel des traitements

Le site organisationnel

Un site organisationnel est une unité géographique ou fonctionnelle de l'entreprise (comptabilité, service RH, service commercial...) qui a la responsabilité du traitement.

L'acteur

L'acteur peut désigner une personne interne ou externe à l'organisation étudiée ou un domaine connexe au domaine d'étude.

Représentation

Le MOT correspond au formalisme du MCT auquel on ajoute des couloirs d'activité dans lesquels on indique les acteurs concernés ainsi que les événements, résultats ou opérations les concernant. Les opérations représentées ne sont jamais celles réalisées par les acteurs externes.

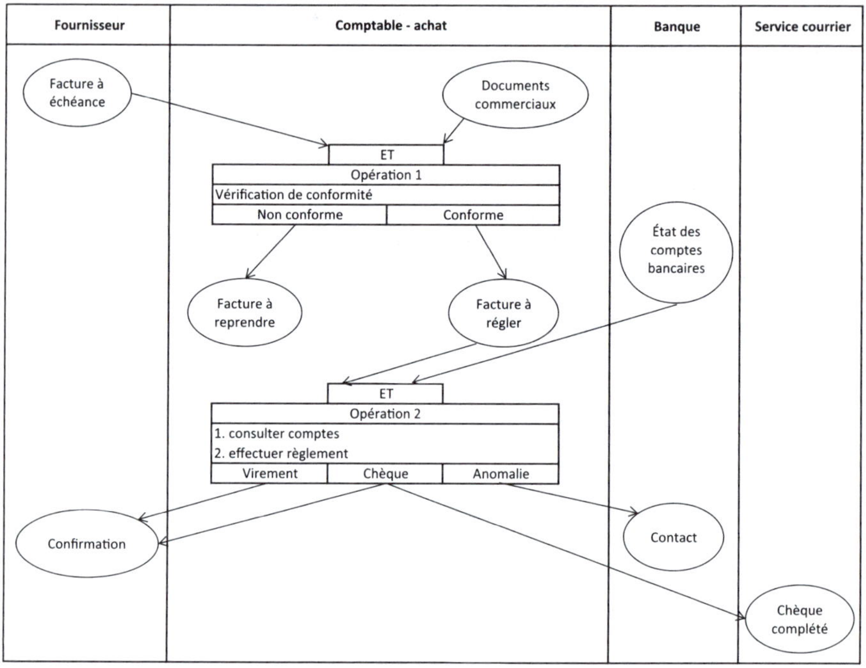

▲ **Modèle événement-résultat de la gestion des factures**

Explication : le comptable-achat vérifie les factures des fournisseurs arrivées à échéance en les comparant aux documents commerciaux hébergés dans la base de données. Certaines factures vont devoir être reprises si elles ne sont pas conformes, les autres sont à régler. Pour les factures à régler, il va consulter les comptes bancaires en ligne, déposer les chèques au service courrier ou effectuer le règlement par virement. Dans les deux cas, une confirmation par mail est envoyée au fournisseur. En cas d'anomalie, le comptable-achat contacte directement la banque.

B. Reconfiguration d'un processus

Les processus de l'entreprise ne doivent pas être figés mais doivent être capables d'évoluer lorsque leur efficacité n'est pas suffisante ou la création de valeur remise en cause. On peut être amené à améliorer nos processus pour accroître la satisfaction du client, pour répondre à de nouvelles règles de gestion ou pour corriger des dysfonctionnements.

▸ Prendre en compte une nouvelle règle de gestion

Une nouvelle règle de gestion ou réglementation implique l'adaptation des processus métier.

Si on reprend l'exemple MOT, le règlement des factures n'est pas très clair et des erreurs sont commises. Il est décidé d'introduire une nouvelle règle de gestion ; lors de la vérification de la conformité des factures, il faut les classer en deux paquets : celles réglées par chèque et les virements.

- Les chèques sont remplis après avoir choisi sur quel compte les tirer, puis mis sous enveloppe et déposés au service courrier.
- Les virements sont effectués à partir de l'interface de la banque de l'entreprise. Puis, une confirmation par mail est envoyée au fournisseur quand le virement est passé. En cas d'anomalie, le comptable-achat contacte directement la banque.

Le MOT sera modifié de la façon suivante : (extrait MOT)

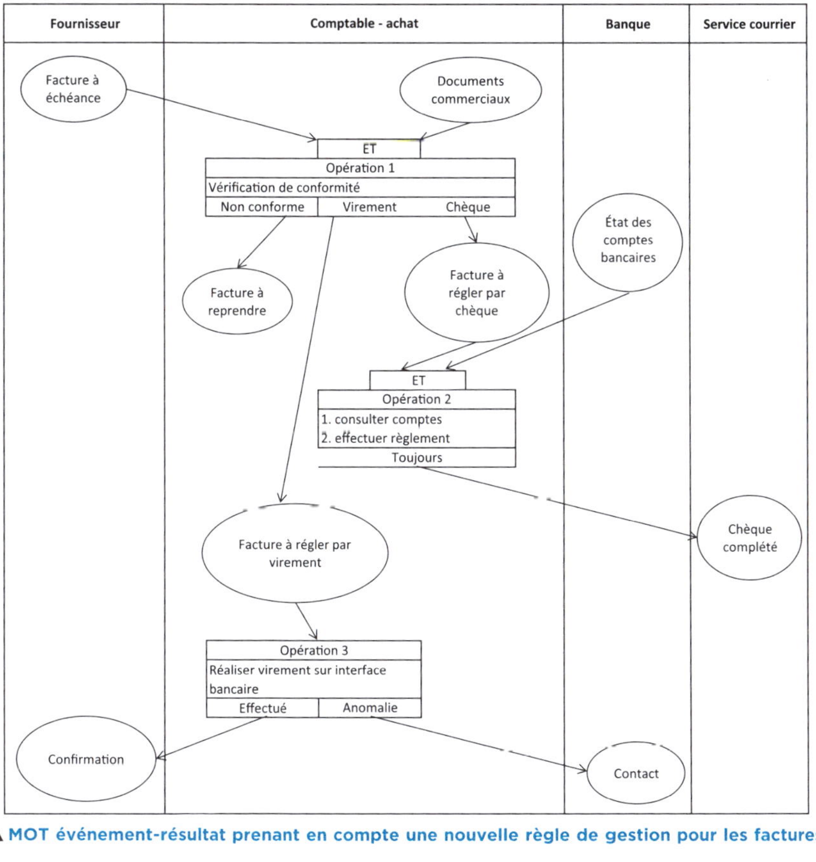

▲ **MOT événement-résultat prenant en compte une nouvelle règle de gestion pour les factures**

Corriger un dysfonctionnement

Il s'agit de processus qui produisent des résultats non conformes aux attentes, qui génèrent des failles de sécurité (au niveau informatique ou au niveau de la procédure). Il peut également s'agir de dysfonctionnements générant des coûts ou des délais supplémentaires qui pourraient être évités.

En reprenant notre exemple : pour des raisons de sécurité, contrôle et paiement des factures ne peuvent être effectués par un seul acteur. Le paiement sera donc effectué par le comptable trésorier.

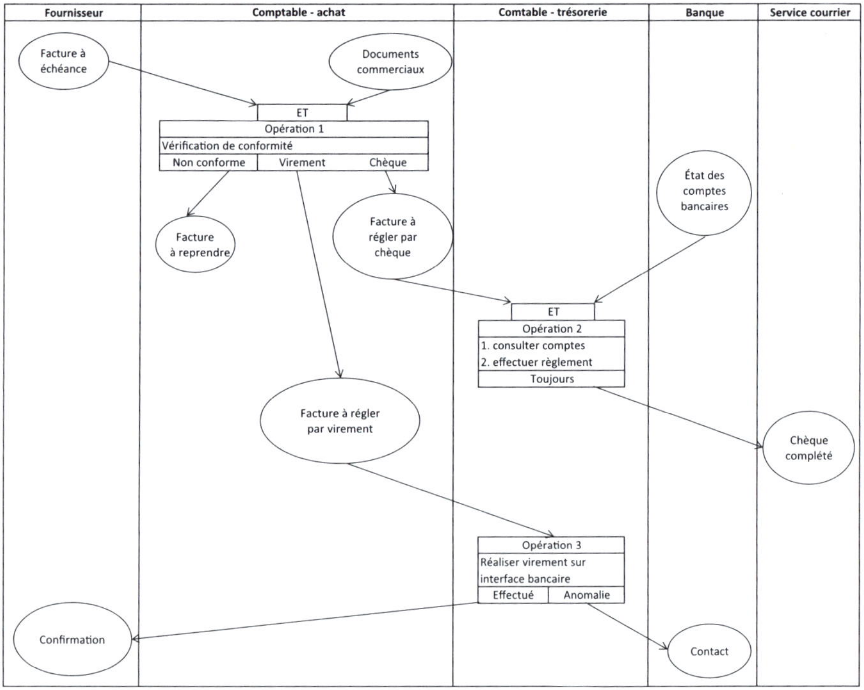

▲ Modèle événement-résultat corrigeant le dysfonctionnement de la gestion des factures

La tendance est à la recherche de l'automatisation de ces processus en les mettant en relation avec les bases de données, ce qui nécessite une organisation de celles-ci.

Le lien entre processus et bases de données

Les entreprises, pour être plus efficaces, cherchent à automatiser au maximum leurs processus. Pour cela, les processus doivent être alimentés par les données hébergées dans les bases de données. Ces opérations vont également avoir des conséquences sur les données de la base.

1 Représentation des bases de données

Les bases de données sont constituées de tables reliées entre elles. Ces tables accueillent les données saisies et manipulées par les utilisateurs.

Exemple de base de données composée de 4 tables

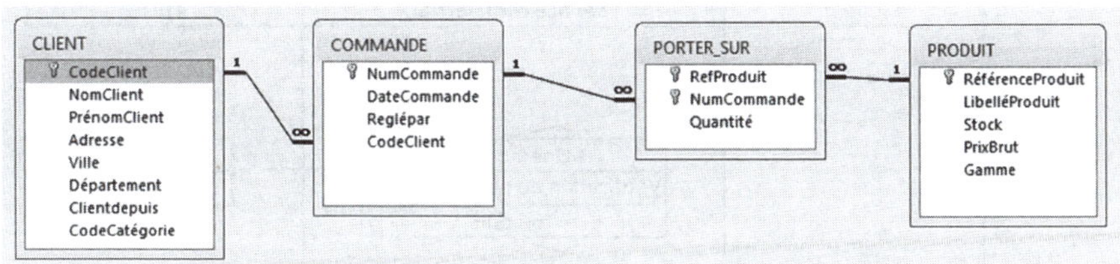

▲ Base de données « Au bon marché »

Chaque table est constituée de lignes (les enregistrements) et de colonnes (les champs).
La table CLIENT regroupe les champs CodeClient, NomClient, PrénomClient, Adresse...

CodeClient	NomClient	PrénomClie	Adresse	Ville	Departemei	Clientdepui	CodeCatégc
160	DUSAUTOIR	Charlotte	Place de l'Europe	Calais	62	2018	Particulier
161	FLAHAUT	Julien	Place Bollaert	Lens	62	2018	Entreprise
162	FLAMENT	Fabienne	Rond Point J. Renard	Saint Omer	62	2018	Association
163	FOURCROY	Ludovic	Avenue des écoles	Tourcoing	59	2018	Collectivité
164	FOURNET	Sébastien	Rue des Nénuphars	Roubaix	59	2018	Particulier
165	GOUDAL	Mathilde	Avenue de Linselles	Douai	59	2018	Entreprise
166	KACIMI	Karim	Place V. Hallilodzic	Lens	62	2018	Association
167	LEDEZ	Aurélie	Mont du Tertre	Dunkerque	59	2018	Particulier
168	LEDOUX	Mélanie	Route du Creusot	Boulogne	62	2018	Collectivité
169	LEMAIRE	Sophie	Rue des Alouettes	Marcq	59	2018	Entreprise

▲ Extrait table client

Un des enregistrements de la table client concerne Charlotte DUSAUTOIR habitant Place de l'Europe à Calais (département 62). Elle est cliente depuis 2018 et appartient à la catégorie particulier.

2 Liens entre traitements et données au niveau organisationnel : le Modèle organisationnel des traitements analytiques (MOTA)

A. Présentation et formalisme du MOTA

Le Modèle organisationnel des traitements analytiques (MOTA) ajoute au MOT l'impact des traitements sur les tables ou les champs de la base de données. Les tables sont représentées sur le côté du MOT. Les opérations du MOT peuvent nécessiter l'interrogation de certaines tables, la création de nouveaux enregistrements, la modification ou la suppression d'un enregistrement. Le MOTA va reprendre l'exact formalisme du MOT et ajouter les actions qui vont être menées sur les tables ou les données de la base de données de référence.

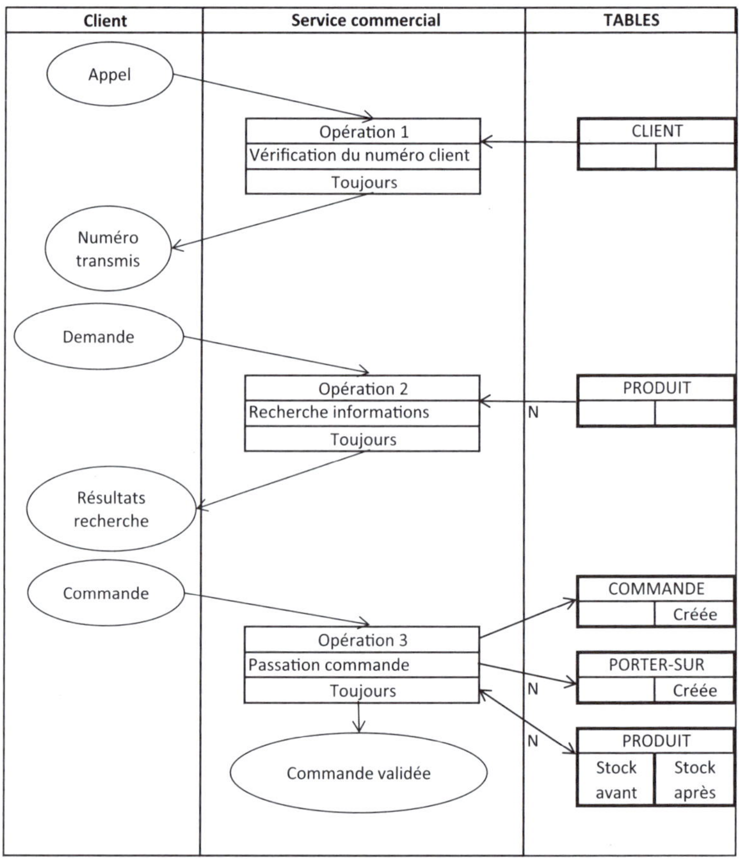

N : l'action a lieu plusieurs fois

▲ Traitement d'une commande client (MOTA)

Explications :

- L'opération 1 nécessite d'interroger la table CLIENT.
- Lors de l'opération 2, la table PRODUIT est consultée plusieurs fois car il y a plusieurs produits (action itérative symbolisée par N).
- L'opération 3 a des incidences sur plusieurs tables : une ligne est créée dans la table COMMANDE, plusieurs lignes sont créées dans la table PORTER SUR et le stock est modifié dans la table PRODUIT.

B. Les actions sur les tables

Il existe quatre actions possibles sur des données, résumées par le sigle CIMS :

- la Création de données : l'ajout de nouveaux enregistrements dans une table de la base de données,
- l'Interrogation de données : la lecture de l'un des enregistrements d'une table,
- la Modification (ou mise à jour) de données : la possibilité de modifier la valeur d'un champ pour un enregistrement,
- la Suppression de données, lorsque l'utilisateur supprime un enregistrement d'une table.

Chacune de ces actions sera représentée par un symbole différent :

Création ⟶
Interrogation ⟵
Modification ⟷
Suppression —X—

Les actions peuvent être itératives : il est possible qu'une opération donne lieu à la répétition d'une même action sur les données. On va par exemple interroger un enregistrement de la table CLIENT lorsqu'un client nous appelle, afin de vérifier son adresse. S'il demande des renseignements sur plusieurs articles, on interrogera plusieurs fois la table ARTICLE. Ces itérations sont mises en évidence par la lettre « N » indiquée sur la flèche ou le trait représentant l'action en question.

Les actions peuvent être conditionnelles : certaines actions peuvent être assorties d'une condition. On modifie l'adresse du client si celui-ci indique qu'il a déménagé. La condition est spécifiée à côté de la flèche représentant l'action.

Les tables sont représentées sur le côté du MOT. Une Table peut changer d'état à la suite d'une action. Cela dépend surtout du type d'action. L'interrogation n'a aucun effet sur son état mais la création a pour effet de générer un ou plusieurs nouveaux enregistrements. Ainsi, la création d'un nouveau client par exemple sera représentée de la façon suivante :

⟶

CLIENT	
	Créé

La modification a pour effet sur la table de passer d'un état à un autre. Par exemple, une facture va passer de l'état « à régler » à l'état « réglée » lors de son paiement.

⟷

FACTURE	
À régler	Réglée

La suppression implique aussi un changement d'état. Ainsi, si l'on décide de supprimer un client, la table client apparaîtra de la sorte.

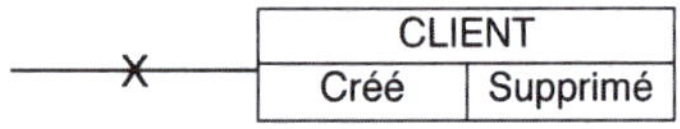

Le modèle organisationnel des traitements analytiques permet ainsi de faire le lien entre traitements et données et inversement. Chaque opération d'un processus nécessite une action sur la base de données et les données peuvent avoir pour raison d'être le fait d'avoir une utilité dans les traitements.

3 Les droits des utilisateurs sur la base de données

A. Utilisateurs et profils

Les utilisateurs disposent de droits d'accès à la base de données correspondant aux actions prévues dans les processus pour chaque catégorie d'acteur (*cf.* MOTA). Les utilisateurs sont regroupés selon un profil dépendant des tâches qu'ils ont à réaliser et les autorisations seront attribuées au profil (chaque membre du même profil héritera des mêmes droits).

B. Les vues de la base de données et les autorisations sur les tables

Pour des raisons de sécurité, on ne peut permettre à tous les utilisateurs d'accéder à l'ensemble de la base de données. La vue organisationnelle d'un site délimite le périmètre des données potentiellement accessibles à chaque acteur du site organisationnel (service comptable ou commercial, établissement de Tours, Blois...).

Nous allons donc déterminer pour chaque profil (regroupement organisationnel) quelles seront les tables qui figureront dans sa vue puis quels seront ses droits sur ces tables. Ainsi, un acteur pourra disposer de tous les droits (CIMS) sur certaines tables ou seulement de certains droits (I, IM, CI...) sur d'autres.

Par exemple, le commercial a besoin d'accéder à l'ensemble des tables nécessaires à son travail (COMMANDE, CLIENT, CATEGORIE_CLIENT, CALENDRIER, ENCOURS_AUTORISES, PORTER_SUR, PRODUIT, GAMME, TRANSPORTEUR) mais n'aura pas accès à d'autres tables ne figurant pas dans cette vue (par exemple, les tables réservées à la vue du service RH : PERSONNEL, REMUNERATION, PRIME).

Les magasiniers n'ont pas besoin de toutes ces informations commerciales et leur vue pourra donc se limiter aux tables CLIENT, COMMANDE, PORTER_SUR, PRODUIT, TRANSPORTEUR et comprendre l'accès à d'autres tables nécessaires au travail du magasinier (RAYONNAGE, ENTREPOT...). La vue regroupe donc toutes les tables nécessaires au travail du salarié, selon son profil, et seulement ces tables. Mais ce n'est pas parce que ces tables lui sont visibles que le salarié dispose de tous les droits sur les enregistrements de celles-ci.

Considérant que le responsable commercial est le seul habilité à intervenir sur la table des en-cours autorisés et sur les gammes de produits proposés, les commerciaux n'auraient alors qu'un droit de consultation sur ces tables. Le responsable peut aussi s'attribuer le droit exclusif de suppression dans les tables PRODUIT et CLIENT. Considérant que le commercial ne peut que visualiser la table TRANSPORTEUR (les droits CIMS étant réservés au service logistique), les droits attribués dans la vue des commerciaux seraient les suivants :

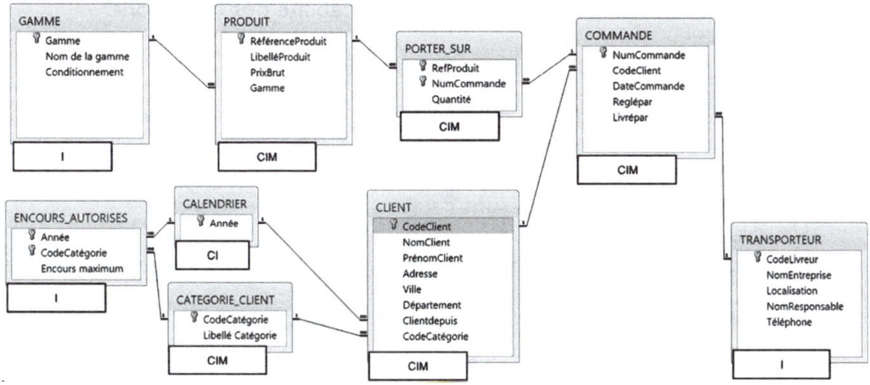

Quelquefois, il est nécessaire de préciser les droits sur un champ quand ceux-ci diffèrent des droits sur la table. Par exemple, le responsable commercial peut être le seul habilité à intervenir sur le prix du produit. Ainsi, on indiquerait les autorisations CM sur la table PRODUIT mais on préciserait l'autorisation I sur le champ PrixBrut.

MÉMO 12 Les progiciels métiers

Les organisations s'appuient sur des processus dont la modélisation permet de les intégrer dans les différentes applications métier de l'entreprise. Les applications fonctionnelles ont longtemps été privilégiées mais aujourd'hui, la tendance est à l'intégration pour exploiter au mieux l'aspect transversal des processus et répondre également à une demande croissante de traçabilité des opérations.

1 Une application pour répondre à un besoin

Historiquement, les ordinateurs ont d'abord été utilisés dans trois catégories de travaux présentant des caractéristiques communes favorisant le recours à l'automatisation : la tenue de la comptabilité générale, la facturation et la paie.
Ces trois types d'applications sont caractérisés par :
- un volume important d'opérations à caractère répétitif ;
- des tâches relativement simples, facilement formalisables.

A. Au niveau opérationnel

L'objectif principal alloué aux applications de base est de permettre un gain de temps.
Toute application remplit une fonction d'enregistrement des informations :
- le système de gestion doit permettre la saisie des données de base dans le cadre de règles préétablies. Les applications *OCR (Optical Character Recognition* ou ROC en français soit Reconnaissance Optique de Caractères) permettent d'automatiser de plus en plus cette fonction. Elles sont capables de reconnaître les caractères et de les remplacer automatiquement par un code (code ASCII) pour transformer l'image en texte ;
- les informations sont stockées dans des bases de données afin de conserver une trace des opérations. Cette traçabilité répond à des impératifs commerciaux ou des obligations légales.

B. Au niveau tactique

Les données font l'objet de regroupements et de contrôles pour établir des documents élaborés (états récapitulatifs, documents de synthèse) et fournir la base des décisions de gestion nécessaires à la conduite de l'organisation.

C. Au niveau stratégique

Le niveau stratégique se distingue du niveau tactique par le caractère plus élaboré et plus global de l'information. La difficulté est de combiner la nécessité d'une vision d'ensemble et la possibilité d'en analyser les déterminants jusqu'aux détails les plus fins si nécessaire.
Les applications décisionnelles permettent l'agrégation et la manipulation des données à l'échelle de l'organisation, de façon transversale et en fonction des besoins de l'utilisateur.

2 Les choix d'applications métiers

Lors de l'acquisition de nouvelles applications, les organisations sont amenées à choisir entre :
- logiciels ou progiciels ;
- progiciels spécifiques ou spécialisés ;
- solution *best of breed* ou solution intégrée.

A. Programmes spécifiques ou progiciels

Les programmes spécifiques

Une application répondant aux besoins particuliers d'une organisation peut être développée de façon spécifique par les services informatiques de l'organisation elle-même ou confiée à une SSII/ESN.
Ce développement sur mesure a un coût élevé. C'est pourquoi les organisations ont de moins en moins recours aux programmes spécifiques.

Les progiciels

Les progiciels sont des produits logiciels. Ils sont conçus comme un produit prêt à l'emploi, c'est-à-dire répondant aux besoins d'un grand nombre d'utilisateurs.

Ils permettent de réaliser des traitements génériques, que l'on retrouve dans beaucoup de situations, intégrant des possibilités d'adaptation à la particularité de l'organisation par paramétrage.
Le recours à un progiciel permet de bénéficier des efforts de recherche et développement du concepteur et de son expérience auprès de différents clients.
Des progiciels existent pour la plupart des activités de gestion de l'entreprise : comptabilité, paye, facturation, gestion des stocks, des immobilisations, etc. Ces applications disponibles sur le marché sont dites fonctionnelles
Tous les éditeurs proposent le recours à une suite logicielle (comptabilité, paye, gestion commerciale pouvant être achetée de façon groupée) garantissant la compatibilité entre les différentes applications proposées. Il est souvent difficile pour l'utilisateur de faire la différence entre une suite logicielle regroupant plusieurs applications (EBP, Ciel) et un progiciel de gestion intégré comme SAP, CEGID ou SAGE.

Progiciels horizontaux ou verticaux

Les progiciels horizontaux répondent aux besoins standards des organisations (comptabilité, paye, gestion commerciale...) en étant adaptés à leurs fonctions principales.

Ils assurent donc les mêmes fonctions, quelle que soit la spécificité de ces organismes.

Les progiciels verticaux sont spécialisés dans la gestion d'un métier et assurent les fonctions spécifiques à l'exercice de ce métier.

Il s'agit des progiciels proposés dans le domaine médical, bancaire, l'hôtellerie, la banque ou le bâtiment par exemple. Il s'agit parfois de marchés de niche. C'est pourquoi le coût de la licence est souvent plus élevé mais le temps de paramétrage est moins long que pour un logiciel horizontal du fait du pré-paramétrage lié aux spécificités de la profession.

Solution « *best of breed* » ou solution intégrée

C'est une problématique courante dans l'entreprise de devoir choisir entre une solution « *Best of Breed* », qui signifie le meilleur de sa catégorie et une solution intégrée type PGI-ERP. Dans la solution « *Best of Breed* », l'organisation choisira la meilleure application dans chaque domaine (Paye, Comptabilité, *CRM*...). Le problème sera alors de faire communiquer ces solutions hétérogènes et de former les salariés sur les applications disposant d'interfaces différentes. La solution PGI-ERP permet quant à elle une parfaite communication entre applications avec une base de données unique mais c'est une solution lourde, souvent sous-utilisée et proposant parfois des fonctionnalités limitées.

Application installée en interne ou en mode *SaaS* ?

Cette problématique est de plus en plus présente dans les organisations. Doit-elle installer ses applications sur un serveur interne (*on premise* ou sur site) et donc gérer les mises à jour et les sauvegardes ? Doit-elle opter pour une solution en mode *SaaS (Software as a Service)*, c'est-à-dire louer les services d'un prestataire qui propose une application accessible en ligne à l'aide d'un simple navigateur ? Dans ce cas, c'est au prestataire de gérer l'aspect technique. Après avoir longtemps été réticentes à externaliser leurs applications métier, les entreprises sont de plus en plus nombreuses à choisir ce type de service qui leur permet de se recentrer sur leur cœur de métier et de transformer leurs investissements en charges variables.

3 Les applications fonctionnelles

A. Les progiciels de gestion commerciale

La gestion commerciale concerne les achats fournisseurs et les ventes clients. Il s'agit de la gestion administrative permettant d'établir les documents commerciaux relatifs aux devis, commandes ou factures.

Fonctionnalités

Les progiciels de gestion commerciale proposent de nombreuses fonctionnalités.

Gestion des coordonnées des clients, modalités de livraison et de règlement	Gestion des articles proposés (prix, marge...)	Gestion des stocks (stock physique, théorique, de sécurité...)
Gestion des coordonnées des fournisseurs, modalités de livraison et de règlement.	Gestion des commerciaux (commissions...)	Édition de statistiques (selon les ventes ou les achats, les stocks...)

Gestion des documents commerciaux (devis, bons de commande, de livraison, factures, avoirs) concernant les achats ou les ventes
Gestion des approvisionnements (paramétrage de déclenchement des commandes, conditions de réception des livraisons)
Exportation des données vers le progiciel de comptabilité
Lien avec d'autres applications bureautiques (traitement de texte, tableur...)

Paramétrage

Le paramétrage, souvent long et fastidieux, consiste à :
- référencer tous les articles de l'entreprise,
- saisir toutes les informations les concernant (prix d'achat et de revente, caractéristiques, stock d'alerte...),
- créer des familles (articles, clients et fournisseurs) car cela permet d'appliquer des conditions (commerciales ou réglementaires) à toute la famille et non à chaque individu,
- saisir toutes les informations des clients,
- saisir toutes les informations des fournisseurs (coordonnées, conditions...).

Mise en œuvre

Le travail quotidien consiste à saisir les documents commerciaux ou à rechercher et éditer les informations utiles. Ces différentes opérations seront facilitées par un paramétrage de qualité permettant l'automatisation d'une grande partie de ces documents commerciaux. Les stocks théoriques seront mis à jour en temps réel et un paramétrage des comptes utilisés en comptabilité permettra également un transfert automatisé vers une application comptable.
Ces applications commerciales sont de plus en plus couplées avec des applications de CRM ou GRC.

B. Les progiciels de *CRM* ou GRC (gestion de la relation client)

La Gestion de la relation client (GRC) ou *Customer Relationship Management* (CRM) est une démarche mercatique qui s'inscrit dans une approche marketing relationnel (vision à long terme individualisée fondée sur la fidélisation) et non marketing transactionnel (démarche traditionnelle qui est une vision à court terme se concentrant sur la transaction).

Son rôle est de concevoir et de maintenir une relation entre une entreprise et ses prospects ou ses clients. La société fidélise un client en lui proposant une qualité de service qu'il ne peut obtenir chez la concurrence.
La GRC consiste à collecter des informations et à les conserver avec l'accord du client car elles personnalisent le service proposé. Elle est centralisée autour d'une base de données où sont conservées toutes les informations disponibles sur le client et ses contacts avec la société. Des outils de « *data mining* » (forage de données) analysent

la clientèle à l'aide de modèles statistiques permettant de croiser de nombreux paramètres. Les outils de GRC peuvent être des applications spécifiques, mais ils sont de plus en plus souvent intégrés aux Progiciels de gestion intégrés.

C. Les progiciels de *SRM* ou GRF (gestion de la relation fournisseur)

SRM (*Supplier Relationship Management*) se traduit en français par GRF (Gestion de la relation fournisseur).
L'objectif de cet outil est de sécuriser les achats par une meilleure maîtrise du risque, fidéliser les fournisseurs, faire baisser les coûts d'approvisionnement en optimisant les processus et sélectionner les fournisseurs qui répondent le mieux aux critères en matière de service ou de RSE (responsabilité sociétale des entreprises).

Les progiciels de *SRM* permettent de travailler en collaboration avec les fournisseurs pour établir un référentiel commun et déterminer ensemble les processus à adopter pour une plus grande efficacité.
Ces progiciels proposent un certain nombre de fonctionnalités reposant sur :

sélection des fournisseurs	recueil d'informations sur les fournisseurs	négociation et contractualisation
suivi de la qualité des produits	fidélisation des fournisseurs	

Ces outils deviennent donc incontournables pour les services achats, surtout pour les grandes entreprises.

D. Les progiciels d'*ERM (Employee Relationship Management)* ou GRH (gestion des ressources humaines)

Ces progiciels permettent non seulement une gestion administrative des personnels (contrat de travail, paye, déclarations sociales) mais aussi une gestion des ressources humaines au sens large (recrutement, gestion des carrières et des compétences, formation, suivi des congés payés et des rythmes de travail, conditions de travail, tableaux de bord sociaux...). Ils permettent d'alimenter un SI spécifique appelé SIRH (Système d'Information des Ressources humaines) permettant un accès individualisé aux données sociales aussi bien aux collaborateurs du service RH qu'aux employés et à leur supérieur hiérarchique.

Fonctionnalités des logiciels de paie

Un progiciel de paie doit permettre de :

gérer les contrats de travail	établir les DSN (Déclarations Sociales Nominatives)
suivre les absences	suivre les congés payés et les repos compensateurs
éditer les bulletins de paye papier ou dématérialisés	
transférer par EDI les différents documents sociaux	

Le progiciel de paye tend à se transformer en progiciel de gestion des ressources humaines en permettant également un suivi des carrières et des formations.

Paramétrage

Du fait de la diversité des situations et de la complexité des règles à appliquer, la mise en place du progiciel est une opération longue et délicate. Les taux de cotisation évoluent en permanence ainsi que les règles législatives ce qui entraîne des mises à jour régulières proposées par les éditeurs. Le problème de la sécurité et de la confidentialité des données est crucial. Enfin, le paramétrage doit permettre d'exporter les données vers la comptabilité

Mise en œuvre

La gestion administrative des salariés est une opération ponctuelle réalisée lors de l'entrée ou de la sortie du personnel. Par contre, l'édition des bulletins de paye est une opération mensuelle qui nécessite la saisie des éléments variables de la période considérée.

E. Les progiciels de gestion de production

Fonctionnalités

Une application de gestion de production doit intégrer les informations suivantes.

l'état du matériel pour assurer le maintien de la capacité productive
les approvisionnements en matières et composants
contrôle des paramètres essentiels : coûts, délais, qualité, productivité
édition de statistiques et de tableaux de bord

Paramétrage et utilisation

La définition des modes opératoires et des composants est arrêtée lors de la conception détaillée d'un produit. Cette activité de conception et de dessin peut être assistée par des logiciels spécialisés (CAO, conception assistée par ordinateur). Les données de production sont issues de ces logiciels. Les opérations sont exécutées sur des postes de travail (un poste pouvant exécuter plusieurs opérations). Les données techniques se composent de trois sous-ensembles : nomenclatures, gammes, postes. À partir de ces données techniques, le progiciel de gestion de production permet d'établir les programmes d'approvisionnement, l'ordonnancement des fabrications et les documents de lancement (bons de travail, fiches de suivi, etc.), ainsi que les coûts prévisionnels.

Les premiers systèmes informatisés de gestion de production étaient conçus dans une logique de production en flux poussés qui consistait à programmer les besoins en composants en fonction de prévisions de production, d'où leur appellation : *MRP (Material Requirements Planning*, que l'on peut traduire en français par planification des besoins en composants). L'expression *MRP* est à l'origine de celle d'ERP employée pour désigner l'extension de ces applications à l'ensemble des processus de gestion des entreprises, ce qui est l'origine des PGI.

F. Les progiciels de gestion de *SCM (Supply chain management)* ou GCL (gestion de la chaîne logistique)

Le système traditionnel de gestion de production est aujourd'hui remplacé par un système JAT (*juste à temps*) pour gérer les productions en flux tendus. Les délais sont devenus un enjeu essentiel et donc l'attention se porte sur la chaîne logistique, Pour l'optimiser, les organisations ont recours à des progiciels visant à améliorer et automatiser les approvisionnements en réduisant les stocks et les délais de livraison. Ils répondent à des besoins accrus de traçabilité pour une recherche de normalisation ou pour répondre à la demande des clients. Cela leur permet de se différencier et constitue un avantage concurrentiel pour l'entreprise qui l'utilise.

G. Les progiciels de comptabilité

▸ Fonctionnalités

Tout progiciel de comptabilité doit remplir un certain nombre de fonctionnalités :

<table>
<tr><td>saisie des écritures comptables</td><td>lettrage des comptes auxiliaires (clients, fournisseurs...)</td><td>rapprochement bancaire</td></tr>
<tr><td colspan="2">édition et transfert des déclarations fiscales (TVA, impôts sur le revenu...)</td><td>ventilation analytique selon les activités</td></tr>
<tr><td colspan="2">édition et transfert des documents de synthèse (bilan, compte de résultat)</td><td>gestion prévisionnelle et budgétaire</td></tr>
<tr><td colspan="2">édition de soldes intermédiaires de gestion</td><td>procédure de clôture de l'exercice</td></tr>
<tr><td colspan="2">suivi comptable des immobilisations (de façon limitée)</td><td></td></tr>
</table>

▸ Paramétrage

- Créer un dossier par société en saisissant les informations d'identification de la société, la longueur des comptes utilisés, son régime fiscal ou ses dates d'exercice.
- Créer les comptes généraux et auxiliaires (tiers) nécessaires.
- Créer les journaux dans lesquels les saisies seront effectuées.

▸ Mise en œuvre

Les principales fonctionnalités peuvent être mises en œuvre :

- saisie dans un « brouillard » d'écritures modifiables. La saisie des écritures peut être effectuée en « saisie standard » (1 opération = 1 écriture) ou en « saisie kilomètre » (1 écriture = plusieurs opérations) ;
- contrôles automatiques de cohérence lors de la saisie ;
- validation des écritures pour les rendre définitives. Toute modification doit alors faire l'objet d'une contre-passation ;

- édition d'états de synthèse ;
- sauvegarde/restauration/archivage.

Aspects réglementaires

Le plan comptable fixe les règles à respecter pour satisfaire à l'obligation faite à tous les commerçants de tenir une comptabilité sincère et probante.

L'administration fiscale fixe les conditions que doit remplir une comptabilité informatisée pour être recevable lors d'un contrôle fiscal :
- intangibilité des écritures après validation (impossibilité modification, suppression) ;
- numérotation chronologique (les documents identifiés, numérotés et datés) ;
- permanence du chemin de révision entre l'écriture et sa pièce justificative.

Il faut distinguer la procédure d'archivage (à la clôture de l'exercice) de la procédure de sauvegarde qui est quotidienne et intègre l'environnement informatique complet. Une procédure d'archivage doit :
- donner une date certaine aux documents et données pour la période archivée,
- copier sur un support informatique pérenne et lisible ces documents et données.

Une documentation descriptive des procédures et de l'organisation comptables doit permettre la compréhension et le contrôle du système de traitement. Les entreprises ayant recours à des prestataires extérieurs doivent s'assurer de la présence et de la conservation de ces documents et traitements.

Les entreprises tenant une comptabilité sous forme informatisée doivent remettre , lors d'un contrôle, un fichier des écritures comptables (FEC) sous peine de sanctions.

Les logiciels d'analyse de données pourront ainsi contrôler la cohérence des écritures. Ce fichier doit respecter des règles de contenu et de structure et doit être dans un format standard (non spécifique à un progiciel particulier). Il contient l'ensemble des données comptables figurant dans le système informatisé de l'entreprise. Le FEC peut aussi être utilisé par l'entreprise pour effectuer des contrôles ou détecter des anomalies.

H. Gestion des immobilisations

L'intérêt d'un logiciel de gestion des immobilisations est qu'il permet de gérer toutes les informations relatives aux immobilisations. Il permet d'enregistrer les informations relatives au mode d'amortissement (linéaire, dégressif, dérogatoire) ainsi que celles relatives à la sortie et permettant de calculer la plus ou moins-value dégagée. Il assure la cohérence avec la comptabilité en générant les écritures d'amortissement en fin d'exercice.

MÉMO 13 Les progiciels de gestion intégrés

À l'origine complémentaires, les progiciels de gestion sont de plus en plus intégrés de façon à élargir leur couverture fonctionnelle et surtout, améliorer la communication et la traçabilité.

1 Le besoin d'intégration

C'est pour répondre à un besoin de communication entre progiciels que se développe la nécessité d'intégration des applications. De nombreux progiciels proposés sur le marché sont conçus pour traiter efficacement une opération de gestion d'après une approche fonctionnelle alors que le plus souvent, ces tâches font partie d'un processus plus large. Il est alors difficile d'isoler ces fonctions qui doivent communiquer et permettre la traçabilité et le contrôle des différentes opérations réalisées. L'organisation peut choisir de garder ses applications spécialisées ou opter pour celles qui sont les plus performantes dans chaque domaine (*best of breed*). Dans ce cas, elle retient le plus souvent des solutions de communication variées :
- soit il s'agit d'une intégration point par point consistant à relier les applications deux à deux en utilisant des connecteurs (*middleware* en anglais). Mais dans ce système, les interfaces prolifèrent, ce qui a pour effet de compliquer la maintenance ;
- soit les applications sont installées sur une plateforme ***EAI*** *(Enterprise Application Integration* ou **IAE**, Intégration des applications de l'entreprise, en français) permettant grâce à un ***middleware*** (**connecteur**) standardisé, de faire communiquer toutes les applications entre elles. Celles-ci respectent le principe d'interopérabilité (capacité que possède un système informatique à fonctionner avec d'autres produits ou systèmes informatiques).

Mais il faut gérer de multiples applications, avec des interfaces différentes, parfois des prestataires divers pour assurer la maintenance avec des contrats différents pour chacun d'eux. C'est pourquoi de nombreuses entreprises préfèrent opter pour la solution PGI-ERP proposée par un seul et même éditeur.

2 Définition et caractéristiques des PGI

A. Définition

Un **progiciel de gestion intégré** (PGI *ou* ***ERP***, *Enterprise Resource Planning*) est un produit logiciel paramétrable commercialisé par un éditeur, regroupant un ensemble de modules fonctionnels pour optimiser les processus de gestion d'une entité autour d'une base de données unique.

Il comporte un **moteur de *workflow*** (flux de travaux), permettant, lorsqu'une donnée est entrée dans le système d'information, de la propager dans tous les modules du système qui en ont besoin, suivant la façon dont les processus ont été définis.

Le PGI intègre différentes fonctionnalités auparavant assurées par des logiciels distincts pas forcément et jamais totalement compatibles entre eux. Du fait de cette intégration, la modification d'une information à partir d'une application se répercute sur les autres applications.

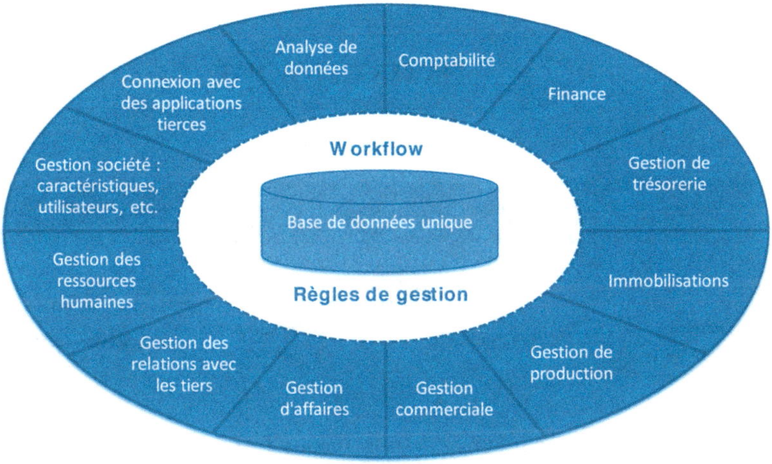

▲ Schéma PGI

Un PGI propose une interface unique, commune à toutes les applications.
Le PGI est évolutif : chaque application peut être installée et fonctionner de manière autonome.

B. Caractéristiques des PGI

Ces progiciels regroupent l'ensemble des applications de l'entreprise autour d'une base de données unique, ce qui permet de travailler directement sur les mêmes données de la conception à la production et à la commercialisation.
Les principales fonctionnalités correspondent aux applications standards :
- gestion comptable et financière (comptabilité, contrôle de gestion, suivi de trésorerie) ;
- gestion de la production ;
- gestion des ressources humaines et de la paie ;
- gestion commerciale ;
- gestion des achats et logistique (appels d'offres, suivi qualité, gestion d'entrepôt) ;
- gestion de projets.

Les PGI intègrent aujourd'hui de nouvelles fonctionnalités :
- gestion de la relation client : CRM (*customer relationship management*) ;
- gestion de la chaîne logistique : SCM (*supply chain management*) ;
- gestion des cycles de conception des produits : PLM (*product lifecycle management*) ;
- applications décisionnelles : BI (*business intelligence*).

La communication entre les processus permet d'améliorer la cohérence interne et évite la redondance des traitements.

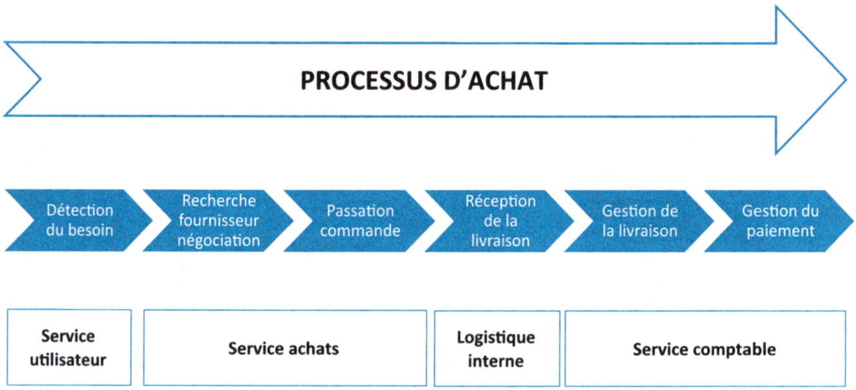

▲ Exemple de processus

De plus, un PGI est basé sur un référentiel unique. En effet, toutes les données utilisées par les différentes applications sont définies de façon unique dans la base de données commune à toutes les applications, garantissant la cohérence de l'information, la mise à jour en temps réel et la traçabilité des opérations.
Un PGI est ainsi capable d'analyser plusieurs filiales d'une société, plusieurs périodes comptables, plusieurs axes analytiques.

3 Les déterminants de la mise en place d'un PGI

A. Avantages recherchés

La caractéristique principale d'un PGI est l'intégration informationnelle (langage, méthodes et outils communs). Cette intégration facilite le contrôle de gestion, ainsi que la consolidation des comptes pour les grands groupes.
Les avantages sont nombreux :

amélioration du suivi des flux	unicité de l'information
diminution des coûts et délais	intégrité et partage
intégration des évolutions de la législation	interface commune
communication entre processus	améliorations du progiciel

Les développeurs de PGI collectent les besoins de leurs clients et tiennent compte des meilleures pratiques du métier pour faire évoluer leur produit, intègrent en permanence les nouvelles règles législatives et de nouvelles fonctionnalités (évolutions du métier ou de la technologie) et mutualisent les coûts entre les clients de l'éditeur (moins cher qu'une application spécifique).

B. Causes externes

Lorsque dans un secteur, les acteurs majeurs adoptent une telle solution, les autres acteurs ont tendance à suivre. C'est un effet d'imitation. D'autre part, de plus en plus de grandes entreprises demandent à leurs fournisseurs de s'équiper à leur tour d'un PGI dans le but de faciliter les relations client-fournisseur et améliorer leur réactivité. Un autre facteur d'adoption d'un PGI peut être l'intégration à un groupe, le PGI contribuant à la cohérence des systèmes d'information au sein d'un groupe.

4 Réussir la mise en place d'un PGI

A. Difficultés

Une opération longue et coûteuse

Le projet d'implantation d'un PGI est à la fois complexe et incertain car :
- les besoins exprimés liés aux processus de gestion sont mal connus ;
- il faut cumuler une connaissance très détaillée et une vision globale ;
- le PGI propose une vision standardisée du métier.

C'est pourquoi la mise en place d'un PGI nécessite un grand nombre de paramétrages qui, suivant la taille de l'entreprise, peuvent durer longtemps.

Le coût est élevé. Il se décompose en trois parties :
- le coût du progiciel lui-même ;
- les coûts liés à l'installation : réorganisation des processus, formation des utilisateurs, rémunération des équipes (jusqu'à 5 à 6 fois le coût des licences) ;
- les coûts d'assistance et de mises à jour chaque année.

Lorsqu'un projet est engagé, il est difficile de revenir en arrière. Les coûts de sortie sont estimés de deux à six fois plus élevés que l'investissement initial.

Difficultés d'adaptation

Il y a un risque de surdimensionnement ou d'inadaptation au contexte spécifique de l'organisation. Dans la pratique, la plupart des organisations exploitent de façon superficielle les possibilités des PGI, pour des raisons de coût de paramétrage et de formation insuffisante. Le paramétrage impose une mise à plat des processus de l'entreprise qui doivent être parfaitement définis. La réussite de l'opération passe par un changement des habitudes de travail des salariés, voire par des suppressions de postes, ce qui ne va pas sans poser des problèmes au niveau des relations humaines au sein de l'organisation. Ainsi, la logique est souvent inversée dans le sens où ce sont les organisations qui adoptent les processus correspondant aux fonctionnalités standards du PGI et non le PGI qui s'adapte à l'organisation.

Impact sur les relations de pouvoir

L'intégration renforce le pouvoir des directions centrales et diminue la possibilité pour les directions locales de préserver des marges de manœuvre. Le PGI peut aussi avoir des effets décentralisateurs en permettant à tous les managers un accès plus commode à l'information. La transparence et la traçabilité facilitent les contrôles automatisés et l'identification des responsabilités. Ces deux éléments peuvent être la source de résistances à l'implantation de PGI. La perte de maîtrise de l'information est perçue comme une perte de pouvoir.

Impact stratégique

Le système d'information est aujourd'hui un enjeu stratégique en particulier dans les domaines où le métier de l'organisation est la gestion de données (banques ou assurances par exemple). L'adoption d'un outil standard peut faire disparaître un avantage concurrentiel. De plus, l'augmentation du degré de formalisation par l'automatisation de certains processus peut rigidifier l'organisation.

B. Conditions de réussite

Tout projet devra impliquer les différentes catégories d'utilisateurs de façon que leur perception soit prise en compte à tous les stades de la conception et pour lever certaines appréhensions et d'éviter des réactions de rejet.
Un projet d'*ERP* doit donc être piloté d'un bout à l'autre par un comité comprenant des salariés de différents services et le comité de pilotage doit être dirigé de façon active par un membre de la direction générale.
Le succès d'un projet réside dans la réalisation d'un équilibre subtil entre une adaptation longue et coûteuse et un changement trop brutal imposé à l'organisation.

5 Paramétrage et utilisation

Le paramétrage consiste à définir les règles de gestion, choisir parmi des options de traitement, définir les caractéristiques des états à produire...

A. Paramétrage des données de la société

La création d'une société lance en général un assistant qui guide la saisie des renseignements concernant la société. Les commandes peuvent être accessibles par menus déroulants, barre d'outils ou fenêtre de navigation.
Des journaux sont définis par défaut lors de la création d'une nouvelle société. Il est possible d'en supprimer ou d'en ajouter de nouveaux.
Il est nécessaire de définir le régime fiscal, le taux de TVA et l'exigibilité de celle-ci.
Si la société possède plusieurs établissements, un ou plusieurs comptes bancaires, il faut également les créer et les paramétrer.
Enfin, il est nécessaire de préciser les dates d'exercice.

B. Paramétrage des utilisateurs

Un progiciel de comptabilité doit permettre de définir qui a le droit de faire telle ou telle opération ou d'accéder aux différentes catégories de données et d'états afin d'assurer l'intégrité et la confidentialité des données. Il s'agit ici d'une gestion des utilisateurs spécifique au progiciel de gestion, et indépendante de la gestion de l'accès au poste de travail et au réseau assurée par le système d'exploitation.

6 Les flux de travaux (*workflow*)

Le workflow (flux de travaux) correspond à la formalisation et à la gestion informatique et automatique des tâches et des acteurs engagés dans la réalisation d'un processus métier. Le moteur de workflow est le dispositif logiciel permettant d'exécuter et d'interfacer le workflow. Il décrit comment sont réalisées les tâches entre les acteurs d'un processus, les délais, les modes de validation, etc.

A. Pourquoi utiliser un workflow ?

Le *workflow* permet de modéliser et d'automatiser les procédures de l'entreprise, de façon à gagner en productivité et en efficacité. Les chemins de circulation de l'information sont déterminés et des procédures de validation par différents acteurs peuvent être envisagées. Chacun dans l'entreprise peut facilement visualiser quelles tâches il devra accomplir, les documents utiles lui seront proposés et il sera informé des délais dont il dispose. Un système d'alerte interne au logiciel ou par message électronique généré automatiquement pourra avertir l'utilisateur des échéances à respecter et les responsables pourront visualiser l'avancée des travaux. (traçabilité de qui l'a effectué et quand). Cette automatisation par le moteur de workflow permet de diminuer les temps de traitement, les procédures à suivre sont claires et le circuit de validation est formalisé et efficace mais elle peut parfois sembler lourde pour l'utilisateur et manquant de souplesse.

B. Les types de *workflow*

On distingue différents types de workflow :

- le *workflow* procédural (de production ou directif) : gestion des processus métiers ;
- le *workflow* administratif : transmission de formulaires et validation de démarches administratives ;
- le *workflow ad hoc* : en cas de procédures mouvantes, non déterminées pouvant prendre en compte les imprévus (rectification du circuit de cheminement) ;
- le *workflow* coopératif ou collaboratif :automatisation de procédures liées à un groupe de travail.

C. Exemples de workflow

Le moteur de *workflow* peut être utilisé dans différents domaines. Il peut permettre d'automatiser les processus suivants :

suivi des réclamations client	demande de mutation	relance impayés
remboursement des frais	demande de congé	demande de crédit
préparation contrats sous-traitants	demande de formation	déclaration de sinistre
signature des conventions de stage	inscription administrative	

Prenons l'exemple d'un *workflow* de gestion de demande de congé :

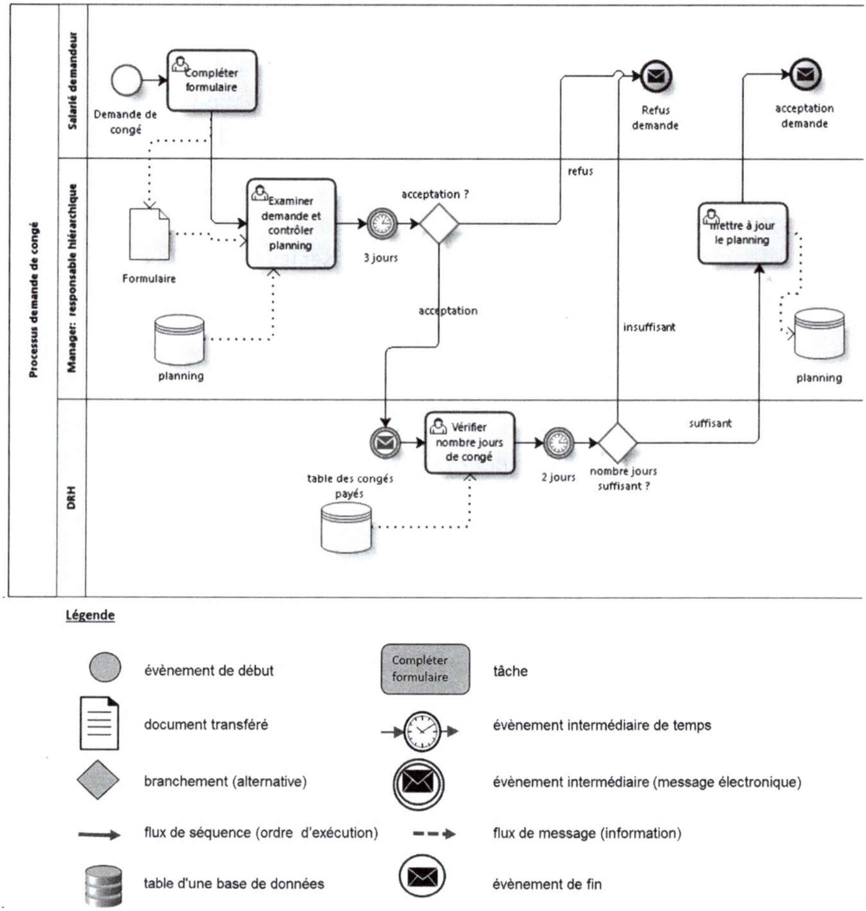

▲ **Workflow d'une demande de congé**

Comment interpréter cette demande ?

Lorsque le salarié souhaite déposer une demande de congé, il complète un formulaire en ligne. Le supérieur hiérarchique du salarié examine la demande et contrôle que les dates posées ne perturbent pas le fonctionnement du service. En cas de risque majeur de dysfonctionnement de l'activité, la demande sera rejetée. Si la demande ne pose pas de problèmes, elle sera signée dans les trois jours par le manager qui transmettra au DRH pour vérification du nombre de jours restant à prendre par le salarié. En cas de jours disponibles insuffisants, la demande sera rejetée ou il sera demandé au salarié de modifier cette-ci. Si le salarié dispose du nombre suffisant de jours, la demande sera signée par le DRH dans les deux jours ouvrables et l'acceptation définitive sera transmise au salarié. Le DRH informera le supérieur hiérarchique du salarié pour mise à jour du planning de l'équipe.

Comment modifier le schéma en cas d'évolution des processus ?

Les managers ont trop de demandes à traiter formulées par des salariés qui ne peuvent y prétendre. La direction demande de modifier le workflow de façon à effectuer automatiquement (par ordinateur) un premier contrôle de recevabilité en fonction du droit du salarié à poser des congés. Si le salarié répond aux conditions, sa demande sera transmise au responsable hiérarchique du salarié. Sinon, elle sera automatiquement rejetée.

Le DRH estime que la contrainte de deux jours ouvrables pour le traitement de demandes n'est pas tenable et il demande le porter à trois jours. Il continuera à traiter les demandes de plus d'une semaine consécutive mais il souhaite déléguer le traitement des demandes de durée inférieure à son assistant.

Le workflow une fois modifié sera le suivant :

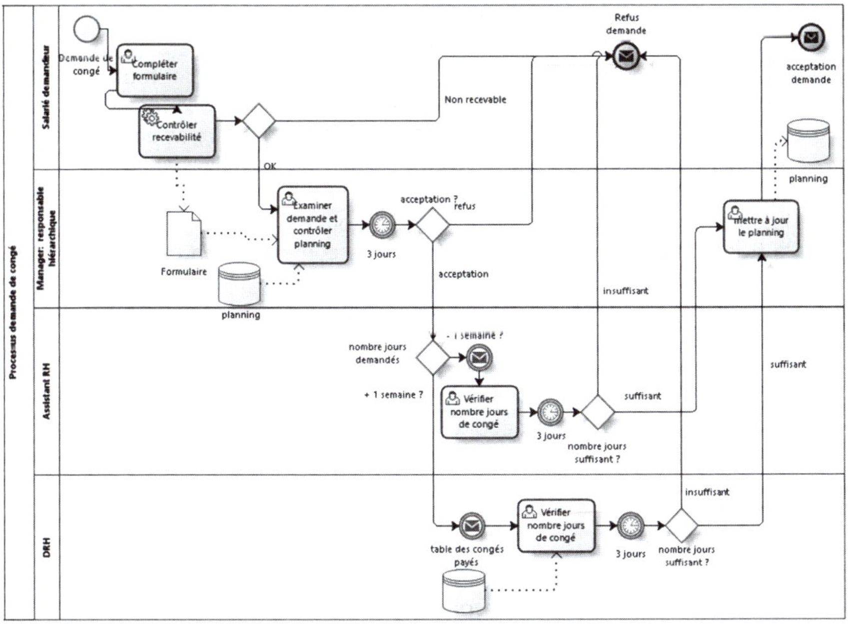

7 La traçabilité des opérations

A. Définition

La norme ISO 9000:2000 définit la traçabilité comme « *l'aptitude à retrouver l'historique, la mise en œuvre ou l'emplacement de ce qui est examiné* » et elle précise, dans un nota : « *dans le cas d'un produit, elle peut être liée à l'origine des matériaux et composants, l'historique de réalisation, la distribution et l'emplacement du produit après livraison* ».

Ce que l'on appelle maintenant la chaîne de traçabilité permet de garantir la qualité et la sécurité de tout type de produit. Le système d'information a pour rôle de restituer un historique fidèle des évènements qui se sont réalisés en son sein.

B. Une demande croissante

Les nombreux outils dont disposent les entreprises permettent de répondre à une demande croissante de traçabilité des opérations. Cette demande apparaît à plusieurs niveaux :

- les clients souhaitent savoir à tout moment où en est leur commande, leur livraison et l'entreprise doit pouvoir y répondre ;
- les responsables de l'entreprise souhaitent pouvoir contrôler toutes les phases de fabrication de leur produit de manière à améliorer leur efficacité et leur productivité. En cas de dysfonctionnement ou de défaut, il est nécessaire de détecter le problème le plus tôt possible pour y remédier. Cela permet d'améliorer la qualité ainsi que la satisfaction du client ;
- les pouvoirs publics peuvent demander à tout moment aux entreprises de justifier la traçabilité de leurs produits (en cas de contamination par exemple pour des produits alimentaires ou pour vérifier le respect de la chaîne du froid). Dans ce cas, la réglementation oblige les entreprises à mettre en place une traçabilité des opérations de façon à assurer la sécurité des consommateurs ;
- les contrôleurs de gestion doivent pouvoir justifier de la fiabilité de leurs indicateurs et la traçabilité concours à augmenter la qualité des informations ;
- les services fiscaux ou les auditeurs légaux (commissaires aux comptes) doivent pouvoir mettre en œuvre leurs contrôles et la traçabilité leur facilite le travail.

C. Les outils

Les outils mis en œuvre sont divers.

- Les PGI permettent de conserver dans la base de données toutes les informations concernant l'activité de l'entreprise.
- Avec leur moteur de *workflow*, les procédures formalisées sont soumises à validation, ce qui laisse une trace écrite justifiant chaque étape réalisée. Il est possible à tout moment de savoir quelle étape du processus a été réalisée ou non.

- Les modules de gestion commerciale génèrent les documents commerciaux (devis, commandes, livraisons et factures) qui peuvent servir de preuve en cas de litiges commerciaux. C'est pourquoi les entreprises doivent conserver ces documents durant les délais prévus par la loi.
- Les modules de *SCM (supply chain management* ou *gestion de la chaîne logistique*) permettent de savoir à tout moment où se trouve le produit, de son expédition par le fournisseur jusqu'à sa livraison à l'entreprise ou depuis sa sortie de l'entreprise jusque chez le client.
- Les modules de production ou de gestion commerciale garantissent la traçabilité des composants utilisés grâce à l'utilisation d'une gestion par lot. Il s'agit d'attribuer un numéro de lot à chaque composant. Ainsi, il sera possible de suivre chaque lot de produit dans les stocks de l'entreprise mais aussi au fur et à mesure de leur incorporation dans les produits finis.
- Les modules comptables permettent de générer les documents de synthèse et d'établir les déclarations fiscales (TVA…) pouvant être présenté en cas de contrôle fiscal.
- Les modules de paie accueillent les contrats de travail des salariés, leurs fiches de paie et servent à réaliser les déclarations des données sociales.
- Les progiciels métier assurent ainsi la traçabilité des opérations réalisées pendant l'exercice en cours. Ces données sont ensuite archivées durant un certain nombre d'années pour servir de justification en cas de recours.
- Les **entrepôts de données** (***datawarehouse***) concourent également à la traçabilité des informations car les données hébergées sont historisées ; chaque information est associée à une date pour pouvoir évaluer les évolutions et les tendances au cours du temps. Ces bases sont exploitables directement contrairement aux données archivées.

D. Un contrôle de cohérence nécessaire

Il est nécessaire de mettre en place des contrôles à tout moment ; le contrôle peut s'effectuer entre opérations et données (les opérations ont besoin de données et les données doivent être consultées ou modifiées dans des traitements).

Les différentes étapes de la production sont également contrôlées pour vérifier le respect des objectifs fixés. En cas d'écart, des rectificatifs sont apportés et le SI doit conserver des traces de toutes les actions réalisées.

Le FEC permet un contrôle de cohérence des données. C'est une obligation dans le cadre de la lutte contre la fraude.

L'utilisateur doit également mettre en place des méthodes de contrôle de cohérence des documents réalisés comme avec un tableur par exemple. Il doit pouvoir à tout moment contrôler la fiabilité des données dont il dispose.

MÉMO 14 L'organisation d'une base de données

Une base de données est un ensemble structuré de données non redondantes, accessibles à l'aide d'un logiciel outil appelé SGBDR ou SGBD-R (système de gestion de bases de données relationnelles). Le terme relationnel vient des relations qui permettent de représenter et regrouper les données entre elles. La conception et la schématisation d'une base de données passent par l'analyse de ces relations.
Objectif : la base de données doit occuper le moins de place possible tout en n'étant pas trop restrictive de façon à permettre l'enregistrement de toutes les informations utiles.

1 Vocabulaire

A. Les attributs

Définition

Un attribut est une donnée élémentaire du système d'information. Il correspond aux champs de la base de données c'est-à-dire aux colonnes des tables.

Par convention, le nom des attributs est écrit en minuscules pour ne pas les confondre avec les relations.
Soit la base suivante (Base de données « Au bon marché ») :

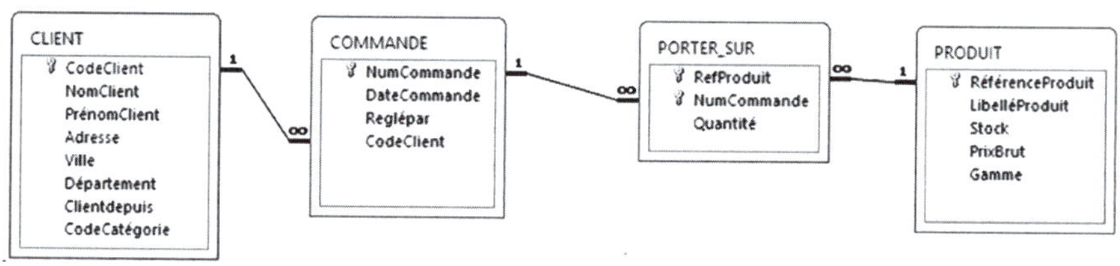

NomClient, PrénomClient, LibelléProduit ou DateCommande sont des attributs.

Caractéristiques des attributs

Variabilité

Les attributs doivent correspondre à des données **variables** : le nom de client varie d'un client à l'autre. Ainsi, un **paramètre** ne figurera pas parmi les attributs car sa valeur est unique et change rarement (*ex.* : taux de TVA).

Atomicité

Un attribut est simple ou **élémentaire** car on ne doit pas pouvoir le décomposer. On parle alors d'atomicité.

Ainsi, nous avons distingué le nom et le prénom qui constituent deux attributs. De la même façon, nous ne pouvons stocker l'adresse dans un seul attribut mais il faut décomposer l'adresse rue et l'adresse ville.

Données calculées (arithmétiques) ou logiques

Certaines données sont obtenues par l'application d'une règle de gestion concernant un calcul arithmétique (montant HT ou TTC…) ou un algorithme logique (par exemple, un étudiant est déclaré admis si sa moyenne est supérieure à 10). La plupart du temps, il n'est pas nécessaire de conserver ces données dans un attribut car le système peut les retrouver en appliquant la règle de gestion.
Mais parfois, cette donnée est conservée dans un attribut si la valeur des éléments entrant dans son calcul peut varier. On parle alors de donnée calculée datée.

Le sens des attributs

Des attributs synonymes sont des attributs qui, bien qu'ayant des noms différents, renvoient à la même information (on parle aussi de doublons).

Les doublons doivent donc systématiquement être éliminés car sources de confusions (code et numéro client).

Un attribut polysème est un attribut dont le nom n'est pas assez précis et peut renvoyer à des données différentes.

L'attribut « Nom » renvoie soit vers le nom d'un client, soit vers le nom d'un fournisseur, soit vers le nom d'un salarié. Il est nécessaire de préciser le nom de chaque attribut afin qu'il soit associé à une information bien précise. Au lieu de conserver l'attribut « Nom », on utilisera les attributs « Nom client », « Nom fournisseur » et « Nom salarié ».

B. Les relations

Une relation regroupe un ou plusieurs attributs se rapportant à un même objet du SI. Cette relation correspond à une table de la base de données.
Par exemple, dans notre base de données, nous avons quatre relations : CLIENT, COMMANDE, PORTER_SUR, PRODUIT. Elle est écrite en ligne, on indique son nom puis, entre parenthèses, tous les attributs relatifs à cette relation. Par convention, le nom des relations est écrit en majuscules.
Exemple de présentation de deux relations : CLIENT et PRODUIT :
CLIENT (<u>CodeClient</u>, NomClient, PrénomClient, AdresseRue, AdresseVille, Département, Clientdepuis, CodeCatégorie)
PRODUIT (<u>RéférenceProduit,</u> LibelléProduit, Stock, PrixBrut, Gamme)
Les attributs soulignés sont expliqués ci-après.

C. Les tuples ou n-uplets

Un **tuple** est un ensemble de valeurs prises par les attributs d'une relation et qui définissent ainsi un exemplaire de la relation.

Le *tuple* correspond donc à un enregistrement (une ligne) d'une table de la base de données. Pour la relation PRODUIT, on dénombre 20 tuples (ce que l'on appelle la cardinalité de la relation), cela signifie que l'on propose 20 produits dans la table.
Pour la relation PRODUIT, [RéférenceProduit = « COBA », LibelléProduit = « Confiture de Baies Sauvages », Stock = 132, PrixBrut = 6,00 € et Gamme = « Confiture »] est un tuple.
Les valeurs qui peuvent être prises par chaque attribut font partie d'un domaine de valeurs (texte, numérique (entier ou décimal), date/heure, oui/non, image, multimédia etc.). Cela permet de restreindre les valeurs pouvant être saisies pour chaque champ.

D. La clé primaire

La **clé primaire** d'une relation est un attribut (ou un groupe d'attributs) permettant d'identifier de manière unique et non ambiguë chaque tuple de la relation. Une relation a obligatoirement une clé primaire.

Les attributs qui font office de clé primaire sont systématiquement soulignés et toujours placés en premier dans la relation. En général, sont choisis comme clé primaire des codes ou des numéros car ils ont l'avantage d'être courts (il est plus facile et rapide pour désigner le client DUSAUTOIR de taper son code plutôt que son nom. De plus, il pourrait avoir un homonyme alors qu'il n'y a pas de risques que 2 clients aient le même code). Dans notre exemple, CodeClient est la clé primaire de la relation CLIENT et RéférenceProduit la clé primaire de la relation PRODUIT. NumCommande est la clé primaire de la relation COMMANDE.
La clé primaire peut contenir plusieurs attributs. C'est le cas de PORTER_SUR dont la clé primaire contient RefProduit et NumCommande. Les 2 attributs sont nécessaires pour identifier la relation et indiquer la quantité de produit sur une commande. Les 2 attributs ensemble constituent la clé primaire alors que chaque attribut pris isolément constitue une clé étrangère. On parle de **concaténation** car ces deux attributs ne sont plus considérés individuellement mais dans leur ensemble car ils sont liés et indissociables pour identifier la relation.

E. La clé étrangère

Lorsque la clé primaire d'une relation est également attribut d'une autre relation, on appelle cet attribut **clé étrangère** de la seconde relation. La clé étrangère sert à faire le lien entre deux relations.

Il est d'usage de mettre en évidence les clés étrangères dans le schéma relationnel en les faisant précéder d'un *hashtag* - dièse - (#) ce qui n'est pas forcément le cas dans les tables de la base de données. Les clés étrangères sont en général placées à la fin de la relation. Par exemple CodeClient est une clé étrangère dans la relation COMMANDE alors qu'elle est la clé primaire de la relation CLIENT.

F. Notion de relation statique et de relation dynamique

Une relation qui ne contient pas de clé étrangère est une relation statique. Une relation qui contient une ou plusieurs clés étrangères est qualifiée de dynamique.

G. La relation universelle

On appelle relation universelle la relation qui contient tous les attributs du domaine étudié. Ces attributs figureront par la suite dans la base de données. Cette relation n'est pas optimisée et doit donc être modifiée pour être normalisée.

H. Les règles de gestion

▸ Définition

On appelle **règles de gestion** l'ensemble des règles de fonctionnement qui organisent le recueil, le stockage, la diffusion de l'information ainsi que les connexions qui existent entre les informations.

Les règles de gestion permettent d'indiquer les règles de calcul des attributs ou la façon d'obtenir la valeur des données logiques. Elles permettent aussi de savoir quels sont les liens entre deux attributs (un produit est-il toujours fourni par le même fournisseur ou non ?).
Ces informations peuvent être obtenues en observant l'organisation et en interrogeant les acteurs.

▸ Inventaire

Les règles de gestion se retrouvent à la lecture de divers documents, notes de service, cahiers de procédures, mais aussi en observant le fonctionnement du système d'information. Plus les procédures sont formalisées dans l'organisation, à l'aide de *workflows* par exemple, plus les règles de gestion sont explicites. À l'inverse, dans une organisation peu formalisée, il faudra davantage de travail pour détecter ces règles, voire poser des hypothèses. Ces règles de gestion sont discutées puis validées (ou modifiées) avec les membres de l'organisation.

2 Les dépendances fonctionnelles

L'analyste doit réfléchir aux rapports qu'entretiennent les propriétés entre elles.

A. Définition

Un attribut B est en dépendance fonctionnelle de A si, et seulement si, pour une valeur que prend l'attribut A (attribut source), il n'existe qu'une seule valeur maximum prise par l'attribut B (attribut cible).

Soit par exemple les propriétés suivantes qui caractérisent un véhicule automobile : Immatriculation, Modèle, Date de mise en circulation.
Lorsqu'on connaît le numéro d'immatriculation, on connaît sans ambiguïté le Modèle du véhicule et sa Date de mise en circulation.
L'attribut source de dépendance fonctionnelle est souligné, la flèche représente la dépendance fonctionnelle et pointe vers l'attribut cible de la dépendance fonctionnelle.
La connaissance d'une valeur de la source permet de trouver au plus une valeur de la cible. Il y a alors dépendance fonctionnelle.

<u>Immatriculation</u> → Modèle
→ Date de mise en circulation

Immatriculation est source de deux dépendances fonctionnelles.
Il n'existe aucune autre dépendance fonctionnelle entre ces données ; plusieurs véhicules peuvent avoir la même date de mise en circulation, et la connaissance du modèle d'un véhicule ne permet pas de retrouver son immatriculation ou sa date de mise en circulation.
La source de la dépendance fonctionnelle est toujours une clé primaire et la cible de la dépendance fonctionnelle est soit un attribut simple, soit une clé étrangère.

B. Dépendances fonctionnelles directes et indirectes

Deux attributs A et B sont en dépendance fonctionnelle directe s'il n'existe aucun autre attribut qui soit cible de dépendance fonctionnelle de l'attribut A, et source de dépendance fonctionnelle de l'attribut B. C'est-à-dire que A permet de trouver directement B sans devoir passer par un autre attribut.

Les dépendances fonctionnelles directes seront retranscrites sur un graphe des dépendances fonctionnelles.

On parle de dépendance fonctionnelle indirecte entre A et C lorsqu'il existe une première dépendance fonctionnelle entre A et B, et une seconde dépendance fonctionnelle entre B et C.

<u>A</u> → <u>B</u> → C

A est source de la DF n°1 — B est cible de la DF n°1 et source de la DF n°2 — C est cible de la DF n°2

Si on connaît la valeur de A, alors on connaît la valeur de B (DF directe n° 1).
Si on connaît la valeur de B, alors on connaît la valeur de C (DF directe n° 2).
On peut donc écrire que si on connaît la valeur de A, on connaît la valeur de C.

A -----------------> C

Cette dépendance fonctionnelle est dite indirecte.

On parle de transitivité des dépendances fonctionnelles pour souligner le fait que si B est en dépendance fonctionnelle de A et que C est en dépendance fonctionnelle de B, alors il existe une dépendance fonctionnelle indirecte entre A et C.
Si $\underline{A} \rightarrow B$ et $\underline{B} \rightarrow C$ alors $\underline{A} \rightarrow C$

C. Dépendance fonctionnelle à partie gauche composée

Il existe une dépendance fonctionnelle à partie gauche composée entre des attributs concaténés lorsque la connaissance de deux (ou plusieurs) attributs est nécessaire pour retrouver la valeur d'un troisième attribut.

A et B sont sources de la dépendance fonctionnelle, et sont donc soulignées. C est cible de la dépendance fonctionnelle. La connaissance de la valeur des propriétés A et B permet de retrouver la valeur de la propriété C. Aucun attribut source seul (A seul ou B seul) ne permet de trouver une seule valeur pour C. C'est le cas lors de l'analyse de tableaux à double entrée.

D. Établissement du graphe des dépendances fonctionnelles

Le graphe des dépendances fonctionnelles représente l'ensemble des dépendances fonctionnelles directes et des dépendances fonctionnelles à partie gauche composée qui relient les attributs relevés dans la relation universelle. Les dépendances fonctionnelles indirectes sont par contre exclues du graphe.
RU(CodeClient, NomClient, PrénomClient, Adresse, Ville, Département, Clientdepuis, CodeCatégorie, NumCommande, DateCommande, Réglépar, RéférenceProduit, LibelléProduit, Stock, PrixBrut, Gamme, Quantité)
Le graphe des dépendances fonctionnelles serait alors le suivant :

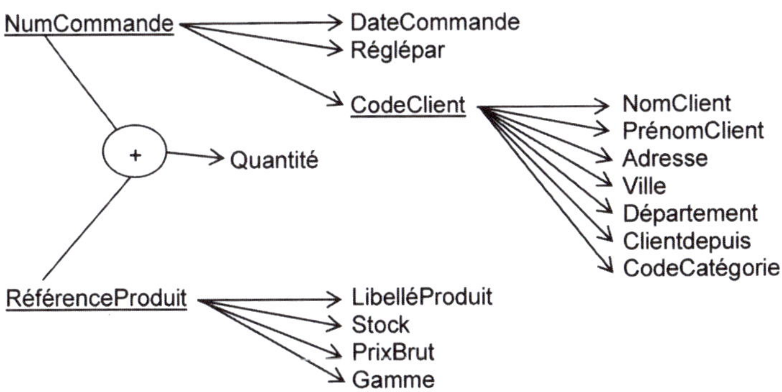

Remarque : les sources de dépendances fonctionnelles sont toutes soulignées (y compris lorsqu'elles font partie d'une source composée).
La quantité est cible de dépendance fonctionnelle à partir d'une source composée. Pour connaître la quantité d'un produit sur une commande, il faut connaître la référence produit et le numéro de commande.
Le graphe des dépendances fonctionnelles va donc permettre d'établir les liens entre les attributs de façon à les regrouper.
Un attribut ne peut se retrouver isolé. Il doit obligatoirement être relié à un autre attribut, soit comme source, soit comme cible de la dépendance fonctionnelle. Si un seul attribut n'est pas suffisant dans la source, il faut alors chercher d'autres attributs (deux ou trois) pour les concaténer. Quelquefois, le lien entre les attributs résulte de règles de gestion et il sera nécessaire de les concaténer sans pour autant qu'il n'existe d'attribut simple cible de la dépendance fonctionnelle.
Prenons l'exemple de la société 3D LOGISTIC, spécialisée dans le secteur d'activité de la logistique non frigorifique (sujet DCG 2018). L'entreprise embauche un certain nombre de salariés dont plusieurs chauffeurs. Chaque chauffeur doit être titulaire du permis poids lourds (PL) nécessitant une visite médicale régulière valable 5 ans.
Nous pouvons mettre en évidence 3 attributs concernant le chauffeur : son numéro de salarié qui permet de l'identifier, son numéro de permis PL, la date d'obtention de son permis et la date de visite médicale (il est seulement nécessaire de conserver seulement la dernière qui sera remplacée à chaque visite).
Un planning journalier permet de savoir à quelles dates le chauffeur travaille.
Ceci pourrait être représenté par le graphe des dépendances fonctionnelles suivant :

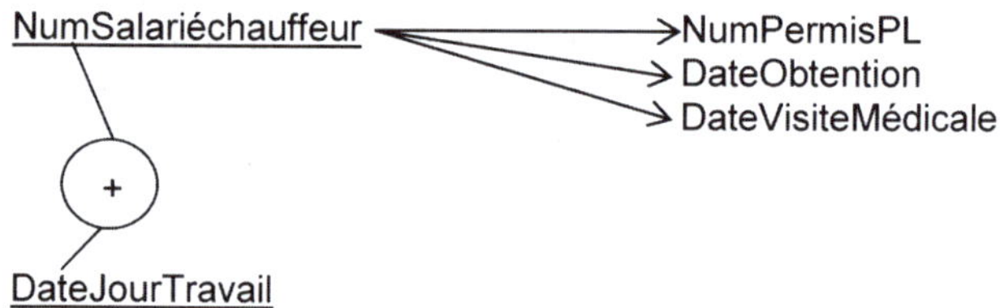

L'identifiant du salarié et celui du jour de travail sont associés pour indiquer quels jours le salarié travaille.

3 Le schéma ou modèle relationnel

Le modèle relationnel, également appelé schéma relationnel ou modèle logique relationnel des données (MLRD), prépare la création de la base de données qui sera implantée dans le SGBD'R choisi par l'organisation.
Le modèle relationnel peut être construit à partir du graphe des dépendances fonctionnelles, ou à partir de la relation universelle en utilisant les règles de normalisation comme nous le verrons plus loin.

A. Construction du modèle relationnel à partir du graphe des dépendances fonctionnelles

La règle principale est que la clé primaire de la relation doit permettre de déterminer seulement une seule valeur pour les autres attributs de la relation.

▸ Clé primaire composée d'un seul attribut

La cible de la dépendance fonctionnelle est un attribut simple

On donne un nom à la relation puis on crée une relation avec en premier la clé primaire et ensuite les attributs cibles.
Ainsi,

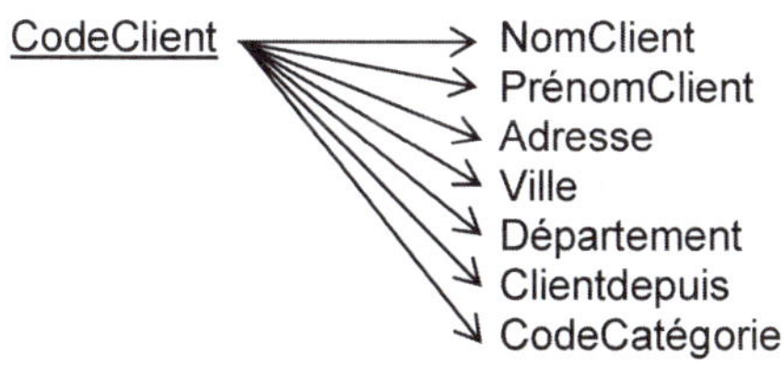

devient : CLIENT (CodeClient, NomClient, PrénomClient, Adresse, Ville, Département, Clientdepuis, CodeCatégorie).

La cible de la dépendance fonctionnelle est elle-même source d'une autre dépendance fonctionnelle

L'attribut qui est à la fois cible et source est une clé étrangère dans la relation où elle est la cible de la dépendance fonctionnelle.

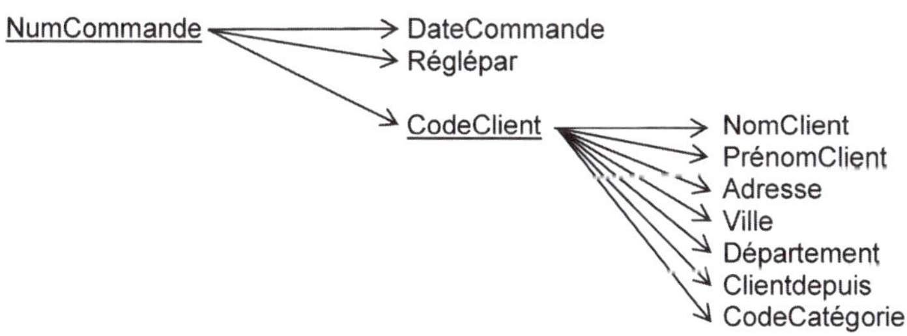

devient : COMMANDE (NumCommande, DateCommande, Réglépar, #CodeClient)
#CodeClient est une clé étrangère dans COMMANDE (cible de dépendance fonctionnelle) et une clé primaire dans CLIENT (source de dépendance fonctionnelle).
Cette clé étrangère apparaît donc à la fin de la relation COMMANDE, après les autres attributs.

▸ Clé primaire composée de plusieurs attributs

Les attributs concaténés constituent la clé primaire de la relation. Mais pris indépendamment, chaque attribut est également la clé primaire d'une autre relation.

C'est pourquoi les attributs sont soulignés (clé primaire figurant en premier dans la relation) mais que on peut faire précéder chaque attribut du signe # indiquant qu'ils sont clé étrangère pris indépendamment (dans ce cas, ils ne seront pas placés à la fin).

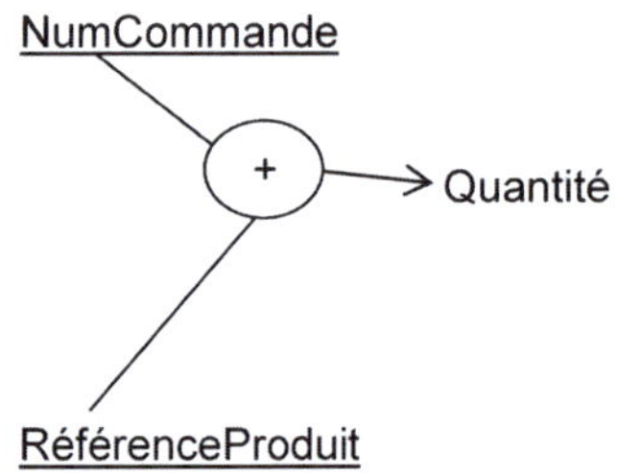

devient : PORTER_SUR (#NumCommande,#RéférenceProduit, Quantité)

Cas particulier des structures agrégation

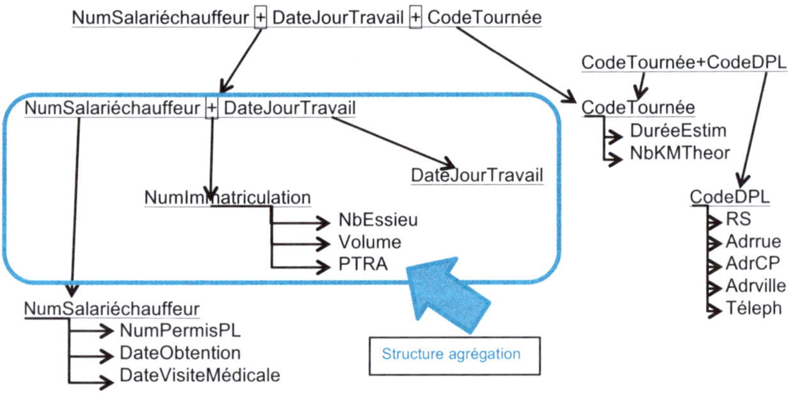

La flèche Identifiant figure : ⮡ indique une dépendance fonctionnelle entre un attribut source et un attribut cible simple (ce n'est pas une clé) alors que la flèche Identifiant figure : ⟶ indique une dépendance fonctionnelle entre un attribut source et un attribut cible lui-même source d'une autre dépendance fonctionnelle.

Ce qui donne (extrait du modèle relationnel) :
AFFECTER (#NumSalariéchauffeur, #DateJourTravail, # NumImmatriculation)
EFFECTUER (#NumSalariéchauffeur, #DateJourTravail, #CodeTournée)
TOURNEE (CodeTournée, DuréeEstim, NbKMTheor)
DATE (DateJourTravail)
VEHICULE (NumImmatriculation, NbEssieu, Volume, PTRA)

CHAUFFEUR (NumSalariéchauffeur, NumPermisPL, DateObtention, DateVisiteMédicale)
Nous avons ici une structure particulière appelée agrégation (relation AFFECTER) dans laquelle la clé primaire est composée de plusieurs attributs (#NumSalariéchauffeur, #DateJourTravail) et dont la cible est une clé étrangère (# NumImmatriculation). Cela signifie que le numéro du chauffeur et sa date de travail permettent d'attribuer une seule immatriculation. Nous pouvons remarquer que la dépendance fonctionnelle ne figure pas dans la relation CHAUFFEUR. Un chauffeur peut donc conduire plusieurs véhicules mais lors d'une journée, il ne peut en conduire qu'un seul.
Nous retrouvons aussi cette structure (#NumSalariéchauffeur, #DateJourTravail) dans la relation EFFECTUER mais ici, il a été nécessaire de créer une autre relation car la clé primaire se compose de trois attributs (#NumSalariéchauffeur, #DateJourTravail, #CodeTournée).

▸ Cas particulier des relations dépendantes

On parle de relation dépendante (sémantiquement faible) ou d'identifiant relatif lorsque l'identifiant naturel d'une relation ne permet pas de distinguer toutes les occurrences les unes des autres. Cette relation n'existe que relativement à une autre relation que l'on qualifie de sémantiquement forte.
C'est le cas par exemple d'un établissement scolaire qui possède plusieurs bâtiments (nommés A, B, C) dans lesquels les salles sont numérotées 1,2,3…
La salle n'existe que parce que le bâtiment existe. Si le bâtiment disparaît, la salle disparaîtra.
Le numéro de la salle ne suffit pas à l'identifier car plusieurs salles possèdent le numéro 1 ou 3. Le code du bâtiment doit être associé à celui de la salle (A1, B1…).
Il faut le représenter de la façon suivante.

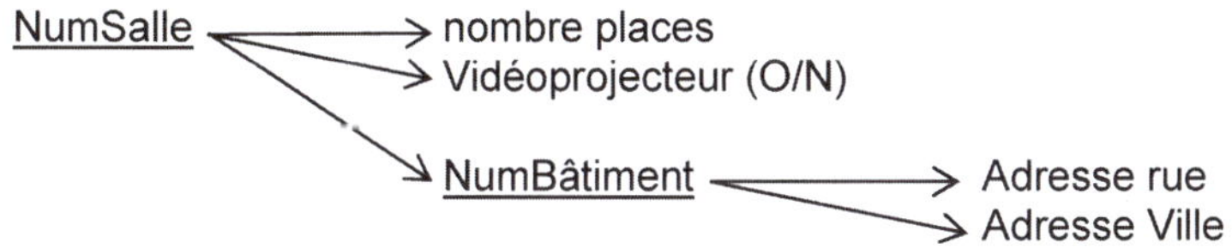

Le modèle relationnel est le suivant :
BATIMENT (NumBâtiment, Adresse rue, Adresse Ville)
SALLE (#NumBâtiment, NumSalle, nombre places, Vidéoprojecteur (O/N))
Ici, le numéro de bâtiment dans salle (clé étrangère) est intégré à la clé primaire (concaténation) car le numéro de salle n'est pas suffisant pour identifier celle-ci. C'est un identifiant relatif car il nécessite l'utilisation de la clé primaire d'une autre relation.

B. Normalisation des relations

Pour que la base de données soit optimisée, les relations doivent être normalisées. Il est important de contrôler la normalisation. Pour cela chaque relation doit être en première, puis deuxième et enfin en troisième forme normale.

1re forme normale	Tous les attributs sont simples. Chacun des attributs de la relation est en dépendance fonctionnelle avec la clé primaire.
2e forme normale	Une relation est dite en 2e forme normale lorsqu'elle est en 1re forme normale et que toutes les dépendances ayant la clé de la relation pour partie gauche sont élémentaires (ne comprend pas d'attributs superflus dans la clé primaire)
3e forme normale	Une relation est dite en 3e forme normale lorsqu'elle est en 2e forme normale et que toutes les dépendances ayant la clé pour partie gauche sont directes (l'attribut ne doit pas être obtenu par transitivité à partir d'une autre dépendance).

Le modèle relationnel peut être construit à partir de la relation universelle en appliquant les règles de normalisation.

Soit par exemple la relation universelle RU (CodeClient, Nom, Adresse, Département, Clientdepuis, CodeCatégorie, NumCommande, DateCommande, Réglépar, RéférenceProduit, LibelléProduit, Stock, PrixBrut, Gamme, Quantité)

Cette relation universelle n'est pas en 1re forme normale car les attributs ne sont pas simples : décomposer le nom du client (c'est un particulier) ainsi que son adresse. Il faut déterminer la clé primaire pour vérifier si tous les attributs sont en dépendance fonctionnelle avec elle.

Relation universelle en 1re forme normale :

RU (NumCommande, RéférenceProduit, DateCommande, Réglépar, CodeClient, NomClient, PrénomClient, AdresseRue, AdresseVille, Département, Clientdepuis, CodeCatégorie, LibelléProduit, Stock, PrixBrut, Gamme, Quantité)

Cette relation n'est pas en 2e forme normale car toutes les dépendances ayant la clé de la relation pour partie gauche ne sont pas élémentaires. Dans ce cas, il faut décomposer les relations de façon à ce qu'elles soient toutes en 2e forme normale.

Relations en 2e forme normale :

COMMANDE (NumCommande, DateCommande, Réglépar, CodeClient, NomClient, PrénomClient, AdresseRue, AdresseVille, Département, Clientdepuis, CodeCatégorie)

PRODUIT (RéférenceProduit, LibelléProduit, Stock, PrixBrut, Gamme)

PORTER_SUR (#NumCommande, #RéférenceProduit, Quantité)

Ces relations ne sont pas en 3e forme normale car toutes les dépendances ayant la clé pour partie gauche ne sont pas directes.

Relations en 3e forme normale :

COMMANDE (NumCommande, DateCommande, Réglépar, #CodeClient)

CLIENT (CodeClient, NomClient, PrénomClient, AdresseRue, AdresseVille, Département, Clientdepuis, CodeCatégorie)

PRODUIT (RéférenceProduit, LibelléProduit, Stock, PrixBrut, Gamme)

PORTER_SUR (#NumCommande, #RéférenceProduit, Quantité)

C. Évolution du modèle relationnel

Le modèle relationnel évolue, les règles de gestion changent, le domaine d'étude s'étend, de nouveaux attributs ou de nouvelles relations peuvent être pris en compte.

Relations génériques et spécialisées

La spécialisation de relation permet de distinguer, pour une même relation, des sous-groupes différents ayant des besoins en informations spécifiques. Une relation générique sera créée contenant les attributs communs. Des relations spécifiques accueilleront les attributs spécifiques ou seront en lien avec d'autres relations ne concernant que ce sous-groupe. Les relations spécifiques n'ont pas d'identifiant spécifique mais héritent de la clé primaire de la relation générique. Cette clé sera soulignée et souvent renommée pour la distinguer.
Ainsi, dans l'exemple de la société 3D LOGISTIC, les chauffeurs ne constituent qu'une catégorie des salariés. Les manutentionnaires constituent une part importante du personnel.
Certains attributs sont communs à tous les salariés : le numéro du salarié, nom et prénom et date de naissance. On parlera de relation générique pour le salarié.
La relation spécifique manutentionnaire regroupe des particularités spécifiques car chaque manutentionnaire doit être titulaire du CACES « cariste » (certificat d'aptitude à la conduite en sécurité de chariots élévateurs). Compte tenu des contraintes réglementaires, un cariste ne peut pas être chauffeur.

Relations réflexives

Certains *tuples* d'une relation peuvent être en relation avec d'autres *tuples* de la même relation. Il s'agit alors d'une structure reflex, en lien avec elle-même.
Par exemple, on veut indiquer pour chaque manutentionnaire le responsable qui le dirige. Ce responsable est également un manutentionnaire (mêmes attributs que n'importe quel manutentionnaire). On indique le lien de subordination par une clé étrangère car il y a ici une dépendance fonctionnelle, un salarié manutentionnaire étant subordonné aux ordres d'aucun ou d'un seul manutentionnaire (maximum un seul chef).
Nous aurons donc une relation générique : SALARIE (NumSalarié, NomSal, Prenom-Sal, DateNaissSal) et deux relations spécifiques dont une est réflexive : CHAUFFEUR (NumSalariéchauffeur, NumPermisPL, DateObtention, DateVisiteMédicale)
MANUTENTIONNAIRE (NumSalariéManut, NumCACES, #NumSalariéManutChef)

Étude et évolution du domaine d'étude

Le modèle relationnel doit être adapté pour tenir compte des évolutions. Les relations peuvent être complétées par de nouveaux attributs, de nouvelles relations peuvent venir compléter le modèle et il peut être nécessaire de rajouter des clés étrangères pour relier ces nouvelles relations aux relations existantes.

UE 8

MÉMO 15

Implantation d'une base de données

Les bases de données occupent une place importante dans les entreprises et il est essentiel d'en connaître le vocabulaire et les règles de construction.

1 Les systèmes de gestion de bases de données relationnelles

A. Définition

Ensemble de moyens logiciels permettant l'accès à une base de données. Ces programmes sont des applications distinctes de la base de données de manière à faciliter l'évolution indépendante des données et des programmes.

B. Les bases de données

Les plus utilisées (MySQL, Oracle, DB2, SQL Server...) peuvent être des solutions propriétaires ou open source (logiciel libre). Les copies d'écran présentées dans cette fiche proviennent du progiciel Access de Microsoft.

C. Du modèle relationnel au modèle physique

La création de la base de données dépend du type de logiciel choisi, mais la démarche générale s'appuie sur le modèle relationnel. La base de données va être implémentée dans un premier temps sur le logiciel, puis les données seront saisies (ou importées).

2 Les éléments constitutifs de la base de données relationnelle

A. La table

Les relations seront appelées des tables dans le SGBDR. Elles accueillent les données saisies et manipulées par les utilisateurs.
Voici par exemple la base de données, déjà présentée, composée de 4 tables.

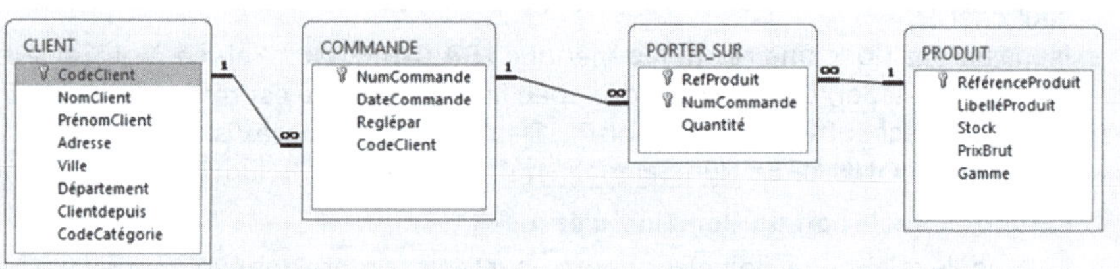

▲ Base de données « Au bon marché »

B. Les enregistrements

Les enregistrements d'une table (on parle aussi de lignes) renvoient à toutes les valeurs que regroupe cette table (notion de tuple du modèle relationnel).

CodeClient	NomClient	PrénomClie	Adresse	Ville	Départemei	Clientdepui	CodeCatégc
1	BLANPAIN	Jérémy	Rue Sanzot	Boulogne	62	2013	Particulier
2	BRUNEL	Noël	Boulevard de la Côte	Calais	62	2013	Entreprise
3	DE SAINTE MAI	Marie-Céline	Avenue Georges III	Lille	59	2013	Collectivité

▲Les 3 premiers enregistrements de la table CLIENT

C. Les champs

Les champs renvoient à la notion d'attribut du MLRD . Ils présentent les caractéristiques de l'objet étudié et sont définis par rapport un domaine de valeur (numérique, texte, date/heure...). Au niveau physique, il faut aussi définir concrètement la taille des champs (nombre de caractères de chaque champ).

D. La clé primaire

La notion de clé primaire est la même que dans le schéma relationnel. C'est un champ ou plusieurs (clés concaténées composées de deux ou trois champs) qui permettent de distinguer chacun des enregistrements. La clé primaire interdit les doublons (deux fois la même valeur) ainsi que la valeur NULL (l'absence de valeur).

E. La clé étrangère

La clé étrangère faisant référence à la clé primaire d'une autre table doit avoir le même domaine de valeur (CodeClient numérique dans COMMANDE et numérique dans CLIENT). Les valeurs de la clé étrangère doivent déjà exister dans la clé primaire. Autrement dit, une commande est passée par un client déjà enregistré dans CLIENT. La concaténation des clés étrangères donne naissance à une clé primaire.

PORTER_SUR

	Nom du champ	Type de données
🔑	RefProduit	Texte
🔑	NumCommande	Numérique
	Quantité	Numérique

▲Clé concaténée

La table PORTER_SUR compte deux clés étrangères, RéfProduit et NumCommande. La concaténation de ces deux champs constitue la clé primaire de la table permettant de déterminer une seule quantité.

3 Implémentation d'une base de données sous ACCESS

A. Du MLRD au modèle physique

Chacune des relations génère la création d'une table. La clé primaire de la relation devient la clé primaire de la table (désignée par la petite icône représentant la clé).

La table récupère l'ensemble des attributs de la relation, y compris la ou les clés étrangères éventuelles.
Une fois les tables créées, on précise pour chacun des champs le type de données autorisé, et ses caractéristiques (taille, format…).
Une clé étrangère utilise habituellement le même nom que la clé primaire de référence (ce n'est pas une obligation) et Il est possible de la faire précéder de # (non obligatoire).

B. Les liaisons clé étrangère / clé primaire

Une fois l'ensemble des tables créées, il faut les relier. Sélectionner la clé primaire et la faire glisser jusqu'à la clé étrangère (ou inversement).

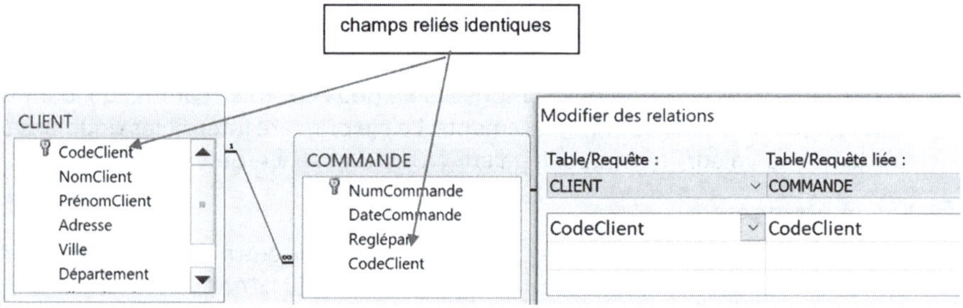

Le logiciel va effectuer un contrôle de conformité :
- si aucune donnée n'est saisie, vérification que les domaines sont identiques. Le signe « 1 » indique la clé primaire (unique) et le signe infini la clé étrangère (avec doublon) ;
- si les données sont saisies, il vérifie la contrainte d'intégrité référentielle.

C. Les contraintes d'intégrité

L'intégrité correspond à l'ensemble des règles qui permettent de conserver la cohérence de la base de données. Les contraintes d'intégrité interdisent à l'utilisateur de réaliser sur la base des interventions qui mettraient en péril son intégrité.

Intégrité de domaine

L'utilisateur doit respecter le domaine de valeur défini pour l'attribut que ce soit le type de données accepté (numérique, texte…) ou les valeurs autorisées (le concepteur peut préciser le nombre de caractères et des valeurs interdites ou obligatoires).
Remarque : un champ qui n'entre pas dans un calcul peut être considéré comme texte s'il est utilisé comme un texte (numéro de téléphone, code postal…).
On peut autoriser l'absence d'attribut pour certains champs ou au contraire l'interdire (« NULL » autorisé si le mail n'est pas renseigné par exemple ou « NULL » non autorisé si le nom est obligatoire).

▸ Intégrité de clé

Tous les enregistrements d'une table doivent avoir leur clé primaire renseignée et unique (sans doublon). L'absence de valeur (valeur NULL) est interdite et empêche la saisie d'un nouvel enregistrement.

▸ Intégrité référentielle

L'utilisateur doit saisir comme valeur de clé étrangère d'un enregistrement, une valeur qui existe déjà dans les valeurs prises par la clé primaire associée (logique de correspondance entre les enregistrements de plusieurs tables) : le CodeClient saisit dans la table COMMANDE doit exister dans la table CLIENT.

D. Caractéristiques de la liaison

Le logiciel va demander au concepteur d'appliquer (ou non) l'intégrité référentielle et deux de ses caractéristiques.

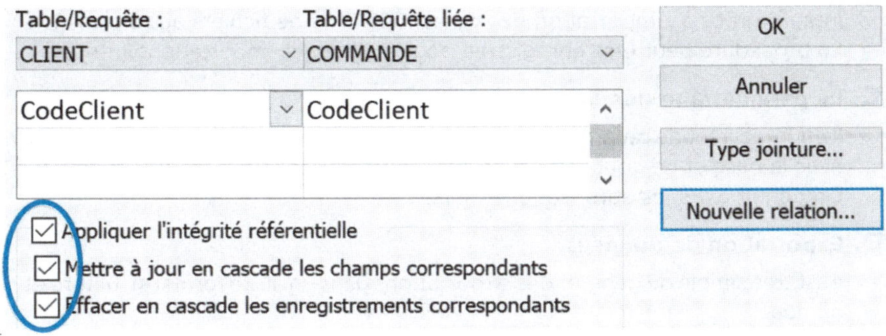

▲ Intégrité référentielle

- L'**intégrité référentielle** n'est pas obligatoire mais est incontournable pour conserver une cohérence de la base (sans quoi on pourrait avoir des factures sans client réel).
- **Mettre à jour en cascade** : si l'attribut clé primaire d'une table est modifié, les attributs des clés étrangères qui lui sont associées sont modifiés automatiquement.
- **Effacer en cascade** : si un enregistrement disparaît dans une table, les enregistrements qui lui sont inféodés disparaissent également.

4 Saisie des données et utilisation de la base

A. Saisie directe

Les données sont saisies par les utilisateurs soit directement dans les tables, soit *via* des Interfaces Homme-Machine (IHM) plus conviviales comme les formulaires.

B. Importation de données

Il est possible de récupérer les données depuis une autre base de données, une ancienne version ou même un autre logiciel. Ce procédé est plus rapide mais il faut être vigilant quant au formatage des données lors de leur arrivée dans la base.
Menu « données externes » sur Access : Données externes / Importer et lier puis choisir le format à partir duquel nous souhaitons importer (Access, Excel...).
Il faut alors renseigner la source des données (le fichier ressource), et la table de destination (une table existante ou la création d'une nouvelle table). Lors de l'importation d'un fichier Excel, il faut faire attention au choix de la feuille de classeur (les champs seront détectés automatiquement s'ils se trouvent sur la première ligne du fichier). Après importation, il est conseillé de reprendre chaque champ de la table un à un de façon à vérifier le domaine de valeur, la taille du champ, les clés...
Les tables importées seront reliées aux autres tables à l'aide d'une clé étrangère.
Les bases peuvent être importées d'un progiciel métier ou d'un progiciel de gestion intégré grâce à l'importation des bases ODBC ou de fichiers au format CVS.
La procédure peut être enregistrée pour faciliter les importations futures.

C. Le paramétrage des autorisations d'accès

Il est important de paramétrer les droits des utilisateurs qui seront habilités à travailler avec la base et de concevoir avec soin leurs privilèges sur chaque objet de la table. On définit alors les autorisations CIMS.

D. Exportation de données

Il est très simple de générer des exportations dans un autre format structuré et ouvert ou non.
Menu « données externes » sur Access : Données externes / Exporter et choisir le format vers lequel exporter.
Il est possible d'exporter des tables mais aussi des formulaires, des états ou le résultat d'une requête SQL et d'enregistrer la procédure (exportation régulière).
L'exportation vers une feuille de calcul permet de faire des calculs statistiques complémentaires ou d'utiliser ses fonctions graphiques (histogrammes, secteurs...).
L'exportation sous format texte, xml ou pdf permet de l'incorporer à un rapport, d'en faire un publipostage ou de l'ouvrir (destinataire ne disposant pas d'Access).

5 Fonctions d'Interface Homme Machine (IHM)

A. IHM des bases de données

Ces outils permettent à l'utilisateur de disposer d'interfaces ergonomiques.

B. Les états

Ces documents présentent les données dans une IHM plus lisible que les tables ou les requêtes. Ils pourront être imprimés ou consultés et il est possible d'y programmer des fonctions de statistiques, des tris ou des sous-totaux.

PRODUIT

Gamme	PrixBrut	RéférenceProduit	LibelléProduit	Stock
Champignons				
	53,00 €	TR50	Truffes 50g	25
	27,50 €	TR25	Truffes 25g	42
	9,10 €	GI10	Girolles 100g	104
Confiture				
	9,00 €	MIAP	Miel d'Apiculteur	77
	6,00 €	COBA	Confiture de Baies Sauvage	132
	5,70 €	COFI	Confiture de Figues	128
	5,45 €	COCO	Confiture de Coings	147
	4,80 €	COFR	Confiture de Framboise	164

C. Les formulaires

Les formulaires sont développés à destination des utilisateurs qui n'ont pas la possibilité (ou le droit) d'accéder à la structure de la base. Ils sont composés de champs à compléter et les valeurs saisies seront intégrées à la base.

CLIENT

CodeClient	177
NomClient	WATEL
PrénomClient	Mélanie
Adresse	13, Place de Chandon
Ville	Reims
Département	51
AnnéeInscription	2018
CodeCatégorie	ENTRE

La réalisation des formulaires est facilitée par des assistants et de nombreuses options (cases à cocher / décocher, boutons, listes de choix, calendrier pour les dates, etc.) permettent de simplifier la saisie des données.

Les données étant réparties dans les différentes tables, il est souvent nécessaire d'associer le formulaire ou l'état à une requête pour obtenir le résultat souhaité.

UE 8

MÉMO

16 Les requêtes SQL : notions de base

Les bases de données n'ont pas beaucoup d'utilité si on ne peut pas les interroger ou les mettre à jour. Pour cela on utilise un outil appelé requête.

1 Pourquoi et comment réaliser une requête SQL ?

A. Définition

Les requêtes permettent d'extraire de la base de données des informations utiles sans pour autant afficher la table complète. Elles permettent aussi de regrouper des informations disséminées dans plusieurs tables ou d'utiliser des fonctions et des agrégats pour traiter ces informations.

L'utilisateur du système d'information peut les déclencher grâce aux Interfaces Hommes Machines sans le savoir (l'internaute qui consulte ou commande un article sur un site marchand exécute une ou plusieurs requêtes). L'utilisateur du PGI peut créer ou modifier lui-même grâce à un émulateur SQL des requêtes pour obtenir des résultats qui n'ont pas été prévus lors du paramétrage.
L'utilisateur du PGI peut créer ou modifier lui-même grâce à un émulateur SQL des requêtes pour obtenir des résultats qui n'ont pas été prévus lors du paramétrage.

Le **SQL, Structured Query Language**, est un langage structuré d'interrogation de bases de données relationnelles. Il est normalisé et oblige le programmeur à respecter très précisément la syntaxe du langage.

B. Structure simple d'une requête sélection (extraction)

Une requête sélection permet de sélectionner des informations dans la (les) table(s).
La structure d'une requête sélection simple s'articule autour de trois clauses, ***SELECT***, ***FROM*** et ***WHERE*** permettant de mettre en œuvre les deux principaux opérateurs : la projection et la restriction.
La projection consiste à définir les champs retenus c'est-à-dire les colonnes des tables que l'on souhaite afficher et correspond à la clause *SELECT*.
SELECT est suivi des noms des différents champs à afficher, séparés par des virgules.
FROM est suivi du nom de la table (ou des tables) sollicitées.
WHERE introduit des conditions (on parle parfois de restrictions) sur les enregistrements à sélectionner.
La restriction consiste à n'afficher que certaines lignes de la table correspondant à une ou plusieurs conditions déterminées (les commandes d'une certaine date...).
La plupart des requêtes combinent projection et restriction pour n'afficher que certaines colonnes et certaines lignes de la table seulement.
La grande majorité des requêtes d'extraction utilise la structure suivante :

SELECT champ1, champ2, champ3...
FROM TABLE
WHERE Condition1 *AND/OR* Condition2 ;

Lorsqu'un nom de champ se retrouve dans plusieurs tables (c'est le cas des clés étrangères, qui conservent la plupart du temps le même nom que la clé primaire à laquelle elles font écho), il est nécessaire de préciser la provenance du champ en le faisant précéder du nom de la table : *SELECT* CLIENT.CodeClient (le nom du champ et celui de la table sont séparés par un point sans espace).
Enfin une requête se termine toujours par un point-virgule.
Reprenons la base de données « Au bon marché »

SELECT NomClient, PrénomClient
FROM CLIENT
WHERE Ville = « Paris » ;

Cette requête renvoie le nom et le prénom des clients qui sont domiciliés à Paris.

C. Les opérateurs acceptés par le *WHERE*

La commande *WHERE* permet d'opérer une restriction sur les enregistrements en indiquant une ou plusieurs conditions à respecter.
On peut utiliser :
WHERE pour introduire une ou plusieurs conditions à respecter.
WHERE NOT pour introduire une ou plusieurs conditions à ne pas respecter.
Les conditions sont ajoutées à l'aide des commandes *OR* et *AND*, les parenthèses permettent de les ordonner.

(A AND B) OR C n'aura pas la même signification que A AND (B OR C)

Opérateurs arithmétiques et logiques utilisés par la clause *WHERE*	
Opérateurs	Signification
LIKE	Un champ texte contient les caractères spécifiés même s'ils ne représentent qu'une partie de la chaîne de caractères.
NOT LIKE	Le champ texte ne doit pas contenir les caractères spécifiés.
=	Le champ numérique, texte ou date doit être égal à une valeur précise (correspondance exacte).
< >	Le champ numérique ne doit pas être égal à une valeur. (< > signifie différent)
< =	Le champ numérique ou date est inférieur ou égal à une valeur.
> =	Le champ numérique ou date est supérieur ou égal à une valeur.
XOR	Ou exclusif. L'enregistrement doit respecter l'une ou l'autre des conditions, mais pas les deux en même temps.
BETWEEN... AND	Le champ numérique ou date est compris entre deux bornes.

2 Quelques clauses ou usages spécifiques

A. Les instructions complémentaires associées à la restriction

▸ Utilisation de *LIKE* et critère incomplet

Test de valeur des champs sur des critères incomplets. Le signe « ? » remplace un seul caractère et les signes « * » ou « % » en remplacent un nombre indéterminé.

> *WHERE* NomClient *LIKE* "DE*" permet de désigner les clients dont le nom commence par DE (nombre de caractères indéterminé).
> *WHERE* NomClient *LIKE* "?E???" permet de retourner les clients dont le nom compte cinq caractères (ni plus, ni moins) et comporte la lettre E en seconde position.

LIKE est utilisé généralement avec des champs alphanumériques ou alphabétiques. « = » est plutôt réservée aux données numériques ou aux champs "texte" si la chaîne de caractères est identique.

▸ Les dates

Elles sont présentées entre deux caractères #, et sous forme anglo-saxonne (le mois, suivi du jour, puis de l'année). *WHERE* DateCommande = #09/01/2021# renvoie une commande du 01 septembre 2021.
Il est souvent plus simple d'utiliser les fonctions spécifiques *YEAR(champ)* pour désigner l'année et *MONTH(champ)* pour désigner le mois.

> Pour obtenir les commandes de juillet 2021 utiliser :
> *soit WHERE* DateCommande *BETWEEN* #07/01/2021# *AND* #07/31/2021# ;
> soit *WHERE YEAR*(DateCommande) = 2021 *AND MONTH*(DateCommande) = 07 ;

Les fonctions *YEAR* ou *MONTH* transforment les dates en nombre ; le résultat est donc indiqué sans #.

▸ Valeur non renseignée

On utilise la commande *IS NULL* pour rechercher les enregistrements pour lesquels un champ n'est pas renseigné. À l'inverse, *IS NOT NULL* permet de rechercher les enregistrements pour lesquels la valeur du champ n'est pas vide.

> *WHERE* Département *IS NULL*

Renvoie les clients pour lesquels le champ Département n'a pas été saisi.

▸ Les requêtes paramétrées

C'est une requête pour laquelle l'utilisateur doit saisir la valeur du critère (le paramètre) dans une boîte de dialogue qui s'ouvre. Ainsi, elles évitent de créer des requêtes similaires alors que seule une valeur change. La requête s'exécute en prenant en compte la valeur qui vient d'être saisie comme critère.

```
SELECT LibelléProduit, Stock FROM PRODUIT
WHERE RéférenceProduit = [Veuillez saisir la référence du produit] ;
```

Ainsi, la requête proposée permet d'afficher le libellé du produit et son stock pour n'importe quelle référence de produit. Cela évite de recréer à chaque fois la même requête en changeant simplement la référence du produit.
Les crochets sont nécessaires car la chaîne de caractères contient des espaces et ne correspond ni à la valeur du champ ni au nom d'un autre champ.

B. Les instructions complémentaires associées à la projection

Le tri

La clause *ORDER BY* (champ) *ASC* (tri alphabétique ou croissant) ou *ORDER BY* (champ) *DESC* (tri décroissant) est placée systématiquement à la fin de la requête (avant le point-virgule) et permet de classer les enregistrements par rapport à la valeur du champ spécifié.

```
ORDER BY NomClient ASC ;
```

Trie les noms des clients par ordre alphabétique (croissant).
Plusieurs critères de tri peuvent être indiqués (*ex.* : nom puis prénom). Le tri se fera dans l'ordre des attributs présentés (d'abord les noms puis les prénoms si les noms sont identiques).

Élimination des doublons

Pour filtrer les réponses et n'afficher un enregistrement qu'une seule fois (par exemple un client qui a commandé plusieurs fois lors d'un mois défini) il faut insérer la commande *DISTINCT*, après le *SELECT*.

```
SELECT DISTINCT CodeClient FROM COMMANDE
WHERE YEAR(DateCommande) = [saisir l'année souhaitée]
AND MONTH(DateCommande) = [saisir le mois souhaité] ;
```

Grâce à la clause DISTINCT, ce client n'apparaîtra qu'une seule fois.

Afficher tous les champs d'une table

On peut utiliser le *SELECT* * pour afficher l'ensemble des champs.
SELECT * *FROM* PRODUIT ; fera apparaître tous les champs de la table PRODUIT.

Les opérations sur les champs

Le calcul est formalisé derrière la commande *SELECT*, et il est possible d'attribuer un nom (un alias) au champ qui accueille le résultat du calcul en le faisant précéder de la commande *AS*. L'alias ne doit pas contenir d'espaces (sinon utiliser des crochets pour encadrer le nom ou *underscore* (tiret bas du 8) à la place de l'espace).

```
SELECT LibelléProduit, PrixBrut, PrixBrut * 1,20 AS Prix_TTC
FROM PRODUIT ;
```

3 Les requêtes de mise à jour de données

A. Présentation

Les requêtes de mise à jour sont à manipuler avec précaution car elles affectent les données souvent sans possibilité de retour en arrière.

B. Requêtes de création (requêtes ajout) : la clause *INSERT INTO*

Elles permettent d'insérer dans une table un nouvel enregistrement.
Pour insérer des valeurs (situation la plus fréquente), le formalisme est le suivant :

```
INSERT INTO NomTable (NomChamp1, NomChamp2, ...)
VALUES ('Valeur pour champ1', 'Valeur pour champ2', ...)
```

Le nombre de valeurs doit correspondre au nombre de champs et l'ordre des valeurs doit être identique à celui des champs.

```
INSERT INTO COMMANDE (NumCommande, DateCommande, Réglépar, Code-
Client)
VALUES (583, #09/05/2021#, « VIR », 96) ;
```

Lorsque la valeur d'un champ n'est pas spécifiée, le logiciel va lui attribuer la valeur NULL (l'absence de valeur).
Pour ajouter des enregistrements provenant d'une autre table, il est possible d'insérer les lignes en utilisant une sous-requête imbriquée présentant exactement la même structure que la table de destination.

```
INSERT INTO COMMANDE_SVG
(SELECT * FROM COMMANDE WHERE YEAR(DateCommande) < 2016 );
```

La table COMMANDE_SVG permet de sauvegarder les commandes antérieures à une certaine année (ou une certaine date) pour avoir une copie et pouvoir les supprimer de la table principale (et ainsi l'alléger).

C. Requêtes de mise à jour : la clause *UPDATE*

Mise à jour automatique de la valeur d'un champ, systématiquement assortie d'une condition (pour lier la modification à un enregistrement précis).
Le formalisme est le suivant :

```
UPDATE NomTable
SET NomChampAModifier = « Nouvelle valeur »
WHERE condition ;
```

```
UPDATE PRODUIT
SET PrixBrut = PrixBrut*[Saisir l'augmentation]
WHERE Gamme = [Saisir la gamme impactée];
```

Remplace les prix des produits de la gamme spécifiée par leur ancien prix multiplié par une valeur renseignée par l'utilisateur.

D. Requêtes de suppression : la clause *DELETE*

La clause *DELETE* permet de supprimer un ou plusieurs enregistrements d'une table. Il est très important de spécifier les conditions de l'exécution de la requête sous peine de voir l'ensemble des enregistrements effacés.
Le formalisme est le suivant :

```
DELETE * FROM Table
WHERE condition;
```

```
DELETE * FROM COMMANDE
WHERE Year(DateCommande) < 2016;
```

Supprime de la table COMMANDE les commandes antérieures à 2016.

E. Manipulation des données et intégrité référentielle

Les requêtes action modifient la valeur des champs et si ces requêtes s'exercent sur des clés, elles mettent en danger l'intégrité de la base de données.
La modification d'un code client dans la table CLIENT doit forcément être suivie par la mise à jour de ce code dans toutes les tables où il est retrouvé comme clé étrangère (Mise à jour automatique si l'option « Mettre à jour en cascade » a été cochée mais à éviter car une fois qu'une clé est attribuée, il faut éviter de la modifier). De la même façon, la suppression de certains enregistrements peut poser des problèmes d'intégrité référentielle si des enregistrements d'autres tables lui sont inféodés. Il faut vérifier si l'on a coché ou non l'option « Effacer en cascade » car toutes les commandes passées et associées à ce produit pourraient être supprimées. D'un autre côté, si l'option est décochée, la référence restera dans PORTER_SUR mais l'on ne saura plus de quel produit il s'agit. Dans ce cas, il est préférable de faire une sauvegarde en archive avant de supprimer en cascade les enregistrements correspondants.

UE 8

MÉMO 17 Les requêtes SQL : jointures et approfondissements

Très souvent, l'interrogation ne porte pas sur une table mais sur plusieurs ; il est alors nécessaire de faire une jointure. De plus, les requêtes de base ne permettent pas de résoudre toutes les questions que l'on peut se poser. Il est alors nécessaire d'utiliser certaines fonctions ou agrégats ou d'imbriquer des requêtes.

1 Les jointures

A. Définition

On parle de jointure lorsque les champs utilisés par la requête (derrière *SELECT* ou *WHERE)* se trouvent dans des tables différentes (plusieurs tables derrière *FROM)*. La jointure permet d'interroger plusieurs tables reliées par des champs communs. Sans jointure, les réponses sont aberrantes car les sélections ou les différentes projections ne seront pas liées les unes avec les autres. Lorsque deux tables n'ont pas d'attributs communs, une jointure avec d'autres tables est nécessaire.
Reprenons l'exemple « Bon marché »

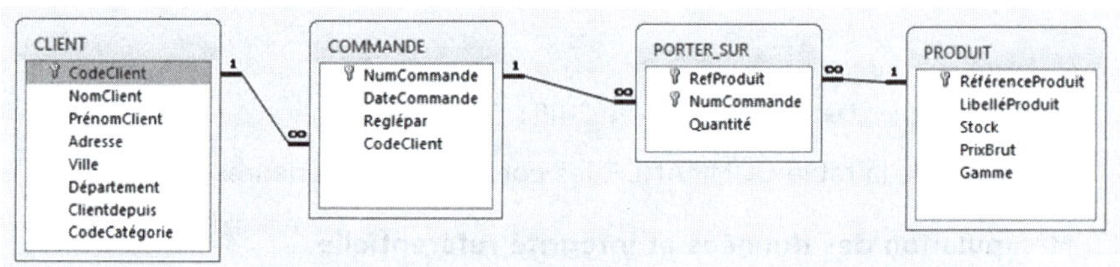

Si une requête fait appel à des champs dans CLIENT et dans COMMANDE, il faudra relier les deux tables avec l'élément commun qui est CodeClient.
Si une requête fait appel à des champs dans CLIENT et dans PRODUIT, il faut passer par les tables COMMANDE et PORTER_SUR car il n'y a pas d'éléments communs. Les quatre tables seront alors reliées deux par deux.

B. Réalisation

La clause *FROM* va lister les tables qui contiennent des champs demandés par la requête, mais également toutes les tables qui permettent de relier celles-ci.
La clause *WHERE* va indiquer que des tables sont reliées par un champ pivot, ou champ commun (clé étrangère dans une table et clé primaire dans l'autre table).

```
SELECT NomClient, NumCommande, DateCommande
FROM CLIENT, COMMANDE ← 2 tables nécessaires donc
WHERE CLIENT.CodeClient = COMMANDE.#CodeClient ← jointure
AND Réglépar = « CHQ » ;
```

Dans laquelle Il faut faire précéder le nom du champ par le nom de la table (reliés par un point).

S'il faut relier trois tables, deux requêtes sont nécessaires, s'il faut en relier quatre, il faut trois requêtes, et ainsi de suite. Un alias peut être utilisé pour renommer une table de façon à alléger la lecture de la requête.
Nom des clients ayant commandé de la « Confiture de Coings » :

```
SELECT NomClient
FROM CLIENT CL, COMMANDE CO, PORTER_SUR PS, PRODUIT PR
WHERE CL.CodeClient = CO.CodeClient
AND CO.NumCommande = PS.#NumCommande
AND PS.#RefProduit = PR.RéférenceProduit
AND LibelléProduit = « Confiture de Coings » ;
```

Le signe # (hashtag) n'est pas obligatoire mais peut constituer un repère.
L'alias peut être défini de deux façons : soit CLIENT as CL, soit CLIENT CL.

2 Les fonctions et les agrégats

A. Les agrégats simples

Les agrégats permettent d'obtenir des informations de synthèse, des opérations statistiques sur un ensemble d'enregistrements (réalisation de calculs).

▸ Les calculs sur les valeurs des attributs

Les principales fonctions sont :

Agrégat	Signification
MIN	Plus petite valeur trouvée pour le champ
MAX	Plus grande valeur trouvée pour le champ
SUM	Somme des valeurs portées par le champ
AVG	Moyenne des valeurs portées par le champ

La clause précède le champ sur lequel doit s'opérer le traitement, et sera suivi de la commande *AS* pour renommer le champ réponse. Ce nom (l'alias) ne doit pas être l'intitulé d'une fonction (on ne peut nommer un total SUM car utilisé dans le SQL).
Prix de l'article le plus onéreux :

```
SELECT MAX(PrixBrut) AS [Prix maximum constaté]
FROM PRODUIT ;
```

▸ Les calculs sur les dates

La fonction *NOW()* affiche la date et l'heure du système au format AAAA-MM-JJ HH :MM :SS (2021-09-15 08:35:20 soit le 15 septembre 2021 à 8 heures, 35 minutes et 20 secondes).

DATE() permet d'extraire la date (élimine heures, minutes et secondes) : *DATE (NOW())* donne AAAA-MM-JJ (2021-09-15 par exemple).
YEAR() et *MONTH()* (déjà été présentées) peuvent se cumuler avec *NOW()*.
DATEDIFF() indique le nombre de jours entre les 2 dates.
Numéro des commandes de plus de 3 ans.

```
SELECT NumCommande
FROM COMMANDE
WHERE DATEDIFF(NOW(), DateCommande)/365>=3 ;
```

Il faut diviser par 365 (ou 365,25 pour tenir compte des années bissextiles) pour avoir des années et non des jours.
ADDDATE () permet d'ajouter un nombre de jours à une date.

```
SELECT ADDDATE(DateCommande,15) as Date_livraison
FROM COMMANDE
WHERE NumCommande = [saisir le numéro de commande] ;
```

La livraison a lieu systématiquement 15 jours après la date de commande.

▸ La fonction agrégat Compte (*COUNT*)

COUNT renvoie le nombre d'enregistrements répondant aux conditions (compte les lignes d'une table ou le nombre de fois que l'on recense telle ou telle valeur).
Nombre de clients lyonnais :

```
SELECT COUNT(CodeClient) AS Nbre_Clients
FROM CLIENT
WHERE Ville = « Lyon » ;
```

B. Les agrégats et le regroupement : la clause *GROUP BY*

Lorsqu'on souhaite avoir une statistique pour chaque catégorie identifiée, on peut exécuter un agrégat avec un regroupement (clause *GROUP BY* Champ).
Nombre de clients PAR département :

```
SELECT Département, COUNT(CodeClient) AS [Nbre Clients par Département]
FROM CLIENT
GROUP BY Département ;
```

Obligatoirement, lorsqu'on trouve un ou plusieurs champs en plus d'un agrégat derrière la clause *SELECT*, on retrouvera en fin de requête *GROUP BY* suivi de ces champs.

Nombre de commandes par client et par année :

```
SELECT nom client, YEAR(DateCommande) AS Année_Cde, COUNT(*) AS
Nbre_Cde
FROM CLIENT, COMMANDE
WHERE COMMANDE.#CodeClient=CLIENT.CodeClient
GROUP BY NomClient, Année_Cde ;
```

COUNT(*) donne le nombre d'enregistrements correspondants aux critères de regroupement, c'est-à-dire d'abord par client puis pour chaque client par année. L'alias Année_Cde a été défini dans le *SELECT :* il est réutilisé dans le *GROUP BY*. Pour faciliter la lecture, un tri peut être fait par client puis par année :

```
ORDER BY NomClient ASC, Année_Cde ASC.
```

C. Restriction sur les groupes : la clause *HAVING*

Il est possible de poser une condition sur le résultat d'un agrégat par la clause *HAVING* à la suite du *GROUP BY* (la commande *WHERE* introduit une condition sur un champ simplement).

Quantité totale des produits commandés, présentés par produit, mais uniquement si cette somme est supérieure à 5.

```
SELECT RéfProduit, SUM(Quantité) AS [Quantité totale d'articles]
FROM PORTER_SUR
GROUP BY RéfProduit
HAVING SUM(Quantité)>5
ORDER BY RéfProduit ASC ;
```

L'alias [Quantité totale d'articles] peut être utilisé après la clause HAVING à la place de SUM(Quantité).

Pour conclure, l'ordre des clauses dans une requête est le suivant :

```
SELECT
FROM
WHERE
GROUP BY
HAVING
ORDER BY
```

3 Les requêtes imbriquées

A. Présentation

Une requête peut être utilisée comme critère le résultat d'une autre requête. Dans ce cas, la restriction dépend du résultat d'une autre requête.

Pour afficher la désignation du produit le plus cher, on va d'abord chercher le prix du produit le plus cher :

```
SELECT MAX(PrixBrut)
FROM PRODUIT ;
```

Puis on va demander d'afficher la désignation du produit dont le prix correspond au prix récupéré par la requête précédente.
La syntaxe sera donc la suivante :

```
SELECT LibelléProduit
FROM PRODUIT
WHERE PrixBrut = ( SELECT MAX(PrixBrut) FROM PRODUIT ) ;
```

MAX est un agrégat ce qui signifie qu'une requête est nécessaire pour déterminer dans l'ensemble des prix quel est le plus élevé. C'est pourquoi la requête imbriquée est nécessaire pour connaître d'abord le prix maximum puis chercher le ou les produit(s) dont c'est le prix. Sans quoi, pour chaque libellé, sera affiché le prix maximum.
Il est essentiel que l'imbrication se réalise sur le même type de champ. Ainsi de chaque côté du signe introduisant la requête imbriquée, on doit trouver des valeurs comparables (ici, le PrixBrut est comparé au plus grand des PrixBrut).

B. Requêtes d'intersection

Il est possible d'utiliser la clause IN avec une requête imbriquée. Cette fois-ci on ne recherche pas les enregistrements dont l'un des champs prend la valeur donnée par la sous-requête, mais dont l'un des champs prend l'une des valeurs renvoyées par la sous-requête.
Liste des clients (Nom et prénom client) qui ont passé au moins une commande en 2021 :

```
SELECT NomClient, PrénomClient
FROM CLIENT
WHERE CodeClient IN (SELECT DISTINCT #CodeClient
          FROM COMMANDE
          WHERE YEAR(DateCommande)=2021) ;
```

Remarques :
- On utilise la clause *DISTINCT* car un client ayant passé plusieurs commandes en 2021 apparaîtrait plusieurs fois.
- On utilise assez peu ce formalisme car le même résultat peut être obtenu avec une jointure.

Requêtes de différence

La différence de deux tables est une table contenant les enregistrements de la première table qu'on ne retrouve pas dans la seconde.(attention à respecter l'ordre). On utilise le même principe que pour l'intersection vue au-dessus mais au lieu d'utiliser la clause *IN*, on utilise la clause *NOT IN*.

Liste des clients (Nom et prénom client) qui n'ont pas passé de commande en 2021 :

```
SELECT NomClient, prénomClient
FROM CLIENT
WHERE CodeClient NOT IN (SELECT DISTINCT #CodeClient
        FROM COMMANDE
        WHERE YEAR(DateCommande)=2021) ;
```

MÉMO 18 La maîtrise du tableur : fonctionnalités de base

Le tableur est un outil généraliste de productivité personnelle dont l'usage s'est généralisé pour organiser des feuilles de calcul permettant de traiter des données, de créer des modèles réutilisables et d'effectuer des simulations. Il offre également des fonctions de présentation graphique des données. C'est pourquoi il est devenu un outil indispensable pour de nombreux professionnels, en particulier ceux de la gestion.

1 Présentation générale

A. Principes

Le tableur est un outil logiciel qui permet d'organiser, d'analyser et de présenter des données à travers des opérations, des tris, des classements et des graphiques.

Les données sont stockées et manipulées à l'intérieur d'une **feuille de calcul**, qui se présente comme un quadrillage en lignes et en colonnes qui délimite des **cellules**.

Un **classeur** comporte plusieurs feuilles de calcul. Il prend l'extension de fichier xlsx pour les classeurs Excel (Microsoft), ods pour Calc (OpenOffice).

Un couple de valeurs (colonne, ligne) constitue une adresse ou référence de cellule.

Une **plage de cellules** est un ensemble de cellules contiguës qu'il est possible de repérer en utilisant les références des cellules extrêmes ou en les nommant.

Le tableur permet de mettre en forme le contenu des cellules (choix des polices de caractères, taille, couleur, gras, italique...) ; définir un format de données (nombre, date...) ; masquer / afficher des lignes et des colonnes ; etc.

B. Utilisation d'une feuille de calcul

▸ Contenu des cellules

Trois types d'informations peuvent être saisies dans une cellule d'une feuille de calcul :
- un libellé, texte explicatif pour faciliter la compréhension ;
- une donnée, c'est-à-dire une information élémentaire (un nom, un nombre, une date...) ;
- un résultat obtenu par une formule de calcul.

▸ Formules de calcul et fonctions

Une **formule de calcul** est une expression qui fournit une valeur. Elle est construite à l'aide des opérateurs arithmétiques (+ – * /) et fait intervenir des constantes, le contenu des cellules (référencées par leur adresse ou leur nom), et des fonctions.

Le **tableur** possède de nombreuses **fonctions** intégrées. Ces fonctions effectuent un ensemble d'opérations prédéfinies utilisant une ou plusieurs valeurs (arguments de la fonction) et renvoyant une ou plusieurs valeurs (résultats de la fonction).

▸ Recopie des formules

Une fois la formule saisie dans une cellule, l'opérateur peut faire glisser l'expression saisie sur les cellules contiguës (à droite, à gauche, au-dessus ou en dessous).

Cependant, il peut être nécessaire de figer certaines références :
Par défaut, Excel utilise des lettres pour référencer les colonnes et des nombres pour les lignes. Si une formule est décalée d'une cellule à une autre, les références sont décalées de même. Cependant, il peut être nécessaire de figer les références, en totalité ou en partie. De ce fait, il existe trois modes d'adressage.

Adressage relatif : la référence (lettre de colonne / numéro de ligne) est modifiée lorsque la formule est recopiée (ou glissée) ; vers la droite, A devient B ; vers le bas, 1 devient 2 ; etc.
Adressage absolu : la référence correspond à un emplacement fixe de la feuille de calcul et ne sera pas modifiée lors d'une recopie si elle est soit nommée, soit précédée du signe $ devant chaque élément de référence (ex. : B27).
Adressage mixte : il est possible de ne bloquer que la référence de colonne ($ devant la lettre de la colonne), ou de ligne ($ devant le numéro de la ligne) ex. : $B27 ou B$27. Ainsi, lors de la recopie d'une formule de calcul, seul le numéro de ligne sera modifié si l'on passe d'une ligne à une autre et seul la lettre de la colonne si l'on passe d'une colonne à une autre.

ex :

	A	B	C	D	E	F
1		1	2	3	4	5
2	1	1	2	3	4	5
3	2	2	4	6	8	10
4	3	3	6	9	12	15
5	4	4	8	12	16	20
6	5	5	10	15	20	25

Les cellules B2 à F6 contiennent le résultat de la multiplication de la valeur contenue sur la 1re ligne de la colonne par la valeur contenue dans la 1re colonne de la ligne : E4 = 3 × 4 = 12.
Une seule formule de calcul est nécessaire pour toute la plage B2:F6 : = B$1*$A2

▸ Cellules situées sur des feuilles de calcul différentes

Il est possible de travailler avec des cellules appartenant à des feuilles de calcul différentes. Pour les distinguer, on fait précéder la référence de la cellule par le nom de la feuille de calcul suivi d'un point d'exclamation (sur Excel) ou d'un point (sur Calc).
Ex. : La référence Feuil2!B27 renvoie à la cellule B27 de la feuille de calcul appelée « Feuil2 ».

▸ Nommage des cellules

Il est possible d'utiliser dans les formules de calcul des noms pour désigner les plages de cellules au lieu des références de cellules.

Donner un nom à une cellule : sélectionner la cellule et saisir le nom dans la zone Nom, à côté de la barre de formule.
Nommer une plage de cellules : sélectionner la plage à laquelle attribuer un nom, sélectionner Formules > Définir un nom.

L'intérêt de nommer des cellules ou plages de cellules est de rendre les références dans les formules plus explicites et de faciliter l'analyse et la modification des feuilles de calcul, y compris par d'autres personnes que ceux qui les ont conçues.

2 Fonctions de base

A. Fonctions arithmétiques et statistiques

Fonction SOMME

La fonction **SOMME** permet de faire le total des valeurs contenues dans plusieurs cellules.
La fonction ajoute les cellules contenant des valeurs numériques et ignore les autres.
La zone concernée peut être continue (références séparées par : (deux points)) ou discontinue (plusieurs plages séparées par ; (point-virgule)).
Ex. : SOMME(B2:B11;D2:D11) renverra la somme des valeurs situées dans les cellules B2 à B11 et D2 à D11 sans tenir compte des cellules intermédiaires.
De même qu'il est possible de nommer une cellule, il est possible de nommer une plage de cellules : Sélectionner la cellule ou plage de cellules, puis Insertion/Nom/Définir ou bien saisir le nom dans la zone d'affichage de la sélection, à gauche de la barre de saisie.
Attribuer des noms à des cellules ou plages de cellules permet d'y faire référence sans avoir à préciser la feuille, à condition que le nom soit défini pour l'ensemble du classeur.

Gestion des arrondis

Les fonctions **ARRONDI**, **ARRONDI.INF** et **ARRONDI.SUP** permettent d'afficher la valeur arrondie la plus proche, directement inférieure ou supérieure. Les arguments de la fonction sont une valeur et la précision de l'arrondi. 0 est un arrondi à l'unité, - 1 est un arrondi à la dizaine, - 2 à la centaine etc. alors que 1 sera un arrondi au dixième, 2 au centième...
Ex. : =ARRONDI(15/4;0) donne la valeur 3 et non 3,75
La fonction ENT permet de n'afficher que la partie entière d'une valeur. Ainsi, =ENT(21/2) renverra la valeur 10, au lieu de 10,50. ENT(ref) est équivalent à ARRONDI.INF(ref ; 0).
Il ne faut pas confondre la définition du nombre de décimales à afficher en cliquant sur le bouton correspondant de la barre d'outils et l'arrondi. Dans le premier cas, seul l'affichage est modifié. Dans le second cas, c'est la valeur contenue dans la cellule qui change.

Dénombrement

Les fonctions **NBVAL** et **NB** permettent respectivement de renvoyer le nombre de cellules contenant des valeurs (quelles qu'elles soient), et le nombre de cellules contenant des valeurs numériques.
La fonction **NB.SI** renvoie le nombre de cellules dont la valeur correspond à la valeur spécifiée ou répond à la condition spécifiée.
Ex. : NB.SI(B2:B20 ;"A") renvoie le nombre de cellules de la plage B2:B20 dont la valeur est "A".
NB.SI(C2:C20;">=100") renvoie le nombre de cellules dont la valeur est > ou = à 100.
La fonction **NB.VIDE** renvoie le nombre de cellules d'une plage de cellules, qui ne contiennent ni nombre, ni texte, ni formule de calcul.

Valeurs significatives d'une série

Les fonctions **MOYENNE** et **MEDIANE** calculent la moyenne ou la médiane des valeurs numériques contenues dans une plage de cellules.
Les fonctions **MIN** et **MAX** renvoient respectivement les valeurs minimales et maximales trouvées sur les plages de cellules de référence.
Les fonctions **GRANDE.VALEUR** et **PETITE.VALEUR** renvoient la n-ième valeur d'une série à partir de la plus grande ou de la plus petite.
Ex. :

	A	B	C	D		
1	Prénom	Note	Moyenne	10,35	D1 =	MOYENNE(B2:B8)
2	Alexandre	6,5	Médiane	9,5	D2 =	MEDIANE(B2:B8)
3	Ali	11,0	Min	6,5	D3 =	MIN(B2:B8)
4	Anaïs	9,0	Max	15	D4 =	MAX(B2:B8)
5	Céline	15,0	Nombre de notes	7	D5 =	NB(B2:B8)
6	Elodie	13,5	3e meilleure note	11	D6 =	GRANDE.VALEUR (B2:B8;3)
7	Jérémy	8,0				
8	Johann	9,5				

B. Fonctions logiques

Fonction conditionnelle

La **fonction SI** respecte la syntaxe suivante : SI (Condition ; valeur si vrai ; valeur si faux).
Si la condition est vérifiée, la fonction renvoie les valeurs spécifiées par 'valeur si vrai', sinon celles spécifiées par 'valeur si faux'.

Imbrication de plusieurs fonctions SI

Il est possible de démultiplier le nombre de cas testés en ayant recours à l'**imbrication** de plusieurs fonctions SI.

Ex. : la formule =SI(B12>=1 000 ; 3,5 % ; SI(B12>=500 ; 2 % ; 0)) envisage trois possibilités :

- si la cellule B12 est supérieure ou égale à 1 000, alors la fonction va renvoyer 3,5 %
- sinon, si la cellule B12 est supérieure ou égale à 500, alors la fonction renvoie 2 %,
- sinon la formule renvoie 0.

Fonctions logiques

La fonction **SI** peut intégrer les fonctions **OU** et **ET** dans l'écriture de la condition testée :

= OU(Condition 1;Condition 2;Condition 3 ...)	Il suffit que l'une des conditions soit vérifiée pour que la fonction renvoie VRAI
= ET(Condition 1;Condition 2;Condition 3 ...)	Il faut que toutes les conditions listées soient vérifiées pour que la fonction renvoie VRAI

C. Recherche et références

Recherche verticale

La fonction **RECHERCHEV** recherche verticalement une valeur spécifiée sur la 1re colonne d'une plage de cellules, puis renvoie la valeur qui correspond à celle-ci dans une autre colonne. Elle comprend quatre arguments : le 1er indique la valeur recherchée ; le 2e indique la plage dans laquelle la recherche va être menée ; le 3e argument indique le numéro de la colonne dans laquelle se trouve la valeur à retourner (1 étant le numéro de la 1re colonne, dans laquelle s'effectue la recherche). Enfin le 4e argument correspond à valeur approchée et prendra la valeur VRAI (la fonction doit rechercher une valeur proche) ou FAUX (la fonction doit trouver une correspondance exacte).

L'argument VRAI/FAUX

L'argument VRAI, s'il est choisi pour 4e argument des fonctions RECHERCHEV ou RECHERCHEH renvoie le contenu de la cellule en correspondance avec la valeur directement inférieure à celle recherchée.

ex :

	A	B	C	D	E	F
1	Montant HT	Taux remise		Tranche CA		Taux remise
2	1136,50	2,00 %		0	1 000	0,00 %
3	229,90	0,00 %		1001	2 000	2,00 %
4	792,81	0,00 %		2001	et +	3,50 %
5	2159,21	3,50 %				

La formule en B2 est =RECHERCHEV(A2 ;D$2 :F$4 ;3 ;VRAI). Les $ permettent de la recopier vers le bas. Avec l'argument faux, la formule ne donnerait rien car la valeur exacte des montants de la colonne A n'existe pas dans le tableau des taux de remise (colonne D).

L'argument VRAI ne s'applique que lorsque les données sur lesquelles porte la recherche (colonne D dans l'exemple) sont des données numériques classées par ordre croissant. Dans ce cas, si la valeur cherchée n'est pas dans le tableau, la fonction recherche prendra la ligne correspondant à la valeur immédiatement inférieure. Dans tous les autres cas, l'argument doit avoir la valeur FAUX (= rechercher valeur exacte) sinon la fonction pourrait renvoyer une valeur au hasard.
Si l'argument VRAI/FAUX est omis, la valeur par défaut est VRAI.

▸ Recherche horizontale

La fonction RECHERCHEH est similaire à RECHERCHEV mais la recherche se fait de façon horizontale. La recherche s'effectue sur la 1re ligne de la plage, et renvoie la valeur correspondant sur la n-ième ligne de la plage.

ex :

	A	B	C	D	C	D	E
1	Code	1	2	3	4	5	6
2	Abrév.	ADM	Asso	IND	Pro-lib	SA	SARL
3	Libellé	Administration	Association	Individuel	Profession libérale	Société anonyme	Société à responsabilité limitée
4							
5	3	IND	Individuel				

La formule dans la cellule B5 affiche le libellé abrégé correspondant au code saisi dans la cellule A5 : B5 = RECHERCHEH(A5 ; A1:E3 ; 2 ; FAUX)

La formule dans la cellule C5 affiche le libellé complet correspondant au code saisi dans la cellule A5 : C5 = RECHERCHEH(A5 ; A1:E3 ; 3 ; FAUX)

D. Fonctions de date et heure

La fonction **AUJOURDHUI()** renvoie la date du jour. Les parenthèses sont nécessaires bien qu'il n'y ait pas d'argument à indiquer pour cette fonction.
La fonction **MAINTENANT()** renvoie la date du jour et l'heure en minutes et secondes.
Les fonctions **ANNEE**, **MOIS** et **JOUR** extraient d'une cellule qui contient une date respectivement l'année, le numéro de mois et la date du jour. JOURSEM renvoie le numéro de la journée (lundi = 1, mardi = 2 etc.)
Exemple

	A	B	C	D
1		Salariés	Date d'entrée	Ancienneté (années)
2	S01	Chloé Ardon	12/10/2008	13

D2 = ENT((AUJOURDHUI()-E2)/365,25)
AUJOURDHUI()-E2 donne l'ancienneté en nombre de jours.
/365,25 transforme le nombre de jours en nombre d'années (en tenant compte approximativement des années bissextiles)
ENT ne retient que le nombre entier d'années
Remarques : annee(aujourdhui()) - annee(C2) donne un nombre d'années indépendant du fait que les dates considérées soient en début ou en fin d'année.

La maîtrise du tableur : fonctionnalités avancées

Le tableur est un outil puissant qui offre de nombreuses possibilités. L'objet de ce mémo est de présenter certaines des fonctionnalités avancées du tableur qui peuvent être utilisées, en fonction des besoins, dans certaines situations de gestion. La maîtrise du tableur est aujourd'hui une compétence incontournable.

1 Fonctions arithmétiques et statistiques avec conditions

A. SOMME.SI

La fonction **SOMME.SI** additionne les valeurs des cellules d'une plage si une condition est respectée (sur cette même plage ou sur une autre) :
SOMME.SI (Plage_test ; Condition ; Plage valeurs à additionner)

B. MOYENNE.SI

La fonction **MOYENNE.SI** s'utilise de la même façon que la fonction SOMME.SI.
Ex. :

	A	B	C	D	E
1	CA TTC	Catégorie client		CA par catégorie de client	
2	2 168,00	Professionnel		Professionnel	13 539,00
3	622,00	Particulier		Particulier	3 620,00
4	4 110,00	Professionnel		Total	17 159,00
5	3 975,00	Professionnel			
6	3 286,00	Professionnel		CA moyen par catégorie de client	
7	1 533,00	Particulier		Professionnel	3 384,75
8	1 465,00	Particulier		Particulier	1 206,67

E2 = SOMME.SI(B$2:B$8; « professionnel »;A$2:A$8)
La formule saisie en E2 additionne les valeurs de la plage A2:A8 si la valeur « professionnel » est trouvée sur les cellules correspondantes de la plage B2:B8. Cette formule peut aussi s'écrire E2 = SOMME.SI(B$2:B$8;**D2**;A$2:A$8) et peut alors être recopiée vers le bas, D2 (sans "") prenant la valeur de la cellule voisine.
E7 = MOYENNE.SI(B$2:B$8;D7;A$2:A$8)
La fonction NB.SI renvoie le nombre de cellules dont la valeur correspond à la valeur spécifiée ou répond à la condition spécifiée : NB.SI (Plage ; condition).

2 Recherche et références

A. Fonction INDEX

La fonction **INDEX** renvoie une valeur qui se trouve dans une plage, à l'intersection d'une ligne et d'une colonne : la fonction INDEX(A1:F25;8;4) renvoie la valeur qui se trouve à l'intersection de la 8e ligne et de la 4e colonne de la plage A1:F25.

B. Fonction EQUIV

La fonction **EQUIV** renvoie la position relative d'un élément d'une matrice correspondant à une valeur : EQUIV(valeur_cherchée;matrice_recherche ;type)/
L'argument 'type' définit la correspondance valeur renvoyée / valeur cherchée :

- 1	position de la plus proche valeur < ou = si - 1 (données en ordre décroissant)
0	correspondance exacte si 0 (données non classées)
1	position de la plus proche valeur > ou = si 1 (données en ordre croissant)

C. Imbrication INDEX / EQUIV

La fonction INDEX renvoie une valeur dont la position dans un tableau est indiquée par des numéros de ligne et de colonne, obtenus à l'aide de la fonction **EQUIV**.
=INDEX(plage;EQUIV(cellule;plage_lignes;type);EQUIV(cellule; plage_col.; type))
Ex. :

	A	B	C	D	E	F	G	H	I
1			Délai maximum						
2	Poids		14	7	2	1			
3	0	< à 2	5,00	6,50	8,00	10,00		Poids	9
4	2	< à 5	7,50	9,50	12,00	15,00		Délai	5
5	5	< à 10	11,50	14,50	18,00	22,50		Tarif	14,50
6	10	< à 20	23,00	29,00	36,00	45,00			
7	20	20 à 50	46,00	57,50	72,00	90,00			

Le tableau donne un tarif de frais de transport en fonction du délai maximum de livraison souhaité (C2:F2) et du poids expédié (A3:B7). En saisissant le poids en I3 et le délai en I4, on obtient le tarif.
I5 = INDEX(C3:F7;EQUIV(I3;A3:A7;1);EQUIV(I4;C2:F2;-1))
L'utilisation des fonctions INDEX et EQUIV est ici une alternative à l'utilisation de la fonction RECHERCHE combinée à la fonction SI :
I5 = RECHERCHEV(I3;A3:F7;SI(I4=1;6;SI(I4=2;5;SI(I4<=7;4;3)));VRAI)

D. Imbrication de fonctions de recherche

L'imbrication permet d'utiliser comme argument d'une fonction RECHERCHEV ou H le résultat renvoyé par une fonction RECHERCHEV ou H.

Ex. :

	A	B	C	D	E	F	G	H	I	J
1	Num	Salariés			Date d'entrée	Date de naissance	Salaire brut mensuel			
2	S01	Chloé Ardon	F	A	12/10/2008	19/05/1976	4 703,46		A	Cadre
3	S02	Vera Barnes	F	B	18/11/2005	16/11/1984	1 743,66		B	Technicien
4	S03	Laure Belin	F	A	8/01/2006	11/04/1982	3 889,43		C	Employé
5	S04	Franck Bordier	H	C	3/02/2015	27/12/1996	1 660,63			
6		Num Salarié			S04					
7		Nom salarié			Franck Bordier					
8		Catégorie			Employé					

Les plages A2:G5 et I2:J4 sont respectivement nommées SAL et CAT.

Pour déterminer le libellé de la catégorie du salarié S04, numsalarié saisi en E6, on va tout d'abord, à partir de son NumSalarié, rechercher sa catégorie : RECHERCHEV(E6;SAL;4;FAUX). Cette fonction va renvoyer un résultat (ici la lettre C) qui va lui-même être utilisé dans une seconde recherche :

= RECHERCHEV(RECHERCHEV(E6;SAL;4;FAUX);CAT;2;FAUX)

3 Les graphiques

Les tableurs disposent de nombreuses possibilités pour représenter graphiquement les données d'une feuille de calcul. Trois grands types de graphiques sont proposés.

- Graphiques avec un système de coordonnées cartésiennes (histogramme, barres, courbes, nuage de points) pour lesquels l'axe des abscisses peut être gradué numériquement (avec des valeurs discrètes ou continues) ou non. La plupart des graphiques proposés par Excel traitent les données en abscisse comme des catégories et non comme des nombres. Seuls les graphiques de type Nuage de points sont adaptés si l'on a des valeurs numériques sur les deux axes.
- Graphiques à secteurs (diagrammes circulaires) représentent les valeurs en proportion du total (%).
- Graphiques radars (plusieurs axes) permettent de présenter plusieurs données sur le même graphique formant un polygone. En superposant plusieurs séries de valeurs on peut comparer des profils.

Un graphique est constitué de différents éléments sélectionnables et modifiables : étiquettes de données, titres du graphique et des axes, légende...

4 Présentation des données

A. Formatage conditionnel

La mise en forme conditionnelle permet de mettre en évidence les informations importantes dans une feuille de calcul. Des mises en forme prédéfinies sont accessibles par un simple clic : Accueil/Mise en forme conditionnelle.

Il est possible de définir ses propres règles :

Accueil/Mise_en_forme_conditionnelle/Nouvelle_règle/

ex : *Pour faciliter la lecture d'un tableau, il est utile d'appliquer aux lignes une mise en forme alternée : lignes paires en blanc sur fond coloré, lignes impaires en noir sur fond blanc.*

Dans la formule, ligne() renvoie le numéro de ligne. Mod calcule le reste de la division par 2. Si celui-ci =0, le numéro de ligne est pair.

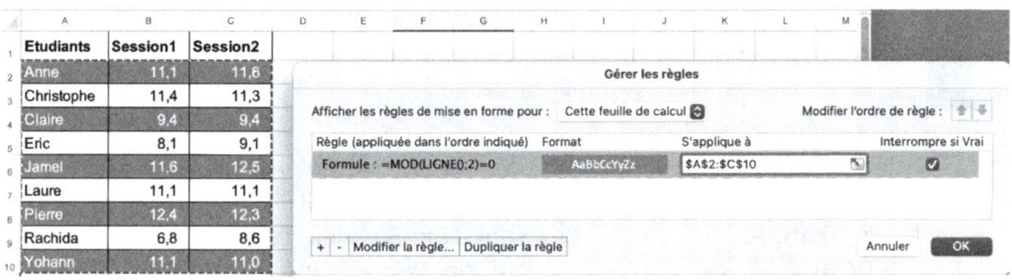

Pour définir la mise en forme à appliquer, cliquer sur Modifier la règle.

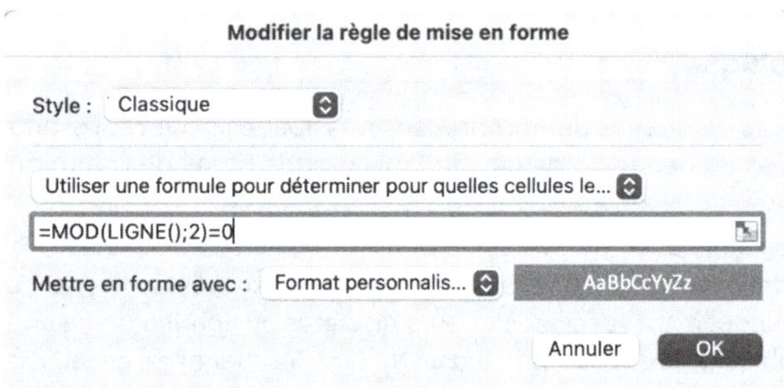

Cliquer sur Format personnalisé pour définir la mise en forme à appliquer aux cellules qui remplissent la condition spécifiée.

ex : *Des étudiants ont obtenu des notes à différents contrôles. Pour faciliter la lecture du tableau, on veut mettre en évidence les notes supérieures (noir, fond clair) ou inférieures (blanc, fond sombre) à la moyenne des notes d'une colonne. Les notes égales à la moyenne de la colonne n'ont pas de mise en forme particulière.*

	A	B	C	D	E	F
1		***Note1***	***Note2***	***Note3***	***Note4***	***Moyenne***
2	Etudiant1	14,0	18,0	12,0	13,0	**14,3**
3	Etudiant2	12,0	12,0	13,0	07,0	**11,0**
4	Etudiant3	05,0	09,0	06,0	03,0	**05,8**
5	Etudiant4	14,0	12,5	11,0	04,0	**10,4**
6	Etudiant5	18,0	03,0	02,0	17,0	**10,0**
7	Etudiant6	09,0	13,0	16,0	09,0	**11,8**
8	Etudiant7	10,0	20,0	10,0	04,0	**11,0**
9	**Moyenne**	**11,71**	**12,50**	**10,00**	**8,14**	**10,59**

Appliquer à la plage de cellules B2:F8 les conditions suivantes :
Condition 1 : =B2>MOYENNE(B$2:B$8)
Condition 2 : B2<MOYENNE(B$2:B$8)
Attention à la position des symboles $.
Définir pour chaque condition le format d'affichage voulu
Lorsqu'une note est égale à la moyenne, elle s'affiche de façon neutre puisqu'elle ne correspond à aucune des deux conditions.

B. Tris et filtres

Pour gérer des données se rapportant à une même entité (individu ou objet), les tableurs utilisent la notion de liste.
La première ligne d'une liste contient les étiquettes des colonnes.
L'exploitation des données de la liste est facilitée par les fonctions suivantes :
- le **tri**, qui permet la réorganisation des lignes en fonction de critères (représentés par une ou plusieurs colonnes de la liste) ;
- le **filtrage**, qui consiste à rechercher et extraire un sous-ensemble des données de la liste en fonction de critères simples ou complexes ;

C. Tableaux croisés dynamiques

Les **tableaux croisés dynamiques** facilitent l'analyse des données. Ils permettent d'afficher des résumés sur des données à l'aide de calculs ou fonctions de synthèse (par exemple la fonction SOMME ou MOYENNE). Ces tableaux sont dits dynamiques car différentes vues des données sources peuvent être obtenues en faisant pivoter d'une colonne à l'autre et d'une ligne à l'autre.
Cela permet des exploitations et analyses complexes sans modifier la structure de la source de données.

5 Outils de simulation

A. Valeur cible

L'outil **valeur cible** permet de rechercher la valeur d'une inconnue qui optimise le résultat d'un calcul.
Ex. : Le tableau indique les notes obtenues au DCG.

	A	B	C	D	E	F	G	H	I	J	K	L	M	N
1	UE1	UE2	UE3	UE4	UE5	UE6	UE7	UE8	UE9	UE10	UE11	UE12	UE13	**Moyenne**
2	11	8	11	10	8	9	10	6	12	9	8	12	9	**9,46**

Le candidat décide de repasser l'épreuve 8 (SIG). Quelle note doit-il obtenir ?
Arborescence : Données/Analyse de scénarios/Valeur cible
Cellule à définir : N2 / Valeur à atteindre : 10 / Cellule à modifier : H2
En cliquant sur OK, on trouve la note à obtenir : 13.

B. Gestionnaire de scénarios

Arborescence : Données/Analyse scénarios/Gestionnaire de scénarios
Un **scénario** est un ensemble de valeurs qu'Excel enregistre et peut remplacer automatiquement dans des cellules d'une feuille de calcul. Cela permet de basculer entre les scénarios pour afficher les résultats.
Le gestionnaire de scénarios peut également afficher un rapport de synthèse qui présente sous forme de tableau les différentes valeurs et le résultat associé.

C. Solveur

Le **solveur** est un outil permettant d'optimiser des feuilles de calcul impliquant soit des équations linéaires ou non linéaires, soit des inégalités.
Lors de l'installation d'Excel, le Solveur n'est pas installé par défaut. S'il n'apparaît pas sous l'onglet Données, il faut l'installer :
Arborescence : Fichier/Options/Compléments/Compléments Excel/Atteindre cocher Solveur et cliquer sur OK.
Une fois installé, pour utiliser le Solveur :
Arborescence : onglet données/bouton solveur (à droite du ruban)
Il est nécessaire de définir le problème à résoudre en spécifiant :
- une cellule cible (appelée aussi objectif), qui représente la cellule qui contient une valeur à minimiser, à maximiser ou à définir ;
- une ou plusieurs cellules variables, qui représentent les valeurs d'entrée à partir desquelles est calculée la valeur cible ;
- une ou plusieurs contraintes sur la cellule cible ou les cellules variables qui doivent rester dans certaines limites ou atteindre des valeurs données.

Le Solveur recherche la ou les valeurs qui satisfont aux contraintes.
Ex. : la société MARTY fabrique 3 produits (P1, P2 et P3) pris en charge par la société TRANSEXPRESS qui assure les livraisons. Le volume de stockage disponible dans

chacun des camions est le même (200 mètres cubes). Il constitue le volume de référence. Les différents produits représentent un encombrement exprimé en dix-millièmes du volume de référence.
Le tableau suivant indique pour chaque produit le nombre de dix-millièmes par unité, le nombre de livraisons hebdomadaires et la quantité minimale par livraison.
L'encombrement de chaque produit est évalué en dix-millièmes du volume d'un camion (200 mètres cubes). P2 représente 5 unités. Si l'on ne mettait que des produits P2 dans un camion, on en mettrait 10 000/5 = 2 000.

Produits	P1	P2	P3
Unités de stockage	8	5	3
Livraisons hebdo	4 000	2 000	3 000
Qté mini par livraison	250	350	150

Pour résoudre le problème, il faut tout d'abord le poser sous forme d'un tableau faisant apparaître l'ensemble des données, variables, paramètres et contraintes. Les dépendances entre les données sont traduites en formules de calcul.

	A	B	C	D	
1		P1	P2	P3	
2	Quantités de produits à expédier	4 000	2 000	3 000	
3	Nb d'unités de stockage/produit	8	5	3	
4	Nb mini par livraison	250	350	150	
5	**Nb de produits par livraison**	**?**	**?**	**?**	
6	Volume en dix-millièmes		10 000		
7	Unités de stockage utilisées par livraison		?		B7 = B3*B5+C3*C5+D3*D5
8	Nombre de voyages à effectuer		?		B8 = (B2*B3+C2*C3+D2*D3)/B7
9	Nombre de produits livrés	?	?	?	B9 = B5*$B8

Il faut ensuite ouvrir le solveur et le paramétrer :

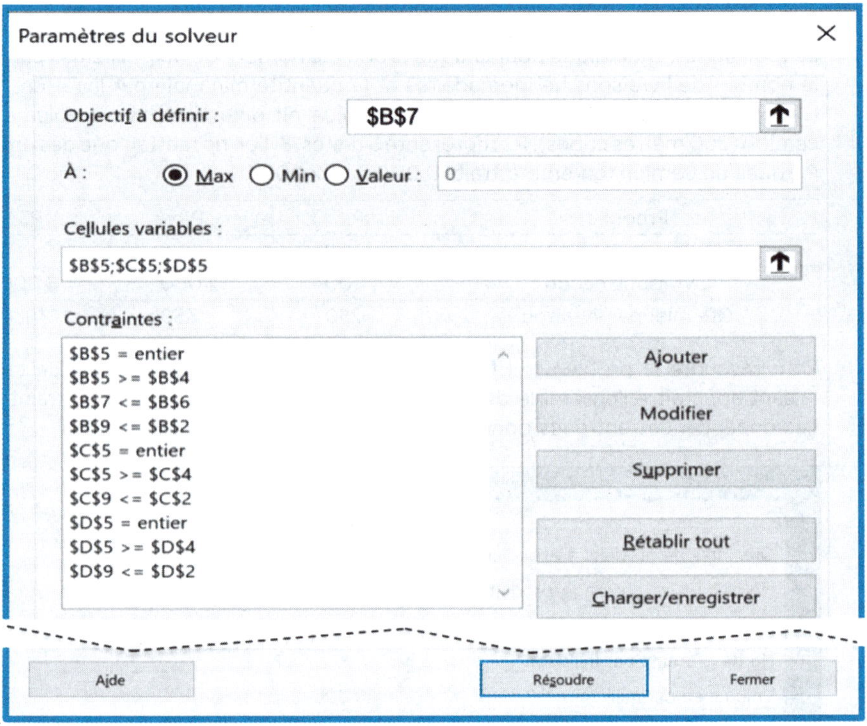

Il faut ensuite cliquer sur *résoudre*. Le solveur propose une solution, si elle existe :

	A	B	C	D
1		P1	P2	P3
2	Quantités de produits à expédier	4 000	2 000	3 000
3	Nb d'unités de stockage/produit	8	5	3
4	Nb mini par livraison	250	350	150
5	**Nb de produits par livraison**	**784**	**392**	**588**
6	Volume en dix-millièmes	10 000		
7	Unités de stockage utilisées par livraison	9 996		
8	Nombre de voyages à effectuer	5		
9	Nombre de produits livrés	4 000	2 000	3 000

La maîtrise du tableur : l'audit d'une feuille de calcul

La prise de décision doit reposer sur des informations fiables et de qualité. Ainsi, la création d'un modèle de feuille de calcul nécessite d'en vérifier les calculs par un contrôle des formules et d'évaluer la pertinence des résultats. Cette démarche d'audit permet de répondre au besoin de l'utilisateur.

1 Outils d'audit du tableur

L'**audit** d'une feuille de calcul consiste à mettre en œuvre des procédures qui alertent l'opérateur lorsqu'une erreur est commise.

A. Validation des données

La validation de données permet de s'assurer de la validité des données entrées et/ou d'afficher un message d'erreur ainsi que de refuser l'entrée si les données ne sont pas valides.

Validation en fonction d'une plage

Il s'agit dans un premier temps de sélectionner la plage qui devra contenir des données valides dans une feuille de tableur pour contraindre le domaine de valeur à accepter.
Dans un second temps, dans la cellule en attente de saisie de donnée, une liste déroulante doit permettre à l'utilisateur de sélectionner dans la liste précédemment définie la donnée à saisir.
Ex. : préparer une plage avec les valeurs des différents taux de TVA afin que l'utilisateur soit obligé de saisir un taux de TVA présent dans cette plage.

Validation en fonction d'un nombre

Nous pouvons décider sur un tableur d'appliquer une validation de données en fonction d'une valeur numérique, en sélectionnant le choix « Nombre entier » ou « Décimal » si les nombres à virgule sont autorisés.
Dans ce cas, seuls les nombres entiers compris dans une plage de valeurs seront acceptés, dans le cas contraire un message d'erreur est retourné et l'entrée est refusée.
Ex. : imposer à l'utilisateur de ne saisir que des nombres entiers compris entre 1 et 500 lors de sa saisie pour entrer une quantité de sortie de stock.

Validation par date ou heure

Il est également possible de valider des données en fonction de la date ou de l'heure. Dans ce cas, la date entrée devra être supérieure à celle indiquée.
Ex. : ce type de validation peut permettre de contraindre l'utilisateur à ne saisir qu'une date supérieure au début de l'exercice comptable de l'entreprise, c'est-à-dire le 01/01/2021.

▸ Autres types de validations de données

La validation des donnés peut également respecter deux autres critères de sélection : un nombre de caractères défini ou encore la validation des données après vérification par une formule personnalisée.

B. Repérer les erreurs

▸ La gestion native des erreurs

Le logiciel renvoie des messages d'erreur lorsqu'une formule débouche sur une impossibilité. Il en existe un certain nombre, par exemple :
####### : la colonne est trop étroite pour afficher la valeur numérique de la cellule ;
#DIV/0 : le nombre est divisé par zéro ;
#N/A : signifie qu'une rechercheV ou une rechercheH ne parvient pas à trouver de correspondance exacte avec la valeur recherchée ;
#NOM : le nom saisi est inconnu ;
#NUL : un opérateur de plage est incorrect dans une formule ou l'intersection entre deux zones est inadéquate ;
#NOMBRE : cette erreur indique qu'une formule ou une fonction contient des valeurs numériques non valides. C'est le cas lorsque une valeur numérique est entrée au moyen d'un type de données ou d'un format numérique non pris en charge dans la section d'argument de la formule (*exemple* : nous ne pouvons pas entrer une valeur telle que $ 1050 au format monétaire car les signes dollar sont des indicateurs de référence absolue comme séparateurs d'arguments dans les formules) ;
#REF : une référence de cellule contient une erreur ;
#VALEUR : le type de la valeur saisie ne convient pas aux attentes de la formule (*exemple* : erreur qui intervient lorsqu'une valeur alphabétique est saisie là où une valeur numérique est attendue).

▸ La gestion des erreurs par le concepteur

Le concepteur de la feuille de calcul peut ajouter des contrôles de saisie qui viennent valider, ou invalider la saisie par l'opérateur. Une saisie non conforme peut déclencher un message d'alerte, et/ou être interdite par le logiciel. La conformité des critères de validation peut dépendre du type de données attendu.

C. Le contrôle de la cohérence et de la vraisemblance

Cohérence : vérifie la logique des résultats par comparaison avec d'autres résultats déjà observés (*ex.* : le CA année 2018 et de 1 000 000 €, il augmente tous les ans de 10 %, il est donc égal à 1 100 000 € en 2019, 1 210 000 € en 2020 et notre résultat affiché pour 2021 est de 550 000 €, le résultat 2021 n'est pas cohérent ou logique avec la suite de résultats précédents alors que la progression est la même).
Vraisemblance : consiste à vérifier les résultats obtenus après l'utilisation d'une formule avec ceux calculés lors d'un jeu d'essai dont les résultats ont été préalablement validés (par la calculatrice, par exemple).

Contrôle de la cohérence

Par des opérateurs fonctions de texte spécifiques

L'utilisation des fonctions de texte spécifiques permet d'améliorer l'interface du logiciel lorsqu'ils sont utilisés avec une fonction SI.

= ESTTEXTE(Cellule)
= ESTNUM(Cellule)
= ESTVIDE(Cellule)
= ESTNA(Cellule)
= ESTERREUR (Cellule)

Ces fonctions renvoient la valeur « VRAI » si la cellule spécifiée est une valeur non numérique (ESTTEXTE), est une valeur numérique (ESTNUM), ne contient rien (ESTVIDE) ou renvoient un message d'erreur de type #NA ! Enfin la fonction ESTERREUR() renvoie la valeur « VRAI » si la cellule spécifiée contient une erreur, quelle qu'elle soit. L'utilisation d'une fonction SI permet de tester une cellule et, le cas, échéant, d'afficher un message destiné à aider l'opérateur.

= SIERREUR() : renvoie une valeur définie par l'utilisateur si une formule génère une erreur ; sinon, elle renvoie le résultat de la formule. La fonction SIERREUR permet de gérer des erreurs présentes dans une formule.

Ex. :

=SI (ESTTEXTE(B3) ; « Veuillez saisir une valeur chiffrée » ; B3*1.2)

La formule calcule B3*1.2 à moins qu'il n'y ait pas de valeur numérique en B3, auquel cas elle affiche le message d'alerte « Veuillez saisir une valeur chiffrée ».

=SI(ESTVIDE(B3) ; «» ; B3 * 1.2)

Cette fois-ci, si la cellule B3 est vide, la formule ne renvoie rien, sinon elle effectue l'opération B3*1.2.

=SI(ESTNA(RechercheV(B2 ; Clients ; 4 ; FAUX)) ; « code inconnu » ; RechercheV(B2 ; Clients ; 4 ; Faux))

La formule SI vérifie si RechercheV renvoie une erreur de type #NA, auquel cas elle affiche le message « code inconnu ». Si ce n'est pas le cas, elle affiche le résultat de la recherche.

Par la gestion des antécédents et des dépendances

La vérification de la cohérence des résultats apportés par les formules saisies peut être réalisée par le repérage des antécédents et des dépendances.

- Gestion des antécédents

	A	B	C	D	E	F
1			Chiffres d'affaires 2018			
2						
3		*Zone géographique A*	*Zone géographique B*	*Zone géographique C*		**CA par trimestre**
4	*Trimestre 1*	130 000,00 €	137 000,00 €	118 000,00 €		385 000,00 €
5	*Trimestre 2*	173 000,00 €	183 000,00 €	245 000,00 €		601 000,00 €
6	*Trimestre 3*	154 000,00 €	150 000,00 €	147 000,00 €		451 000,00 €
7	*Trimestre 4*	210 000,00 €	230 000,00 €	215 000,00 €		655 000,00 €
8						**CA annuel**
9	**CA par zone géographique**	667 000,00 €	700 000,00 €	725 000,00 €		**2 092 000,00 €**

▲ Tableau du chiffre d'affaires 2018 : les antécédents

- Gestion des dépendants

	A	B	C	D	E	F
1			Chiffres d'affaires 2018			
2						
3		*Zone géographique A*	*Zone géographique B*	*Zone géographique C*		CA par trimestre
4	*Trimestre 1*	130 000,00 €	137 000,00 €	118 000,00 €		385 000,00 €
5	*Trimestre 2*	173 000,00 €	183 000,00 €	245 000,00 €		601 000,00 €
6	*Trimestre 3*	154 000,00 €	150 000,00 €	147 000,00 €		451 000,00 €
7	*Trimestre 4*	210 000,00 €	230 000,00 €	215 000,00 €		655 000,00 €
8						CA annuel
9	CA par zone géographique	667 000,00 €	700 000,00 €	725 000,00 €		2 092 000,00 €

▲ **Tableau du chiffre d'affaires 2018 : les dépendants**

Contrôle de la vraisemblance

Le terme de **vraisemblance** indique dans le langage courant un élément qui semble vrai. Ramené au contrôle d'une feuille de calcul d'un tableur, cela voudrait dire que les résultats indiqués semblent vrais... mais méritent d'être vérifiés.
Ainsi, le contrôle de vraisemblance des résultats contenus dans une feuille de calcul pourrait se réaliser par la comparaison avec les résultats calculés lors d'un **jeu d'essai**.
Un jeu d'essai est une simulation de résultats attendus après vérification à l'aide d'un autre moyen que la feuille de calcul (exemple : vérifications à la calculatrice). La vérification de la vraisemblance des résultats peut être observée par des **tests unitaires**, par exemple la vérification du résultat d'une cellule, puis par un **test global** sur l'ensemble de la feuille de calcul.
Ex. : pour le tableau précédent, nommé « Chiffre d'affaires 2018 », il est calculé le chiffre d'affaires par zone géographique et par trimestre. La **vraisemblance des résultats** proposés par la feuille de calcul peut être réalisée par un **test unitaire** vérifiant le chiffre d'affaires du trimestre 1 pour les trois zones géographiques puis un **test global** sur l'ensemble des résultats de cette feuille de calcul. La **comparaison avec des calculs déjà réalisés** à la calculatrice permettrait de valider la simulation.

2 Éléments de sécurité d'un classeur et d'une feuille de calcul

La sécurité d'un classeur ou d'une feuille de calcul repose, entre autres, sur deux piliers qui sont la confidentialité et l'intégrité des données.
La **confidentialité des données** permet de s'assurer que seules les personnes habilitées ont accès à leur contenu.
L'**intégrité des données** se traduit par le fait que les données ne peuvent être modifiées ou supprimées par un utilisateur non autorisé.
Le maintien de la **confidentialité** et de **l'intégrité** des données d'une feuille de calcul est assuré par 3 niveaux de protection offerts par le tableur :

- Protection du classeur
- Protection d'une feuille de calcul
- Protection des cellules

Les trois niveaux de protection mentionnés sont indépendants les uns des autres ; il faut donc déterminer par rapport à notre contexte les éléments dont l'accès doit être sécurisé par un mot de passe et pour quel utilisateur.

A. Protection du classeur

La **protection d'un classeur** sur un tableur, par mot de passe, oblige l'utilisateur à s'authentifier pour supprimer, ajouter, déplacer, masquer ou renommer des feuilles de calcul.

Ex. : la simulation nommée « Chiffre d'affaires 2019-2021 » est constituée d'un classeur comprenant trois feuilles de calcul : chiffre d'affaires 2019, chiffre d'affaires 2020 et chiffre d'affaires 2021. Elle permet de mesurer le chiffre d'affaires d'une entreprise sur trois années consécutives. Pour assurer l'intégrité des données, le concepteur décide d'interdire aux utilisateurs non habilités de modifier la structure du classeur, c'est-à-dire de leur interdire d'ajouter, de renommer ou de supprimer une feuille de calcul. Un mot de passe doit être déterminé pour restreindre l'accès à la structure.

B. Protection d'une feuille de calcul

La **protection d'une feuille de calcul** restreint les droits d'accès de l'utilisateur non habilité vers certaines fonctionnalités. Plusieurs fonctionnalités peuvent être soumises à habilitation :

1. Sélectionner les cellules verrouillées	9. Supprimer des colonnes
2. Sélectionner les cellules déverrouillées	10. Supprimer des lignes
3. Format des cellules	11. Trier
4. Mettre en forme les colonnes	12. Filtrer
5. Format des lignes	13. Utiliser des rapports de tableau croisé dynamique
6. Insérer des colonnes	14. Modifier les objets
7. Insérer des lignes	15. Modifier des scénarios
8. Insérer des liens hypertexte	

Ex. : dans l'exemple précédent, le concepteur a restreint les droits d'accès pour interdire aux utilisateurs non habilités de modifier la structure du classeur. Maintenant il souhaite soumettre à habilitation l'accès à la sélection des cellules d'une feuille de calcul. Pour cela, le concepteur doit déterminer un mot de passe et sélectionner les deux premières fonctionnalités de la liste précédente : « Sélectionner les cellules verrouillées » et « Sélectionner les cellules déverrouillées ».

C. Protection des cellules d'une feuille de calcul

La **protection des cellules** d'une feuille de calcul restreint les droits d'accès de l'utilisateur non habilité à des plages de cellules définies. Le concepteur doit sélectionner la plage de cellules dont l'accès doit être restreint et mentionner un mot de passe.

MÉMO 21 La programmation au service du tableur

La résolution de problèmes de gestion demande une automatisation des traitements des données par la programmation sous la forme de fonctions ou de procédures.

1 La programmation au service du tableur

A. Définitions

Un **algorithme** est une méthode structurée de résolution de problème à travers une succession logique d'instructions élémentaires.
La **programmation** est l'écriture des algorithmes dans un langage informatique, nous parlons alors de conception. Les langages sont multiples (Java, Visual Basic, Python, PHP, C#...) et le choix dépendra de l'environnement technologique sur lequel reposera le programme. Nous utiliserons **Visual Basic pour Applications** (VBA). Le VBA est par définition rattaché à une application, il est installé de façon native dans la suite bureautique de Microsoft (Word, Access, Excel et PowerPoint).

B. Les macro-commandes

Définition

La **macro-commande** est une suite d'instructions permettant d'automatiser des tâches répétitives.

Création d'une macro-commande

Dans le tableur, nous avons deux possibilités pour créer une macro-commande : l'enregistrement d'une macro réalisée en direct ou la création d'un programme en VBA dans l'interface de développement

Sécuriser une macro-commande

L'activation par défaut de toutes les macros est potentiellement source d'insécurité puisque leur exécution peut engendrer la propagation à tout le classeur d'un contenu malveillant.
Le tableur propose de désactiver toutes les macros avec la possibilité d'une notification permettant de vérifier le contenu avant l'exécution.

C. Les instructions dans un programme

L'environnement de développement intégré

L'**environnement de développement intégré** (EDI) ou *Integrated Development environment* (IDE) en anglais permet au programmeur de bénéficier de divers outils qui augmentent sa productivité.
Dans ces outils nous retrouvons principalement :
- un éditeur de texte pour la saisie du langage informatique ;
- un accès à une bibliothèque comportant des éléments du langage utilisé (*ex.* : le type de donnée STRING pour les valeurs alphabétiques) ;
- un débogueur qui permet de tester pas à pas les lignes du programme.

▸ Déclaration des variables et des constantes

Déclaration des variables

Certaines valeurs doivent être stockées temporairement et peuvent être modifiées pour les besoins de l'algorithme. On parle de **variables**.

Les variables sont identifiées par un **nom**, qui sert de référence pour les appels de l'algorithme.

La déclaration des variables dans un programme permet de réserver un espace mémoire pour les valeurs qui y seront stockées et détermine le **type** de données attendues. Dans un algorithme, la liste des variables est souvent précédée par le diminutif **VAR** pour variables.

Les types de données		
Nom	**Type**	**Précisions**
Byte **(octet)**	Numérique	Nombre entier de 0 à 255.
Integer **(entier)**	Numérique	Nombre entier de - 32'768 à 32'767.
Long **(entier long)**	Numérique	Nombre entier de - 2'147'483'648 à 2'147'483'647.
Currency **(monétaire)**	Numérique	Nombre à décimale fixe de - 922'337'203'685'477.5808 à 922'337'203'685'477.5807.
Single **(réel simple à virgule flottante)**	Numérique	Nombre à virgule flottante de - 3.402823E38 à 3.402823E38.
Double **(réel double à virgule flottante)**	Numérique	Nombre à virgule flottante de - 1.79769313486232D308 à 1.79769313486232D308.
String **(chaîne de caractères)**	Texte	Texte.
Date **(date)**	Date	Date et heure.
Boolean **(booléen)**	Boolean	True (vrai) ou False (faux).
Object **(objet)**	Objet	Objet Microsoft.
Variant	Tous	Tout type de données (type par défaut si la variable n'est pas déclarée).

Déclaration des constantes

Les **constantes** sont constituées de valeurs qui restent fixes pendant le traitement algorithmique. Elles sont également identifiées par un **nom** explicite et la nature des données est déterminée par un **type**. Le diminutif **CONST** permet d'identifier les constantes dans un algorithme.

ex : *nous affectons un taux de TVA de 20 % en début de programme.*
TVA = 0,2

▸ Les instructions d'entrée et de sortie

Un utilisateur doit pouvoir communiquer avec le programme, d'une part pour affecter en entrée des valeurs aux variables sans intervenir directement dans le corps du programme, et d'autre part, pour recevoir en sortie des résultats de traitements réalisés par les instructions.
Les clauses **AFFICHER** et **SAISIR** permettent respectivement d'afficher un message à l'intention de l'utilisateur, et d'enregistrer la valeur d'une variable.
L'**instruction d'entrée** permet à l'utilisateur de **saisir** des valeurs au clavier qui seront affectées dans les variables.

ex : *inviter l'utilisateur à saisir une valeur de quantité dans le programme.*
Quantité = InputBox (« veuillez saisir la quantité de produits commandés : »)

L'**instruction de sortie** permet l'**affichage** de valeur à l'écran. Dans ce cas, c'est le programme qui communique des valeurs à l'utilisateur.

ex : *afficher à l'utilisateur le résultat du calcul d'une remise.*
MsgBox (« la remise accordée est de : ») & Remise

▸ Les opérateurs

Les **opérateurs** permettent de traiter le contenu des variables. Trois types d'opérateurs peuvent être distingués :
- les opérateurs mathématiques,
- les opérateurs de comparaison,
- les opérateurs logiques.

Les **opérateurs mathématiques** sont essentiels pour la réalisation de calculs à l'aide des valeurs saisies dans les variables.

Opérateur	Rôle	Exemple
+	Addition	Prix_Pdt1 + Prix_Pdt2
-	Soustraction	Prix_Pdt - Rabais
*	Multiplication	Prix_Pdt * Quantité
/	Division	Montant_Ht / Nb_Pdt
^	Puissance	Superficie ^ 2

Les **opérateurs de comparaison** sont souvent utilisés pour la réalisation de tests en informatique.

Opérateur	Rôle	Exemple
<	Inférieur	Prix_Unit < 10
>	Supérieur	Prix_Unit > 10
< =	Inférieur ou égal	Prix_Unit < = 10
> =	Supérieur ou égal	Prix_Unit > = 10
< >	Différent	Prix_Unit < > 10
= ou ←	Affecte une valeur dans une variable	Prix_Unit = 10 ou Prix_Unit ← 10
==	Teste la valeur d'une variable	Prix_Unit == 10

Les **opérateurs logiques** permettent de vérifier si une ou plusieurs conditions sont vraies (*True*) ou fausses (*False*).

Opérateur	Rôle	Exemple
AND	ET	a ET b (le test est réussi si a et b sont valables)
OR et XOR	OU	a OR b (le test est réussi si a ou b est valable)
NOT	NON	a NOT b (le test est réussi si a est présent sans b)

Les tests (structures alternatives) simples et imbriqués

L'objectif d'une **structure de test** (structure alternative) est de proposer des traitements différents aux variables selon le respect ou non de certaines conditions.

Les tests par une structure conditionnelle

Une **structure alternative** vérifie qu'une condition est respectée avant d'exécuter une instruction, sinon une autre instruction est exécutée.

La structure conditionnelle simple : SI... ALORS... SINON... FINSI

La condition est exprimée derrière l'instruction **SI**, dans le cas où la condition est respectée, l'algorithme exécute le traitement situé derrière l'instruction **ALORS**, si elle n'est pas respectée, il exécute le traitement qui suit l'instruction **SINON**. La clause **FINSI** permet de sortir du bloc SI.

Ex. : dans l'algorithme « Remises() », **SI** les quantités de produits commandés sont supérieurs à 1000 **ALORS** une remise de 5% est accordée **SINON** aucune remise n'est accordée.

Algorithme	Programmation en VBA	Langage naturel
ALGO Remises	**Sub** Remises ()	**Nom du programme :** Remises
VAR Quantité : entier Remise : réel	**'Déclaration et affectation des variables** Dim Quantité As Integer Dim Remise As Single	**Déclaration des variables :** Quantité de type entier Remise de type réel
DEBUT **SAISIR** « veuillez saisir la quantité de produits commandés : », Quantité	**'Partie traitement** Quantité = **InputBox** (« veuillez saisir la quantité de produits commandés : »)	**Traitement :** L'utilisateur doit saisir la quantité commandée

SI Quantité > 1 000
ALORS Remise = 5 %
SINON Remise = 0 %
FINSI
	If Quantité > 1 000 **Then**
	Remise = 0.05
	Else
	Remise = 0
	End If
		La structure alternative vérifie que la quantité est supérieure à 1 000 pour affecter une remise de 5 %, dans le cas contraire elle affecte une valeur de 0 % à la variable Remise.

AFFICHER « la remise accordée est de : », Remise	MsgBox (« la remise accordée est de : ») & Remise	Affichage de la valeur affectée dans la variable Remise
FIN	**End Sub**	

La structure conditionnelle imbriquée : SI... ALORS... SINON... SI... ALORS... SINON... FINSI FINSI

La structure alternative SI peut supporter plusieurs imbrications suivant le nombre de conditions exprimées.

Ex. : dans l'algorithme « Remises_V2() », **SI** les quantités de produits commandés sont supérieures à 1 000 **ALORS** une remise de 5 % est accordée **SINON**, **SI** les quantités commandées sont entre 500 et 1 000 **ALORS** c'est une remise de 2 %. **SINON**, dans le cas d'une quantité commandée inférieure à 500 produits, aucune remise n'est accordée.

Algorithme	Programmation en VBA	Langage naturel
ALGO Remises_V2	**Sub** Remises_V2 ()	**Nom du programme :** Remises_V2
VAR Quantité : entier Remise : réel	**'Déclaration et affectation des variables** Dim Quantité As Integer Dim Remise As Single	**Déclaration des variables :** ...

DEBUT
...
SI Quantité > 1 000
ALORS Remise = 5 %
SINON
SI Quantité >= 500
ALORS Remise = 2 %
SINON Remise = 0 %
FINSI
FINSI
...
FIN
	'Partie traitement
	...
	If Quantité > 1 000 **Then**
	Remise = 0.05
	Else
	If Quantité >= 500 **Then**
	Remise = 0.02
	Else
	Remise = 0
	End If
	End If
	...
	End Sub
		Traitement :
		La structure alternative vérifie que la quantité est supérieure à 1 000 pour affecter une remise de 5 %, dans le cas contraire elle affecte une valeur de 2 % à la variable Remise si la quantité est comprise entre 500 et 1 000. Enfin si aucune de ces conditions n'est respectée, une valeur de 0 est affectée à la variable Remise.

Les tests par une structure de cas : SELON... CAS... FIN SELON

Une **structure de cas** démarrée par l'instruction **SELON** permet de simplifier l'expression des conditions imbriquées. Chacune des instructions **CAS** est suivie d'une condition et du traitement à effectuer le cas échéant.

Ex. : l'exemple précédent expliquant la structure alternative imbriquée peut être repris avec une structure de cas.

SELON la quantité commandée **FAIRE** :
- dans le **CAS** où la quantité est supérieure à 1 000, la remise serait de 5 %,
- dans le **CAS** où la quantité commandée est comprise entre 500 et 1 000, la remise serait de 2 %,
- dans le **CAS** où la quantité commandée est inférieure à 500, la remise serait de 0 %.

Algorithme	Programmation en VBA	Langage naturel
ALGO Remises_V3 **VAR** Quantité : entier Remise : réel **DEBUT** **...** **SELON** Quantité **CAS** Quantité > 1 000 Remise = 5 % **CAS** Quantité > = 500 et Quantité <= 1 000 Remise = 2 % **CAS** Quantité < 500 Remise = 0 % **FIN SELON** **...** **FIN**	**Sub** Remises_V3 () **'Déclaration et affectation des variables** Dim Quantité As Integer Dim Remise As Single **'Partie traitement** ... **Select Case** Quantité **Case Is** > 1 000 Remise = 0.05 **Case** 500 **To** 1 000 Remise = 0.02 **Case Is** < 500 Remise = 0 **End Select** ... **End Sub**	**Nom du programme :** Remises_V3 **Déclaration des variables :** ... **Traitement :** La structure de cas vérifie 3 cas : - **1er cas** : La quantité est > 1 000 alors une remise de 5 % est affectée - **2e cas** : La quantité est comprise entre 500 et 1 000 dans ce cas une valeur de 2 % est affectée à la variable Remise - **3e cas** : si la quantité est inférieure à 500, une valeur de 0 est affectée à la variable Remise.

Les boucles (structures itératives)

Les **itérations**, ou **boucles**, permettent de répéter plusieurs fois un traitement similaire. Il est possible ainsi de relancer plusieurs fois le traitement (cas de l'instruction **TANT QUE**), ou de programmer le traitement pour un certain nombre d'itérations (cas de l'instruction **POUR**), on parle alors de la mise en place d'un compteur.

La structure itérative : TANT QUE... FIN TANT QUE

L'instruction **TANT QUE** renouvelle le traitement tant que la condition est respectée.
Ex. : dans l'algorithme « Iterations_V1() » un calcul est réalisé à chaque itération **TANT QUE** l'utilisateur saisi la réponse « oui », dans la négative l'itération est arrêtée.

Algorithme	Programmation en VBA	Langage naturel
ALGO Iterations_V1 **VAR** Réponse : texte Reponse ← « oui » ... **DEBUT** **...** **TANT QUE** Réponse = « oui » ... **SAISIR** « Désirez-vous réaliser le même calcul ? », Reponse **FIN TANT QUE** **FIN**	**Sub** Iterations_V1 () **'Déclaration des variables** Dim Reponse As String Reponse = « oui » ... **'Partie traitement** ... **While** Reponse = « oui » **...** Reponse = InputBox (« Désirez-vous réaliser le même calcul ? ») **Wend** **End Sub**	**Nom du programme :** Iterations_V1 **Déclaration des variables :** ... La variable Reponse est initialisée avant la structure itérative. **Traitement :** La structure itérative vérifie la condition (Reponse = « oui ») tant qu'elle est vraie le traitement compris dans la boucle s'exécute. Quand la condition n'est plus vraie alors le programme sort de la boucle.

La structure itérative : FAIRE… TANT QUE ou JUSQU'À CE QUE… BOUCLE
L'instruction **FAIRE… TANT QUE… BOUCLE** répète un bloc d'instructions jusqu'à ce qu'une condition particulière soit vérifiée et permette de quitter prématurément la boucle.
Ex. : dans l'algorithme « Iterations_V1a() » un message est affiché à chaque itération **TANT QUE** l'utilisateur saisi la réponse « oui », dans la négative l'itération est arrêtée.

Algorithme	Programmation en VBA	Langage naturel
ALGO Iterations_V1a	**Sub** Iterations_V1a ()	**Nom du programme :** Iterations_V1a
VAR Réponse : texte **SAISIR « Désirez-vous réaliser le même calcul ? », Reponse** …	**'Déclaration des variables** Dim Reponse As String Reponse = InputBox (« Désirez-vous réaliser le même calcul ? ») …	**Déclaration des variables :** … La variable Reponse est initialisée avant la structure itérative. L'utilisateur doit saisir sa première réponse
DEBUT … **FAIRE TANT QUE Réponse = « oui »** **SAISIR « Désirez-vous réaliser le même calcul ? », Reponse** … **BOUCLE** **FIN 0**	**'Partie traitement** … **Do While** Reponse = « oui » Reponse = InputBox (« Désirez-vous réaliser le même calcul ? ») … **Loop** **End Sub**	**Traitement :** La structure itérative vérifie la condition (Reponse = « oui ») tant qu'elle est vraie le traitement compris dans la boucle s'exécute. Quand la condition n'est plus vraie alors le programme sort de la boucle.

L'instruction **FAIRE… JUSQU'À CE QUE… BOUCLE** est une variante de la précédente. Elle répète un bloc d'instructions jusqu'à ce qu'une condition particulière soit vérifiée et permette de quitter prématurément la boucle.
Ex. : dans l'algorithme « Iterations_V1b() » un calcul est réalisé à chaque itération **JUSQU'À** la saisie par l'utilisateur de la réponse « non ». Suite à cette réponse l'itération est arrêtée.

Algorithme	Programmation en VBA	Langage naturel
ALGO Iterations_V1b	**Sub** Iterations_V1b ()	**Nom du programme :** Iterations_V1b
VAR Réponse : texte **SAISIR « Désirez-vous réaliser le même calcul ? », Reponse** ...	**'Déclaration des variables** Dim Reponse As String Reponse = InputBox (« Désirez-vous réaliser le même calcul ? ») ...	**Déclaration des variables :** ... La variable Reponse est initialisée avant la structure itérative. L'utilisateur doit saisir sa première réponse
DEBUT **...** **FAIRE JUSQU'À CE QUE Réponse = « non »** **SAISIR « Désirez-vous réaliser le même calcul ? », Reponse** ... **BOUCLE** **FIN**	**'Partie traitement** ... **Do Until** Reponse = « non » Reponse = InputBox (« Désirez-vous réaliser le même calcul ? ») ... **Loop** **End Sub**	**Traitement :** La structure itérative s'exécute jusqu'au moment où la condition (Reponse = « non ») est vérifiée. Quand la condition est plus vraie alors le programme sort de la boucle.

Le test conditionnel peut également être réalisé en fin de boucle dans ce cas la condition sera vérifiée après une première boucle.

La structure itérative : POUR... FIN POUR

La structure itérative **POUR** va répéter le traitement un certain nombre de fois, et utilise une variable de type **compteur** qui va être incrémentée lors du traitement.

Ex. : dans l'algorithme « Itérations_V2() » le programmeur prévoit le même traitement à exécuter 5 fois.

Algorithme	Programmation en VDA	Langage naturel
ALGO Iterations_V2	**Sub** Iterations_V2 ()	**Nom du programme :** Iterations_V2
VAR i : entier i ← 1	**'Déclaration des variables** Dim i As Integer i = 1	**Déclaration des variables :** La variable « i », initialisée à 1, est utilisée pour le compteur du nombre de boucle.
DEBUT ... **POUR** i = 1 à 5 **AFFICHER** « Ceci est le » i « passage dans la boucle. » ... **FIN POUR** **FIN**	**'Partie traitement** ... **For i = 1 To 5** MsgBox (« Ceci est le ») & i & « passage dans la boucle. » ... **Next** **End Sub**	**Traitement :** La structure itérative réalise une boucle de 5 tours, imposée par le compteur, en affichant un message comprenant le contenu de la variable i à chaque passage.

D. Les procédures et les fonctions

‣ Les procédures

Une **procédure**, identifiée par un **nom**, est un enchaînement d'instructions qui **ne retourne pas de valeur**.

Ex. : la procédure « Texte() » demande à l'utilisateur de saisir le contenu d'un message puis, affiche ce contenu à l'écran.

Algorithme	Programmation en VBA	Langage naturel
ALGO Texte	**Sub** Texte()	**Nom du programme :** Texte
VAR Message : texte	**'Déclaration des variables** Dim Message As String	**Déclaration des variables :** Message de type texte
DEBUT **SAISIR** « veuillez saisir votre message : », Message **AFFICHER** « voici le message saisi : », Message **FIN**	**'Partie traitement** Message = InputBox (« veuillez saisir votre message : ») MsgBox (« voici le message saisi : ») & Message **End Sub**	**Traitement :** Demande de la chaîne de caractères pour l'affectation dans la variable Message. Affichage du contenu de la variable Message

‣ Les fonctions

Une **fonction** est une procédure qui retourne une valeur.

Une fonction est un algorithme indépendant qui est utilisé directement (exemple : somme(*références des cellules*)) ou **appelé** par un autre algorithme.

Elle peut prendre des **paramètres** d'entrée qui seront mobilisés lors du traitement.

< début exemple >

Ex. : la fonction « Montant_TTC() » a pour objectif de calculer et d'ajouter le montant de la TVA au montant de la facture renseigné par l'utilisateur.

Algorithme	Programmation en VBA	Langage naturel
FONCTION Montant_TTC(Montant_Fact, Taux)	**Function** Montant_TTC(Montant_Fact, Taux)	**Nom de la fonction :** Montant_TTC (liste de paramètres : Montant_Fact, Taux)
DEBUT Montant_TTC = Montant_Fact + (Montant_Fact * Taux) **FIN**	Montant_TTC = Montant_Fact + (Montant_Fact * Taux) **End Function**	**Traitement de la fonction :** La fonction renvoie la valeur correspondante au résultat du calcul mentionné.
ALGO Simulation_Tva **VAR** Résultat : monétaire	**Sub** Simulation_Tva() **Dim** Résultat **As** Currency	**Nom de la procédure :** Simulation_Tva
DEBUT Résultat = Montant_TTC (1 000, 0.2) **AFFICHER** « voici le montant TTC de la facture : », Résultat **FIN**	Résultat = Montant_TTC (2 000, 0.2) **MsgBox** (« voici le montant TTC de la facture : ») & Résultat **End Sub**	**Traitement de la procédure :** La fonction est appelée en précisant les paramètres (1 000 pour la variable Montant_Fact et 0.2 pour la variable Taux)

E. Le modèle d'objets associé à un tableur

Le langage de programmation utilisé par les tableurs, notamment le Visual Basic pour Applications est **orienté objet**.

Un **objet** (*ex.* : la feuille 1 de calcul) est créé à partir d'un modèle nommé classe (*ex.* : la classe feuille de calcul) dont il hérite de caractéristiques appelées **propriétés** (*ex.* : font, value) et de comportements appelés **méthodes** (*ex.* : activate, clear, select).
Un projet VBA mobilise différents objets du tableur, nous y retrouvons principalement : des classeurs (*Workbook*), des feuilles de calcul (*Worksheet*) ou encore des cellules.
Une **méthode** peut être rapprochée du terme de fonction déjà étudié mais associé à un objet.

Les principaux objets

- **Objet SHEETS**
  Il permet d'accéder aux propriétés et aux méthodes d'une feuille de calcul depuis le VBA.
  Ex. : Sheets("analyse") est un objet contenant la feuille nommée « analyse ».
  Sheets("calculRedevances").Select permet de sélectionner la feuille de calcul nommée « calculRedevances ».
- **Objet RANGE**
  Il permet d'accéder aux propriétés et aux méthodes d'une cellule ou d'une plage de cellules depuis le VBA.
  Ex. : Range("A1 :D2") est un objet contenant la plage A1 :D2.
  Range("selection") est un objet contenant la plage nommée « selection ».
  Comme pour tout objet, des méthodes peuvent lui être associées. Par exemple Range("A1 :D2").Select permet de sélectionner la plage A1 :D2.
- **Objet CELLS(ligne, colonne)**

Il permet d'accéder aux propriétés et aux méthodes d'une cellule depuis le VBA.
Ex. : ActiveCell.Value=35 permet d'affecter la valeur « 35 » à la cellule active.
ActiveCell.Offset(0,1) déplace la cellule active d'une cellule vers la droite (0,**1**).
ActiveCell.Offset(1,0) déplace la cellule active d'une cellule vers le bas (**1**,0).
'Sélection de la cellule de la ligne 8 et de la colonne 1
Cells(8, 1).Select

MÉMO 22 Les aspects réglementaires sur l'utilisation des logiciels

Le marché des logiciels a généré différents modèles de relation entre éditeurs de logiciels et utilisateurs. Cela se traduit par le développement de deux types de licences : licences propriétaires et licences libres (*open source*), qui impliquent des droits et obligations différents pour les utilisateurs.

1 Principales catégories de licences de logiciels : logiciel propriétaire

A. Caractéristiques

Celui qui détient les droits d'auteur du logiciel (le créateur ou son employeur s'il agit dans le cadre d'un contrat de travail) peut céder tout ou partie de ces droits sous forme de **licence**. Une licence d'utilisation est un contrat qui définit les conditions dans lesquelles le programme peut être utilisé, diffusé ou modifié par des tiers : le contrat de licence utilisateur final (CLUF), traduction du terme anglais EULA (*End User License Agreement*).

Le titulaire des droits conserve ses droits patrimoniaux mais permet l'utilisation de son logiciel dans les conditions prévues par la licence.

La licence propriétaire est souvent liée à une démarche commerciale mais ce n'est pas automatique. Il existe des logiciels libres qui s'inscrivent dans une démarche commerciale. Il ne faut pas confondre libre et gratuit (*free* en anglais).

B. Contenu du contrat de licence

Le **contrat de licence** peut limiter les droits des utilisateurs selon le nombre de postes ou d'utilisateurs déterminé, le volume d'utilisation, le type de droit concédé, etc.

La licence peut être octroyée à titre gratuit ou onéreux. Le type de rémunération peut être une redevance unique ou un abonnement.

Il est fréquent que le donneur de licence limite sa responsabilité en cas de dysfonctionnement du logiciel par exemple.

C. Licence *On Premise* et Licence SaaS

La différence technique entre « ***on premise*** » (sur site) et « SaaS » (*Software as a Service* ; logiciel à la demande) réside dans le mode d'hébergement du logiciel. Le logiciel *on premise* est un logiciel installé sur les serveurs de l'entreprise alors que le logiciel SaaS est hébergé sur les serveurs du prestataire et accessible à la demande *via* une connexion internet.

Le **logiciel sur site** nécessite de disposer de ressources humaines et techniques pour installer et utiliser le logiciel ou de faire appel à une ESN comme intégrateur pour l'installer et/ou en assurer la maintenance. Avec le mode SaaS l'installation, la maintenance et les mises à jour sont entièrement prises en charge par le prestataire.

L'installation sur site nécessite une licence alors que le logiciel SaaS est utilisé comme un service par abonnement. Toutefois, dans la pratique, on parle de contrat de licence d'utilisation du logiciel SaaS, plutôt que de contrat d'abonnement.

Le contrat de licence d'un logiciel SaaS comporte des clauses spécifiques telles que :
- la réversibilité des données à l'issue du contrat ;
- la protection des données à caractère personnel hébergées sur les serveurs du prestataire (confidentialité, intégrité, etc.) ;
- un engagement de niveau de service (*Service Level Agreement, SLA*).

D. Droits conférés aux utilisateurs

Le contrat de licence confère aux utilisateurs certains droits qui constituent une exception au droit d'auteur :
- réaliser une copie de sauvegarde ;
- effectuer les actes nécessaires à l'utilisation du logiciel (corriger les erreurs…) sans demander l'autorisation de l'auteur ;
- observer, étudier ou tester le fonctionnement ou la sécurité du logiciel afin de déterminer les idées et principes qui sont à sa base ;
- décompiler le logiciel à des fins d'interopérabilité.

La compilation consiste à transcrire le logiciel en langage machine. La décompilation est l'opération inverse, qui permet donc d'accéder au code source. L'interopérabilité est la capacité d'un logiciel d'échanger avec d'autres logiciels des données en conservant leur signification.

2 Principales catégories de licences de logiciels : logiciel libre

A. Définition

Un **logiciel libre** est un logiciel dont l'utilisation, l'étude, la modification, la duplication et la diffusion sont universellement autorisées sans contrepartie par opposition à un logiciel propriétaire qui reste la propriété de son créateur. Ce dernier garde la maîtrise de son logiciel et du code source qu'il peut maintenir secret.

D'un point de vue technique, un logiciel est dit libre lorsqu'il est utilisable et modifiable sans limitation et qu'il est fourni avec toutes les informations utiles à cette fin (code source documenté et lisible, scripts d'installation, documentation, etc.).

L'auteur d'un logiciel libre choisit de le partager afin de favoriser sa diffusion. Le logiciel est distribué avec l'ensemble de ses programmes sources afin que tous les utilisateurs qui le souhaitent puissent l'enrichir et le redistribuer à leur tour.

B. Licence libre et Licence Open Source

Il existe deux approches dans le monde du logiciel libre.

La notion de **licence libre** (*Free Software Foundation*) confère à son utilisateur quatre libertés (numérotées de 0 à 3) :
- 0 : liberté d'exécuter le programme, pour tous les usages ;
- 1 : liberté d'analyser le fonctionnement du programme en étudiant son code source et de l'adapter à ses besoins ;
- 2 : liberté de redistribuer des copies du programme ;

- 3 : liberté d'améliorer le programme et de distribuer ces améliorations au public.
La notion d'**Open source** (pour code source ouvert, *Open Source Initiative*) reprend ces grands principes d'un point de vue plus pragmatique pour en faciliter la mise en œuvre.
Les deux communautés se différencient surtout par une vision philosophique différente.
Il existe de nombreuses licences qui se réclament du logiciel libre. La plus répandue est la licence publique générale GNU souvent désignée par l'abréviation **GNU GPL**.

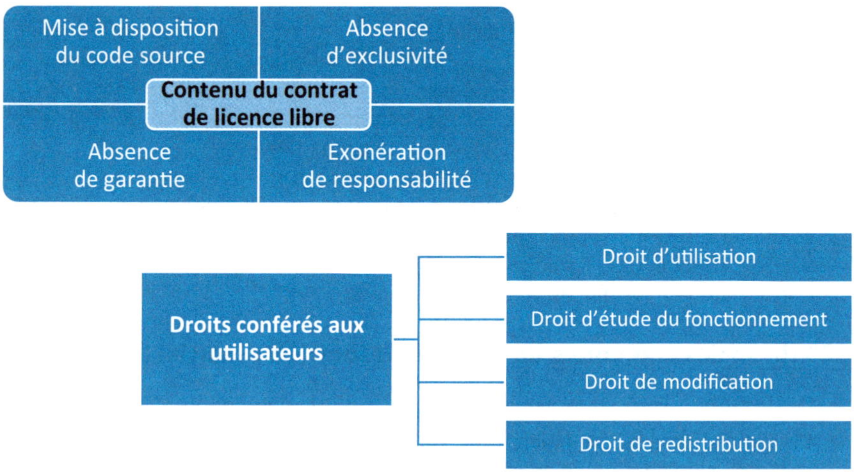

▲ Caractéristiques des logiciels libres

Le ***copyleft***, renonciation au droit d'auteur (***copyright***), est l'autorisation donnée par l'auteur d'un travail soumis au droit d'auteur (œuvre d'art, texte, programme informatique ou autre) d'utiliser, d'étudier, de modifier et de diffuser son œuvre. Cette autorisation est donnée à condition qu'elle reste préservée. L'auteur interdit ainsi que l'évolution possible de son travail soit soumise à une restriction du droit à la copie, à l'étude, ou à de nouvelles évolutions. En cas de modification (correction, ajout, réutilisation, etc.) le logiciel modifié doit être distribué avec les mêmes libertés que l'original.
Ainsi, une licence sous ***copyleft* fort** oblige le bénéficiaire de la licence, dans le cas d'une redistribution du logiciel, modifié ou non, à utiliser une licence identique.
Il existe aussi une notion de ***copyleft* faible** dans laquelle la licence initiale n'est imposée que pour la redistribution du logiciel d'origine et non pour les créations nouvelles qui peuvent être redistribuées sous d'autres licences libres, voire sous licences propriétaires.

3 Modes de distribution

Un logiciel libre n'est pas nécessairement gratuit. Il ne faut pas confondre le logiciel libre avec d'autres formes de distribution :

- **gratuiciel (*freeware*)** est un logiciel propriétaire distribué à titre gratuit. Le code source n'est pas disponible contrairement à un logiciel libre. Cela permet la reproduction, mais pas la modification. Le terme « *free* » signifie ici « gratuit » et non « libre ». L'auteur ou l'éditeur de ce type de contrat logiciel attendent généralement des retours en termes de notoriété et d'image dans le cadre d'une politique de communication. Cela peut aussi être le vecteur d'une offre commerciale. *Ex.* : le logiciel de communication Skype (le logiciel est gratuit, mais les communications peuvent être payantes).
- **partagiciel (*shareware*)** est un logiciel propriétaire gratuit pendant la période d'essai. L'utilisateur dispose de tout ou partie des fonctions pendant une durée limitée. Il doit ensuite payer pour continuer à utiliser le logiciel. Ce type de licence permet à l'auteur du logiciel d'attirer des clients potentiels tout en restant propriétaire du code source. *Ex.* : le logiciel Winzip de compression et décompression de fichiers.
- **gratuit-payant (*freemium*)** est un modèle commercial qui propose le choix, pour un produit donné, entre une version de base gratuite et une ou plusieurs versions payantes offrant des fonctionnalités supplémentaires ou dépourvues de publicité. *Ex.* : l'antivirus Avast, gratuit pour une utilisation personnelle, mais qui propose des compléments payants ; le logiciel de vidéoconférence Zoom (gratuit pour un nombre d'utilisateurs et une durée limités)... Ce modèle est proche de celui des jeux en ligne qui proposent de jouer gratuitement (*free-to-play*) mais qui offrent de nombreuses options payantes pour surmonter les difficultés et faire mieux que les autres joueurs.

MÉMO 23 Les aspects réglementaires sur l'utilisation des données

La collecte et le traitement des données par les organisations ont pris une ampleur considérable. La loi informatique et libertés, mise en cohérence avec le Règlement général sur la protection des données (RGPD), définit les règles de conservation et de traitement des données et les obligations des responsables des traitements afin de préserver les droits des personnes concernées. Elle donne à la Commission nationale de l'informatique et des libertés (CNIL) des pouvoirs de contrôle et de sanction.

1 La protection des données

A. Principes

La **loi informatique et libertés** a été mise en conformité avec le RGPD le 29 mai 2019. Initialement en date du 6 janvier 2018, elle définit les principes à respecter lors de la collecte, du traitement et de la conservation de données personnelles. Elle garantit également un certain nombre de droits pour les personnes concernées.

Principes relatifs à la collecte, au traitement et à la conservation des données personnelles (d'après site CNIL)	
Finalité	Avant toute collecte et utilisation de données personnelles, le responsable du traitement doit préciser aux personnes concernées ce à quoi elles vont lui servir.
Pertinence	Seules les données strictement nécessaires à la réalisation de l'objectif peuvent être collectées : c'est le principe de minimisation de la collecte.
Conservation	Une fois que l'objectif poursuivi par la collecte des données est atteint, il n'y a plus lieu de les conserver et elles doivent être supprimées. La durée de conservation doit être définie au préalable
Droits	Les personnes concernées disposent de droits qu'elles peuvent exercer auprès de l'organisme qui détient les données : accéder à ces données, les rectifier, s'opposer à leur utilisation.
Sécurité	Le responsable du traitement doit prendre toutes les mesures nécessaires pour garantir la sécurité des données qu'il a collectées mais aussi leur confidentialité, c'est-à-dire s'assurer que seules les personnes autorisées y accèdent.

La **réglementation européenne sur la protection des données** à caractère personnel (**RGPD** ou **GDPR**, pour *General Data Protection Regulation*) définit les règles à appliquer pour la collecte et l'usage des données personnelles, la sécurité, le droit à l'oubli et la portabilité des données. Ces règles répondent à l'explosion des données liée au développement des données massives (*Big data*) et de l'Internet des objets. Elles visent à assurer :

- information des entreprises envers leurs clients ou utilisateurs autour notamment de la transparence sur la finalité de l'utilisation de la donnée ;
- renforcement des conditions de consentement de l'utilisation des données à caractère personnel ;
- transparence sur la façon dont l'entreprise exploite et stocke les données : principe d'***accountability*** (**obligation de rendre compte**) qui implique une véritable gouvernance de la donnée ;
- respect de la vie privée des utilisateurs du système d'information : le concept de ***privacy by design*** (**respect de la vie privée dès la conception**) doit être intégré dans la conception des traitements, d'une base de données, d'une application.

B. Mise en œuvre

Qu'est-ce qu'une donnée à caractère personnel ?

Selon le RGPD, constitue une **donnée à caractère personnel** « toute information se rapportant à une personne physique identifiée ou identifiable ; est réputée être une « personne physique identifiable » une personne physique qui peut être identifiée, directement ou indirectement, notamment par référence à un identifiant, tel qu'un nom, un numéro d'identification, des données de localisation, un identifiant en ligne, ou à un ou plusieurs éléments spécifiques propres à son identité physique, physiologique, génétique, (…) culturelle ou sociale ».

Les données à caractère personnel ne sont pas seulement celles qui « identifient une personne ». Il s'agit en fait des données « relatives à une personne identifiée », ce qui est bien plus large.

Le consentement donné par la personne concernée doit être **complet, éclairé et non équivoque.**

Traitement de données et fichier

Le RGPD, s'applique non seulement aux fichiers mais aussi aux traitements de données à caractère personnel : la collecte, l'enregistrement, l'organisation, la structuration, la conservation, l'adaptation ou la modification, l'extraction, la consultation, l'utilisation, la communication par transmission, la diffusion ou toute autre forme de mise à disposition…

Chaque entreprise doit tenir un registre de traitements des données. Par contre, les responsables ne sont plus contraints de déclarer leurs traitements auprès de la CNIL (sauf autorisations particulières). Les entreprises doivent donc attester de leur conformité grâce à leur registre de traitements qui est systématiquement réclamé par la CNIL lors des contrôles.

Responsable du traitement

Le responsable d'un traitement de données à caractère personnel est « la personne physique ou morale, l'autorité publique, le service ou un autre organisme qui, seul ou

conjointement avec d'autres, détermine les finalités et les moyens du traitement ». Le responsable est donc celui qui définit les fins et les moyens. C'est à lui qu'incombent les devoirs et obligations. C'est lui qui doit assurer les démarches prévues et qui encourt les éventuelles sanctions.
Dans le cas où un sous-traitant intervient, le RGPD encadre les relations entre le responsable de traitement et le sous-traitant.

Destinataire des données

Le RGPD définit comme destinataire, « la personne physique ou morale, l'autorité publique, le service ou tout autre organisme qui reçoit communication de données à caractère personnel, qu'il s'agisse ou non d'un tiers. Toutefois, les autorités publiques qui sont susceptibles de recevoir communication de données à caractère personnel dans le cadre d'une mission d'enquête particulière conformément au droit de l'Union ou au droit d'un État membre ne sont pas considérées comme des destinataires ».
Les destinataires sont donc aussi bien les employés du responsable de traitement ou du sous-traitant chargés de traiter les données que les partenaires externes du responsable de traitement.
Ex. : les collaborateurs d'un cabinet d'expertise comptable ; les médecins qui reçoivent d'un laboratoire les données concernant les analyses d'un patient.

C. Délégué à la protection des données

Le **délégué à la protection des données** (DPO, *Data Protection Officer*) institué par le RGPD est en charge d'assurer la sécurité des données personnelles. Son rôle est de s'assurer que son entreprise respecte bien la législation en matière de données personnelles.
La désignation d'un délégué est obligatoire pour :
- les autorités ou les organismes publics,
- les organismes dont les activités de base les amènent à réaliser un suivi régulier et systématique des personnes à grande échelle,
- les organismes qui traitent des données sensibles (se rattachant à l'origine raciale, aux opinions politiques, philosophiques ou religieuses, à la santé, vie sexuelle, etc.) ou relatives à des condamnations pénales et infractions.

En dehors des cas de désignation obligatoire, la désignation d'un délégué à la protection des données est recommandée.
Les organismes peuvent désigner un délégué interne ou externe à leur structure.

2 Contrôle et sanctions

La **loi Informatique et Libertés** accorde à la **CNIL** le pouvoir de « procéder ou de faire procéder par les agents de ses services à des vérifications portant sur tous traitements et, le cas échéant, d'obtenir des copies de tous documents ou supports d'information utiles à ses missions ». Ils peuvent accéder aux programmes informatiques et aux données. Les responsables des traitements visés ont l'obligation de collaborer, sous peine de sanctions. Il n'est pas obligatoire que le responsable du traitement soit prévenu à l'avance du contrôle.

La CNIL peut également procéder à des contrôles en ligne : ses agents peuvent se connecter à un site web et effectuer des constatations consignées dans un procès-verbal, sans la présence du responsable de traitement qui n'est informé qu'à la fin du contrôle.

Avertissements et mises en demeure

Le président de la CNIL peut avertir un responsable ou un sous-traitant que son traitement est susceptible de violer les dispositions du RGPD ou de la loi.

Lorsque le responsable d'un traitement ou le sous-traitant ne respecte pas les obligations, et si ce manquement peut faire l'objet d'une mise en conformité, le président de la CNIL peut également prononcer une mise en demeure, avec un délai défini qui peut être de vingt-quatre heures en cas d'extrême urgence. Cette mise en demeure peut avoir pour objet de :

- satisfaire aux demandes présentées par la personne concernée en vue d'exercer ses droits.
- mettre les opérations de traitement en conformité avec les dispositions applicables.
- communiquer à la personne concernée une violation de données à caractère personnel, à l'exception des traitements qui intéressent la sûreté de l'État ou la défense.
- rectifier ou effacer des données, ou limiter le traitement, et éventuellement, notifier ces mesures aux destinataires des données.

Sanctions

La CNIL dispose d'un véritable **pouvoir de sanction** :

- rappel à l'ordre ;
- injonction de mettre en conformité le traitement avec les obligations ou de satisfaire aux demandes présentées par une personne en vue d'exercer ses droits. Cette injonction peut être assortie d'une astreinte dont le montant ne peut excéder 100 000 € par jour.
- limitation temporaire ou définitive du traitement, son interdiction ou le retrait d'une autorisation accordée en application du RGPD ou de la loi.

Selon la nature des manquements, la sanction pécuniaire peut aller jusqu'à 10 ou 20 millions d'euros, ou s'agissant d'une entreprise, jusqu'à 4 % du chiffre d'affaires annuel mondial.

La CNIL peut faire publier dans la presse, aux frais des organismes sanctionnés, les sanctions prononcées.

Elle peut également ordonner que le responsable des manquements informe individuellement, à ses frais, chacune des personnes concernées de la violation des obligations et, le cas échéant, de la mesure prononcée.

3 Organismes

A. Commission nationale de l'informatique et des libertés (CNIL)

L'informatique peut « porter atteinte à l'identité humaine, à la vie privée, aux droits de l'homme, aux libertés individuelles ou publiques » (article 1er de la loi du 6 janvier 1978 qui a créé la CNIL). La **Commission Nationale de l'Informatique et des Libertés (CNIL)** est une autorité administrative indépendante chargée de protéger les citoyens en veillant à ce que les détenteurs d'applications informatiques utilisant des données nominatives respectent les droits individuels. Elle est composée de 17 membres nommés pour une période de 5 ans, renouvelable une fois. Le Président de la CNIL est élu par les dix-sept membres.

Antérieurement, l'accent était mis sur les procédures préalables à l'autorisation des traitements par la CNIL. Le **RGPD** abroge la grande majorité des formalités préalables, renforce les contrôles et les sanctions, et instaure le principe *d'****accountability*** (**obligation de rendre compte**). L'activité de la CNIL se déplace ainsi du contrôle *a priori* au contrôle *a posteriori* qui peut aboutir à la mise en œuvre par la CNIL de son pouvoir de sanction.

Mission d'information

La CNIL peut publier des lignes directrices, recommandations ou référentiels destinés à faciliter la mise en conformité des traitements. Elle encourage l'élaboration de codes de conduite définissant les obligations qui incombent aux responsables du traitement et aux sous-traitants. Elle peut décider de certifier des personnes, des produits, des systèmes de données ou des procédures ; à cette fin, elle élabore ou approuve les critères des référentiels de certification et d'agrément. À la demande d'organisations professionnelles, elle donne un avis sur la conformité des projets de règles professionnelles ou de produits, et délivre un label à des produits ou à des procédures.

Autorisations préalables

Bien que le RGPD supprime la plupart des formalités préalables, certaines subsistent, soit qu'elles soient prévues par le RGPD, soit qu'elles concernent des traitements ne relevant pas du RGPD. La CNIL donne un avis sur certains traitements mis en œuvre par l'État ou lorsque l'analyse d'impact d'un traitement fait apparaître un risque élevé. La CNIL peut alors ordonner des mesures, voire limiter ou interdire le traitement.

Labellisation et packs de conformité

La CNIL peut certifier des personnes, des produits, des systèmes de données ou des procédures aux fins de reconnaître qu'ils sont conformes à la réglementation en vigueur. Elle peut certifier ou homologuer et publier des référentiels ou des méthodologies générales aux fins de certification de cette conformité par des tiers agréés ou accrédités. Elle peut également délivrer un label à des produits ou à des procédures tendant à la protection des données.

B. Agence nationale de la Sécurité des systèmes d'information

L'**Agence nationale de la Sécurité des systèmes d'information (ANSSI)** est un organisme interministériel dépendant directement du Premier Ministre.

L'ANSSI a pour missions :

- développer l'expertise scientifique et technique dans le domaine de la sécurité des systèmes d'information ;
- évaluer les menaces pesant sur les systèmes d'information, donner l'alerte, développer les capacités à les contrer et à les prévenir (Centre d'expertise gouvernemental de réponse et de traitement des attaques informatiques, CERTA) ;
- contribuer à la définition et à l'expression de la politique gouvernementale en matière de sécurité des systèmes d'information, superviser les services de l'État en matière de sécurité informatique et conseiller les entreprises ;
- former et sensibiliser à la sécurité des systèmes d'information les acteurs publics et privés (Centre de formation à la sécurité des systèmes d'information, CFSSI).

MÉMO 24 Les risques de sécurité informatique

Les organisations doivent veiller au respect des critères de sécurité (disponibilité, confidentialité, intégrité et non-répudiation) et sensibiliser les utilisateurs dans leur rôle face aux risques, menaces et vulnérabilités du SI qui peuvent affecter les données sensibles.

1 Les critères de la sécurité des systèmes d'information

Pour l'ANSSI (Agence nationale de la sécurité des systèmes d'information), l'évaluation du niveau de sécurité d'un système d'information repose sur 4 critères fondamentaux :
- la confidentialité,
- la disponibilité,
- l'intégrité,
- la non-répudiation (preuve).

A. La confidentialité

La **confidentialité** garantit que les données sont consultées ou modifiées par les seules personnes autorisées.

B. La disponibilité

La **disponibilité** doit permettre de maintenir l'accès aux données sans interruption. Ce principe doit garantir à tout utilisateur de pouvoir disposer des ressources numériques à tout moment.

C. L'intégrité

Le principe d'**intégrité** doit assurer à l'utilisateur que ses données ne soient pas altérées pendant leur transfert, leur traitement ou leur stockage.

D. La non-répudiation (preuve)

D'après l'ANSSI, le besoin de sécurité d'un système d'information demande aux organisations d'apporter la **preuve** d'un acte sans que celui-ci puisse être remis en cause : c'est le principe de **non-répudiation**. Cela peut être réalisé par la combinaison de trois procédés :
- l'**authentification**,
- l'**imputabilité**,
- la **traçabilité**.

L'**authentification** a pour but de vérifier qu'une personne est bien celle qu'elle prétend être : cela comprend le fait de fournir un identifiant et le fait de le valider (mot de passe, empreinte digitale, etc.).

L'**imputabilité** désigne la capacité d'un système à garantir qu'une entité a bien pris part à une action et ne pourra pas la contester par la suite.

La **traçabilité** donne la preuve des actions menées sur des données. Cela permet, en cas de problème de sécurité, de rechercher les causes et l'origine du problème.

2 Analyse des risques de sécurité informatique

A. Notions de vulnérabilité, menace, risque

La notion de **sécurité informatique** couvre l'ensemble des moyens destinés, à lutter contre les risques de toute nature qu'ils soient d'origine matérielle ou humaine, intentionnels ou accidentels.
Il est primordial pour une organisation de mesurer les **risques** potentiels de faiblesse de son système d'information afin d'adopter sa stratégie de sécurité. Cette mesure des risques doit prendre en compte la **vulnérabilité** et les **menaces** dirigées vers le système d'information.
La **vulnérabilité** d'un système d'information est une faiblesse qui peut être exploitée par une personne malveillante.
Une **menace** est un danger qui se situe dans l'environnement d'un système d'information indépendamment de celui-ci. Ces menaces peuvent être physiques liées à des causes naturelles (foudre, incendie, dégât des eaux…), ou humaines (vol, destruction de matériel…). Une menace peut être non intentionnelle, par exemple le non-respect par les utilisateurs des règles de sécurité de l'organisation par omission.
Le **risque** est la probabilité qu'une menace exploite une vulnérabilité du système d'information.
Les risques liés à une faiblesse de la sécurité du système d'information peuvent être économiques ou juridiques.
Les **risques économiques** : les impacts pour une entreprise peuvent être importants d'un point de vue financier et en termes d'image. En effet, une faiblesse détectée dans la sécurité du SI peut se traduire par une perte de confiance des clients. L'interruption de la production peut également engendrer un manque à gagner important.
Les **risques juridiques** : l'entreprise est responsable civilement des conséquences que peut induire une faiblesse de sa politique de sécurité, notamment les préjudices causés aux partenaires (fournisseurs, clients, …).

B. Les menaces

Les incidents

Le CLUSIF (Club de la sécurité de l'information français) réalise régulièrement une enquête intitulée « Menaces informatiques et pratiques de sécurité en France » qui porte sur les entreprises de plus de 200 salariés. La lecture du tableau suivant présente les principaux types d'incidents informatiques subis par les entreprises pour les années 2016 et 2018.

Typologie des principaux incidents et % d'entreprises concernées		
Incidents	**% en 2018**	**% en 2016**
Pannes d'origine interne	28	31
Infections par virus (attaque non ciblée)	27	44
Pertes de services essentiels	22	24
Vols ou disparitions de matériels informatiques ou télécoms	17	28
Erreurs d'utilisation	13	30
Erreurs de conception dans la réalisation ou mises en œuvre des logiciels et procédures	10	16
Fraudes informatiques et télécoms	9	11
Attaques logiques ciblées	8	7
Actes de chantage ou d'extorsion informatique	8	11

CLUSIF, enquêtes 2016 et 2018

Ex. : En 2016, 44 % des entreprises interrogées annonçaient avoir été infectées par un virus. Elles ne sont plus que 27 % en 2018.

▸ La négligence humaine

Les conséquences d'une négligence humaine, sans être volontaire, peuvent être identiques à celles d'une action malveillante. Une vulnérabilité est mise à jour involontairement par manque d'information ou de formation des utilisateurs par l'entreprise.

▸ Les malveillances

Les auteurs d'actions malveillantes à l'encontre des systèmes d'information appartiennent à plusieurs catégories.

- La première concerne des informaticiens néophytes qui utilisent des outils créés par des hackers sans en mesurer les conséquences.
- Une deuxième catégorie regroupe des informaticiens qui ont pour objectif de prouver leurs compétences dans la détection de failles informatiques afin d'être recrutés par la suite.
- Enfin, les cybercriminels se livrent à des attaques volontaires pour récupérer des informations ayant une valeur marchande. Une autre approche consiste à racketter des sociétés en les menaçant de dégâts considérables (*ransomware*, rançongiciel).

Le terme le plus employé pour désigner ces activités est celui de **piratage informatique**.

Plusieurs objectifs peuvent être visés par des attaques informatiques.

L'interruption de service : une attaque par **déni de service** (DoS, *Denial of Service*) s'appuie sur les faiblesses d'un protocole ou d'un élément de l'architecture réseau. Le principe est d'envoyer une multitude de requêtes afin de saturer ou rendre instable un équipement du réseau. Il suffit pour l'attaquant de rendre indisponible un élément sensible du réseau pour provoquer une réaction en chaîne.
La reconnaissance des vulnérabilités : l'attaquant va déployer différents procédés pour regrouper des informations sur les faiblesses du système ou réseau ciblé.
Le vol de données : l'attaquant s'introduit dans le système d'information de l'entreprise pour voler des données sensibles, souvent monnayables.
L'altération et la destruction : il peut s'agir d'altérer ou de détruire des données stockées sur le système, ou bien le système lui-même.

C. Les logiciels malveillants

Un **virus** est un programme informatique malveillant qui se transmet par les réseaux ou les supports amovibles (clés USB...), s'implante au sein des programmes en les parasitant, se duplique à l'insu des utilisateurs et produit des effets indésirables ou dommageables quand le programme infecté est exécuté.
Un **ver** ne peut pas infecter un autre programme mais il va se répliquer dans tout le réseau, d'ordinateur à ordinateur. Il peut être à l'origine d'une destruction ou de la récupération d'informations sensibles. L'objectif est de dégrader les performances du réseau informatique de l'entreprise visée.
Un **cheval de Troie** est un programme malveillant dissimulé dans un autre logiciel. Ainsi, l'utilisateur introduit à son insu ce fichier qui permettra à l'attaquant de prendre la main à distance de l'ordinateur infecté, par exemple de suivre ce qui est tapé au clavier (***keylogger*** ou **enregistreur de touches**).
Les **macrovirus** utilisent le langage de programmation d'un logiciel pour en altérer le fonctionnement. Pour éviter la saisie répétitive fastidieuse des mêmes instructions, une macro-commande regroupe celles-ci et automatise leur exécution. Les virus de macro concernent les fichiers issus d'un logiciel possédant un langage de macro comme Visual Basic dans Microsoft Office (Word, Excel...).
Un **logiciel espion** (*spyware*) est un code introduit sur un ordinateur, qui permet d'observer les habitudes de l'internaute, par la transmission des opérations effectuées avec des objectifs commerciaux (études marketing...) ou en vue d'effectuer des actions malveillantes.
De nombreux faux messages, **canulars** (*Hoax* en anglais), circulent sur la messagerie : annonces personnalisées de gains sensationnels à une loterie, demande d'aide pour transférer des fonds à l'étranger de la part d'une personne prétendument menacée, demandes d'assistance pour des causes humanitaires ou des personnes en détresse...

Les motivations des auteurs sont multiples. Cela peut être fait pour gagner de l'argent. Dans ce cas, l'opération s'apparente à une escroquerie dont l'ampleur est démultipliée par le réseau.
L'**hameçonnage** (*phishing*) est une tentative d'escroquerie basée sur l'usurpation d'identité, consistant à envoyer massivement un courriel, apparemment émis par une institution financière ou une entreprise commerciale, dans le but d'obtenir des renseignements confidentiels (nom, identifiant, mot de passe, numéro de carte de crédit, etc.). Le pirate peut alors usurper l'identité de la victime.
Un **rogue** (escroc en anglais) ou *rogueware* est un faux logiciel de sécurité, présenté comme un antivirus ou un *anti-spyware*. Il est diffusé en s'appuyant sur de **fausses alertes** déclenchées chez les utilisateurs qui se voient ensuite proposer de télécharger un logiciel pour éliminer la menace (fictive). Le logiciel inutile peut être payant et/ou être lui-même malveillant.

Les éléments d'une politique de sécurité

Le rôle du facteur humain dans la sécurité du système d'information est primordial, notamment dans la mise en place d'une politique de sécurité composée d'outils et de procédures de protection, de sauvegarde et de restauration de données.

1 Les principes de la sécurité du système d'information

La **politique de sécurité du système d'information** (PSSI) définit les objectifs à atteindre et les moyens mobilisés pour y parvenir. Elle est en conformité avec les orientations stratégiques de l'organisation.
La politique de sécurité se décompose en trois niveaux.

- Le **niveau stratégique** concrétisé par la rédaction de la politique de sécurité du SI.
- Le **niveau tactique** qui regroupe les directives et les guides d'accompagnement.
- Le **niveau opérationnel** où sont précisées les procédures de mise en œuvre de la politique de sécurité.

2 Rôle du facteur humain dans la sécurité du SI

Le rôle du facteur humain dans la sécurité du système d'information se situe **au niveau stratégique et tactique**, dans la rédaction par le **responsable du SI** de la politique de sécurité, et **au niveau opérationnel** dans le respect par **les utilisateurs** des règles et procédures définies.

A. Rôle du responsable de la sécurité du SI

Le **responsable de la sécurité du SI** (RSSI) fixe les obligations en matière de sécurité en correspondance avec la stratégie globale de l'organisation. Il est chargé :

- de sensibiliser les utilisateurs aux problèmes de sécurité et au respect des règles juridiques,
- d'assurer la sécurité du patrimoine matériel et immatériel de l'organisation,
- d'établir et de mettre en œuvre une politique de sauvegarde et de restauration des données,
- d'assurer la continuité des services informatiques,
- d'adopter une politique de changement pour favoriser l'agilité de l'organisation.

Gestion des comptes des utilisateurs

La **gestion des comptes utilisateurs** traduit le niveau d'habilitation accordé par le responsable de la sécurité du SI en fonction de la stratégie de sécurité adoptée. C'est un élément essentiel de la politique de sécurité du SI.
L'identification est essentielle car elle permet :

- de définir les droits accordés à chaque utilisateur ou groupe d'utilisateurs ;
- de tracer les actions effectuées dans le système.

Le mot de passe ne constitue une sécurité qu'à la condition de n'être connu que du titulaire du compte, il doit donc :
- **rester confidentiel**, ne jamais être communiqué à une autre personne, ne jamais être inscrit en clair quelque part, et surtout pas sur le poste de travail ; ne doit pas être facile à deviner (date de naissance...) ;
- être **suffisamment long** et complexe (combinaison de chiffres, de lettres majuscules et minuscules, caractères spéciaux) ;
- être **changé régulièrement**.

Gestion des mises à jour

Les attaques contre les systèmes informatiques exploitent souvent des failles de sécurité du système d'exploitation ou des logiciels installés.
Pour limiter ce risque, les **mises à jour** doivent être effectuées régulièrement. Cela permet de télécharger et d'installer les correctifs (patch, en anglais) conçus par l'éditeur pour éliminer les failles de sécurité identifiées.

B. Rôle des utilisateurs dans la sécurité du SI

La sensibilisation et la responsabilisation des utilisateurs aux problèmes de sécurité sont primordiales puisqu'ils sont les acteurs principaux du système d'information.
L'antivirus constitue une précaution indispensable, mais il peut ne pas déceler un virus. La vigilance des utilisateurs reste indispensable, en particulier pour éviter les comportements à risques.
Dans 84 % des entreprises de plus de 200 salariés (enquête CLUSIF 2018), une **charte informatique** est mise en place. Une telle charte définit clairement les modalités et les limites de l'utilisation des moyens informatiques mis à disposition des salariés, précise les règles à respecter, les moyens de contrôle mis en place, les sanctions possibles en cas de manquement.

3 Outils et procédures de protection, de sauvegarde et de restauration de données

A. Outils de protection

Logiciels de protection

Pour faire face à la menace représentée par les virus et autres programmes malveillants, des **logiciels antivirus** ont été développés.
Lorsqu'un fichier est soupçonné de contenir un virus, il est isolé. Le nettoyage du fichier, par l'éradication du virus, est parfois possible, mais il n'y a souvent pas d'autre solution que de détruire le fichier.
Par ailleurs, le logiciel de sécurité surveille les actions qui affectent le système.

Pare-feu

Un **pare-feu** (*firewall*) est un système qui établit une séparation entre l'Internet et l'ordinateur ou le réseau interne. Un pare-feu physique est une machine qui comporte

deux cartes réseaux : une sur le réseau interne, une sur interne. Un pare-feu logiciel est installé sur le poste, voire intégré au système d'exploitation.
L'objectif est double : **filtrer les flux** d'information et **conserver une trace**.

▸ Zone démilitarisée

Une **zone démilitarisée** (*DeMilitarized Zone*, DMZ) est une zone intermédiaire, ou zone tampon, entre une zone privée correspondant au réseau local et une zone publique : le réseau Internet.
La DMZ regroupe les serveurs qui doivent être accessibles depuis Internet : serveur web, serveur de mails, etc. et protège le réseau local des menaces externes.
Un pare-feu filtre les échanges de données entre les trois zones : le réseau local, la DMZ et Internet.

▸ Réseau privé virtuel

Le **réseau privé virtuel**, en anglais ***Virtual Private Network*** (**VPN**), résulte de l'intégration de mécanismes de chiffrement et d'authentification pour mettre en place une communication sécurisée à travers Internet.
Sur chacun des deux réseaux ainsi reliés, une machine joue le rôle de passerelle par laquelle passent les échanges avec l'autre réseau. Les données échangées sont soumises à un protocole d'encapsulation (*tunneling*). Les deux réseaux sont ainsi reliés, de façon virtuelle, par une liaison privée, puisque seules les machines appartenant à l'un des deux réseaux peuvent communiquer avec les machines de l'autre réseau par ce moyen. Pour assurer des échanges sécurisés, plusieurs conditions sont nécessaires :
- authentification de la source ;
- confidentialité des données ;
- intégrité des données ;
- non-répudiation.

La signature électronique permet de prouver l'identité de la source. La cryptographie assure la confidentialité des messages échangés. Le hachage permet d'en vérifier l'intégrité.

▲ Tunnel VPN (Virtual Private Network)

B. Procédures de sauvegarde et de restauration des données

▸ Procédure de sauvegarde

Une politique de défense contre les risques matériels ou logiciels doit être toujours couplée avec une **politique de sauvegarde**.

Deux possibilités existent :
- sauvegardes effectuées sur des **supports amovibles** qui peuvent être stockés dans un lieu distinct ;
- sauvegardes effectuées sur des **serveurs distants**, à travers les réseaux.

Il existe plusieurs types de sauvegardes.

- **Sauvegarde complète** : copie conforme des données à sauvegarder sur un support séparé ; permet de conserver une image fidèle du système à un instant donné mais nécessite des capacités de stockage importantes et peut ralentir le système.
- **Sauvegarde incrémentale** : copie tous les éléments modifiés depuis la sauvegarde précédente ; utilise moins d'espace de stockage, mais nécessite de posséder les sauvegardes précédentes pour reconstituer la sauvegarde complète.
- **Sauvegarde différentielle** : copie les fichiers modifiés depuis la dernière sauvegarde complète, ce qui la rend plus lente et plus coûteuse en espace de stockage qu'une sauvegarde incrémentale mais seule la dernière sauvegarde complète est nécessaire pour reconstituer l'ensemble des données.

▸ Technologie RAID

La technologie **RAID** (***Redundant Arrays of Independent Disks*** ou regroupement redondant de disques indépendants) est une technologie assurant le stockage de données sur plusieurs disques durs. Cette architecture redondante a été conçue pour améliorer la tolérance aux pannes et les performances d'entrées-sorties d'un système de stockage. Il y a une copie d'une donnée sur plusieurs disques de sorte que si un disque est en panne, les autres prennent le relais.

C. Plan de continuité et de reprise d'activité

Pour faire face à une attaque ou à une panne majeure, l'entreprise doit mettre en place un **plan de continuité des activités**. Il consiste à définir des procédures visant à assurer le fonctionnement de ses activités critiques, ainsi que la disponibilité des ressources indispensables au déroulement de celles-ci. La reprise des opérations, dans le cadre du plan de continuité des activités, consiste en des mesures de réparation ou de reconstruction à partir de sauvegardes, de stockages hors site, de sites de secours informatiques, etc. Cela permet rarement un retour à une situation normale. La plupart du temps, c'est un mode de fonctionnement dégradé mais suffisant pour permettre le respect des obligations professionnelles.

Un **plan de reprise d'activité** informatique mobilise l'ensemble des processus et des moyens humains, matériels et technologiques permettant à l'entreprise de faire face à un sinistre informatique majeur. Avant de rédiger un plan détaillé de reprise d'activité, une organisation effectue souvent une analyse d'impact et des risques sur ses activités.

L'interopérabilité et les formats d'échange de données

MÉMO **26** UE8

L'interconnexion croissante entre les systèmes d'information a imposé une normalisation des échanges par l'adoption de formats standards facilitant l'interopérabilité des systèmes.

1 Échange de données informatisé (EDI)

L'**échange de données informatisé** (**EDI**), en anglais *Electronic data interchange*, correspond à la transmission de données numériques directement d'un système informatique à un autre, sans support matériel. L'EDI favorise une diffusion plus rapide de l'information.

2 L'interopérabilité et les formats d'échange de données

A. L'interopérabilité des données

L'**interopérabilité** désigne la capacité des systèmes d'information de communiquer entre eux, au travers de formats ouverts de données.

B. Formats d'échange de données

En informatique, un **format de données** est le codage d'un type de données en une suite de bits.

Les raisons d'être d'un **format ouvert** (ou standard ouvert) sont de faciliter la lisibilité des données par des applications différentes, en rendant les spécifications techniques publiques, et assurer la pérennité des données dans le temps. Cette pérennité des données n'est pas assurée dans le cas d'un **format fermé** qui peut disparaître par simple décision du créateur et propriétaire.

▸ Les formats ouverts

En France, le Référentiel général d'interopérabilité (RGI, version 2.0 de décembre 2015) proposé par la DGME (Direction générale de la modernisation de l'État) pose les bases de l'utilisation par l'administration de documents ouverts.

Le **format XML** (***eXtensible Markup Language***) est un langage à balise développé et recommandé par le World Wide Web Consortium. Il a été créé pour faciliter l'échange de données entre les applications.

La norme XML en tant que telle doit être vue comme un outil permettant de définir un langage (on dit alors qu'il s'agit d'un métalangage), permettant de créer des documents structurés à l'aide de balises.

Chaque balise de ce langage est formée par des chevrons « < > » contenant le nom choisi pour désigner les données.

La première partie, le prologue, permet d'indiquer la version de la norme XML utilisée pour créer le document (mention obligatoire) ainsi que le jeu de caractères (en anglais *encoding*) utilisé dans le document (attribut facultatif ; dans l'exemple suivant, on

spécifie qu'il s'agit du type « UTF-8 » pour permettre de prendre en compte les accents français).
< ?xml version=« 1.0 » encoding=« UTF-8 » ?>
Il est très utile de définir une indentation des balises (tabulation avant la balise) afin de visualiser au mieux la hiérarchie entre les balises, ce qui est possible puisqu'elles ne se chevauchent pas).

ex :

<table>
<tr><td></td><td>Zone géographique A</td><td rowspan="4">< ?xml version=« 1.0 » encoding=« UTF-8 » ?>
<ca2019>
<titre>Zone géographique A</titre>
<trimestre1>130 000 €</trimestre1>
<trimestre2>173 000 €</trimestre2>
<trimestre3/>
</ca2019></td></tr>
<tr><td>Trimestre 1</td><td>130 000 €</td></tr>
<tr><td>Trimestre 2</td><td>173 000 €</td></tr>
<tr><td>Trimestre 3</td><td></td></tr>
</table>

Toute donnée est comprise entre une balise ouvrante <balise> et une balise fermante </balise>. Ainsi, un élément vide est uniquement constitué d'une balise spécifique dont la syntaxe est la suivante : <balise/>.
Dans notre exemple, nous retrouvons une balise de ce type : <trimestre3/>

Trimestre 1	***130 000 €***
Trimestre 2	***173 000 €***

▸ Les formats fermés

Les **formats fermés**, par définition, ne sont lisibles que par les logiciels, souvent propriétaires, qui génèrent ces formats.
Ex. : le format DOC du traitement de texte Word de Microsoft.

C. Les standards d'échange de données informatisé

Des étapes importantes doivent être respectées pour organiser l'échange électronique de données dans lesquelles nous retrouvons :
- le choix du standard qui sera utilisé ;
- l'identification des partenaires (clients, fournisseurs, établissements bancaires, administrations) ;
- la détermination des données qui seront transmises ;
- le choix du traducteur qui transformera les données contenues dans le logiciel émetteur en message EDI.

Pour assurer les échanges de données informatisés, un langage standard commun entre les systèmes d'information a été créé ; **EDIFACT** (en anglais, *Electronic Data Interchange For Administration, Commerce and Transport*) qui signifie « Échange de données informatisé pour l'administration, le commerce et le transport ».
EDIFACT est une norme des Nations unies qui détermine à la fois la syntaxe et le contenu des messages.

D. Processus d'échange de données informatisé

Trois étapes peuvent être mentionnées pour l'organisation de l'échange de données informatisé :

1re étape : création de documents électroniques

Un document électronique doit être généré par la saisie ou l'importation de données provenant de sources différentes telles que des bases de données ou encore un module spécifique d'un logiciel comme un progiciel de gestion intégré.

2e étape : traduction des documents électroniques au format standard EDI

Un logiciel de traduction va convertir les documents électroniques créés dans un format interne à l'organisation vers le format standard EDI.

3e étape : transmission au partenaire des documents au format standard EDI

La transmission des données au format standard EDI doit être réalisée en toute sécurité.

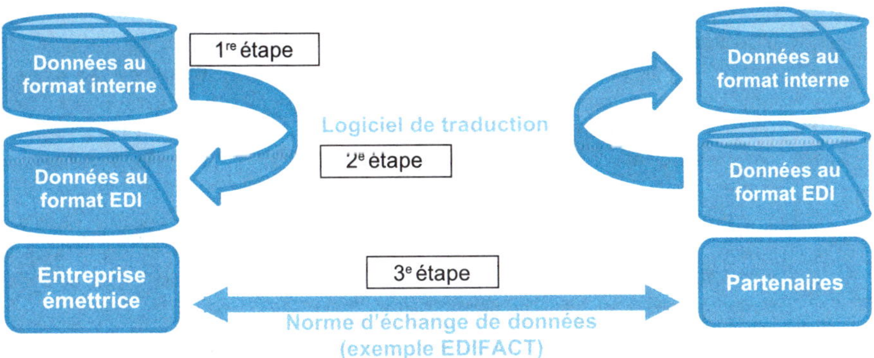

▲ Processus d'échange de données informatisé

Certaines entreprises préfèrent sous-traiter la traduction des messages informatisés à un prestataire habilité (exemple : expert-comptable), qui récupère et renvoie les messages aux utilisateurs.

▸ La dématérialisation des factures

L'établissement d'une facture est une obligation légale qui résulte, d'une part, de l'article L. 441-3 du Code de commerce et, d'autre part, de l'article 289 du Code général des impôts.

L'ordonnance du 26 juin 2014 a mis en place un calendrier d'obligation de facturation électronique pour les émetteurs de factures à destination de l'État, des collectivités territoriales et de leurs établissements publics respectifs. À compter du 01/01/2020, cette obligation s'applique à toutes les entreprises.

La loi du 6 août 2015 pour la croissance, l'activité et l'égalité des chances économiques prévoit une obligation d'accepter les factures électroniques entre les entreprises du secteur privé suivant le même calendrier. Cette obligation vise, pour l'instant, le fait d'accepter des factures électroniques et non de les émettre.

Pour émettre des factures électroniques il faut utiliser des solutions techniques permettant de garantir l'authenticité, l'intégrité et la lisibilité du document, telles que :
- la signature électronique ;
- l'échange de données informatisé (EDI).

Processus de dématérialisation des factures dans l'entreprise

La dématérialisation interne se fait par la **lecture automatique de documents** (LAD) qui démarre un module de **reconnaissance automatique de documents** (RAD) et un module de **reconnaissance optique de caractères** (**OCR**, *optical character recognition*). La technologie OCR consiste à lire et à analyser un texte pour en reproduire une version informatique.
La facture reçue sous un format papier est numérisée, puis transformée en données par un progiciel de reconnaissance de caractères. Elle peut alors être traitée.
Ce processus comporte les étapes suivantes.

- **1re étape – capture et numérisation** : l'extraction de toutes les données d'en-tête, de pied et de corps de factures nécessaires à l'imputation comptable est réalisée avec un contrôle automatique (paramétré) sur les montants, les rapprochements factures-commandes-réception, sur les mentions obligatoires... Une clé électronique associée à chaque image garantit son intégrité tout au long de la chaîne de traitement.
- **2e étape – contrôle et approbation des factures** : circulation des factures sous forme électronique, permettant leur traitement par les acteurs concernés (*workflow*, ou flux de travaux) ; une fiche de suivi est gérée, assurant la traçabilité du processus jusqu'au paiement ;
- **3e étape – archivage** : après traitement, les factures sont définitivement stockées sous forme d'image électronique dans une base de données dédiée (**gestion électronique de documents, GED**) permettant leur consultation et respectant les obligations de la loi sur les comptabilités informatisées.

Les avantages de la dématérialisation des factures

La dématérialisation est un avantage aussi bien du point de vue des récepteurs que des émetteurs de factures. Le recours à la facture électronique permet un gain de temps et une réduction des coûts :
- **gain de temps** : facilite la transmission des factures à leurs destinataires, leur comptabilisation et leur archivage ;
- **réduction des coûts** : supprime la nécessité d'imprimer et les frais d'envois.

3 Procédure de télédéclaration fiscale

L'administration fiscale a mis en place pour les entreprises des procédures de télédéclaration et télérèglement des principaux impôts. C'est une obligation pour la plupart des impôts professionnels.

La Direction générale des impôts (DGI) accepte les télédéclarations fiscales selon deux techniques.

- EDI (Échange de données informatisé) : transmission sans ressaisie de données issues directement des progiciels et transmises *via* un portail télédéclaratif. La transmission peut être réalisée par l'intermédiaire d'un expert-comptable. Celui-ci est habilité à dématérialiser les déclarations.
- **EFI** (**Échange de formulaires informatisé**) avec ressaisie des données dans un formulaire en ligne disponible exclusivement sur le site de l'administration fiscale, accessible par authentification garantie par une **signature électronique**.

4 Procédure de transfert des données fiscales et comptables (TDFC)

La Direction générale des impôts a développé la **procédure de transfert des données fiscales et comptables** (TDFC) afin de dématérialiser le transfert des données fiscales et comptables.
La norme EDI-TDFC doit être utilisée pour les transmissions de données vers la DGI. Seul un partenaire EDI habilité par la DGI (*exemple* : expert-comptable) peut télétransmettre les données fiscales et comptables à l'administration.

5 Procédure de télédéclaration et de télérèglement de la TVA (TéléTVA)

La **TéléTVA** en EDI (**EDI-TVA**) nécessite de :
- disposer d'une fonctionnalité de transfert de données compatible avec le progiciel utilisé par l'entreprise ;
- choisir un prestataire (partenaire EDI) qui reçoit et transmet les données à la DGI ;
- compléter et transmettre à la recette des impôts le formulaire d'adhésion à TéléTVA en mode EDI ;
- recevoir une déclaration d'ouverture du service adressée à l'entreprise par la DGI.

Les modalités de déclaration sont ensuite les suivantes :
- l'entreprise génère grâce au module EDI-TVA de son progiciel de gestion les informations nécessaires à la télédéclaration ;
- elle envoie les données au portail déclaratif du partenaire EDI ;
- le portail gère automatiquement l'envoi à la DGI ;
- un compte rendu du traitement est adressé par la DGI au partenaire EDI ;
- un serveur vocal permet de consulter les accusés de réception ;

L'entreprise peut déléguer ses télédéclarations, par exemple à son expert-comptable.
La **TéléTVA en EFI** est adaptée aux entreprises qui ne disposent pas d'un logiciel offrant la possibilité de faire une déclaration en mode EDI mais qui désirent être assurées de la protection de l'échange de leurs données fiscales par l'utilisation d'un certificat électronique.

MÉMO 27 La sécurité des échanges de données

La sensibilité des données qui transitent entre les systèmes d'information a rendu obligatoire la sécurisation des échanges par l'utilisation de signatures électroniques ou de certificats numériques.

1 Signature électronique et cryptographie

La **signature électronique** est une donnée sous forme électronique qui est jointe ou liée logiquement à d'autres données électroniques et qui sert de méthode d'authentification du signataire et de l'origine des informations.
La **cryptographie** ou cryptologie regroupe les techniques permettant de transmettre un message rendu incompréhensible, à l'aide de conventions secrètes appelées « clés », pour des tiers n'ayant pas la connaissance du secret. Un tel message est dit crypté ou chiffré. Le **cryptage** ou chiffrement correspond au traitement qui permet de rendre incompréhensible le contenu du message.
La cryptographie permet de détecter la perte d'intégrité d'informations, d'authentifier des interlocuteurs et de protéger la confidentialité des informations.
La sécurité de la cryptographie s'appuie sur :
- la qualité des algorithmes utilisés : ils doivent s'appuyer sur des opérations difficiles à reconstituer sans la connaissance de la clé ;
- la gestion des clés pour laquelle il existe deux systèmes : soit une même clé est utilisée pour le chiffrement et le déchiffrement (système symétrique), soit les clés sont différentes (système asymétrique).

2 Méthodes

A. Cryptographie symétrique

La méthode de **cryptographie symétrique** repose sur une **clé secrète** connue seulement par l'émetteur et le récepteur pour chiffrer et déchiffrer les informations. Au moment de la transmission du message, A et B doivent tous les deux disposer d'une clé identique, ce qui implique qu'elle ait été transmise de l'un à l'autre à un moment donné.

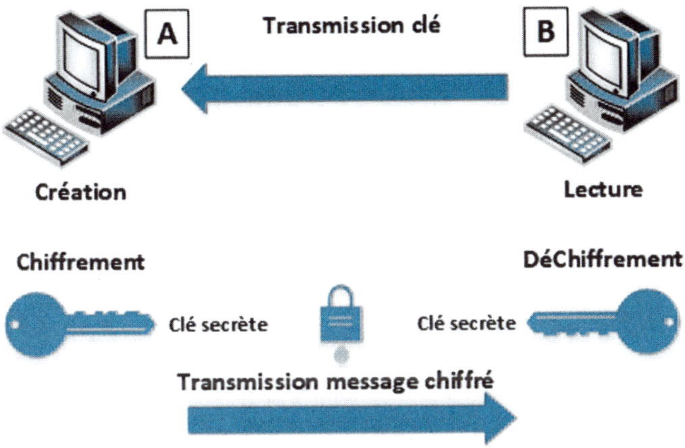

▲ Chiffrement symétrique

▸ Principe

1. Création par B, à partir d'un algorithme, d'une clé secrète.
2. Transmission de cette clé, authentifiée par signature électronique.
3. Cryptage par A du message avec la clé.
4. Transmission du message chiffré de A à B.
5. Déchiffrement par B du message avec la clé.

Le point faible est la transmission de la clé si A ne la possède pas déjà. Il y a alors possibilité de l'intercepter.

B. Cryptographie asymétrique

La **cryptographie asymétrique** se caractérise par l'utilisation de deux clés mathématiquement liées :

- 1 **clé publique**, émise par le récepteur à l'intention de tous ;
- 1 **clé privée** connue par le récepteur et lui seul.

La clé privée est propre au signataire et doit être conservée secrète. La clé publique peut être publiée mais doit impérativement rester intègre (ne pas être modifiée). Chaque utilisateur dispose d'une clé privée et d'une seule. Lorsqu'un autre utilisateur souhaite établir une transmission secrète, il utilise la clé publique de son interlocuteur. Le propriétaire d'un couple de clés (l'une publique, l'autre privée) est le seul à pouvoir mettre en œuvre sa clé privée, alors que plusieurs destinataires sont à même d'utiliser la clé publique.

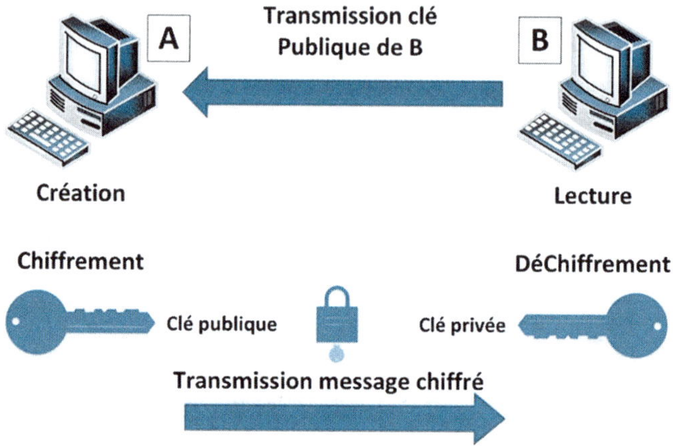

▲ Chiffrement asymétrique

▸ Principe

1. Création par B, à l'aide d'un algorithme, d'un couple de clés : l'une publique ; l'autre privée.
2. Transmission de la clé publique à A (comme à toute personne qui en fait la demande). La signature électronique de B garantit la provenance de la clé.
3. Cryptage du message par A avec la clé publique.
4. Transmission du message crypté.
5. Déchiffrement du message avec la clé privée que B est seul à détenir.

Avantages

C'est un mécanisme plus sécurisé que le chiffrement symétrique car la clé permettant de déchiffrer le message ne circule pas et il est très compliqué de retrouver le message initial à partir d'un message crypté.

Inconvénients

Cette méthode nécessite davantage de traitements pour la création des clés ainsi que pour chiffrer et déchiffrer l'information.

Une troisième personne (« C ») mal intentionnée peut s'introduire dans le circuit et communiquer à A une clé publique en se faisant passer pour B. C n'a plus ensuite qu'à intercepter le message envoyé par A à B et à le déchiffrer avec sa clé privée.

C. Hachage

Le **hachage** donne un condensé ou haché d'un message de façon unique de sorte que le même algorithme appliqué au même message donnera toujours le même résultat et un résultat différent si le message a été modifié. Le but est d'avoir l'assurance que le message reçu est bien celui qui a été expédié, qu'il n'a pas été modifié lors d'une éventuelle interception.

Une fonction de hachage permet de créer un « condensat » du message à signer appelé haché. Ce type de fonction cryptographique est conçu de façon qu'une modification même infime du message initial entraîne une modification du haché.
La génération de la signature numérique d'un document consiste à calculer le haché du document et à chiffrer le haché en utilisant une clé privée. Le résultat obtenu est appelé **signature numérique** et peut être adjoint au document à signer.
La vérification de la signature d'un document consiste à « déchiffrer » la signature à l'aide de la clé publique de l'expéditeur ; puis à comparer le message clair obtenu avec le haché calculé à partir du message effectivement reçu. Si les deux hachés sont identiques, alors la signature est valide.

3 Certification

Un **certificat** de clé publique crée un lien fort entre une clé publique, l'identité de son propriétaire et l'usage possible de la clé (signature, échange de clés, chiffrement, etc.). Ce lien est établi par une autorité de confiance appelée **autorité de certification**, qui cautionne la véracité des informations contenues dans le certificat.

▲ Autorité de certification

1. L'organisme qui souhaite utiliser un couple de clés, ce qui implique une clé publique, s'adresse à une autorité d'enregistrement. Celle-ci représente le point de contact entre l'organisme et l'autorité de certification.
2. L'enregistrement d'un utilisateur n'a lieu qu'après la vérification d'informations propres au demandeur de certificat. Le type des informations vérifiées dépend de la politique de certification mise en œuvre. Ces informations peuvent être la preuve de l'identité du demandeur, la preuve de possession de la clé privée correspondant à la clé publique à certifier, une autorisation de demande de certificat, une preuve de la fonction occupée par le demandeur, etc.

3. Une fois ces informations vérifiées, l'enregistrement est effectué et seules les informations nécessaires à la certification sont communiquées à l'autorité de certification.
4. L'autorité de certification signe, avec sa propre clé privée, un message contenant l'identité du propriétaire de la clé, la clé publique, l'usage possible de la clé, etc. Ce message normalisé est appelé **certificat de clé publique**. Il garantit l'intégrité du certificat, ainsi que la véracité des informations contenues. La sécurité d'applications telles que le commerce électronique, les messageries électroniques, l'accès à certains serveurs, la gestion d'infrastructures de réseau est assurée par de tels certificats.
5. Dans le cas où un utilisateur perd ou divulgue sa clé privée ou bien si les informations contenues dans un certificat sont ou deviennent fausses (falsification de l'identité, perte d'intégrité de la clé publique contenue dans le certificat), le certificat n'est plus fiable. L'autorité de certification révoque le certificat compromis et transmet l'information au service de publication. Il appartient à l'utilisateur d'un certificat de vérifier qu'un certificat qu'il s'apprête à utiliser n'a pas été révoqué.
Les politiques de certification ont été définies par le groupe PKIX (*Public-Key Infrastructure X.509*) de l'IETF (*Internet Engineering Task Force*). Ce formalisme donne l'ensemble des spécifications qui décrivent une politique de certification en termes de responsabilités (légales, juridiques et financières), de fonctionnalités et d'administration.

4 Infrastructures à clés publiques

Le chiffrement des données est complexe à mettre en œuvre. Il nécessite des boîtiers spécialisés et/ou des logiciels de chiffrement à toutes les extrémités du réseau, ainsi que des échanges de clés. Ces échanges reposent sur une infrastructure technique et des procédures d'exploitation et d'administration qui permettent de délivrer et de stocker des certificats numériques de manière sécurisée (Infrastructure à clé publique, ICP ou **PKI**, *Public Key Infrastructure*). Ces certificats permettent d'accéder aux clés publiques. Voici les principales composantes de la structure d'un certificat :
- version ;
- numéro de série ;
- algorithme de signature ;
- émetteur ;
- début de la validation ;
- expiration de la validation ;
- objet.

Les **infrastructures à clés publiques** (ICP ou PKI) assurent une prise en charge intégrale de la gestion des clés.

Tout le DCG 9

Comptabilité

Mémos

Sous la direction d'Alain Burlaud

Marie Teste Agrégée d'économie et gestion, enseignante en classes préparatoires à l'expertise comptable (DCG/DSCG)

Sommaire

Définition et rôles de la comptabilité

La comptabilité est née des besoins des acteurs économiques pour faciliter le suivi des opérations. Évoluant au fil du temps, elle assure aujourd'hui plusieurs rôles.

1 Définition de la comptabilité selon le plan comptable général (PCG)

PCG 121.1
La **comptabilité** est un système d'organisation de l'**information financière** permettant de saisir, classer, enregistrer des **données de base chiffrées** et présenter des états reflétant une **image fidèle** du patrimoine, de la situation financière et du résultat de l'entité à la date de clôture.

- **Information financière** : Traduction financière des opérations économiques de l'entreprise
- **Données de base chiffrées** : Traduction nécessaire en unité monétaire (€)
- **Image fidèle** : Juste représentation de la réalité de l'entreprise
- **Étapes** : 1. Saisir 2. Classer 3. Enregistrer

La **comptabilité** est le langage de la vie économique.

2 Le rôle de la comptabilité

Les différents rôles de la comptabilité

- Informer en **interne**
  - Traduire puis contrôler les transactions de l'entreprise
  - Permettre l'analyse des données pour faciliter la prise de décision par les dirigeants
- Informer en **externe** les parties prenantes de l'entreprise
  - Actionnaires
  - Banquiers
  - Clients Fournisseurs
  - Salariés
  - Administrations
  - État
- Servir de base de **calcul**
  - Permettre le calcul des impôts et le contrôle par les administrations
  - Nourrir les statistiques nationales
- Être un moyen de **preuve**
  - Entre commerçants

3 Les relations avec le droit et l'économie

Comptabilité

- Comptabilité → **Économie** : La comptabilité informe les partenaires de l'entreprise et les marchés.
- **Économie** → Comptabilité : La comptabilité traduit les transactions économiques en évolution permanente.
- Comptabilité → **Droit** : La comptabilité est source d'informations légales.
- **Droit** → Comptabilité : Le droit comptable est impacté par le droit (commercial, fiscal, social).

MÉMO 2 La normalisation et la réglementation comptable

Face à des échanges économiques mondialisés, l'information financière doit pouvoir être échangée et comprise par tous les utilisateurs.

1 Pourquoi faut-il normaliser la comptabilité ?

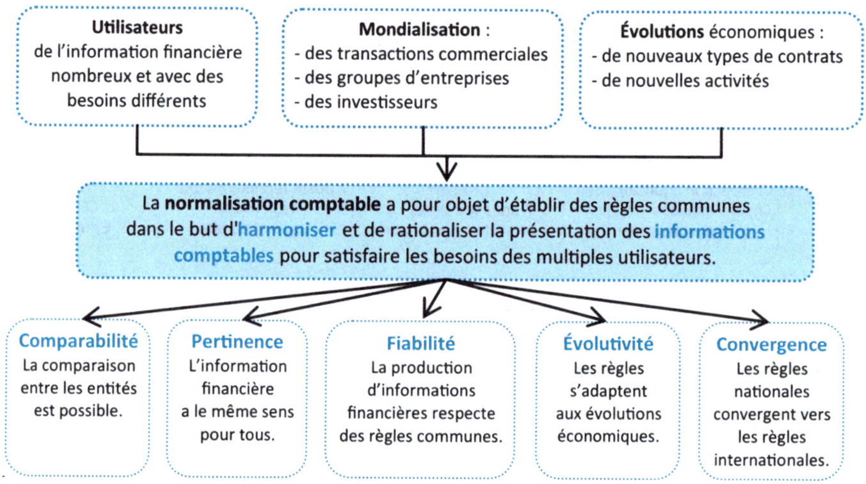

2 Les principales sources du droit comptable

En matière de droit comptable, la hiérarchie suit la règle qui vaut pour toute source de droit : toute norme inférieure doit être en accord avec les principes édictés par les normes qui lui sont supérieures.

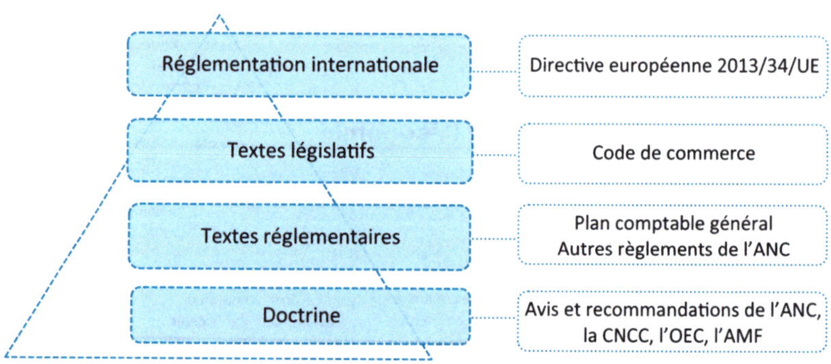

<table>
<tr><th colspan="2">Les textes</th><th>Les principaux éléments</th></tr>
<tr><td>Directive 2013/34/UE</td><td>Acte juridique européen du Conseil de l'Union européenne</td><td>Définit les obligations comptables des entreprises européennes en fonction de leur taille et de leur structure juridique.
Précise les principaux principes comptables applicables.
Constitue le cadre dans lequel les normes comptables françaises doivent se situer.</td></tr>
<tr><td>Code de commerce</td><td>Recueil de lois et de règlements qui portent sur le droit commercial</td><td>Encadre l'exercice de la profession de commerçant et définit les règles applicables aux actes de commerce.
Rend obligatoire la comptabilité pour les commerçants et précise de nombreuses définitions relatives à la comptabilité et aux principes comptables applicables en France.</td></tr>
<tr><td>Recueil des normes comptables</td><td>Document regroupant l'ensemble des textes comptables généraux</td><td>Éléments à portée réglementaire = Articles du Code de commerce. Plan comptable général.
Éléments non réglementaires = éléments de doctrine (recommandations et avis de l'OEC et de la CNCC).</td></tr>
<tr><td rowspan="4">Doctrine</td><td>Avis et recommandations de l'ANC</td><td>Notes de présentation et guides d'application de normes rédigés par l'Autorité des normes comptables, sans valeur normative.</td></tr>
<tr><td>CNCC</td><td>Avis et normes d'exercice professionnel émis par la Compagnie nationale des commissaires aux comptes.</td></tr>
<tr><td>OEC</td><td>Recommandations formulées par l'ordre des experts-comptables.</td></tr>
<tr><td>AMF</td><td>Instructions et recommandations formulées pour les entreprises faisant appel public à l'épargne par l'Autorité des marchés financiers.</td></tr>
</table>

3 Le référentiel français : le plan comptable général

A. Présentation du PCG

Plan comptable général
Règlement ANC n° 2014-03 du 5 juin 2014

Texte de l'ANC
L'ANC est l'organisme français qui détient le monopole d'édiction des règles comptables en France.

Champ d'application
Il est applicable à toutes les personnes physiques ou morales ayant l'obligation d'établir des comptes annuels.

Les 4 livres du PCG
1. Principes généraux applicables aux différents postes des documents de synthèse.
2. Modalités particulières d'application des principes comptables.
3. Modèles de comptes annuels.
4. Règles de tenue, structure et fonctionnement des comptes.

Évolutif
Mis à jour de façon continue et permanente par les règlements de l'ANC.

B. Les principaux principes comptables

Les **principes comptables** sont les fondations de la comptabilité. Tout traitement ou écriture comptable repose sur ces conventions afin que les comptes annuels reflètent une **image fidèle** de la réalité.

Énoncé des principes	Explications
Image fidèle	Les comptes annuels doivent donner une image fidèle du patrimoine, de la situation financière et des résultats de l'entité. Cette notion implique la régularité des comptes (le respect des règles) et la sincérité des comptes (établis objectivement et de bonne foi).
Continuité d'activité	Les comptes sont établis dans une perspective de poursuite de l'activité de l'entreprise, et non pas celle d'une cessation d'activité.
Indépendance des exercices	À chaque période comptable sont rattachés les charges et les produits y afférant (et uniquement ceux-là).
Nominalisme = coût historique	Les éléments intègrent le patrimoine au coût d'entrée sans que cette valeur soit modifiée par la suite.
Prudence	Les comptes annuels prennent en compte les risques identifiés pour ne pas faire peser sur les comptes futurs des incertitudes présentes.
Permanence des méthodes	Les règles et méthodes comptables adoptées ne doivent pas être modifiées.

Énoncé des principes	Explications
Non-compensation	Les comptes d'actif ne peuvent être compensés avec les comptes de passif. Il en est de même entre les comptes de charge et les comptes de produit.
Intangibilité du bilan d'ouverture	À l'ouverture d'un nouvelle période comptable, la comptabilité est à l'image de la clôture de l'exercice comptable précédent et ne peut être modifiée.

C. Le plan de comptes

Le **plan de comptes** prévoit une **codification décimale** par nature.
Il est présenté dans le livre IV du PCG.

Le plan est un **cadre** à respecter qui peut être **personnalisé** aux besoins de l'entreprise.

Les comptes sont organisés en **7 classes** :

- Classe 1 – Comptes de capitaux
- Classe 2 – Comptes d'immobilisations
- Classe 3 – Comptes de stocks et en-cours
- Classe 4 – Comptes de tiers
- Classe 5 – Comptes financiers
- Classe 6 – Comptes de charges
- Classe 7 – Comptes de produits

Le plan distingue les comptes utilisés selon les 3 **systèmes de présentation** des états financiers :

- Système de base - de droit commun
- Système développé - codification plus détaillée pour les entités importantes
- Système abrégé - codification allégée pour les entités de taille réduite

Chaque compte est identifié par un numéro d'**au moins** 3 chiffres.

1er chiffre Identification de la classe de compte	Un camion est une immobilisation **Classe 2**
2e chiffre Subdivision au sein de la classe	C'est une immobilisation corporelle **Rubrique 21**
3e chiffre et au-delà Compte à proprement parler	C'est un matériel de transport **Compte 2182**

UE 9

MÉMO 3

La méthode comptable

La compréhension des mécanismes est le fondement de l'apprentissage des techniques comptables. De l'écriture jusqu'aux états de synthèse, le flux d'informations circule au sein du système d'information comptable.

1 Introduction aux comptes annuels

PCG n°112-1 – Définition des comptes annuels
Le **bilan**, le **compte de résultat** et l'**annexe** qui forment un tout indissociable sont établis à la clôture de l'exercice au vu des enregistrements comptables et de l'inventaire.

PCG, art. 112-2
Le **bilan** décrit séparément les éléments actifs et passifs de l'entité, et fait apparaître de façon distincte les capitaux propres.

PCG, art. 112-3
Le **compte de résultat** récapitule les charges et les produits de l'exercice, sans qu'il soit tenu compte de leur date de paiement ou d'encaissement.

PCG, art. 112-4
L'**annexe** complète et commente l'information donnée par le bilan et le compte de résultat.

A. Le bilan

Le **bilan** représente une photo du patrimoine de l'entreprise à la date de clôture.

Éléments actifs du patrimoine
Élément **identifiable** du patrimoine ayant une **valeur économique positive** pour l'entité.

Éléments passifs
Élément du patrimoine ayant une valeur économique **négative** pour l'entité, c'est-à-dire une **obligation** de l'entité à l'égard d'un tiers.

Capitaux propres
Présentés au passif, il s'agit des sommes apportées par les actionnaires et celles laissées à la disposition de l'entreprise.

La structure schématique du bilan se présente de la façon suivante :

BILAN de l'entité ... au 31/12/N	
ACTIF	PASSIF
Actifs immobilisés Incorporels, corporels, financiers	Capitaux propres Capital, réserves, résultat
Actifs circulants Stocks, créances, disponibilités	Dettes

Éléments destinés à rester durablement dans l'entreprise. (→ Actifs immobilisés)

Éléments qui se renouvellent rapidement. (→ Actifs circulants)

Les capitaux propres apparaissent de façon distincte. (→ Capitaux propres)

Éléments de passif exigibles à une échéance connue. (→ Dettes)

Valeur du patrimoine de l'entreprise = Valeur des capitaux propres
ACTIF - DETTES

B. Le compte de résultat

Le **compte de résultat** représente le film de l'activité de l'entreprise au cours de l'exercice.

Charges
Sommes ou valeurs versées ou à verser

Produits
Sommes ou valeurs reçues ou à recevoir

Résultat de l'exercice
Produits - Charges

Bénéfice
Produits > Charges
Enrichissement de l'entreprise

Perte
Charges > Produits
Appauvrissement de l'entreprise

La structure schématique du compte de résultat se présente de la façon suivante :

Les flux enregistrés s'étalent sur la durée de l'exercice comptable.

COMPTE DE RÉSULTAT de l'entité … Exercice du 01/01/N au 31/12/N	
CHARGES	**PRODUITS**
Charges d'exploitation	Produits d'exploitation
Charges financières	Produits financiers
Charges exceptionnelles	Produits exceptionnels

Résultat de l'exercice = Variation de la valeur du patrimoine de l'entreprise
PRODUITS - CHARGES

C. Le lien entre le bilan et le compte de résultat

Le résultat de l'exercice modifie la valeur du patrimoine.
Il est inscrit dans les capitaux propres à la date de clôture.

BILAN de l'entité … au 31/12/N	
ACTIF	**PASSIF**
Actifs immobilisés	Capitaux propres *Capital, réserves,* ***résultat***
Actifs circulants	Dettes

COMPTE DE RÉSULTAT de l'entité … Exercice du 01/01/N au 31/12/N	
CHARGES	**PRODUITS**
Résultat	

2 Le principe de la partie double

A. Les notions d'emploi et de ressource

Les échanges économiques se traduisent par des flux entre l'entreprise et les parties prenantes.

- **Flux réel** — Bien ou service
- **Flux financier** — Monétaire

Une opération 2 flux en sens inverse
Flux sortant ↔ Flux entrant

- Le flux sortant procure une **ressource** **= le crédit**
- Le flux entrant représente un **emploi** **= le débit**

Chaque opération est enregistrée en comptabilité en constatant à la fois l'emploi et la ressource
Principe de la partie double
Débit = Crédit

B. Les natures d'emplois et de ressources

Selon la nature des flux, les emplois et les ressources influent sur le patrimoine de deux façons distinctes.

Emploi ou ressource temporaire

- Emploi durable ou circulant réalisé par l'entreprise grâce aux ressources — **ACTIF**
- Ressource externe ou propre mise à disposition de l'entreprise pour financer le patrimoine — **PASSIF**

Opérations de BILAN
Modification de la structure du patrimoine
Pas d'incidence sur le résultat

Emploi ou ressource définitif

- Consommation définitive de biens et de services qui entraîne un appauvrissement — **CHARGE**
- Ressource interne générée par l'activité de l'entreprise qui procure un enrichissement — **PRODUIT**

Opérations de GESTION
Modification de la valeur du patrimoine
À la hausse (bénéfice)
À la baisse (perte)

3 La notion de compte

L'objectif d'un **compte** est de classifier les enregistrements comptables, grâce au plan de compte du PCG (voir mémo *La normalisation et la réglementation comptable*). Le fonctionnement est arithmétique :

Un exemple de présentation de compte :
le compte schématique (appelé « compte en T »)

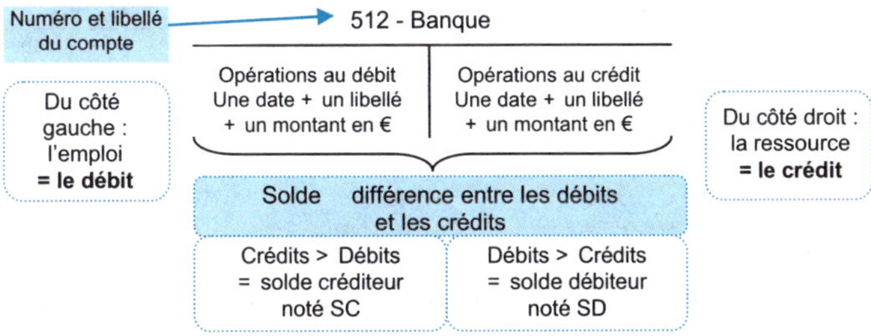

Le solde d'un compte est toujours qualifié (SD ou SC). Les termes « solde positif » ou « solde négatif » n'ont pas de signification en comptabilité.

Le sens du compte dépend de sa nature	Comptes ACTIF et CHARGE	Comptes PASSIF et PRODUIT
Sommes au débit	↗ Augmentent le solde du compte	↘ Diminuent le solde du compte
Sommes au crédit	↘ Diminuent le solde du compte	↗ Augmentent le solde du compte
Sens naturel du solde	Solde débiteur (SD)	Solde créditeur (SC)

4 L'enregistrement des écritures : du journal à la balance générale

Le Code de commerce impose l'enregistrement chronologique des mouvements affectant le patrimoine : le livre comptable qui remplit cette obligation s'appelle le « **journal** ».

Le **journal** est un livre **obligatoire** qui enregistre les **mouvements** de la comptabilité.

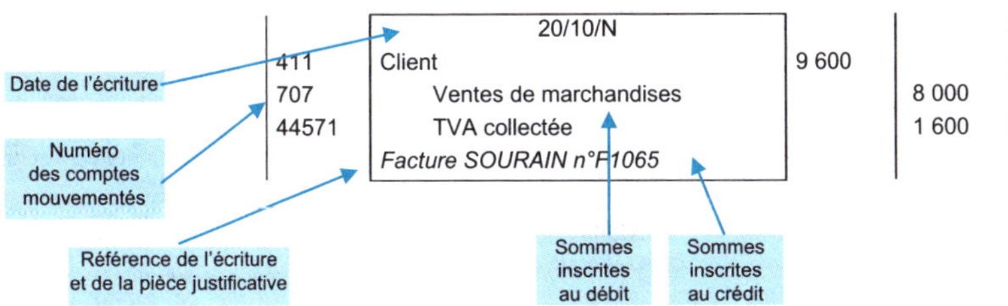

Les écritures sont enregistrées dans les différents comptes. C'est le **grand livre** qui permet de recenser compte par compte les mouvements.

Le **grand livre** est un livre **obligatoire** qui reprend, **compte** par compte, le solde à l'ouverture de la période, les mouvements de la période, et qui permet de déterminer le solde à la fin de la période.

L'écriture au journal a mouvementé trois comptes différents :
→ l'extrait du grand livre pour ces trois comptes montre l'incidence de l'écriture.

411 - Client

	Débit	Crédit	
①AN	300		
②20/10	9 600		
		9 900	SD③
Total	9 900	9 900	Total

707 - Ventes de marchandises

	Débit	Crédit	
		1 200	AN①
		8 000	20/10②
③SC	9 200		
Total	9 200	9 200	Total

44571 - TVA collectée

	Débit	Crédit	
		1 600	20/10②
③SC	1 600		
Total	1 600	1 600	Total

① AN = à nouveau Solde à l'ouverture de la période → ② Report des mouvements du 20/10 → ③ Calcul des soldes des comptes SD ou SC

Les mouvements et soldes des comptes à la date de clôture sont répertoriés dans la **balance générale**.

La **balance générale** est un tableau récapitulatif des mouvements et des soldes des comptes.

Les trois comptes extraits du grand livre sont reportés sur la balance générale.

COMPTES		MOUVEMENTS		SOLDES	
Numéro	Libellé	Débit	Crédit	Débit	Crédit
......	......	......	......	......	......
411	Client	9 900		9 900	
44571	TVA collectée		1 600		1 600
......	......	......	......	......	......
707	Ventes de marchandises		9 200		9 200
......	......	......	......	......	......
TOTAUX		74 300	74 300	22 000	22 000
		Égalité		Égalité	

Les comptes sont classés de façon croissante par numéro.

Les **mouvements** correspondent au total des écritures.

Les **soldes** correspondent à la différence entre débits et crédits.

5 La construction des états de synthèse

Document de base pour la construction des états financiers : la **balance générale**.

- Soldes des comptes de bilan — Classes 1 à 5
  - → Établissement du bilan
    - Soldes débiteurs : ACTIF
    - Soldes créditeurs : PASSIF — Dont résultat
- Soldes des comptes de gestion — Classes 6 et 7
  - → Établissement du compte de résultat
    - Soldes débiteurs : CHARGES
    - Soldes créditeurs : PRODUITS
    - Résultat (→ reporté au passif du bilan : Dont résultat)

Les documents commerciaux et les modes de règlement

Toute entreprise a pour mission de vendre des produits ou des services. Il est important, dans un premier temps, de bien comprendre la nature de ces activités avant de connaître les règles qui régissent l'établissement des documents commerciaux.

1 La diversité des activités de l'entreprise

Une bonne analyse de l'activité de l'entreprise permet d'identifier les comptes adaptés pour l'enregistrement des ventes, ainsi que ceux des achats liés.
Le chiffre d'affaires, exprimé en euros, correspond au montant total des ventes de biens et de services réalisées par l'entité avec les tiers dans le cadre de son activité professionnelle normale et courante :

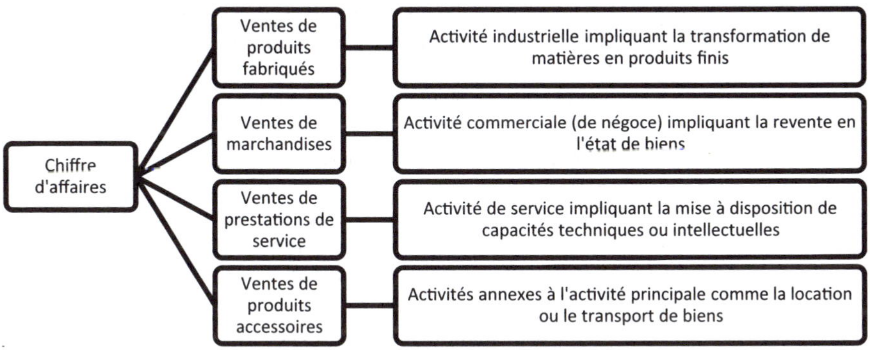

Une même entreprise peut avoir différentes activités principales, comme par exemple vendre des biens (activité commerciale) et en assurer la réparation (prestation de services).

2 Les documents émis au cours du processus de vente

Le Code de la consommation impose l'information du client préalablement à la vente (nature des biens ou des services vendus, conditions de prix et de disponibilité).

Parmi ces documents commerciaux, la facture et l'avoir sont les seuls à faire l'objet d'une écriture en comptabilté.

3 La facture

La **facture** est un document commercial qui détaille les prestations ou les marchandises vendues. Elle doit obligatoirement être établie lorsque le client est un professionnel.

Elle est parfois appelée « **facture de DOIT** », car elle indique ce que le client doit au fournisseur.

A. Les mentions obligatoires de la facture

Principales mentions obligatoires à faire figurer sur une facture ***(sous peine de sanction pénale et d'amende fiscale)***	
La facture	Date d'émission Numéro unique chronologique Date de livraison (biens) ou de fin d'exécution (services)
Le vendeur	Entrepreneur individuel : immatriculation, nom et prénom, adresse Société : dénomination sociale, numéro SIRET, adresse, forme juridique, capital
L'acheteur	Nom ou dénomination sociale Adresse
Les produits ou les prestations	Désignation détaillée, quantités, prix catalogue Réductions commerciales de prix Majorations de prix (frais de transport ou emballage) Réduction pour escompte
La TVA (voir mémo *Le mécanisme de la TVA*)	Numéros d'identification à la TVA Taux et montant de la TVA
Le montant à payer	Somme totale à payer HT (hors taxes) Somme totale à payer TTC (toutes taxes comprises) Date d'échéance et modalités de règlement

B. Les différentes natures de réduction

Réductions commerciales = Réductions accordées sur le prix de vente dans le but d'attirer ou de fidéliser le client → les RRR	**Remise**	Accordée de façon habituelle : - pour certaines ventes (une valeur importante) - pour certains clients (un revendeur)
	Rabais	Accordée exceptionnellement à titre de dédommagement : - défaut du produit - retard de livraison
	Ristourne	Accordée sur un ensemble d'opérations faites avec un même client pendant une période déterminée
Réduction financière	**Escompte**	Accordé pour paiement comptant ou avant l'échéance initialement prévue

C. La structure d'une facture

Identité du fournisseur :

VELOCITY
27, chemin des Mésanges
74000 ANNECY
Sarl au capital de 10 000 €
RCS Annecy 123 456 789
SIRET 341 543 654 23654
TVA FR23341543654

Date de la facture → Annecy, le 20/10/N

Référence de la facture → Facture n° F1065

Identité du client :

SAS SOURAIN
23, bd de la Grande-Butte
74000 ANNECY

Description des produits Prix catalogue :

Désignation	Quantité	Prix unitaire	Montant
Vélos électriques	9	1 000	9 000
Sacoches	20	50	1 000
		Montant HT	10 000
		Remise revendeurs 10 %	1 000
		1er net commercial	9 000
		Rabais vélos défaut de couleur	500
		2e net commercial	8 500
		Escompte pour paiement sous huitaine 1 %	85
		Net financier	8 415
		TVA à 20 %	1 683
		Net à payer TTC	10 098

Le net commercial s'obtient en **soustrayant** les remises commerciales.

Le net financier s'obtient en **soustrayant** l'escompte.

Le TTC s'obtient en **ajoutant** la TVA.

D. Le calcul des réductions et de la TVA

Le calcul des réductions à l'occasion d'une vente suit plusieurs règles :

- **règle 1** : les réductions commerciales sont toujours calculées avant les réductions financières ;
- **règle 2** : en cas de réductions commerciales multiples, elles sont calculées en cascade, successivement l'une après l'autre ;
- **règle 3** : une réduction commerciale exprimée en € est toujours déduite en dernier, après les remises exprimées en % ;
- **règle 4** : l'escompte se calcule sur la base du net commercial, soit après déduction des réductions commerciales ;
- **règle 5** : la TVA est toujours calculée sur la base du net financier, soit après déduction de l'ensemble des réductions portées sur la facture.

4 Les conditions de règlement

Vente au comptant	Paiement concomitant à la vente (au même moment).
Vente à crédit	Paiement à une échéance fixée par le vendeur (à une date ultérieure à la vente).
Avances et acomptes	Paiement partiel exigé par le fournisseur avant la livraison du bien ou l'achèvement de la prestation (à une date antérieure à la vente). La somme versée figure sur la facture de vente, en déduction du net à payer.

Les moyens de règlement sont présentés dans le mémo *Les règlements et les modalités de crédit*.

5 La facture d'avoir

L'**avoir** est un document commercial qui vient modifier **postérieurement** à une vente les conditions initiales de l'opération en indiquant la somme que le fournisseur doit à son client. C'est donc l'inverse d'une facture de doit.

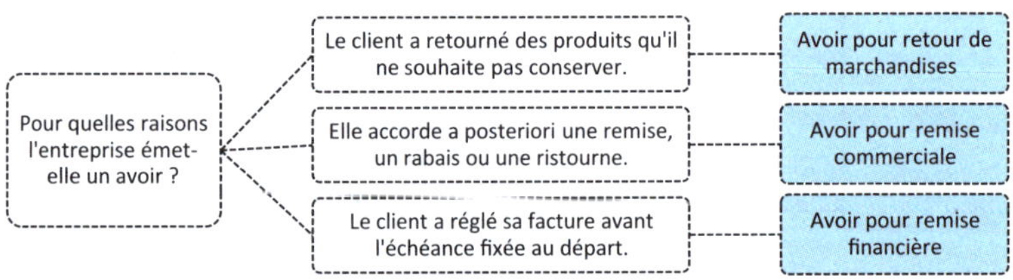

La structure d'une facture d'avoir est identique à celle d'une facture de vente. Les seules mentions modifiées sont la référence du document (qui mentionne un avoir) et la dernière ligne qui précise qu'il s'agit d'une dette du vendeur envers son client (net à votre crédit) :

VELOCITY
27, chemin des Mésanges
74000 ANNECY
Sarl au capital de 10 000 €
RCS Annecy 123 456 789
SIRET 341 543 654 23654
TVA FR23341543654

Annecy, le 06/11/N

La date est postérieure à la facture de vente initiale.

Avoir n° AV1073

Réf. : retour du 05/11/N

SAS SOURAIN
23, bd de la Grande-Butte
74000 ANNECY

Désignation	Quantité	Prix unitaire	Montant
Sacoches	6	50	300,00
		Montant HT	300,00
		Remise revendeurs 10 %	30,00
		Net commercial	270,00
		Escompte obtenu 1 %	2,70
		Net financier	267,30
		TVA à 20 %	53,46
		Net à votre crédit	320,76

Le rabais accordé sur la facture de vente concernait seulement les vélos. Il n'apparait donc pas sur l'avoir.

UE 9

MÉMO

5 Le mécanisme de la TVA

Les transactions commerciales réalisées par les entreprises sont soumises à un impôt indirect sur la consommation appelé « taxe sur la valeur ajoutée » (TVA). Cet impôt représente plus de la moitié des recettes fiscales de l'État français.

1 La TVA, impôt sur la consommation

La TVA est un impôt qui frappe les consommations de biens et de services. L'entreprise qui exerce une activité commerciale est chargée de collecter cet impôt au profit de l'État sur la valeur ajoutée produite. Seul le consommateur final supporte *in fine* l'impôt.

2 Le mécanisme de la TVA

En situation de vente, l'entreprise est **redevable** de la TVA. Sont soumises les ventes de biens et de services. →	**Calcul de la TVA** sur la facture destinée au client : Base HT × Taux de TVA Taux normal 20 % Taux réduit 5,5 % Taux intermédiaire 10 % →	La TVA est encaissée auprès du client au profit de l'État. **TVA COLLECTÉE** ⇩
En situation d'achat, l'entreprise doit s'acquitter de la TVA. →	La TVA figure sur la facture du fournisseur →	La TVA réglée auprès du fournisseur est restituée par l'État. **TVA DÉDUCTIBLE** ⇩
L'entreprise reverse à l'État la TVA collectée sur la valeur ajoutée produite (Ventes - Achats). →	TVA collectée - TVA déductible →	L'excédent de TVA collectée sur la TVA déductible est reversé à l'État. **TVA À DÉCAISSER**

PAR CONSÉQUENT

La TVA n'est pas une charge pour l'entreprise, mais seulement pour le consommateur final.

3 Fait générateur et exigibilité

Sur le plan temporel, la date à laquelle la **TVA collectée** dépend de la nature des ventes.

Ventes en France	**Fait générateur** - Naissance du droit de créance de l'État sur la TVA	**Exigibilité** - Paiement effectif de la TVA à l'État
Livraisons de biens	Délivrance du bien	Délivrance du bien
Livraisons de services	Achèvement de la prestation	Encaissement de la prestation

Les achats et les ventes de biens

La compréhension de la nature des opérations faites par l'entreprise avec les tiers et des règles applicables en matière de TVA sont indispensables pour un enregistrement comptable rigoureux.

1 De la facture de vente à l'écriture comptable

L'analyse des différentes composantes de la facture de vente, étudiée dans le mémo *Les documents commerciaux*, permet de préparer l'enregistrement comptable.

A. Pièce justificative de l'écriture de vente : la facture de DOIT

① La vente est enregistrée dans le journal de VELOCITY.

⑨ La référence sera reprise dans le libellé de l'écriture.

⑤ Analyse de la nature des produits vendus = marchandises.

⑧ Remise financière = isolée dans un compte de charge financière.

④ Montant que le client devra payer = créance client.

② Date de la vente = date de l'enregistrement comptable.

③ La créance sera inscrite dans le compte de ce client.

⑥ Le net commercial est le prix négocié avec le client = montant de la vente en comptabilité.

⑦ TVA collectée auprès du client au profit de l'État = dette.

VELOCITY
27, chemin des Mésanges
74000 ANNECY
Sarl au capital de 10 000 €
RCS Annecy 123 456 789
SIRET 341 543 654 23654
TVA FR23341543654

Annecy, le 20/10/N

Facture n° F1065

SAS SOURAIN
23, bd de la Grande-Butte
74000 ANNECY

Désignation	Quantité	Prix unitaire	Montant
Vélos électriques	9	1 000	9 000
Sacoches	20	50	1 000
		Montant HT	10 000
		Remise revendeurs 10 %	1 000
		1er net commercial	9 000
		Rabais vélos défaut de couleur	500
		2e net commercial	8 500
		Escompte pour paiement sous huitaine 1 %	98
		Net financier	8 415
		TVA à 20 %	1 683
		Net à payer TTC	10 098

B. Enregistrement de cette facture de vente au journal de l'entreprise VELOCITY①

	20/10/N①	Débit	Crédit
411	Client SOURAIN③	④ 10 098	
665	Escompte accordé⑧	⑧ 85	
707	Ventes de marchandises⑤		⑥ 8 500
44571	TVA collectée⑦		⑦ 1 683
	Facture SOURAIN n° F1065⑨		

2 Les retours de biens

Lorsque qu'un client retourne tout ou partie des biens achetés à son fournisseur, celui-ci lui adresse une facture d'avoir. L'écriture comptable est l'**inverse** d'une écriture de vente :

Facture d'avoir n° 164	
Retour de marchandises	500
Montant HT	500
Remise fidélité 10 %	50
Net commercial	**450**
TVA à 20 %	90
Net à votre crédit	**540**

	Date avoir		
707	Ventes de marchandises	450	
44571	TVA collectée	90	
411	Client		540
	Avoir n° 164		

3 Les règlements reçus du client

A. Vente à crédit

Quelle que soit la date d'enregistrement de la vente, le règlement du client est enregistré à date de réception. Les particularités des différents modes de règlement en matière d'enregistrement comptable sont présentées dans le mémo *Les règlements et les modalités de crédit*.

Au moment de la facture :
La somme due par le client est inscrite au débit du compte 411

→ **Au moment du paiement :**
Le compte 411 est crédité
Le compte débité dépend de la nature du règlement :
512 Banque (chèque ou virement)
531 Caisse (espèces)

B. Vente au comptant

Dans le cas d'une vente au comptant, le règlement du client intervient de façon concomitante à la vente. Afin de respecter la spécialisation des journaux comptables et l'existence d'une pièce justificative propre à chaque écriture, une vente au comptant est enregistrée en deux temps, à une seule et même date :
①enregistrement de la facture de vente (constatation de la créance au débit) ;
②enregistrement de l'encaissement (solde de la créance au crédit).

Le 22/10/N :

Vente de marchandises	2 000
TVA à 20 %	400
Net à payer	2 400

Paiement comptant en espèces

	① 22/10/N		
411	Client	2 400	
707	Ventes de marchandises		2 000
44571	TVA collectée		400
	Facture n° x		
	② d°		
531	Caisse	2 400	
411	Client		2 400
	Pièce de caisse n° xx		

C. Les avances et acomptes reçus

En cas de versement anticipé, la somme reçue ne constitue pas une vente partielle. Aucun compte de vente n'est utilisé pour constater le règlement du client :

15/10/N : le client passe commande de marchandises pour une valeur HT de 500 €.
Il règle immédiatement une avance de 50 € en espèces.

Compte	15/10/N	Débit	Crédit
531	Caisse	50	
4191	Client – avances et acomptes reçus		50
	Acompte sur commande n° xx		

Au moment de la livraison des marchandises, la facture est émise. L'**avance** versée de façon anticipée par le client est déduite du montant TTC pour le calcul du net à payer :

Facture 123 du 31/10/N	
Vente de marchandises	500
Montant HT	500
TVA à 20 %	100
Montant TTC	**600**
Acompte versé	50
Net à payer	**550**

Compte	31/10/N	Débit	Crédit
411	Client	550	
4191	Client – avances et acomptes reçus	50	
707	Ventes de marchandises		500
44571	TVA collectée		100
	Facture n° x		

Le compte 411 reprend la somme que le client doit encore régler à l'entreprise.

Le compte 4191 est soldé. La vente a eu lieu.

Le versement anticipé d'un client sur une vente de bien est sans TVA, le fait générateur (la livraison du bien) n'ayant pas encore eu lieu.

4 L'enregistrement des opérations chez l'acheteur

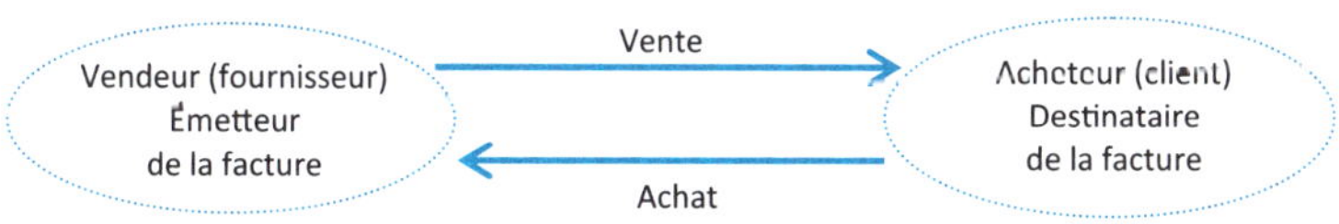

Le principe d'enregistrement comptable d'un **achat** suit exactement les mêmes règles que celles d'une vente, avec une **inversion complète du sens des opérations** et une adaptation des numéros de compte à la comptabilité de l'acheteur.

Comptabilité du Fournisseur			Comptabilité du client	
Le fournisseur constate des ventes	701 Ventes de produits finis 707 Ventes de marchandises	→	Le client constate des achats	601 Matières premières 602 Autres approvision-nements 606 Achats non stockés de matières et fournitures 607 Achats de marchandises
Le fournisseur collecte la TVA au profit de l'État	44571 TVA collectée	→	Le client règle la TVA qu'il pourra ensuite déduire	44566 TVA déductible sur autres biens et services
Le fournisseur constate qu'il a une créance sur son client	411 Clients	→	Le client constate qu'il a une dette envers son fournisseur	401 Fournisseurs
Le fournisseur a accordé un escompte pour règlement avant l'échéance prévue	665 Escomptes accordés	→	Le client a obtenu un escompte pour règlement avant l'échéance prévue	765 Escomptes obtenus
Le fournisseur a reçu de la part de son client un règlement en avance	4191 Clients - Avances et acomptes reçus sur commandes	→	Le client a réalisé un règlement anticipé auprès de son fournisseur	4091 Fournisseurs - Avances et acomptes versés sur commandes

La nature de l'achat chez le client doit être étudiée avec précision car il n'y a pas de lien avec la nature de la vente chez le fournisseur : la vente de marchandises pour l'un peut, par exemple, constituer un achat de matières premières pour l'autre.

Les réductions sur ventes

Un fournisseur peut accorder à son client des réductions à caractère commercial ou des réductions à caractère financier.
Ces réductions peuvent :
- **figurer sur la facture initiale de vente (voir mémo *Les achats et les ventes de biens*) ;**
- **figurer sur une facture d'avoir émise postérieurement.**

1 Le traitement comptable des réductions sur ventes

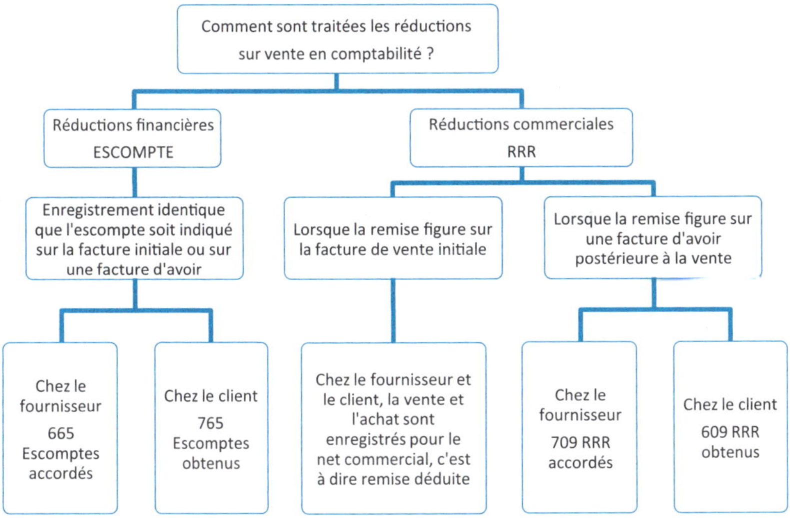

2 L'avoir pour escompte

L'escompte est souvent accordé de façon conditionnelle : la facture de vente mentionne les conditions d'escompte mais n'accorde pas la remise, conditionnée par la date à laquelle le client procédera effectivement au règlement.

En général, l'escompte est alors calculé par le client lui-même, qui va le déduire directement de son règlement. Le fournisseur émettra alors une facture d'avoir pour escompte.

Émission d'un avoir pour escompte le 15/10/N pour 15 € HT

Chez le fournisseur

	15/10/N		
665	Escomptes accordés	15	
44571	TVA collectée	3	
411	Client		18
	Avoir n° 164		

Chez le client

	15/10/N		
401	Fournisseurs	18	
765	Escomptes obtenus		15
44566	TVA déductible/ABS		3
	Avoir n° 164		

3 L'avoir pour réduction commerciale

Une réduction commerciale peut être accordée postérieurement à une vente pour plusieurs raisons :

- le fournisseur a omis une réduction habituelle sur la facture ;
- le client a reçu la marchandise en retard ou en mauvais état, mais il souhaite néanmoins la conserver ;
- le fournisseur octroie une ristourne à son client ; elle ne peut être calculée avant la fin de la période.

La remise est alors enregistrée dans un compte de **RRR** :

Choix du compte de RRR
Compte de vente ou d'achat mouvementé au moment de la facture initiale avec insertion d'un 9 en 3e position.

	Compte mouvementé lors de l'enregistrement de la facture initiale	Compte dans lequel la remise va être enregistrée
Chez le fournisseur	701 Ventes de produits finis	7091 **RRR accordés sur** ventes de produits finis
	707 Ventes de marchandises	7097 **RRR accordés sur** ventes de marchandises
Chez le client	601 Achats stockés - Matières premières	6091 **RRR obtenus sur** achats de matières premières
	607 Achats de marchandises	6097 **RRR obtenus sur** achats de marchandises

Émission d'un avoir pour rabais le 15/10/N pour 500 € HT

Chez le fournisseur
La vente des produits concernés par la remise a été enregistrée initialement dans le compte 701 – Vente de produits finis.

		Débit	Crédit
	15/10/N		
7091	RRR accordés/ventes de PF	500	
44571	TVA collectée	100	
411	Client		600
	Avoir pour rabais		

Chez le client
L'achat des produits concernés par la remise a été enregistré initialement dans le compte 607 – Achats de marchandises.

		Débit	Crédit
	15/10/N		
401	Fournisseurs	600	
6097	RRR obtenus/ achat de marchandises		500
44566	TVA déductible / ABS		100
	Avoir pour rabais		

Les frais accessoires

Lors d'une vente, le fournisseur ajoute parfois des éléments complémentaires aux produits facturés, appelés « frais accessoires ». Leur traitement comptable dépend de leur nature exacte, tant chez le vendeur que chez l'acheteur.

1 Le traitement des frais accessoires chez le vendeur

Le fournisseur est amené à facturer tout type de frais, mais certains éléments sont plus fréquents :
- frais de transport de la marchandise ;
- frais d'assurance de la marchandise pendant le transport ;
- honoraires et commissions liés à la transaction.

A. Frais engagés par l'entreprise vendeuse en son nom

Ces frais sont engagés par le vendeur, puis refacturés au client, pas nécessairement au coût réel. Certaines entreprises appliquent des tarifs forfaitaires inscrits dans leurs conditions générales de vente (notamment pour le transport). S'agissant d'un complément de facturation, ces éléments sont inclus dans la base taxable à la TVA :

VELOCITY
......
Facture n° F1066 — SAS SOURAIN
....

Désignation	Quantité	Prix unitaire	Montant
Vélos électriques	9	1 000	9 000
Sacoches	20	50	1 000
		Montant HT	10 000
		Frais de port	150
		Total HT	**10 150**
		TVA à 20 %	2 030
		Net à payer TTC	**12 180**

Le port facturé est inclus dans la base taxable à la TVA.

Deux comptes pour ces refacturations :
7082 – Commission et courtage
7085 – Ports et frais accessoires facturés

Il s'agit dans ce cas de frais de transport : 7085.

		Date facture		
411		Client SOURAIN	12 180	
	707	Ventes de marchandises		10 000
	7085	Ports et frais accessoires facturés		150
	44571	TVA collectée		2 030
		Facture SOURAIN n° F1066		

B. Remboursement de débours

Le vendeur agit dans ce cas sur mandat de la part du client à qui il va rendre compte exactement du montant de la dépense. Il ne s'agit pas pour lui d'un complément de facturation, mais d'une somme récupérée auprès du client pour être reversée au prestataire. La dépense est inscrite TTC sur la facture de vente.

VELOCITY
......
Facture n° F1066 — SAS SOURAIN
....

Désignation	Quantité	Prix unitaire	Montant
Vélos électriques	9	1 000	9 000
Sacoches	20	50	1 000
		Montant HT	10 000
		TVA à 20 %	2 000
		Total TTC	**12 000**
		Port débours (dont 30 € de TVA)	180
		Net à payer TTC	**12 180**

Le port est inscrit TTC et ne figure pas dans la base imposable à la TVA.

Un compte pour cette refacturation :
467 – Autres comptes débiteurs ou créditeurs

Le compte sera soldé lorsque la somme sera versée au prestataire.

		Date facture		
411		Client SOURAIN	12 180	
707		Ventes de marchandises		10 000
467		Autres comptes débiteurs ou créditeurs		180
44571		TVA collectée		2 000
		Facture SOURAIN n° F1066		

2 Le traitement des frais accessoires chez l'acheteur

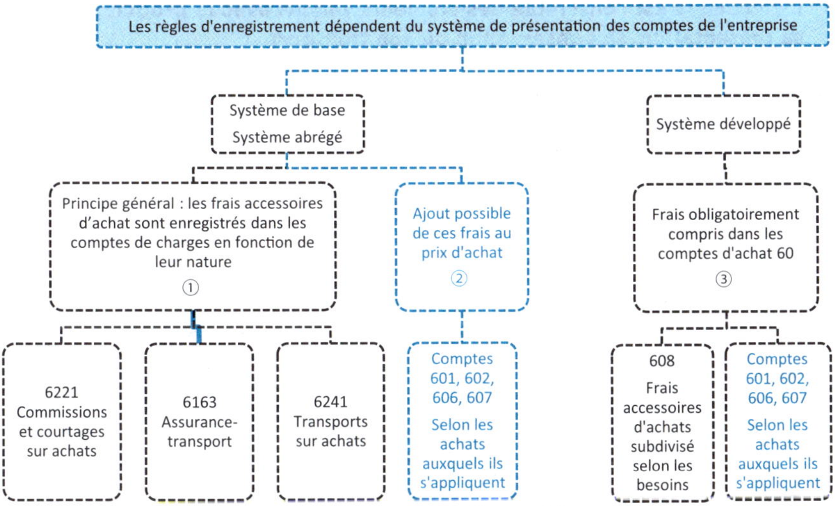

Selon le système de présentation des comptes, l'enregistrement d'une même facture d'achat chez le client sera donc réalisé de trois manières différentes :

Vélos électriques	9 000
Sacoches	1 000
Montant HT	**10 000**
Frais de port	150
Total HT	**10 150**
TVA à 20 %	2 030
Net à payer TTC	**12 180**

	①		
607	Achats de marchandises	10 000	
6241	**Transports sur achats**	**150**	
44566	TVA déductible sur ABS	2 030	
401	Fournisseur		12 180
	Facture n° x		
	②		
607	**Achats de marchandises**	**10 150**	
44566	TVA déductible sur ABS	2 030	
401	Fournisseur		12 180
	Facture n° x		
	③		
607	Achats de marchandises	10 000	
6087	**Frais accessoires**	**150**	
44566	TVA déductible sur ABS	2 030	
401	Fournisseur		12 180
	Facture n° x		

En l'absence d'indication de l'énoncé, on retiendra plutôt l'enregistrement dans le compte de charges par nature (solution ①).

La gestion des emballages

L'emballage est l'ensemble des éléments vendus avec le produit pour en assurer sa présentation, sa conservation ou son transport.

1 Les emballages perdus

Ce sont des emballages destinés à être livrés avec leur contenu. Le client n'est pas tenu de les restituer. Leur valeur est intégrée par le fournisseur au prix de vente des marchandises.

Les emballages perdus sont achetés par l'entreprise qui va ensuite les utiliser pour emballer les produits destinés à ses clients.

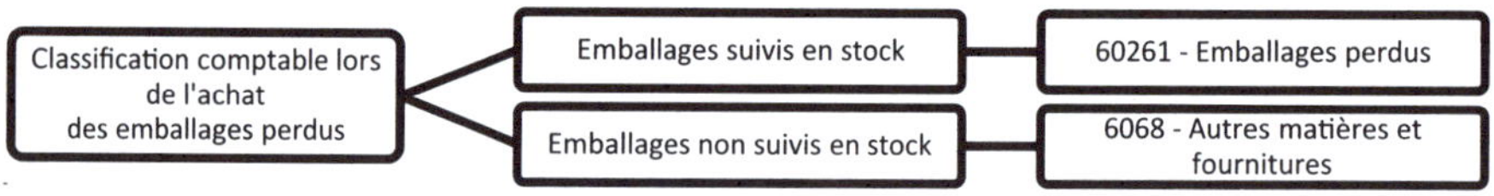

Cartons et Cie	
	VELOCITY
Facture n° 123	
100 cartons renforcés	100
Total HT	**100**
TVA à 20 %	20
Net à payer	**120**

VELOCITY achète une quantité importante de cartons d'emballage.

	Date facture		
60261	Emballages perdus	100	
44566	TVA déductible sur ABS	20	
401	Fournisseur Cartons et Cie		120
	Facture n° 123		

2 Les emballages récupérables

Ce sont des emballages susceptibles d'être provisoirement conservés par les clients et que le livreur s'engage à reprendre dans des conditions déterminées à l'avance.

A. Traitement comptable lors de l'achat

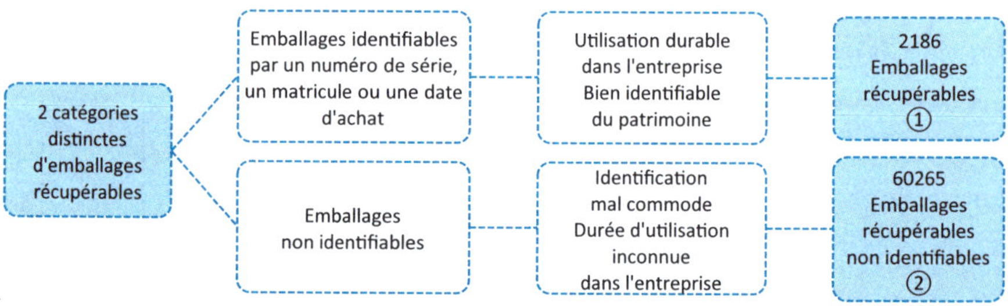

Velocity achète un caisson renforcé pour transporter les vélos haut de gamme lors des livraisons clients.

Caisson renforcé	1 000
Montant HT	**1 000**
TVA à 20 %	200
Net à payer TTC	**1 200**

① Le caisson est identifié de façon précise par un matricule. Le client devra rendre précisément celui-là.

Compte	Libellé	Débit	Crédit
2186	Emballages récupérables	1 000	
44562	TVA déductible sur immobilisations	200	
404	Fournisseur d'immobilisations		1 200

② Le caisson n'est pas identifié de façon précise par un matricule. Le client rendra celui-là ou un autre.

Compte	Libellé	Débit	Crédit
60265	Emballages récupérables non identifiables	1 000	
44566	TVA déductible sur ABS	200	
401	Fournisseur		1 200

Seul l'énoncé permet de faire la distinction entre les deux catégories d'emballages lors de l'achat.

B. Traitement comptable lors de la vente de la marchandise emballée

Ces emballages étant récupérables auprès du client, ils font le plus souvent l'objet d'une **consigne** (somme d'argent versée par l'acheteur en échange du prêt de l'emballage et qui sera remboursée à restitution de l'emballage) :

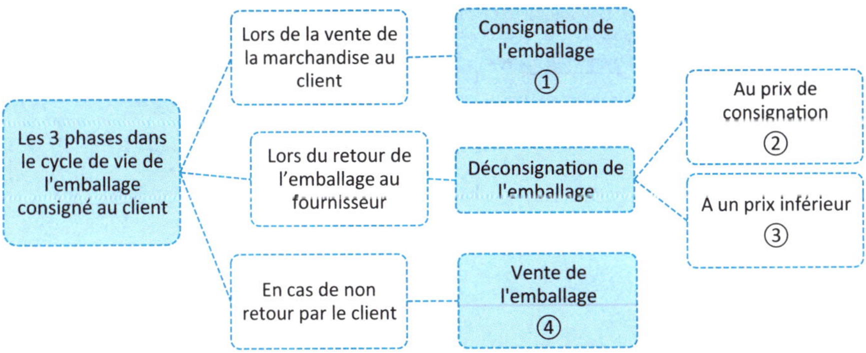

Comptes de suivi des consignes : un 9 en 3e position

4196 – Clients, dettes sur emballages consignés

4096 – Fournisseurs, créances pour emballages à rendre

Consignation de l'emballage

VELOCITY Facture n° F1067 du15/10/N SAS SOURAIN			
Désignation	Quantité	Prix unitaire	Montant
Vélos électriques	1	1 000	1 000
		Montant HT	1 000
		TVA à 20 %	200
		Montant TTC	**1 200**
		Caissons renforcés consignés	120
		Net à payer TTC	**1 320**

La consigne est portée sur la facture. Ce n'est pas une vente. Elle n'est pas incluse dans la base taxable à la TVA.

Chez le fournisseur
La consigne est une dette vis-à-vis du client car la somme devrait être restituée.

		15/10/N		
411		Client SOURAIN	1 320	
	707	Vente de marchandises		1 000
	44571	TVA collectée		200
	4196	Clients, dettes sur emballages consignés		120
		Facture F1067		

Chez le client
La consigne est une créance sur le fournisseur car la somme devrait être récupérée

		15/10/N		
607		Achats de marchandises	1 000	
44566		TVA déductible sur ABS	200	
4096		Fournisseurs, créances pour emballages à rendre	120	
	401	Fournisseur VELOCITY		1 320
		Facture F1067		

Déconsignation de l'emballage au prix de consignation

Le 20/10/N, l'emballage est restitué par le client.
La consigne versée au départ fait l'objet d'une facture d'avoir.

Chez le fournisseur
La dette sur emballages est soldée.
Le compte du client est crédité.

		20/10/N		
4196		Clients, dettes sur emballages consignés	120	
	411	Client SOURAIN		120
		Avoir-restitution caisson		

Chez le client
La créance pour emballages est soldée.
Le compte du fournisseur est débité

		20/10/N		
401		Fournisseur VELOCITY	120	
	4096	Fournisseurs, créances pour emballage à rendre		120
		Avoir-restitution caisson		

Déconsignation de l'emballage à un prix inférieur de consignation

Le 20/10/N, l'emballage est restitué par le client.
Le fournisseur considère l'emballage abîmé et ne rend que 90 €.

Le fournisseur dégage un profit sur cette opération qui devient taxable à la TVA
7086 – Bonis sur reprise d'emballages consignés

Le client constate une charge sur cette opération, pour l'usage de l'emballage
6136 – Malis sur emballages

Chez le fournisseur
La dette sur emballages est soldée.
Le compte du client est crédité de 90 €.
Le boni est de 30 € TTC soit 25 € HT.

		20/10/N		
4196		Clients, dettes sur emballages consignés	120	
	411	Client SOURAIN		90
	7086	Bonis sur reprise d'emballages consignés		25
	44571	TVA collectée		5
		Avoir-restitution caisson		

Chez le client
La créance pour emballages est soldée.
Le compte du fournisseur est débité de 90 €.
Le mali est de 30 € TTC soit 25 € HT.

		20/10/N		
401		Fournisseur VELOCITY	90	
6136		Malis sur emballages	25	
44566		TVA déductible sur ABS	5	
	4096	Fournisseurs, créances pour emballages à rendre		120
		Avoir-restitution caisson		

Non-restitution de l'emballage

Le 20/10/N, le client annonce qu'il ne restituera pas l'emballage.

Le fournisseur constate la vente de l'emballage, taxable à la TVA
7088 – Autres produits des activités annexes

Le client constate l'achat de l'emballage
6068 – Autres matières et fournitures

Chez le fournisseur
La dette sur emballages est soldée.
La vente s'élève à 120 € TTC soit 100 € HT.

		20/10/N		
4196		Clients, dettes sur emballages consignés	120	
	7088	Autres produits des activités annexes		100
	44571	TVA collectée		20
		Facture de vente caissons		

Comptes soldés

Chez le client
La créance pour emballages est soldée.
L'achat s'élève à 120 € TTC soit 100 € HT.

		20/10/N		
6068		Autres matières et fournitures	100	
44566		TVA déductible sur ABS	20	
	4096	Fournisseurs, créances pour emballages à rendre		120
		Facture d'achat caissons		

Que l'emballage soit restitué, déconsigné à un prix inférieur ou conservé par le client, les comptes 4196 et 4096 doivent toujours être soldés à la fin des opérations.

MÉMO 10 Les règlements et les modalités de crédit

Toutes les opérations commerciales se dénouent par des mouvements de trésorerie entre le fournisseur et son client :
- **soit le jour de la vente (opération au comptant) ;**
- **soit à une échéance ultérieure (opération à crédit).**

Tous les enregistrements dans les comptes de trésorerie suivent le sens d'un compte d'actif :
- **débit = encaissement ;**
- **crédit = décaissement.**

1 Les modes de règlement au comptant

A. Le règlement en espèces

Espèces *Pièces et billets*	Compte du PCG	*Compte* **531** *- Caisse*
	Pièce justificative	*Pièce de caisse (reçu, ticket de caisse).*
	Date de l'écriture	*Date de l'opération de caisse.*
	Le solde du compte **531** peut-il être créditeur ?	*S'agissant d'espèces, le solde du compte ne peut être négatif. Il doit être débiteur.*

Paiement réalisé en espèces
15/10 : paiement d'un pourboire à un livreur 10 €.

		15/10		
6238		Pourboires	10	
	531	Caisse		10
		Pièce de caisse n° xxx		

Règlement reçu en espèces
15/10 : le client PAUL règle en espèces 50 €.

		15/10		
531		Caisse	50	
	411	Client PAUL		50
		Reçu n° xxx		

B. Le règlement par chèque

Chèque	Compte du PCG	*Compte 512 - Banque*
	Principe	*Le titulaire d'un compte donne ordre à son banquier de payer un bénéficiaire.*
	Pièce justificative	*Chèques émis : talon du chèque.* *Chèques encaissés : bordereau de remise de chèque.*
	Date de l'écriture	*Chèques émis : à la date d'émission, même s'il n'est pas encaissé par le fournisseur à cette même date.* *Chèque reçus : à la date de réception.*

Paiement réalisé par chèque
15/10 : paiement du fournisseur Cyclo 350€.

	15/10		
401	Fournisseur Cyclo	350	
512	Banque		350
	Chèque n° xxx		

Règlement reçu par chèque
15/10 : le client PAUL règle par chèque 640 €.

	15/10		
512	Banque	640	
411	Client PAUL		640
	Chèque reçu n° xxx		

C. Le règlement par virement

Virement	Compte du PCG	*Compte 512 - Banque*
	Principe	*Le titulaire d'un compte donne ordre à son banquier de payer un bénéficiaire.*
	Pièce justificative	*Pour les virements émis : avis de débit.* *Pour les virements reçus : avis de crédit.*
	Date de l'écriture	*Virements émis et reçus : date de l'opération.*

Paiement réalisé par virement
15/10 : paiement du fournisseur PALEOS 850 €.

	15/10		
401	Fournisseur PALEOS	850	
512	Banque		850
	Avis de débit n° xxx		

Règlement reçu par virement
15/10 : le client PAUL règle par virement 920 €.

	15/10		
512	Banque	920	
411	Client PAUL		920
	Avis de crédit n° xxx		

D. Le règlement par carte bancaire

Carte bancaire	Compte du PCG	*Compte **512** - Banque*
	Principe ?	*Paiement par carte magnétique avec puce électronique. Ce mode de paiement est assorti de frais à la charge du vendeur.*
	Pièce justificative ?	*Pour les paiements réalisés et les règlements reçus : ticket justificatif de carte.*
	Date de l'écriture ?	*Paiement émis : à l'émission.* *Paiement reçu : enregistrement dans un compte transitoire le jour de l'opération - inscription dans le compte banque le jour de l'avis de crédit de la banque, mentionnant les frais prélevés.*

Paiement réalisé par carte bancaire
15/10 Péage pour une visite commerciale 25 €

	15/10		
6251	Voyages et déplacement	25	
512	Banque		25
	Ticket péage		

Règlement reçu par carte bancaire
25/10 Le client PAUL règle par carte bancaire 80 €
La banque prélève 5 € de frais

	25/10		
512	Banque	75	
627	Services bancaires	5	
411	Client PAUL		80
	Crédit CB n°xxx		

Compte tenu des frais prélevés par la banque, la somme encaissée est inférieure à la somme réglée par le client

2 Les effets de commerce

Un **effet de commerce** est à la fois un moyen de paiement et un moyen de crédit :

2 types d'effets de commerce

- La lettre de change Relevé LCR (ou traite) : ① un **fournisseur** donne l'ordre à un client ③ de payer
  - une somme
  - à une échéance déterminée à l'avance
  - à lui-même ou une autre personne ②
- Billet à ordre Relevé BOR : ① un **client** s'engage à payer
  - une somme
  - à une échéance déterminée à l'avance
  - à son fournisseur

Différences ?
① Inversion du donneur d'ordre.
② La traite peut indiquer un bénéficiaire différent du fournisseur.
③ Le client doit accepter la traite.

Les effets de commerce ont longtemps été échangés sous une forme papier. Aujourd'hui, les effets font l'objet d'un traitement informatique au sein des banques et ne circulent donc plus sous une forme papier mais sous une forme dématérialisée, d'où le terme « Relevé » ajouté au nom de l'effet.

A. Le paiement par lettre de change Relevé (LCR)

Les enregistrements comptables suivent la circulation de la lettre de change :

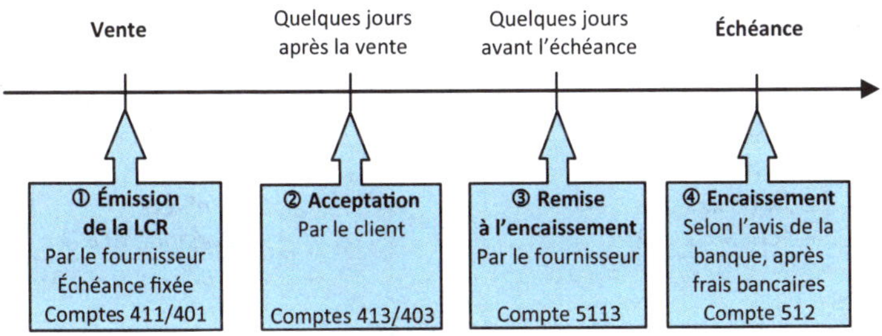

▸Émission de la lettre de change Relevé

Le 15/10/N, le fournisseur VELOCITY facture 1 000 € HT de marchandises à son client SOURAIN

Chez le fournisseur

La vente est enregistrée sans qu'il soit tenu compte du moyen de paiement

	15/10/N		
411	Client SOURAIN	1 200	
707	Ventes de marchandises		1 000
44571	TVA collectée		200
	Facture n° xxx		

Chez le client

L'achat est enregistré sans qu'il soit tenu compte du moyen de paiement

	15/10/N		
607	Achats de marchandises	1 200	
44566	TVA déductible sur ABS	200	
401	Fournisseur VELOCITY		1 200
	Facture n° xxx		

Acceptation par le client

Le 17/10, la LCR est acceptée par le client avec une échéance au 30/11

Chez le fournisseur	Chez le client
Le moyen de paiement est enregistré en comptabilité puisque le client l'a accepté	*L'ayant accepté, le client enregistre le moyen de paiement*

Chez le fournisseur

	17/10/N		
413	Clients - Effets à recevoir	1 200	
411	Client SOURAIN		1 200
	LCR n° xxx - échéance 30/11		

Chez le client

	17/10/N		
401	Fournisseur VELOCITY	1 200	
403	Fournisseurs - Effets à payer		1 200
	LCR n° xxx - échéance 30/11		

Remise à l'encaissement par le fournisseur

Le 28/11, soit 2 jours avant l'échéance, le fournisseur transmet la traite à sa banque

Chez le fournisseur	Chez le client
L'effet est enregistré dans un compte transitoire en attente d'encaissement	*Aucune écriture. Cette étape ne concerne pas le client*

	28/11/N		
5113	Effets à l'encaissement	1 200	
413	Clients - Effets à recevoir		1 200
	Remise à l'encaissement LCxxx		

Encaissement

Le 30/11, la banque traite l'opération et facture 25 € HT de frais au fournisseur

Chez le fournisseur
L'encaissement réel est inférieur à la traite

	30/11/N		
627	Services bancaires	25	
44566	TVA déductible sur ABS	5	
512	Banque	1 170	
5113	Effets à l'encaissement		1 200
	Avis crédit n° xxx		

Chez le client
Le décaissement correspond au montant de la traite

	30/11/N		
403	Fournisseurs - Effets à payer	1 200	
512	Banque		1 200
	LC n° xxx - échéance 30/11		

À l'issue de ces opérations, les comptes de tiers (**401** et **411**), les comptes d'effets (**403** et **413**) et le compte d'encaissement (**5113**) sont soldés.

B. La dématérialisation des effets

La **LCR magnétique**, à la différence des LCR et BOR, n'a aucun support papier. Elle a été créée par le logiciel de gestion du tireur, sous la forme d'un enregistrement informatique. Elle échappe aux règles du droit cambiaire. Sur le plan comptable, aucune écriture n'est donc enregistrée avant le paiement effectif.

Vente au client SOURAIN

Le 15/10/N, le fournisseur VELOCITY facture 1 000 € HT de marchandises à son client SOURAIN

Chez le fournisseur
La vente est enregistrée sans qu'il soit tenu compte du moyen de paiement

	15/10/N		
411	Client SOURAIN	1 200	
707	Ventes de marchandises		1 000
44571	TVA collectée		200
	Facture n° xxx		

Chez le client
L'achat est enregistré sans qu'il soit tenu compte du moyen de paiement

	15/10/N		
607	Achats de marchandises	1 000	
44566	TVA déductible sur ABS	200	
401	Fournisseur VELOCITY		1 200
	Facture n° xxx		

Émission de la lettre de change Relevé magnétique

Aucune écriture chez le client ou le fournisseur.

Sur le plan juridique, la LCR **magnétique** n'est pas considérée comme un effet de commerce :

- la créance client reste dans le compte **411** - Clients ;
- la dette fournisseur reste dans le compte **401** - Fournisseurs.

Si l'émission d'une LCR magnétique ne génère pas d'écriture, il ne faut pour autant pas oublier de mentionner « absence d'écriture » sur votre copie.

Encaissement

Le 30/11, la banque traite l'opération et facture 25 € HT de frais au fournisseur.

Chez le fournisseur
L'encaissement réel est inférieur à la traite.

	30/11/N		
627	Services bancaires	25	
44566	TVA déductible sur ABS	5	
512	Banque	1 170	
411	Client SOURAIN		1 200
	Avis crédit n° xxx		

Chez le client
Le décaissement correspond au montant de la traite.

	30/11/N		
401	Fournisseur VELOCITY	1 200	
512	Banque		1 200
	LCR magnétique – échéance 30/11		

Les comptes 411 et 401 sont soldés

Les opérations avec l'étranger

Les opérations réalisées par l'entreprise avec des tiers non localisés en France imposent une vigilance dans deux domaines :
- **la connaissance des règles en matière de TVA ;**
- **la prise en compte éventuelle des devises lors de la transaction initiale et de son règlement.**

On distingue les tiers situés dans les pays de l'Union européenne de ceux situés en dehors de l'Union européenne.

Les pays de l'Union européenne ne sont pas tous dans la zone euro ! Prenez le temps de revoir la liste des pays membres de l'UE et ceux de la zone euro !

1 Les ventes réalisées avec l'étranger

A. Règles applicables en matière de TVA sur les ventes à l'étranger

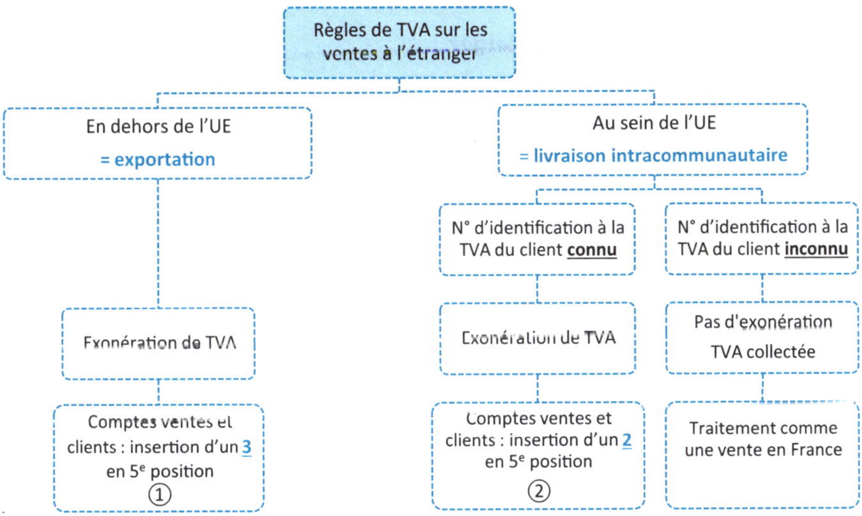

Dans la pratique, une entreprise exige toujours de connaître le numéro d'identification à la TVA des tiers avec lesquels elle commerce.

B. Enregistrement des ventes à l'étranger

①
Vente de marchandises à un client suisse : 500 €

La Suisse n'appartient pas à l'Union européenne = EXPORTATION

Chiffre 3 : opération hors UE

	Date facture		
41103	Client – hors UE	500	
70703	Ventes de marchandises hors UE		500
	Vente client suisse		

Pas de TVA

②
Vente de marchandises à un client italien : 500 € (Id TVA IT 123456789)

L'Italie appartient à l'UE = LIVRAISON INTRACOMMUNAUTAIRE

Chiffre 2 : opération UE

	Date facture		
41102	Client – UE	500	
70702	Ventes de marchandises UE		500
	Vente client italien		

Pas de TVA

2 Les achats réalisés à l'étranger

A. Règles applicables en matière de TVA sur les achats à l'étranger

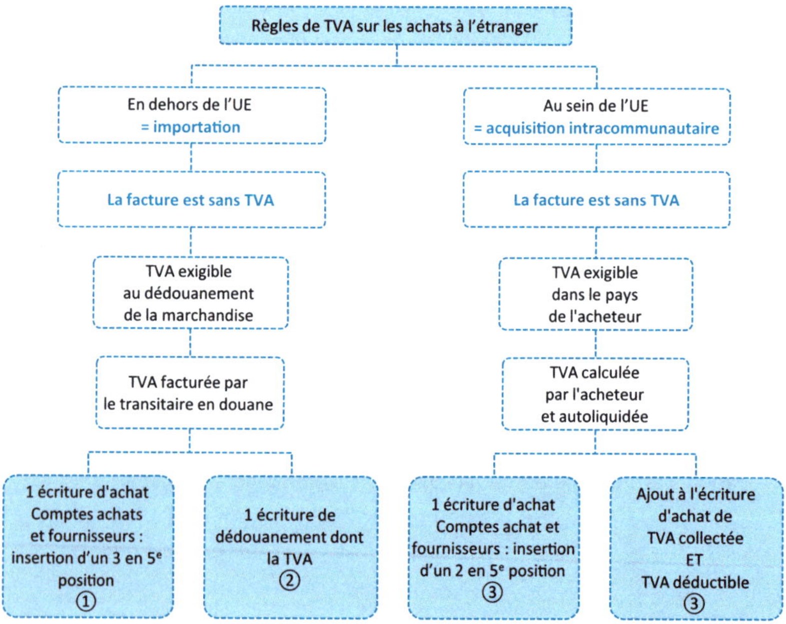

L'**autoliquidation** inverse le redevable de la TVA. D'habitude, c'est le vendeur qui facture puis reverse la TVA à l'État. En cas d'autoliquidation, le vendeur facture HT et c'est l'acheteur qui a la charge de verser la TVA à l'État.

B. Enregistrement des achats réalisés à l'étranger

▸ Achat en provenance d'un pays en dehors de l'Union européenne

①
Achat de marchandises
à un client américain : 500 €

Les États-Unis sont en dehors
de l'UE
= IMPORTATION

Chiffre 3 : opération hors UE

Pas de TVA

	Date facture		
60703	Achats de marchandises – hors UE	500	
40103	Fournisseur hors UE		500
	Achat fournisseur américain		

Dédouanement obligatoire

②
Facture du transitaire en douanes

TVA sur la marchandise : 100 €
Droits de douane : 50 € HT
Honoraires du transitaire : 100 € HT

Les droits de douane sont dans le même compte que la marchandise

	Date facture		
60703	Achats de marchandises – hors UE	50	
6224	Rémunération des transitaires	100	
44566	TVA déductible sur ABS	130	
401	Fournisseur (transitaire)		280
	Dédouanement/achat USA		

TVA sur la marchandise 100 €
+
sur les honoraires 20 €
+
sur les droits de douane 10 €

Les droits de douane sont un impôt sur les marchandises importées. Sur le plan comptable, on les enregistre dans le même compte que la marchandise puisqu'ils augmentent le prix d'achat.

▸ Achat en provenance d'un pays de l'Union européenne

Opérations UE : le 2 en 6ème position

③
Achat de marchandises à un fournisseur italien 500 €

L'Italie appartient à l'UE
= ACQUISITION INTRACOMMUNAUTAIRE

TVA autoliquidée : 500 x 20%

	Date facture		
60702	Achats de marchandises UE	500	
445662	TVA déductible sur ABS UE	100	
40102	Fournisseur UE		500
4452	TVA due intracommunautaire		100
	Achat Italie		

TVA collectée intracommunautaire = compte spécifique

3 Les opérations en devises

On appelle « devise » la monnaie étrangère à l'euro. Lors des achats en dehors de la zone euro, les factures sont fréquemment libellées en devises, ce qui est beaucoup plus rare pour les ventes (l'entreprise facture le plus souvent dans sa propre monnaie).

A. La conversion

La comptabilité de l'entreprise étant tenue en euros, toutes les pièces justificatives libellées en monnaies étrangères doivent être converties au taux de change du jour de l'opération avant d'être enregistrées.

Méthode simple
Établir un tableau de conversion à partir des données de l'énoncé

Facture reçue le 15/10 d'un fournisseur américain : 1 000 $ US			
Monnaies	EUR	USD	La facture est enregistrée pour :
Taux de change	0,6	1	1 000 × 0,6/1
Facture	?	1 000	= 600 €

En l'absence de calculatrice à l'examen, les conversions sont simplifiées et le cours est généralement donné en euros pour 1 unité monétaire étrangère.

B. Le règlement

Le cours des devises fluctue de façon quotidienne. Le taux de change du jour de l'opération n'est pas le même que celui du jour du règlement :

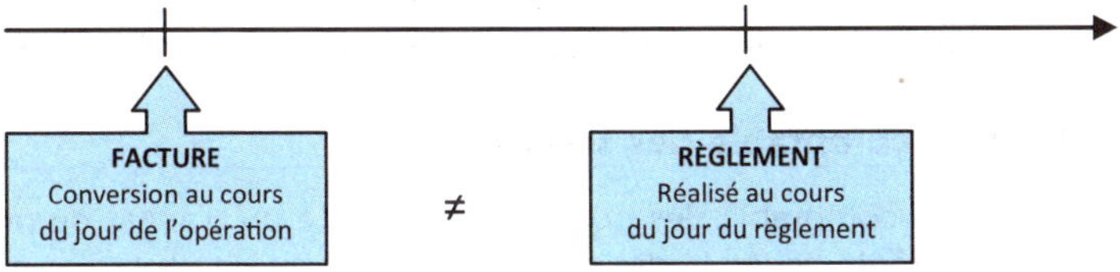

La différence entre les deux opérations s'appelle une **différence de change**.

Analyse des différences de change	Différence positive de change	Différence négative de change
	À l'avantage de l'entreprise ☺	Au détriment de l'entreprise ☹
Dans le cas d'une vente en devises	Le règlement du client est plus élevé que la créance.	Le règlement du client est moins élevé que la créance.
Dans le cas d'un achat en devises	Le paiement au fournisseur est moins élevé que la dette.	Le paiement au fournisseur est plus élevé que la dette.
Compte à utiliser	**756 Gains de change sur créances et dettes commerciales**	**656 Pertes de change sur créances et dettes commerciales**

C. L'enregistrement comptable

Opération	Compte	Libellé	Débit	Crédit
Facture reçue le 15/10 d'un fournisseur américain : 1 000 USD		15/10/N		
	60703	Achats de marchandises hors UE	600	
	40103	Fournisseur hors UE		600
		Achat US (1 000 × 0,6)		
Règlement par virement international le 25/10 : 1 000 USD au taux de 1 USD = 0,58 € Soit 1 000 × 0,58 = 580 € ☺		25/10/N		
	40103	Fournisseur hors UE	600	
	512	Banque		580
	756	Gain de change		20
		Paiement US (1 000 × 0,58)		

Compte soldé (40103)

Règlement effectif (512)

Différence positive = équilibrage de l'écriture (756)

MÉMO 12 Les prestations de services

Pour une entreprise, l'activité de service consiste à mettre à disposition de son client une capacité technique ou intellectuelle. En situation d'acheteur, l'entreprise est confrontée à une grande diversité de services consommés. Les services font l'objet de règles particulières de TVA (voir Mémo *Le mécanisme de la TVA*).

1 Classification comptable des services

La classification comptable des opérations de vente ou d'achat de prestations de services suit la règle générale des comptes d'achat ou de vente par nature :

Chez le vendeur	704 - Travaux 705 - Études 706 - Prestations de services
Chez l'acheteur	611 - Sous-traitance générale 615 - Entretien et réparations 617 - Études et recherches 622 - Rémunérations d'intermédiaires et honoraires

Le traitement comptable des frais accessoires d'achat, tout comme celui des frais de transport, a été traité dans le mémo *Les frais accessoires*.

2 La règle générale : la TVA sur les encaissements

Si l'entreprise n'exerce aucune option, le régime de TVA qui s'applique est celui de la TVA sur les encaissements (voir mémo *Le mécanisme de la TVA*) : la créance sur l'État naît à l'achèvement de la prestation, mais la TVA est à reverser au moment de l'encaissement des sommes versées par le client. Ces deux dates ne sont pas nécessairement concomitantes.

A. Prestation de services sans versement d'acompte

▸ Analyse de la situation au regard de la TVA

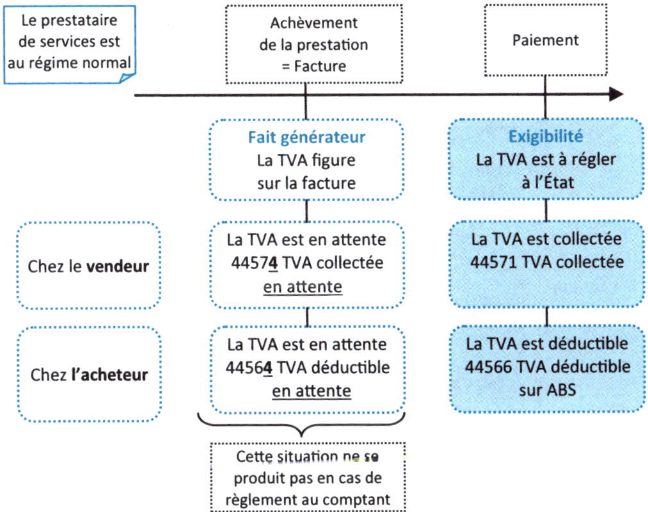

▸ Enregistrements comptables

Le 25/10/N, le fournisseur VELOCITY facture 500 € HT pour la révision de 10 vélos à son client SOURAIN.

Chez le fournisseur
La vente est une prestation de services.
La TVA n'est pas encore exigible.

	25/10/N		
411	Client SOURAIN	600	
706	Prestations de services		500
44574	TVA collectée en attente		100
	Facture n° xxx		

Chez le client
Il s'agit de charges d'entretien et réparations.
La TVA n'est pas encore déductible.

	25/10/N		
6155	Entretiens et réparations sur biens mobiliers	500	
44564	TVA déductible en attente	100	
401	Fournisseur VELOCITY		600
	Facture n° xxx		

Le 05/11/N, le client SOURAIN règle la facture de VELOCITY par virement bancaire.

Chez le fournisseur
Le règlement est encaissé.
La TVA devient exigible, donc collectée.

	05/11/N		
512	Banque	600	
44574	TVA collectée en attente	100	
411	Client SOURAIN		600
44571	TVA collectée		100
	Virement n° xxx		

Chez le client
Le paiement est réalisé.
La TVA devient déductible.

	05/11/N		
401	Fournisseur VELOCITY	600	
44566	TVA déductible sur ABS	100	
512	Banque		600
44564	TVA déductible en attente		100
	Virement n° xxx		

Les comptes 44574 et 44564 sont soldés. Ce sont des comptes transitoires.

B. En cas de versement d'acompte

Analyse de la situation au regard de la TVA

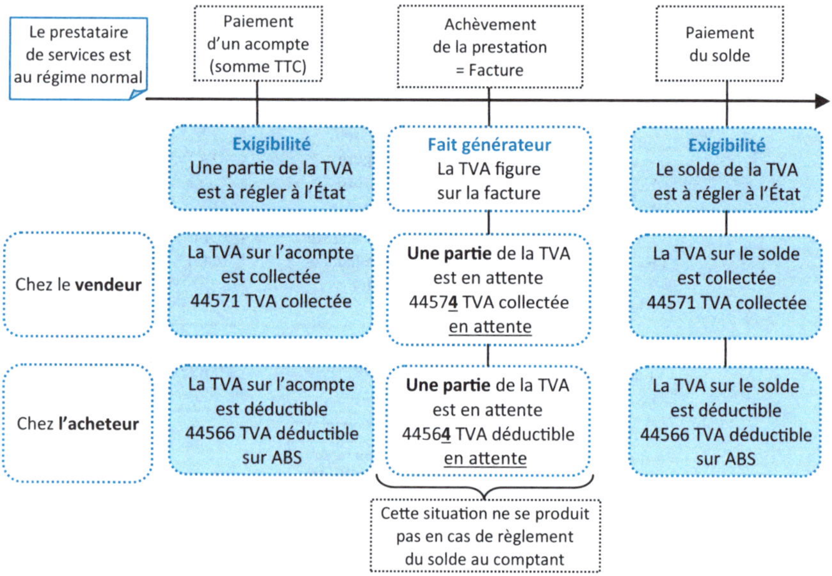

Enregistrements comptables

Le 20/10/N, l'agence de communication NEWS négocie une mission de conseil auprès du client STYLE qui verse un acompte de 120 €.

Chez le fournisseur

L'acompte reçu est un encaissement
L'acompte est considéré TTC et la TVA est collectée

Compte	Libellé	Débit	Crédit
	20/10/N		
512	Banque	120	
4458	TVA à régulariser	20	
4191	Clients - acomptes reçus		120
44571	TVA collectée (120/1,2) x 20 %		20
	Acompte reçu de STYLE		

Chez le client

Le régime de TVA suit celui du fournisseur.
L'acompte est TTC et la TVA sur cet acompte est déductible

Compte	Libellé	Débit	Crédit
	20/10/N		
4091	Fournisseurs - acomptes versés	120	
44566	TVA déductible sur ABS	20	
512	Banque		120
4458	TVA à régulariser		20
	Acompte NEWS versé		

Le compte 4458 est utilisé de façon transitoire pour la TVA qui a été collectée alors qu'elle ne figure sur aucun document.

Le 05/11/N, l'agence NEWS facture sa prestation de conseil pour un montant HT de 800 € (soit 160 € de TVA et 960 € TTC).

Chez le fournisseur

La facture mentionne une TVA de 160€ :
- 20 € ont été collectés le 20/10 et sont en attente dans le compte 4458 qui doit être soldé;
- le solde de 140 € sera collecté à l'encaissement.

	05/11/N		
411	Client STYLE (960 - 120)	840	
4191	Clients - acomptes reçus	120	
706	Prestations de services		800
4458	TVA à régulariser		20
44574	TVA collectée en attente		140
	Facture STYLE n° xxx		

Chez le client

Il s'agit d'honoraires.
La déductibilité de la TVA est calquée sur l'exigibilité chez le fournisseur.

	05/11/N		
6226	Honoraires	800	
4458	TVA à régulariser	20	
44564	TVA déductible en attente	140	
4091	Fournisseurs - acomptes versés		120
401	Fournisseur NEWS		840
	Facture NEWS n° xxx		

Le compte 4458 est soldé.
La TVA qui reste encore en attente concerne la part non réglée de la facture, soit (960 – 120) / 6 = 140 €

Le 01/12/N, le client STYLE règle par virement pour solde, soit 960 € – 120 € = 840 €

Chez le fournisseur

Le solde est encaissé.
La TVA sur ce solde est collectée.

	01/12/N		
512	Banque	840	
44574	TVA collectée en attente	140	
411	Client STYLE		840
44571	TVA collectée		140
	Virement n° xxx		

Chez le client

Le paiement est réalisé.
La TVA sur ce solde devient déductible.

	01/12/N		
401	Fournisseur NEWS	840	
44566	TVA déductible sur ABS	140	
512	Banque		840
44564	TVA déductible en attente		140
	Virement n° xxx		

Les comptes 44574 et 44564 sont soldés.

3 L'option pour le paiement de la TVA d'après les débits

Le prestataire de services peut opter pour le paiement de la TVA d'après les débits, qui correspond à une exigibilité de la TVA au moment de la facturation. Il doit alors mentionner cette option sur ses factures car elle conditionne la date de déductibilité de la TVA chez ses clients. Une seule exception : en cas d'acompte, la TVA sur cet acompte est exigible à la date du paiement.

Analyse de la situation au regard de la TVA

Le prestataire de services a opté pour les débits

	Paiement d'un acompte (somme TTC)	Achèvement de la prestation = Facture	Paiement du solde
	Exigibilité Une partie de la TVA est à régler à l'État	**Exigibilité** Le solde de la TVA est à régler à l'État	La collecte de la TVA est achevée. Aucune incidence de TVA dans les écritures.
Chez le **vendeur**	La TVA sur l'acompte est collectée 44571 TVA collectée	La TVA sur le solde est collectée 44571 TVA collectée	
Chez **l'acheteur**	La TVA sur l'acompte est déductible 44566 TVA déductible sur ABS	La TVA sur le solde est déductible 44566 TVA déductible sur ABS	

En synthèse

Le prestataire de services choisit
→ soit d'être au régime normal (TVA exigible à l'encaissement)
→ soit d'exercer une option sur les débits (TVA exigible à la facturation)

→ **Le client ne choisit pas**
→ Il suit le régime du prestataire (qui est inscrit sur sa facture)
→La TVA est déductible au moment où elle est collectée chez le vendeur

En cas d'acompte, quelque soit le régime adopté par le prestataire → La TVA est **toujours** collectée sur le montant de l'acompte

Les opérations avec le personnel

Les opérations de rémunération du personnel constituent des opérations courantes et sont gérées de façon mensuelle au sein de l'entreprise. Ces opérations engendrent des relations avec différents tiers : les salariés, les organismes sociaux et le Trésor public.

1 Les éléments constitutifs de la paie

A. Le salaire

Sous le terme de salaire se cachent différentes notions :

+	**Salaire de base**	Salaire contractuel	*Il s'agit du salaire fixé par le contrat de travail. Souvent encadré par une convention collective, ce salaire ne peut être inférieur au SMIC.*
		Heures supplémentaires	*Les heures accomplies au-delà de la durée légale du travail sont rémunérées à un taux horaire majoré.*
		Majorations	*Travail dominical, travail de nuit.*
+	Compléments	Primes et gratifications	*13e mois, prime de bilan.*
		Avantages en nature	*Voiture de fonction, logement de service, repas, etc. Ces avantages sont intégrés pour le calcul des cotisations sociales, puis déduits.*
=	**Salaire brut** → Rémunération du travail par l'employeur		
-	Cotisations sociales salariales	Part des charges sociales supportée par le salarié	*Ces charges sont prélevées à la source par l'employeur sur le salaire.*
-	Avantages en nature		*Les avantages ont été précédemment ajoutés au salaire brut pour le calcul des cotisations, mais ne sont pas payés au salarié qui en bénéficie.*
=	**Salaire net** → Salaire théoriquement dû au salarié		
+	Remboursements de frais		*Frais de nature professionnelle (déplacement, mission, etc.).*

-	Retenues sur salaires	**Acomptes** versés précédemment	*Un salarié peut demander le versement en avance d'une partie de son salaire.*
		Oppositions	*Somme prélevée sur le salaire à la demande d'un créancier impayé (amende, pension alimentaire, etc.)*
		Prélèvement à la source	*Somme prélevée sur le salaire au titre de l'impôt sur le revenu*
=	**Net à payer** → Salaire effectivement versé au salarié		

B. Les cotisations sociales

▸ Nature des cotisations

Les **cotisations sociales** sont des versements obligatoires qui donnent droit aux salariés à des prestations sociales. Une part de ces cotisations est à la charge du salarié (cotisations salariales), et l'autre à la charge de l'employeur (cotisations patronales). Dans tous les cas, c'est l'employeur qui assure le versement de l'ensemble des cotisations aux organismes collecteurs.

Organismes collecteurs	Institutions sociales	Principaux risques couverts
URSSAF (Union de recouvrement des cotisations de sécurité sociale et d'allocations familiales)	Sécurité sociale	Maladie, maternité, invalidité, décès Accidents du travail Vieillesse Famille
	Pôle Emploi	Chômage
Autres organismes	Agirc/Arrco	Retraite complémentaire cadre et non-cadre
	Mutuelles	Prévoyance complémentaire

Lors de l'enregistrement comptable des cotisations sociales, la ventilation devra être réalisée en fonction des risques couverts (pour les comptes de charge) et des organismes collecteurs (pour les comptes de tiers).

2 Les documents liés à la paie

Tout employeur doit tenir un **registre unique du personnel** qui récapitule, par ordre d'embauche, les informations relatives aux salariés, ainsi que les dates de début et de fin de contrat.
Tout salarié doit recevoir un **bulletin de paie** à l'occasion du paiement du salaire de son salaire.
Depuis 2017, le bulletin de paie doit en principe être dématérialisé, sauf si le salarié le refuse.
Le bulletin de paie doit respecter un modèle standard, qui présente l'avantage d'être simplifié, de façon à rendre compréhensibles les différents montants de cotisations sociales à la charge de l'employeur et du salarié.
Le **livre de paie** récapitule les différents bulletins de paie de l'entreprise. C'est à partir de ce dernier que l'on enregistre en comptabilité les opérations liées aux salaires.
Périodiquement, l'employeur doit déclarer les salaires versés au moyen de la **Déclaration sociale nominative** : la DSN est un fichier mensuel produit à partir de la paie qui permet de simplifier et de d'automatiser la transmission des déclarations sociales.

3 Enregistrement comptable de la paie

Le livre de paie du mois de septembre d'une entreprise fait mention des informations suivantes :
- Salaires bruts : 7 500 € (dont 500 € de prime)
- Oppositions sur salaires : 200 €
- Acompte versé au salarié Martin le 10/09 : 300 €
- Impôt sur le revenu prélevé à la source : 350 €

Cotisations sociales payées le 15/10	Cotisations salariales	Cotisations patronales
URSSAF	700 €	1 400 €
Pôle emploi	300 €	400 €
Caisse retraite non-cadre	100 €	100 €
Caisse retraite cadre	150 €	150 €
Mutuelle	50 €	50 €

▸ Étape 1 - enregistrement éventuel des acomptes versés sur salaires

Tant que le bulletin de paie n'est pas établi, l'acompte constitue une créance sur le salarié.

	10/09		
425	Personnel - avances et acomptes	300	
512	Banque		300
	Acompte salarié MARTIN		

▸ Étape 2 - enregistrement du salaire brut

Le salaire brut constitue une charge pour l'employeur. Dans le cas de versements de primes, elles sont enregistrées dans le compte **6413**.

	30/09		
6411	Salaires, appointements	7 000	
6413	Primes et gratifications	500	
421	Personnel - rémunérations dues		7 500
	Salaires bruts mois de septembre		

▸ Étape 3 - enregistrement des retenues salariales : cotisations sociales salariales, acomptes versés, oppositions et retenue à la source

Les cotisations sociales à la charge du salarié sont décomptées par l'employeur au moment de la paie pour être reversées aux différents organismes sociaux. Elles ne constituent pas une charge puisqu'elles viennent en diminution de la dette vis-à-vis du salarié.

Il est à noter que l'URSSAF est en charge du recouvrement des cotisations de sécurité sociale et d'assurance chômage.

	30/09		
421	Personnel - rémunérations dues	2 150	
425	Personnel - avances et acomptes		300
427	Personnel - oppositions		200
431	Sécurité sociale		1 000
437	Autres organismes sociaux		300
4421	Prélèvement à la source		350
	Retenues salariales mois de septembre		

▸ Étape 4 - enregistrement des cotisations sociales patronales

Les cotisations patronales constituent une charge pour l'employeur. La ventilation comptable respecte la nature des cotisations.

	30/09		
6451	Cotisations à l'URSSAF	1 400	
6452	Cotisations aux mutuelles	50	
6453	Cotisations aux caisses de retraite	250	
6454	Cotisations à Pôle Emploi	400	
431	Sécurité sociale		1 800
437	Autres organismes sociaux		300
	Cotisations patronales mois de septembre		

▸ Étape 5 - paiement du salaire net

Le compte **421** (rémunérations dues) est soldé.

	30/09		
421	Personnel - rémunérations dues	5 350	
512	Banque		5 350
	Paiement salaires mois de septembre		

▸ Étape 6 - paiement effectif des cotisations sociales aux organismes sociaux

Les comptes de tiers **431** et **437** sont soldés. Ils avaient au préalable été crédités des cotisations sociales salariales (étape 3) **et** patronales (étape 4).

	15/10		
431	Sécurité sociale	2 800	
437	Autres organismes sociaux	600	
512	Banque		3 400
	Paiement cotisations sociales mois de xxx		

Quel est le coût d'un salarié pour l'employeur ?

Salaire brut (comptes 641)

+

Cotisations sociales patronales (comptes 645)

UE 9

MÉMO

14 Le rapprochement bancaire

Les opérations économiques d'une entreprise se traduisent toutes *in fine* par un mouvement de trésorerie. Le contrôle des comptes bancaires permet de vérifier l'enregistrement correct de ces opérations.

1 Principes fondamentaux

Le **rapprochement bancaire** a pour **objectif** de vérifier la concordance entre la comptabilité de la banque et celle de l'entreprise. C'est un élément clé de contrôle des mouvements bancaires qui doit être réalisé de façon périodique (la fréquence dépend du nombre de mouvements).

Attention, le relevé bancaire est un extrait du compte de l'entreprise dans la comptabilité de la banque : son fonctionnement est inversé par rapport au compte Banque dans la comptabilité de l'entreprise ⟹ un débit correspond à un crédit et vice versa.

2 La réalisation d'un état de rapprochement

A. Documents de travail nécessaires

▸ 1er document : l'état de rapprochement à la fin de la période précédente

Compte 512		ÉTAT DE RAPPROCHEMENT AU 30/09/N	Relevé	
Débit	Crédit	Opérations	Débit	Crédit
8 000		Solde au 30/09/N		9 000
		Écritures comptabilisées par l'entreprise et non par la banque 25/09 - Chèque 123 456 - Fournisseur SAS①	1 000	C
	8 000	Solde après rapprochement	8 000	
8 000	8 000	TOTAUX	9 000	9 000

▸ 2e document : l'extrait du grand livre présentant les mouvements du compte 512

Compte 512 - Banque			
Date	Nature des opérations	Débit	Crédit
01/10/N	Solde à nouveau①	8 000	
02/10/N	Remise de chèques	9 000	A
07/10/N	Retrait d'espèces		1 000
10/10/N	Virement émis (fournisseur GMBH)	B	15 000
11/10/N	Chèque 123 457 (loyer)		500
	TOTAUX	17 000	16 500

15/10/N	Solde débiteur	500	

▸ 3e document : le relevé de compte transmis par la banque

Relevé de compte - Banque LCL				
Date	**Nature des opérations**	**Débit**	**Crédit**	**Solde**
01/10/N	Solde à nouveau①		9 000	9 000
04/10/N	Remise de chèques	A	9 000	18 000
08/10/N	Retrait d'espèces	1 200		16 800
10/10/N	Virement émis (fournisseur GMBH)	15 000	B	1 800
11/10/N	Chèque 123 456 (fournisseur SAS)	1 000	C	800
14/10/N	Virement reçu (client LOUIS)		4 500	5 300
	Solde au 15/10/N			**5 300**

B. Démarche

①	Identification de la réciprocité des soldes initiaux	Solde au 30/09/N en comptabilité : 8 000 Solde au 30/09/N à la banque : 9 000 Différence : 1 000 expliquée par le chèque n° 123456 émis non débité
②	Identification de la réciprocité des écritures de la période par lettrage des opérations	Application d'une lettre identique pour repérer les opérations réciproques (**A B**)
③		Application d'une lettre pour repérer les opérations du rapprochement précédent qui se sont apurées (**C**)
④	Construction de l'état de rapprochement bancaire	Solde au 15/10/N en comptabilité : 500 Solde au 15/10/N à la banque : 5 300
⑤		Report des écritures non réconciliées en dissociant : - les écritures comptabilisées par la banque et non par l'entreprise - les écritures comptabilisées par l'entreprise et non par la banque
⑥		Calcul du solde rapproché pour chaque comptabilité : ils doivent être identiques
⑦		Présentation des totaux débit/crédit pour vérifier l'équilibre

C. La présentation de l'état de rapprochement

Compte 512		ÉTAT DE RAPPROCHEMENT AU 15/10/N	Relevé	
Débit	Crédit	Opérations	Débit	Crédit
500	④	Solde au 15/10/N	④	5 300
		⑤ *Écritures comptabilisées par la banque et non par l'entreprise*		
	200	7/10 – Écart sur le montant du retrait d'espèces (1 200 – 1 000)		
4 500		14/10 – Virement reçu (client LOUIS)		
		Écritures comptabilisées par l'entreprise et non par la banque		
		11/10 – Chèque 123457 (loyer)	500	
⑥	4 800	Solde après rapprochement	4 800	⑥
5 000	5 000	⑦TOTAUX	5 300	5 300

Opérations à régulariser dans la comptabilité de l'entreprise.

3 La mise à jour de la comptabilité

Une fois l'état de rapprochement achevé, la comptabilité de l'entreprise doit être régularisée : il faut enregistrer les opérations comptabilisées par la banque et non par l'entreprise.

Opération du 7/10
Rectification de l'erreur sur le retrait d'espèces

		15/10/N		
531		Caisse	200	
	512	Banque		200
		Erreur sur retrait d'espèces		

Opération du 14/10
Enregistrement du règlement du client LOUIS

		15/10/N		
512		Banque	4 500	
	411	Client LOUIS		4 500
		Virement reçu LOUIS		

Lorsque les opérations à régulariser sont nombreuses, on enregistre seulement deux écritures de régularisation : une pour le total des débits du compte banque et une pour le total des crédits.

Après cette étape de régularisation, la différence entre le solde en comptabilité et le solde en banque n'est constituée que de décalages temporaires (comme les chèques émis non débités).

Le financement de la trésorerie

Pour une entreprise, le fait d'accorder des délais de paiement est attractif sur le plan commercial, mais peut mettre l'entreprise en difficulté en matière de gestion de la trésorerie. Les organismes bancaires offrent de nombreux outils de financement à court terme en mobilisant des créances.

Mobilisation de créances : obtenir **aujourd'hui** une somme d'argent en contrepartie de créances encaissables **ultérieurement** moyennant une commission.

1 L'escompte des effets de commerce

A. Principes et rémunération de la banque

Au moment de sa création, un effet de commerce se caractérise par :
- une **valeur nominale** (montant de la créance à régler) ;
- une date d'échéance.

La banque va escompter la traite, c'est-à-dire l'endosser à son profit avant l'échéance et en verser le montant immédiatement à son client sous déduction d'agios :

Agios = intérêts et commissions qui peuvent être perçus par une banque lors d'une opération de crédit.			
+	Commissions bancaires	Forfaitaires par effet (en €) ou Calculées en % du nominal	Souvent soumises à TVA La mention HT précise si la somme est soumise ou non à TVA
+	Intérêts d'escompte	Calculés *prorata temporis* et selon le taux d'escompte	Taux d'escompte exprimé en % annuel Base de calcul : valeur nominale de l'effet Intérêts non soumis à TVA

Prorata temporis = calcul proportionnel au temps écoulé.

▸ Comment calculer les intérêts d'escompte ?

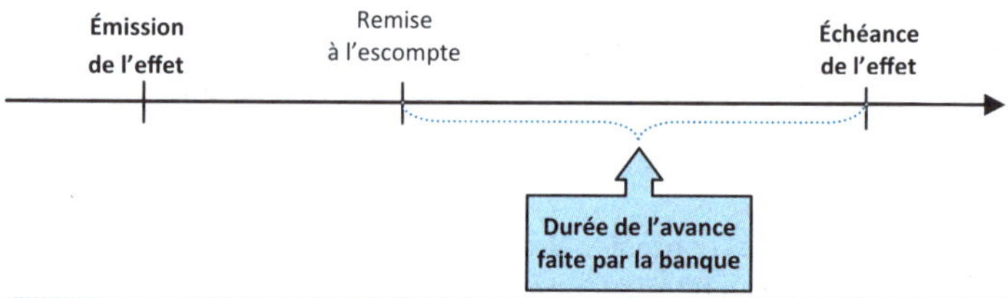

Montant de l'intérêt d'escompte

=

Valeur nominale de l'effet × Taux d'intérêt d'escompte × Durée de l'avance en jours / 360

Astuce calcul : réduire au maximum les fractions avant de réaliser le calcul. L'énoncé est conçu pour une approche simplifiée des intérêts d'escompte.

Exemple de calcul				
Valeur nominale de la LCR : 3 600 €		Émise le 15/10/N	Échéance le 15/12/N	Remise à l'escompte le 5/11/N
+	Commission bancaire	12	Commission de 10 € HT par effet, soit 12 € TTC	
+	Intérêt d'escompte (taux de 5 %)	20	Durée de l'avance entre le 5/11 et le 15/12 : 25 + 15 = 40 jours *- pour le mois de novembre (30 - 5) = 25 jours* *- pour le mois de décembre = 15 jours* Intérêt = 3 600 × 5 % × 40/360 = 20	
=	Agios	32	Somme prélevée par la banque sur la valeur de l'effet	

B. Enregistrements comptables

Les écritures de création de l'effet chez le fournisseur et le client restent inchangées (voir mémo *Les règlements et les modalités de crédit*).

▸ Remise à l'escompte de l'effet

Chez le fournisseur
L'effet est enregistré dans un compte transitoire en attente d'escompte.

	05/11/N		
5114	Effets à l'escompte	3 600	
413	Clients – Effets à recevoir		3 600
	Remise à l'escompte LCR xxx		

← Valeur nominale. Les agios ne sont pas encore connus.

Chez le client
Aucune écriture. Il n'est pas concerné par cette opération et payera à l'échéance.

▸ Avis de crédit de la banque et encaissement de la somme

Chez le fournisseur
L'encaissement est inférieur à la valeur nominale de la traite : les agios sont déduits.

	05/11/N		
627	Services bancaires	10	
44566	TVA déductible sur ABS	2	
6616	Intérêts bancaires	20	
512	Banque	3 568	
5114	Effets à l'escompte		3 600
	Avis crédit n° xxx		

Les intérêts d'agios constituent une charge financière et non un service extérieur.

Chez le client
Toujours aucune écriture.

▸ Échéance de l'effet

Chez le fournisseur
Aucune écriture.
Il a obtenu l'argent de façon anticipée.

Chez le client
Il règle normalement l'effet.

	15/12/N		
403	Effet à payer	3 600	
512	Banque		3 600
	LCR – échéance 15/12		

C. Cas particulier : l'escompte de la LCR magnétique

La lettre de change Relevé magnétique, à la différence des autres effets, n'a aucun support papier. Au moment de sa création, aucune écriture n'a été enregistrée. La créance due par le client figure toujours au débit du compte **411** (voir mémo *Les règlements et les modalités de crédit*).

L'escompte d'une LCR magnétique est traité sur le plan comptable comme un **prêt** de la part de la banque.
La banque prélève sur la valeur nominale de la LCR magnétique des agios comme pour une LCR papier.

▸ Escompte de la LCR magnétique

Chez le fournisseur
Pas d'écriture.
Équivaut à une demande de prêt.

Chez le client
Aucune écriture.
Il n'est pas concerné.

▸ Avis de crédit de la banque et encaissement de la somme

Chez le fournisseur
Les agios sont déduits de la somme prêtée.

Compte		Libellé	Débit	Crédit
		28/11/N		
627		Services bancaires	10	
44566		TVA déductible sur ABS	2	
6616		Intérêts bancaires	20	
512		Banque	3 568	
	519	Concours bancaires courants		3 600
		Avis crédit n° xxx		

Chez le client
Toujours aucune écriture.

Changement de compte par rapport à une LCR papier : il s'agit d'un prêt à court terme. La créance est toujours dans le compte client.

▸ À l'échéance de l'effet, le client règle le fournisseur

Chez le fournisseur
Il reçoit le règlement du client.

Compte		Libellé	Débit	Crédit
		15/12/N		
512		Banque	3 600	
	411	Clients		3 600
		LCR magnétique- éch. 15/12		

Chez le client
Il règle normalement la somme due.

Compte		Libellé	Débit	Crédit
		15/12/N		
401		Fournisseurs	3 600	
	512	Banque		3 600
		LCR magnétique- éch. 15/12		

▸ Le fournisseur rembourse le prêt obtenu auprès de la banque

Chez le fournisseur
Grâce au règlement reçu, il rembourse la banque

Compte		Libellé	Débit	Crédit
		15/12/N		
519		Concours bancaires courants	3 600	
	512	Banque		3 600
		LCR magnétique- éch. 15/12		

Le compte 519 est soldé

Chez le client
Aucune écriture. Il n'est pas concerné

2 L'affacturage

L'affacturage consiste, pour une entreprise, à céder les créances qu'elle possède sur ses clients à un organisme financier spécialisé appelé « **factor** ». En revendant ses créances à cet organisme, l'entreprise récupère immédiatement de la trésorerie. C'est le factor qui aura la charge d'en assurer le recouvrement.

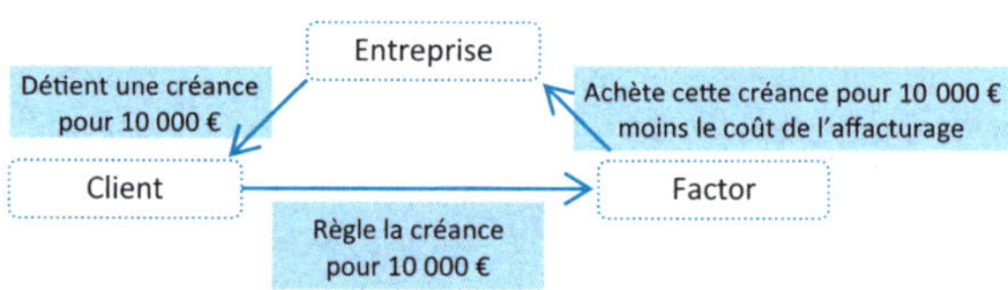

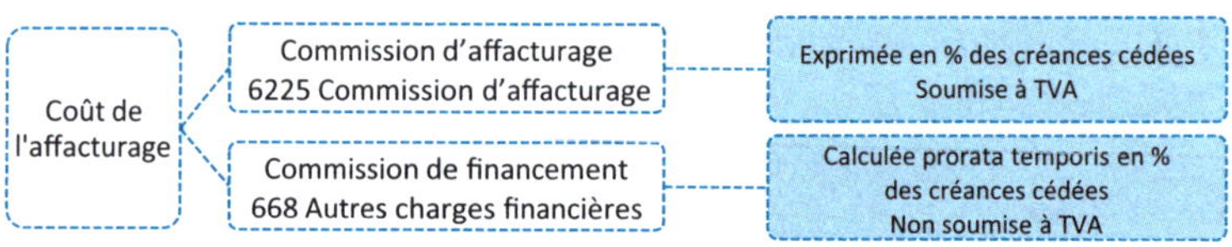

Enregistrement de la cession de créance au factor

Chez le fournisseur
La créance est cédée le 15/09/N pour 10 000 €. Les frais prélevés par le factor ne sont pas encore connus.

	15/09/N		
467	Autres comptes débiteurs (factor)	10 000	
411	Clients		10 000
	Cession créance au factor		

Le compte 411 est soldé dès la cession de créance

Chez le client
Aucune écriture. Il est en revanche informé de l'opération puisqu'il devra régler le factor directement.

Enregistrement du versement reçu du factor

Chez le fournisseur
Le 16/09/N, le factor verse les fonds en déduisant une commission d'affacturage de 100 € HT et une commission de financement de 2 % (200 €)

	16/09/N		
6225	Commission d'affacturage	100	
44566	TVA déductible sur ABS	20	
668	Autres charges financières	200	
512	Banque (10 000 – 100 – 20 – 200)	9 680	
467	Factor		10 000
	Règlement reçu du factor		

Le fournisseur n'encaisse que 9 680 € pour une créance de 10 000 €

Chez le client
Aucune écriture.

UE 9

MÉMO 16

La déclaration de TVA

Les opérations commerciales réalisées par l'entreprise sont soumises à TVA. Les règles générales sont présentées dans le mémo *Le mécanisme de la TVA*, les règles applicables aux opérations avec l'étranger dans le mémo *Les opérations avec l'étranger*, et celles qui concernent les prestations de services dans le mémo *Les prestations de services*.
Périodiquement, l'entreprise doit déclarer les opérations de TVA à l'État.

1 Les obligations en matière de déclaration de TVA

Toute entreprise redevable a pour obligation d'établir une **déclaration de TVA** avant de s'acquitter de l'éventuel règlement.
Selon la nature des activités et l'importance du chiffre d'affaires, les modalités de déclarations varient. Le régime le plus fréquent est le régime du réel normal.

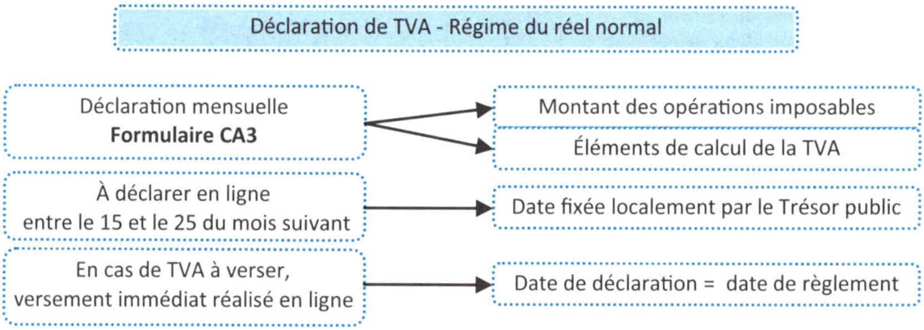

2 Les règles de calcul de la TVA mensuelle

A. Identification des bases de calcul de la TVA

Tableau de synthèse des opérations nécessaires à la détermination de la TVA à payer		
Opérations sur lesquelles l'entreprise a collecté de la TVA au profit de l'État	TVA collectée enregistrée en comptabilité au crédit des comptes	**TVA COLLECTÉE**
Ventes de biens en France	44571 - TVA collectée	
Encaissements de services en France (régime normal)	44571 - TVA collectée	
Ventes de services en France (option pour les débits)	44571 - TVA collectée	
Acquisitions intracommunautaires	4452 - TVA due intracommunautaire	

Achats de biens non immobilisés en France	44566 - TVA déductible sur ABS	TVA DÉDUCTIBLE
Paiements de services en France (régime normal)	44566 - TVA déductible sur ABS	
Achats de services en France (option pour les débits)	44566 - TVA déductible sur ABS	
Importations de biens (hors UE)	44566 - TVA déductible sur ABS	
Achats de biens immobilisés en France	44562 - TVA déductible sur immobilisations	
Acquisitions intracommunautaires de biens non immobilisés	445 662 - TVA déductible sur ABS UE	
Acquisitions intracommunautaires de biens immobilisés	445 622 - TVA déductible sur immobilisations UE	

B. Détermination de la TVA mensuelle

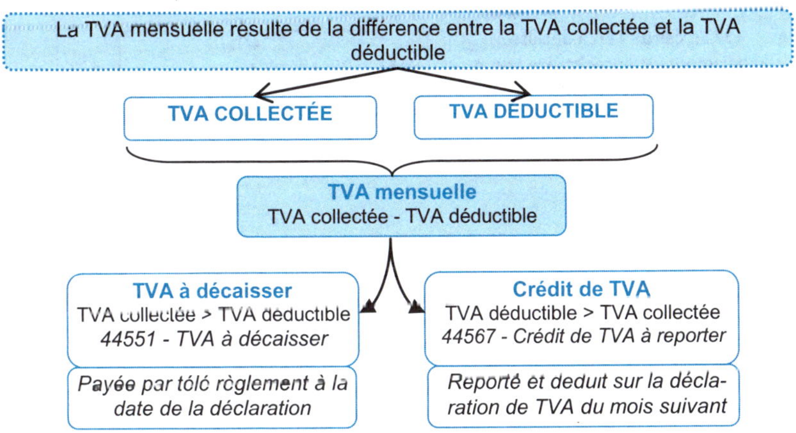

Les sommes portées sur la déclaration de TVA sont arrondies à l'euro le plus proche.

3 L'enregistrement comptable de la déclaration de TVA

Détermination de la TVA du mois

Opérations réalisées	Base	Compte	Collectée	Déductible
Ventes de biens en France	60 000	44571	12 000	
Achats de biens en France	20 000	44566		4 000
Achats de biens en Italie	15 000	445662		3 000
		4452	3 000	
		TVA collectée	15 000	
		TVA déductible		7 000
TVA à décaisser au titre du mois d'octobre			8 000	

① À la fin du mois, les comptes de TVA déductible (débiteurs) sont crédités.
Les comptes de TVA collectée (créditeurs) sont débités.

② La TVA à décaisser est inscrite au crédit
OU
Le crédit de TVA est inscrit au débit.

Compte	Libellé	Débit	Crédit
	31/10/N		
44571	TVA collectée	12 000	
4452	TVA due intracommunautaire	3 000	
44566	TVA sur ABS		4 000
445662	TVA sur ABS UE		3 000
44551	TVA à décaisser		8 000
	Déclaration de TVA octobre		

③ En cas de TVA à décaisser, le paiement est enregistré le jour du télérèglement.

Compte	Libellé	Débit	Crédit
	24/11/N		
44551	TVA à décaisser	8 000	
512	Banque		8 000
	TVA - télépaiement n° xxx		

Les immobilisations corporelles et incorporelles

Pour assurer croissance et pérennité, les entreprises ont besoin d'investir, c'est-à-dire mobiliser des ressources financières afin de se procurer un avantage économique durable.
Les immobilisations incorporelles et corporelles représentent pour l'entreprise des investissements immatériels et matériels.

1 La notion d'immobilisation

Une **immobilisation** est un **actif** pour l'entreprise.

Actif (PCG, art. 211.1)
Élément identifiable du patrimoine ayant une **valeur** économique positive pour l'entité, c'est-à-dire un élément générant une **ressource que l'entité contrôle** du fait d'événements passés et dont elle attend des **avantages économiques futurs**.

- **Élément identifiable** : Acquis séparément, individualisé par un numéro ou une date d'achat.
- **Valeur** : Coût évalué avec une fiabilité suffisante.
- **Ressource que l'entité contrôle** : Dont elle a la propriété ou l'usage exclusif.
- **Avantages économiques futurs** : Potentiel à dégager des flux de trésorerie futurs positifs.

Tout bien ne satisfaisant pas ces quatre critères ne peut être considéré comme une immobilisation et sera donc enregistré en charges.

2 La typologie des immobilisations

A. Les immobilisations incorporelles

Une **immobilisation incorporelle** est un actif non monétaire sans substance physique (PCG, art. 211.5)

Classification comptable des immobilisations incorporelles selon leur nature		
Subdivision comptable	Libellé des comptes	Analyse
201	Frais d'établissement	Frais liés à la constitution ou au développement de l'entreprise. La méthode de référence selon le PCG est de constater ces frais en charges.
203	Frais de recherche et de développement	Pour être immobilisés, ces frais doivent respecter 4 conditions : la faisabilité du projet, l'intention de le mener à bien, la perspective d'avantages économiques futurs, et le fait que les dépenses concernées soient évaluables précisément.

Subdivision comptable	Libellé des comptes	Analyse
205	Concessions et droits similaires, brevets, licences, marques, procédés, logiciels, droits et valeurs similaires	Obtention d'un avantage lié à la protection juridique de ces droits. **Par exception**, les logiciels d'une valeur de moins de 500 € HT peuvent être enregistrés en charges. **Attention**, les logiciels indissociables du matériel sont enregistrés avec ce même matériel en immobilisation corporelle.
206	Droit au bail	Montant versé au locataire précédent.
207	Fonds commercial	Éléments incorporels d'un fonds de commerce (nom commercial, clientèle, enseigne).
208	Autres immobilisations incorporelles	Éléments incorporels divers, dont les fichiers commerciaux acquis.

B. Les immobilisations corporelles

Une **immobilisation corporelle** est un actif physique détenu, soit pour être utilisé dans la production ou la fourniture de biens ou de services, soit pour être loué à des tiers, soit à des fins de gestion interne et dont l'entité attend qu'il soit **utilisé au-delà de l'exercice en cours** (PCG, art. 211.6).

Classification comptable des immobilisations corporelles selon leur nature	
Subdivision comptable	Libellé des comptes
211	Terrains
212	Agencements et aménagements de terrains
213	Constructions
214	Constructions sur sol d'autrui
215	Installations techniques, matériels et outillages industriels
218	Autres immobilisations corporelles

Par exception, les biens d'une valeur de moins de 500 € HT peuvent être enregistrés en charges quand ils appartiennent aux catégories suivantes : petit outillage, matériel ou mobilier de bureau.

3 Les immobilisations acquises par l'entreprise

Détermination de la valeur d'entrée

Les actifs acquis à titre onéreux sont comptabilisés à leur **coût d'acquisition**.

Prix d'achat
+ Droits de douane
+ Taxes non récupérables
– Remises commerciales
– Escompte

À la différence d'un achat de bien, l'escompte est à déduire du prix d'achat

Coûts engagés pour mettre l'actif en place et en état de fonctionner
= Transport/Installation/Montage/Assurance

Frais d'acquisition
= Honoraires + Droits de mutation + Commissions + Frais d'actes

Sur option, ces frais peuvent être constatés en charge

Frais de formation du personnel
Inclus dans le coût d'acquisition ou enregistrés en charge

L'entreprise a le choix de la méthode comptable

Attention, le traitement de l'escompte est différent de celui adopté lors de l'enregistrement des achats de marchandises.

Certaines immobilisations corporelles présentent un caractère particulier :

- la TVA versée pour l'achat d'un **véhicule de tourisme** n'est pas déductible : le coût d'achat est donc le prix TTC ;
- le coût d'acquisition du matériel informatique inclut également la valeur des **logiciels indissociables**.

Enregistrement comptable

L'achat d'une immobilisation est enregistré sur le même principe que l'achat d'une marchandise, avec les comptes spécifiques liés aux actifs immobilisés :

- Achat → Compte de classe 2 selon la nature de l'actif
- TVA déductible → 44562 - TVA déductible sur immobilisations
- Dette fournisseur → 404 - Fournisseur d'immobilisations
- Acompte versé → 237 Avances et acomptes versés sur immobilisations incorporelles ; 238 Avances et acomptes versés sur immobilisations corporelles

Fournisseur SAS	
Facture F25 – le 15/10/N	
Matériel industriel	8 000
Remise fidélité 10 %	800
Net Commercial	**7 200**
Escompte 1 %	72
Net financier	**7 128**
Frais de transport	72
Total HT	**7 200**
TVA à 20 %	1 440
Total TTC	**8 640**
Acompte versé le 01/10	1 000
Net à payer	**7 640**

		Débit	Crédit
	01/10		
238	Acompte versé sur immobilisations	1 000	
512	Banque		1 000
	Acompte SAS		
	15/10		
2154	Matériel industriel	7 200	
44562	TVA déductible sur immobilisations	1 440	
404	Fournisseur d'immobilisations		7 640
238	Acompte versé sur immobilisations		1 000
	Facture SAS F25		

Le coût d'acquisition comprend le prix – la remise + le transport – l'escompte

4 Les immobilisations produites par l'entreprise

Selon la nature de son activité, l'entreprise est parfois amenée à produire des biens immobilisés pour ses propres besoins : une entreprise de BTP va fabriquer elle-même un bâtiment pour y stocker du matériel plutôt que de confier cette construction à un fournisseur extérieur.

Les actifs produits par l'entreprise sont comptabilisés à leur **coût de production**.

- **Coût d'achat des matières consommées**
- **Charges directes de production** : Coût du personnel et autres charges qui peuvent être affectées directement au coût du bien
- **Charges indirectes de production** : Charges diverses que l'on peut raisonnablement rattacher à la production du bien

▸ Enregistrement comptable

L'inscription d'un bien produit par l'entreprise constitue un produit exonéré de TVA, inscrit au crédit du compte **722 - Production immobilisée (immobilisations corporelles)**.

Décompte de travaux du 15/10/N	
Construction du local de stockage	
Matériaux de construction	5 000
Main-d'œuvre directe	8 000
Bureau d'étude (plans)	1 000
Démolition ancien local	2 000
Coût de production	**16 000**

Écriture enregistrée à la date d'achèvement

	15/10/N		
2131	Bâtiments	16 000	
722	Production immobilisée		16 000
	Achèvement construction local		

La production de certaines immobilisations complexes s'étale dans le temps, parfois au-delà de la durée d'un exercice. Le principe d'indépendance des exercices impose la constatation à la clôture de l'avancée des travaux dans le compte **231 – Immobilisations corporelles en cours**.

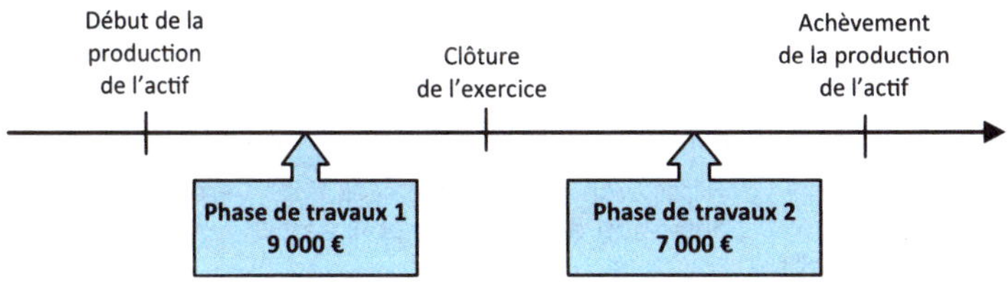

Décompte de travaux du 31/12/N Phase 1	
Construction du local de stockage	
Matériaux de construction	2 000
Main d'œuvre directe	4 000
Bureau d'étude (plans)	1 000
Démolition ancien local	2 000
Coût de production	**9 000**

Ecriture transitoire à la clôture de l'exercice

	31/12/N		
231	Immobilisations corporelles en cours	9 000	
722	Production immobilisée		9 000
	Achèvement construction local		

Décompte de travaux du 15/03/N Phase 2	
Construction du local de stockage	
Matériaux de construction	3 000
Main d'œuvre directe	4 000
Coût de production	**7 000**

Coût total 9 000 + 7 000 = 16 000

Ecriture enregistrée à la date d'achèvement

	15/03/N		
2131	Bâtiments	16 000	
231	Immobilisations corporelles en cours		9 000
722	Production immobilisée		7 000
	Achèvement construction local		

Le compte 231 est soldé

UE 9

MÉMO

18 Les titres

Un titre est une valeur mobilière négociable sur un marché financier. Selon la nature du titre et l'objectif dans lequel il a été acquis, les traitements comptables diffèrent.

1 La classification juridique des titres

Les différentes natures de titres et les droits associés		
Titre de capital = droit de propriété	**Actions** de SA, SAS Parts sociales de SARL, SNC	*Confère au propriétaire :* *- un droit de vote* *- un droit de perception d'un* **dividende**
Titre de créance = droit de créance	**Obligations** (émises par des entreprises) **Bons du Trésor** (émis par l'État)	*Confère au créancier :* *- un droit au remboursement* *- un droit de perception d'un* **coupon** *ou* **intérêt financier**
Parts d'OPCVM (organismes de placement collectif de valeurs mobilières)	Titres émis par des sociétés financières dont l'objectif est la détention de valeurs mobilières	
= droit de propriété	**SICAV** (société d'investissement à capital variable)	*Confère au propriétaire :* *- un droit de vote* *- un droit de perception d'un dividende*
= droit de créance	**FCP** (fond commun de placement)	*Confère au créancier :* *- un droit au remboursement* *- un droit de perception d'un intérêt financier*

2 La typologie comptable des titres

Tous les titres sont des actifs financiers, mais selon la durée de possession et l'objectif de détention, la classification comptable retenue sera différente.

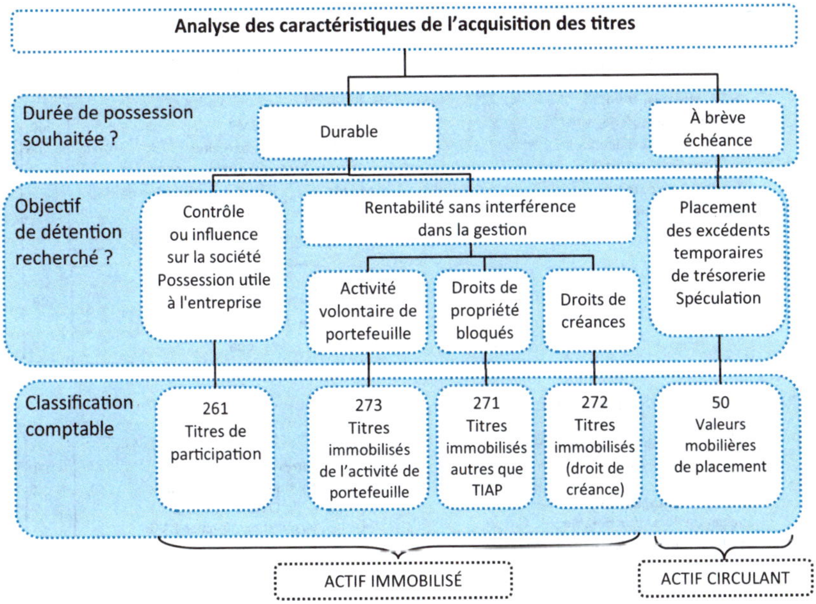

3 L'entrée des titres dans le patrimoine

A. Valeur d'entrée

À leur entrée dans le patrimoine, les titres sont évalués selon les règles générales applicables aux actifs (voir mémo *Les immobilisations corporelles et incorporelles*) : les actifs à titre onéreux sont comptabilisés à leur coût d'acquisition.

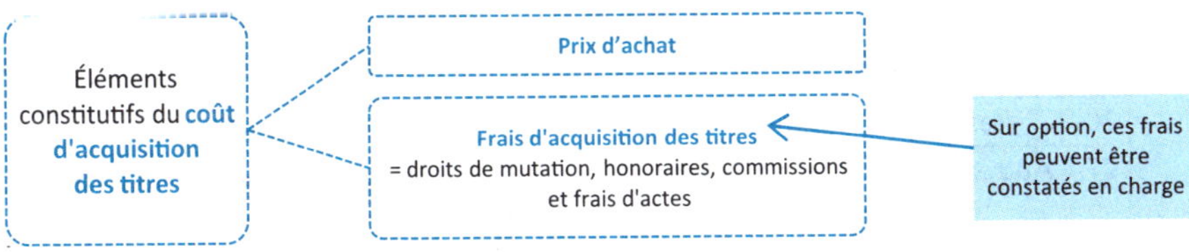

Les acquisitions de titres ne sont pas soumises à TVA, mais les frais bancaires peuvent l'être. Comme les achats au comptant, toutes les acquisitions font l'objet d'une double comptabilisation. Le compte de dette dépend de la nature des titres :

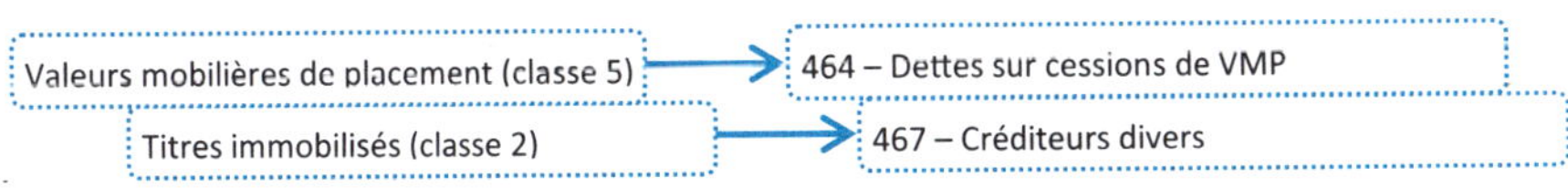

B. Enregistrement comptable

Acquisition de VMP

10/10 : pour **placer un excédent de trésorerie**, achat de 50 SICAV à 10 € l'unité. Frais bancaires de 5 € HT. L'entreprise a opté pour l'enregistrement des frais en charge.

		10/10		
5081		Autres VMP	500	
627		Services bancaires	5	
44566		TVA déductible sur ABS	1	
	464	Dettes sur acquisition de VMP		506
		Acquisition 50 SICAV		

12/10 : avis de débit de la banque

		12/10		
464		Dettes sur acquisition de VMP	506	
	512	Banque		506
		Avis de débit n° xxx		

Acquisition de titres de participation

15/10 : souscription chez un avocat de 40 actions de la SA AXE, au cours de 10 € l'action. **Détention du capital 45 %.** Souhait de **détention durable**. Les frais d'acquisition sont de 30 € HT et sont activés.

		15/10		
2611		Titres de participation	430	
44562		TVA déductible sur immos	6	
	467	Créditeurs divers		436
		Acquisition 10 actions AXE		

17/10 : avis de débit de la banque.

		17/10		
467		Créditeurs divers	436	
	512	Banque		436
		Avis de débit n° xxx		

4 Les produits financiers liés aux titres

Les produits financiers sont enregistrés en comptabilité dès que le revenu est acquis. L'imputation comptable dépend de la classification comptable retenue pour les titres concernés.

Comptes dans lesquels les titres ont été enregistrés à l'acquisition	Compte de produit financier à retenir
261 - Titres de participations	761 - Produits de participation
27 - Autres immobilisations financières	762 - Produits des autres immobilisations financières
50 - Valeurs mobilières de placement	764 - Revenus des **valeurs mobilières de placement**

Enregistrement comptable

Le 31/12 : encaissement de 120 € de coupons sur des obligations EDF. Lors de la souscription, les **obligations ont été enregistrées dans le compte 5081**.

		31/12		
512		Banque	120	
	764	Revenus des VMP		120
		Coupons sur obligations EDF		

Le financement des investissements

MÉMO 19 UE9

Les investissements nécessaires à la croissance et à la pérennité de l'entreprise doivent nécessairement être financés par des ressources à long terme. Les moyens de financement qui s'offrent à l'entreprise sont variés : obtention de subventions, emprunts, souscription de contrats de crédit-bail.

1 Les subventions

A. Typologie des subventions

Une **subvention** est une aide financière non remboursable, versée le plus souvent par des organismes publics dans le but de soutenir un projet.

Subvention d'exploitation	Subvention d'équilibre	Subvention d'investissement
Objet : compenser l'insuffisance de certains produits d'exploitation ou faire face à certaines charges d'exploitation	Objet : compenser tout ou partie de la perte globale que l'entité aurait supportée en l'absence de subvention	Objet : acquérir un actif ou financer une activité à long terme
Exemples : aides à l'embauche, prime d'apprentissage Handicap, compensation pour tarifs chômeurs	Exemples : compensation des pertes d'une société qui exerce une mission de transport public	Exemples : subvention de l'agence nationale de l'habitat, bonus écologique
Constitue un produit d'exploitation 740 – Subventions d'exploitation	Constitue un produit exceptionnel 7715 – Subventions d'équilibre	Constitue une ressource qui sera reprise au résultat dans le temps 131 – Subvention d'équipement

B. Enregistrement comptable

Subvention d'exploitation

Le 15/10/N : le conseil régional octroie à l'entreprise une subvention d'exploitation de 5 000 €, non soumise à TVA.

Le 15/12/N : la subvention est effectivement versée par virement.

Dans l'attente du règlement, compte de tiers adapté (4417)

Compte	Libellé	Débit	Crédit
	15/10/N		
4417	Subventions d'exploitation à recevoir	5 000	
740	Subventions d'exploitation		5 000
	Octroi subvention		
	15/12/N		
512	Banque	5 000	
4417	Subventions d'exploitation à recevoir		5 000
	Virement reçu subvention		

▸ Subvention d'investissement

	Compte	Libellé	Débit	Crédit
Le 10/09/N La région AURA octroie une subvention d'investissement pour financer un matériel de dépollution de l'eau : 9 000 €, non soumise à TVA.		10/09/N		
	4411	Subvention d'investissement à recevoir	9 000	
	131	Subventions d'équipement		9 000
		Octroi subvention		
Le 30/09/N La subvention est effectivement versée par virement		30/09/N		
	512	Banque	9 000	
	4411	Subventions d'investissement à recevoir		9 000
		Virement reçu subvention		

Certaines subventions peuvent être soumises à TVA. Le produit est alors enregistré pour une valeur HT et la TVA est collectée.

2 Les emprunts

A. Définition et caractéristiques

Un **emprunt** est un capital financier, mis à disposition de l'entreprise par un prêteur, que l'entreprise s'engage à rembourser à des conditions prédéterminées. **4 éléments** permettent de caractériser un emprunt :

- **Capital** : Montant emprunté
- **Taux d'intérêt** : Rémunération du prêteur. Taux exprimé annuellement
- **Durée** : Délai entre l'emprunt et l'extinction de la dette
- **Modalités de remboursement** : 3 modalités distinctes sont possibles. L'emprunteur doit rembourser le capital + verser des intérêts.

B. Modalités de remboursement des emprunts

3 modalités de remboursement		
In fine	Par **amortissement constant**	Par **annuité constante**
Le capital est remboursé en une seule fois à la fin de la durée de l'emprunt. Les intérêts sont payés annuellement.	Le capital est remboursé par fractions constantes réparties sur la durée de l'emprunt. Les intérêts sont payés annuellement.	Le versement de chaque période est constant et permet de rembourser une partie du capital, ainsi que les intérêts.

Le prêteur établi un **tableau d'amortissement de l'emprunt** qui permet de connaitre les versements à réaliser à chacune des échéances ainsi que la répartition de ces versements entre remboursement du capital et paiement des intérêts.

> Bien que le vocabulaire soit identique, il ne faut pas confondre amortissement de l'immobilisation (voir mémo *L'amortissement comptable des immobilisations*) et amortissement de l'emprunt.

▸ Tableau d'amortissement dans le cadre d'un remboursement *in fine*

Emprunt de 9 000 € obtenu le 15/10/N - durée 3 ans taux d'intérêt 5% - **Remboursement in fine**				
Échéance	Capital restant dû	Intérêts	Amortissement	Annuité
15/10/N+1	9 000	450		450
15/10/N+2	9 000	450		450
15/10/N+3	9 000	450	9 000	9 450

Un remboursement par an pendant 3 ans

Paiement total : Amortissement + intérêts

Calcul des intérêts : Capital restant dû × Taux d'intérêt

Le capital est remboursé en une seule fois

▸ Tableau d'amortissement dans le cadre d'un remboursement par amortissement constant

Emprunt de 9 000 € obtenu le 15/10/N - durée 3 ans taux d'intérêt 5 % - **Remboursement par amortissement constant**				
Échéance	Capital restant dû	Intérêts	Amortissement	Annuité
15/10/N+1	9 000	450	3 000	3 450
15/10/N+2	6 000	300	3 000	3 300
15/10/N+3	3 000	150	3 000	3 150

Capital restant dû moins amortissement de la période

Les intérêts sont calculés sur le capital restant dû : ils baissent

Le capital de 9 000 est remboursé de façon constante en 3 fois

Tableau d'amortissement dans le cadre d'un remboursement par annuité constante

Comptabilisation de cette annuité ci-après

Emprunt de 9 000 € obtenu le 15/10/N - durée 3 ans taux d'intérêt 5% - **Remboursement par annuité constante**				
Échéance	Capital restant du	Intérêts	Amortissement	Annuité
15/10/N+1	9 000	450	2 855	3 305
15/10/N+2	6 145	307	2 998	3 305
15/10/N+3	3 147	158	3 147	3 305

L'intérêt est calculé en 2ème

L'amortissement est calculé en dernier : annuité – intérêt

L'annuité constante est calculée en 1er, par une formule financière

Le terme « annuité » fait référence à un paiement par an. Certains emprunts sont remboursés de façon plus fréquente : trimestrialité - mensualité.

C. Les enregistrements comptables liés à l'emprunt

L'**emprunt** constitue une dette à long terme enregistré dans le compte **164** - Emprunt auprès des établissements de crédit.

À chaque remboursement, la part d'amortissement de l'emprunt vient en diminution de la dette et la part d'intérêt constitue une charge financière enregistrée dans le compte **6611** - Intérêts des emprunts et des dettes.

À l'obtention de l'emprunt, le 15/10/N, constat de la dette vis-à-vis de la banque.		15/10/N		
	512	Banque	9 000	
	164	Emprunt auprès des établissements de crédit		9 000
		Obtention emprunt		
Au versement de la première **échéance** de 3 305 €, le 15/10/N+1, le tableau d'amortissement indique : - amortissement = 2 855 € - intérêts = 450 €		15/10/N+1		
	164	Emprunt auprès des établissements de crédit	2 855	
	6611	Intérêts des emprunts et des dettes	450	
	512	Banque		3 305
		1re annuité d'emprunt		

3 Le crédit-bail

A. Définition et caractéristiques

Un crédit-bail est un contrat de location d'un bien, pour une période irrévocable, assorti d'une option d'achat du bien fixée à l'avance.
5 éléments permettent de caractériser un contrat de crédit-bail.

- **Durée du contrat** : Durée qui ne peut être modifiée.
- **Bien financé** : Meuble ou immeuble. Valeur à neuf du bien mentionnée dans le contrat.
- **Loyer (ou redevance)** : Montant périodique de location. Versé en début de période (à terme à échoir) ou en fin de période (à terme échu).
  - Charge soumise à TVA
    6122 – Crédit-bail mobilier
    6125 – Crédit-bail immobilier
- **Dépôt de garantie** : Versement à la signature du contrat. Dépôt récupéré à la fin du contrat.
  - Immobilisation financière
    2751 - Dépôts
- **Option d'achat** : Au terme du contrat, 2 cas :
  - **Option d'achat levée** : Achat du bien moyennant un prix fixé à l'avance.
    - Achat soumis à TVA
      Compte d'immobilisation par nature.
  - **Option d'achat non levée** : Restitution du bien.

B. Les enregistrements comptables liés au crédit bail

Une bonne analyse des caractéristiques du contrat permet l'enregistrement comptable des opérations.

Éléments du contrat		Analyse
Nature du bien financé	Matériel industriel	*Compte* **2154** *- Matériel industriel*
Valeur du matériel financé	90 000	*Pour information - aucun enregistrement*
Date de signature	01/09/N	*Date de versement du dépôt de garantie*
Durée	4 ans	*4 années de location avant la fin du contrat*
Redevances mensuelles②	2 400 HT	*Compte* **6122***- Crédit-bail mobilier*
Mode de versement	À terme échu	*Premier versement le 01/10/N*
Dépôt de garantie①	5 % de la valeur du bien	*90 000 × 5 % = 4 500 - Compte* **2751***Dépôts*
Prix de levée d'option③	4 000 HT	*Prix du bien au bout de 4 ans si l'option est levée*

Compte	Libellé	Débit	Crédit	
	01/09/N			
2751	Dépôts	4 500		①
512	Banque		4 500	
	Dépôt de garantie contrat de crédit-bail			
	01/10/N			
6122	Crédit-bail mobilier	2 400		
44566	TVA sur ABS	480		②
512	Banque		2 880	
	Redevance de crédit-bail			
	01/09/N+4 (si option non levée)			
512	Banque	4 500		Le matériel est restitué et le dépôt de garantie est remboursé
2751	Dépôts		4 500	
	Restitution dépôt de garantie – option d'achat non levée			
	01/09/N+4 (si option levée)			
2154	Matériel industriel	4 000		③
44562	TVA sur immobilisations	800		Le matériel est acheté et le dépôt de garantie est déduit du prix à verser
2751	Dépôts		4 500	
512	Banque		300	
	Levée de l'option d'achat et restitution dépôt de garantie			

MÉMO 20 UE9

L'inventaire comptable

Dans le cadre de l'organisation des travaux comptables, l'inventaire occupe une place importante. Au-delà de l'obligation légale, les travaux d'inventaire doivent être organisés de façon méthodique.

1 Une obligation légale

Selon le Code de commerce (article L 123-12) et le PCG (article 912-3), la réalisation d'un inventaire au moins une fois tous les douze mois est une obligation légale.

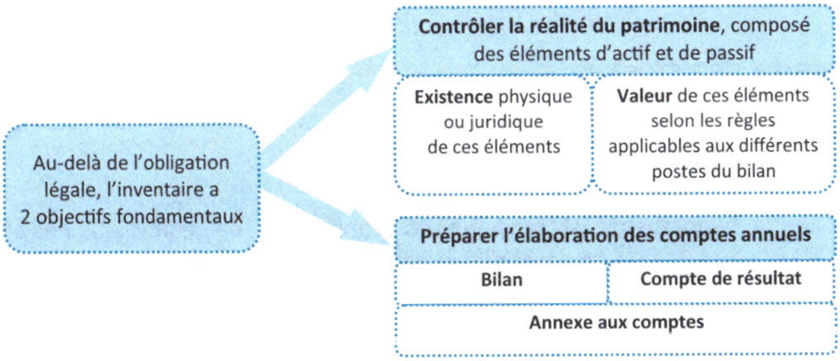

2 Les phases de l'inventaire

L'inventaire comptable est réalisé à la clôture de l'exercice.

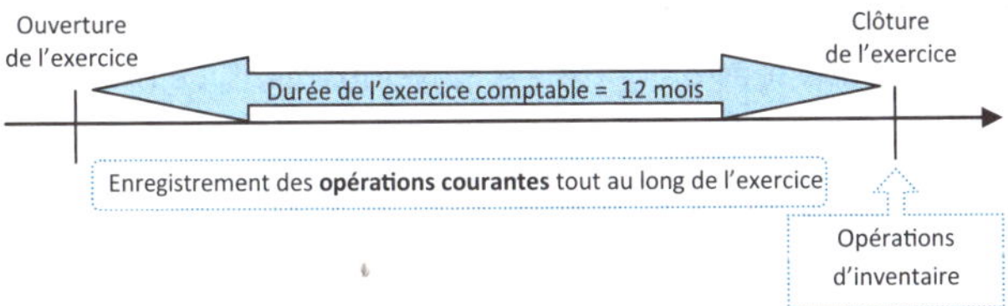

La grande majorité des entreprises en France a adopté l'année civile comme période comptable, avec une date de clôture au 31 décembre, mais ce n'est pas une obligation. Les travaux d'inventaire se composent de 4 phases successives :

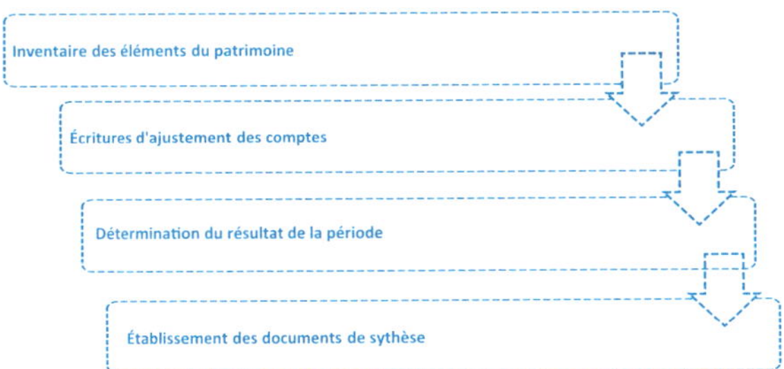

MÉMO 21 Le suivi des stocks

Les stocks détenus par l'entreprise doivent être inscrits à l'actif du bilan à la clôture de l'exercice et posent donc la question du choix du mode de valorisation. La bonne appréhension de la logique comptable liée aux stocks permet de comprendre l'incidence sur le résultat dégagé par l'entreprise.

1 L'évaluation des stocks au bilan

Un **stock** est un élément identifiable du patrimoine (générant des avantages économiques futurs) destiné à être vendu ou consommé.

A. L'inventaire des stocks

Comme tous les éléments du patrimoine, le stock doit être inventorié avant d'être valorisé.

L'inventaire des stocks permet de contrôler la réalité physique des biens et de déterminer la valeur de chacun d'entre eux.
Deux **modes d'inventaire** sont possibles.

Pour chacun des éléments :
Quantité × Prix de valorisation = **Valeur du stock**

B. Les modes de valorisation

Les quantités peuvent être contrôlées physiquement. Le prix de valorisation doit en revanche être estimé :

La **valorisation des stocks** respecte les principes applicables aux actifs.

Biens acquis à titre **onéreux**	Biens acquis à titre **gratuit**	Biens **produits**
= Coût d'acquisition	= Valeur vénale	= Coût de production

Lorsque les entrées en stock sont valorisées à des coûts différents, deux méthodes de valorisation sont possibles.

Méthode PEPS ou FIFO
Premier entré – Premier sorti
First In – First Out
Les produits en stock sont les derniers entrés dans le patrimoine.

Méthode CUMP
Coût unitaire moyen pondéré
Les produits en stock sont valorisés à un coût moyen.

2 La constatation des stocks en comptabilité

A. La typologie comptable des stocks et des variations de stocks

Les stocks sont des éléments d'actif circulant de la classe 3. Sur le plan comptable, ils sont classés par nature ; à chaque nature de stock est associé un compte de variation de stocks précis :

Comptes de stocks Éléments à l'actif du bilan		Compte de variation de stocks Éléments du compte de résultat
Stocks d'éléments acquis		
31 - Matières premières	→	**6031** - Variation des stocks de matières premières
32 - Autres approvisionnements	→	**6032** - Variation des stocks des autres approvisionnements
37 - Marchandises	→	**6037** - Variation des stocks de marchandises
Stocks d'éléments produits		
33 - En-cours de production	→	**7133** - Variation des en-cours de production
35 - Produits	→	**7135** - Variation des stocks de produits

B. Enregistrements comptables liés aux stocks (inventaire intermittent)

Les écritures liées aux stocks sont des écritures d'inventaire constatées à la clôture de l'exercice.

Document source : **inventaire des stocks** à la date de clôture

Inventaire des stocks au 31/12/N		Rappel valeur N-1
Nature	Valorisation	
Matières premières	10 000	8 000
Produits finis	15 000	12 000

↓

① Annulation des stocks N-1 figurant encore à l'actif

	31/12/N		
6031	Variation des stocks de mat. 1res	8 000	
311	Stock de mat. 1res		8 000
	Élimination du stock initial MP		
	31/12/N		
71355	Variation des stocks de produits finis	12 000	
355	Stock de produits finis		12 000
	Élimination du stock initial PF		

↓

② Constatation des stocks N

	31/12/N		
311	Stock de matières premières	10 000	
6031	Variation des stocks de mat. 1res		10 000
	Constatation stock final MP		
	31/12/N		
355	Stock de produits finis	15 000	
71355	Variation des stocks de produits finis		15 000
	Constatation stock final PF		

MÉMO 22 L'amortissement comptable des immobilisations

Les immobilisations sont détenues par l'entreprise pour une utilisation durable, au-delà d'une année. L'amortissement comptable permet de répartir leur valeur sur la durée d'utilisation.

1 Principes généraux

Le PCG définit de façon précise plusieurs **notions fondamentales** en matière d'amortissement.

Les définitions du PCG doivent être connues pour l'examen.

A. Les immobilisations amortissables

PCG 214.1
Un actif amortissable est un actif dont l'**utilisation** par l'entité est **déterminable**.

AMORTISSABLE
L'usage attendu du bien **est limité** dans le temps

- Pour un motif physique — L'usure
- Pour un motif technique — L'obsolence
- Pour un motif juridique — La durée de la protection

NON AMORTISSABLE
L'usage attendu du bien **n'est pas limité** dans le temps

- Fonds commercial
- Marque
- Terrain
- Immobilisations financières

B. La mesure de la durée d'utilisation

PCG 214.2
L'**utilisation** pour une entité se mesure par la **consommation des avantages économiques** attendus de l'actif.

↓

Estimation de la **durée réelle d'utilisation**

- Unité de temps — Nombre d'années
- Autres unités d'œuvre — Heures-machines, Kilomètres parcourus

C. Le montant amortissable

PCG 214.3
Le **montant amortissable** d'un actif est sa **valeur brute** sous déduction de sa **valeur résiduelle**.

Valeur brute

- **Coût d'achat** : Le bien a été acquis à titre onéreux.
- **Valeur vénale** : Le bien a été acquis à titre gratuit.
- **Coût de production** : Le bien a été fabriqué par l'entreprise elle-même.

Valeur résiduelle

- Montant qu'une entité obtiendrait de la cession de l'actif sur le marché à la fin de son utilisation.
- Diminuée des coûts à engager pour que le bien soit vendu.

2 Le calcul de l'amortissement

A. Définition de l'amortissement

PCG 214.3
L'**amortissement** d'un actif est la **répartition systématique** de son **montant amortissable** en fonction de son utilisation.

- **Répartition systématique** : L'amortissement est obligatoire et conforme au plan initial.
- **Montant amortissable** : L'amortissement est calculé à partir de la base amortissable.
- **Utilisation** : L'amortissement se calcule sur la durée d'utilisation, mesurée en temps ou par une autre unité d'œuvre.

B. Le plan d'amortissement

Le **plan d'amortissement** est un tableau qui permet de **répartir** la valeur amortissable de l'actif sur la durée d'utilisation.

- Établi de **façon prévisionnelle** à l'entrée de l'actif dans le patrimoine.
- **Modifiable par la suite** en cas de modification significative de la durée d'utilisation ou d'une dépréciation de l'actif.
- Le **mode d'amortissement** est le rythme de répartition : Constant = linéaire ou variable.

▸ Plan d'amortissement – mode linéaire (durée d'utilisation définie en unité de temps)

L'établissement du plan d'amortissement nécessite de prendre connaissance de tous les éléments économiques relatifs au bien concerné :

Information sur le bien à amortir		Analyse
Nature du bien	Véhicule de livraison	Matériel de transport
Coût d'achat	12 000 €	Selon la définition du PCG (voir mémo *Les immobilisations corporelles et incorporelles*)
Date d'achat	15/03/N	Date d'entrée dans le patrimoine
Date de mise en service	01/04/N	Début de l'utilisation, donc de l'amortissement
Durée d'utilisation	5 ans	L'amortissement est réparti de façon linéaire sur 5 ans à compter du 01/04/N, soit un taux d'amortissement de 1/5 = 20 %
Valeur de revente au terme des 4 ans	2 500 €	Valeur résiduelle : 2 500 – 500 = 2 000 €
Coût de revente au terme des 4 ans	500 €	

Base amortissable = Valeur brute – Valeur résiduelle

Base amortissable × Taux d'amortissement

Dotation N calculée prorata temporis : 10 000 × 20 % × 9/12

Valeur brute – Amortissements cumulés

Tableau d'amortissement

Année	Base amortissable	Dotation aux amortissements	Amortissements cumulés	Valeur nette comptable
N	10 000	1 500	1 500	10 500
N+1	10 000	2 000	3 500	8 500
N+2	10 000	2 000	5 500	6 500
N+3	10 000	2 000	7 500	4 500
N+4	10 000	2 000	9 500	2 500
N+5	10 000	500	10 000	2 000

2 années incomplètes (N et N+5)
4 années complètes

Au terme du plan VNC = Valeur résiduelle

▸ Plan d'amortissement mode variable (durée d'utilisation définie en unités d'œuvre)

<table>
<tr><th colspan="3">Information sur le bien à amortir</th><th>Analyse</th></tr>
<tr><td>Nature du bien</td><td colspan="2">Automate d'emballage</td><td>Matériel industriel</td></tr>
<tr><td>Coût d'achat</td><td colspan="2">10 000 €</td><td>Selon la définition du PCG (voir mémo Les immobilisations corporelles et incorporelles)</td></tr>
<tr><td>Date d'achat</td><td colspan="2">01/07/N</td><td>Date d'entrée dans le patrimoine</td></tr>
<tr><td rowspan="4">Consommation des avantages économiques (l'unité d'œuvre est le nombre d'heures-machines)</td><td>N</td><td>3 000</td><td rowspan="4">L'amortissement est calculé chaque année :
Utilisation de l'année/utilisation totale
Au total, la machine sera utilisée 16 000 heures</td></tr>
<tr><td>N+1</td><td>6 000</td></tr>
<tr><td>N+2</td><td>4 000</td></tr>
<tr><td>N+3</td><td>3 000</td></tr>
<tr><td>Valeur de revente au terme du plan</td><td colspan="2">Nulle</td><td>Pas de valeur résiduelle</td></tr>
</table>

Base amortissable = Valeur brute en l'absence de valeur résiduelle

Dotation N calculée au prorata des heures 10 000 × 3 000/16 000

Tableau d'amortissement				
Année	**Base amortissable**	**Dotation aux amortissements**	**Amortissements cumulés**	**Valeur nette comptable**
N	10 000	1 875	1 875	8 125
N+1	10 000	3 750	5 625	4 375
N+2	10 000	2 500	8 125	1 875
N+3	10 000	1 875	10 000	0

Les données d'utilisation sont données pour 4 ans

Au terme du plan VNC = 0 en l'absence de valeur résiduelle

Lorsque la durée d'utilisation est exprimée dans une unité d'œuvre autre que temporelle, le calcul de la dotation n'est pas réalisé prorata temporis, même si l'acquisition intervient en cours d'exercice.

C. La modification du plan d'amortissement

Lorsque les conditions d'utilisation évoluent de façon significative, le **plan d'amortissement** doit être **modifié** de **façon prospective**, pour les dotations des années qui suivent le changement.

Information sur le bien à amortir		Analyse
Nature du bien	Presse d'impression	*Matériel industriel*
Coût d'achat	12 000 €	*Selon la définition du PCG (voir mémo Les immobilisations corporelles et incorporelles)*
Date d'achat	01/01/N	*Date d'entrée dans le patrimoine*
Durée d'utilisation initialement prévue	6 ans	*Dotation annuelle : 12 000/6 = 2 000 €*
Modification des conditions d'utilisation	*À la fin de l'année N+1, la machine est utilisée jour et nuit, ce qui double son utilisation et réduit de moitié la durée résiduelle.*	

Tableau d'amortissement					
Année	**Base amortissable**	**Dotation aux amortissements**	**Amortissements cumulés**	**Valeur nette comptable**	
N	12 000	2 000	2 000	10 000	Plan initialement prévu pour les 2 premières années
N+1	12 000	2 000	4 000	8 000	
N+2	8 000	4 000	8 000	4 000	Plan modifié VNC fin N+1 : 8 000 Durée restante : 2 ans Dotation : 8 000/2
N+3	8 000	4 000	12 000	0	

3 L'enregistrement comptable de l'amortissement

L'amortissement est pour l'entreprise une **charge calculée**, qui ne fait l'objet d'aucun décaissement de trésorerie. Les informations nécessaires à l'écriture sont données par le plan d'amortissement. S'agissant d'une écriture d'inventaire, la date d'opération est la date de clôture de l'exercice. Chaque exercice comptable prévu dans le plan fera l'objet d'une écriture.

La dotation aux amortissements de l'exercice est enregistrée au débit du compte
6811 – Dotation aux amortissements sur immobilisations

Elle est enregistrée au crédit d'un compte d'amortissement lié au compte d'immobilisation, avec l'insertion d'un **8** en 2e position
28xx – Amortissement xxxxx

L'achat d'un véhicule est constaté au débit du compte 2182 – Matériel de transport

⇨

L'amortissement de ce véhicule est constaté au crédit du compte 28182 – **Amortissement du** matériel de transport

Tableau d'amortissement d'une machine industrielle de 10 000 € Compte dans lequel l'actif est inscrit : 2154 - Matériel industriel Mode variable selon les unités d'œuvre (heures-machines)				
Année	**Base amortissable**	**Dotation aux amortissements**	**Amortissements cumulés**	**Valeur nette comptable**
N	10 000	**1 875**	1 875	8 125
N+1	10 000	3 750	5 625	4 375
N+2	10 000	2 500	8 125	1 875
N+3	10 000	1 875	10 000	0

	31/12/N		
6811	Dotation aux amortissements sur immobilisations	1 875	
28154	Amortissements du matériel industriel		1 875
	Dotation amortissements N		

La codification comptable de l'amortissement insère un 8, ce qui signifie que le solde du compte est en sens inverse (créditeur) par rapport à celui du compte d'immobilisation (débiteur).

MÉMO 23 Les dépréciations des immobilisations incorporelles et corporelles

L'inventaire des éléments du patrimoine amène l'entreprise à se poser la question de la valeur des éléments d'actif au regard des principes comptables, nécessitant parfois de constater une dépréciation.

PCG 214.5
La **dépréciation** d'un actif est la constatation que sa **valeur actuelle** est devenue inférieure à sa **valeur nette comptable**.

1 L'estimation de la dépréciation à constater

PCG 214.16
L'entité doit apprécier à chaque clôture des comptes, s'il existe un **indice** quelconque montrant qu'un actif a pu perdre **notablement** de sa valeur.

↓

Recherche d'un éventuel **indice de perte de valeur** ?

- **Externe** à l'entreprise: évolutions du marché, de l'environnement, des taux
- **Interne** à l'entreprise : obsolescence, dégradation, utilisation modifiée, performances dégradées

Non - aucun indice
= pas de dépréciation

Oui - un indice notable
= test de dépréciation à réaliser

↓

TEST DE DÉPRÉCIATION
Comparaison entre la valeur nette comptable et la valeur actuelle

Valeur nette comptable	Valeur actuelle Valeur la plus élevée entre	
	Valeur vénale	**Valeur d'usage**
Valeur brute – Amortissements	Valeur de marché de l'actif	Valeur d'estimation des avantages économiques futurs attendus

Valeur actuelle > VNC
Pas de dépréciation

VNC > Valeur actuelle
Dépréciation = VNC – Valeur actuelle

2 Enregistrement comptable de la dépréciation des immobilisations

La dépréciation est pour l'entreprise une **charge calculée d'exploitation**, qui ne fait l'objet d'aucun décaissement de trésorerie et qui vient réduire la valeur de l'actif dans le patrimoine.

La dépréciation de l'exercice est enregistrée au débit du compte
6816 – Dotation aux dépréciations des immobilisations

Elle est enregistrée au crédit d'un compte de dépréciation lié au compte d'immobilisation, avec l'insertion d'un **9** en 2e position
29xx – Dépréciation xxxxx

L'achat d'un bâtiment est constaté au débit du compte 213 – Constructions	⇨	La dépréciation de ce bâtiment est constatée au crédit du compte 2913 – **Dépréciation des** constructions

Un terrain a été acquis le 15/04/N-3 : 20 000 €.
Le 31/12/N : projet de modification du plan de circulation annoncé → la valeur actuelle du terrain est estimée à 14 000 €.
Dépréciation nécessaire : 20 000 - 14 000 = 6 000.

	31/12/N		
6816	Dotation aux dépréciations des immobilisations	6 000	
2911	Dépréciations des terrains		6 000
	Dépréciation exercice N		

3 L'ajustement de la dépréciation des immobilisations

À chaque **inventaire**, le **test de dépréciation** est réalisé pour les immobilisations toujours en service dans l'entreprise.

↓

Estimation de la **dépréciation nécessaire**

Si dépréciation nécessaire > Dépréciation déjà constatée	Si dépréciation nécessaire < Dépréciation déjà constatée
↗ **Dotation** pour dépréciation	↘ **Reprise** sur dépréciation
6816 Dotation aux dépréciations des immobilisations	**7816** Reprise sur dépréciations des immobilisations

Un terrain a été acquis le 15/04/N-3 : 20 000 €. Le 31/12/N, un projet a entrainé la constatation d'une dépréciation de 6 000. Le 31/12/N+1, le projet est modifié. La valeur actuelle du terrain est de 16 000. Dépréciation nécessaire : 20 000 - 16 000 = 4 000. Reprise à réaliser pour 6 000 - 4 000 = 2 000.		31/12/N+1		
	2911	Dépréciations des terrains	2 000	
	7816	Reprise sur dépréciations des immobilisations		2 000
		Ajustement dépréciation exercice N+1		

4 L'incidence de la dépréciation sur le plan d'amortissement de l'immobilisation

PCG 214.18
La comptabilisation d'une **dépréciation** modifie de manière prospective la base amortissable de l'actif déprécié.

La modification des **amortissements** concerne uniquement les exercices **postérieurs** à la constatation de la dépréciation.

La **base de calcul** de l'amortissement est **modifiée**.
Le **rythme** de l'amortissement est **inchangé**.

Hausse de la dépréciation = Baisse de la base amortissable

Baisse de la dépréciation = La valeur nette comptable du bien ne peut être supérieure à celle du plan initial.

La modification du plan ne concerne que les immobilisations amortissables.

La dépréciation fait l'objet d'un suivi dans le plan d'amortissement ; la **valeur nette comptable** du bien prendra en compte la variation de la dépréciation dans le temps.

<table>
<tr><th colspan="3">Information sur le bien à amortir</th></tr>
<tr><td>Nature du bien</td><td colspan="2">Matériel industriel</td></tr>
<tr><td>Coût d'achat</td><td colspan="2">10 000 €</td></tr>
<tr><td>Date d'achat et mise en service</td><td colspan="2">01/01/N</td></tr>
<tr><td>Durée d'utilisation</td><td colspan="2">5 ans</td></tr>
<tr><th colspan="3">Constatation d'une dépréciation au 31/12/N+2</th></tr>
<tr><td>Valeur actuelle du bien</td><td>3 500 €</td><td rowspan="2">Dépréciation nécessaire de 500 €⑤</td></tr>
<tr><td>VNC au 31/12/N+2 selon le plan initial</td><td>4 000 €</td></tr>
</table>

Tableau d'amortissement

<table>
<tr><th rowspan="2">Année</th><th rowspan="2">Base amortissable</th><th colspan="2">Amortissements</th><th colspan="2">Dépréciation</th><th rowspan="2">Valeur nette comptable</th></tr>
<tr><th>Dotation</th><th>Cumul</th><th>Dotation</th><th>Cumul</th></tr>
<tr><td>N</td><td>10 000</td><td>① 2 000</td><td>2 000</td><td></td><td></td><td>8 000</td></tr>
<tr><td>N+1</td><td>10 000</td><td>① 2 000</td><td>4 000</td><td></td><td></td><td>6 000</td></tr>
<tr><td>N+2</td><td>10 000</td><td>① 2 000</td><td>6 000</td><td>⑤ 500</td><td>500</td><td>② 3 500</td></tr>
<tr><td>N+3</td><td>3 500</td><td>③ 1 750</td><td>7 750</td><td></td><td>500</td><td>④ 1 750</td></tr>
<tr><td>N+4</td><td>1 750</td><td>1 750</td><td>9 500</td><td></td><td>500</td><td>0</td></tr>
</table>

② La dépréciation diminue la VNC

① Dotations conformes au plan initialement prévu

③ VNC à fin N+2 3 500 € à amortir sur 2 ans

UE 9

MÉMO

24 Les dépréciations des autres éléments d'actif

L'inventaire des éléments du patrimoine pousse l'entreprise à s'interroger sur la valeur des éléments d'actif au regard des principes comptables, nécessitant parfois de constater une dépréciation. Les autres éléments d'actifs sont les titres, les stocks et les créances clients.

Rappel du PCG 214.5 : la **dépréciation** d'un actif est la constatation que sa **valeur actuelle** est devenue inférieure à sa **valeur nette comptable**.

1 La dépréciation des titres

La classification comptable des titres a été traitée dans le mémo *Les titres*.

A. L'estimation de la dépréciation à constater

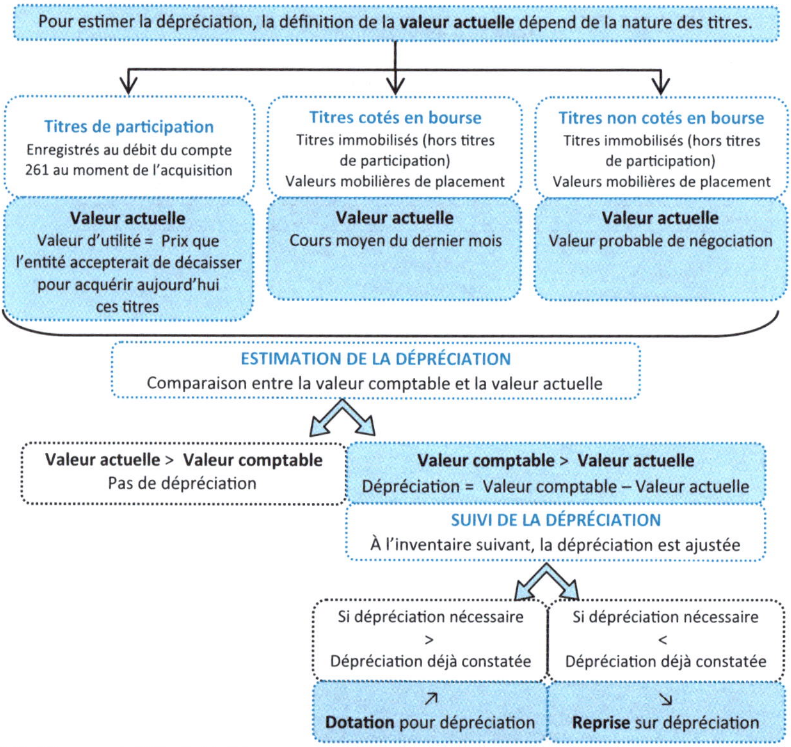

La dépréciation est estimée titre par titre et ne peut pas faire l'objet d'une compensation entre les plus et les moins-values latentes.

B. L'enregistrement comptable de la dépréciation et des ajustements

La dépréciation constitue pour l'entreprise une **charge financière** qui vient réduire la valeur de l'actif dans le patrimoine. La reprise d'une dépréciation est un **produit financier**.

En cas de dotation, débit du compte :	En cas de reprise, crédit du compte :
6866<u>2</u> – Dotation aux dépréciations des <u>immobilisations</u> financières ou **6866<u>5</u> – Dotation aux dépréciations des <u>VMP</u>**	**7866<u>2</u> – Reprise sur dépréciations des <u>immobilisations</u> financières** ou **7866<u>5</u> – Reprise sur dépréciations des <u>VMP</u>**

La contrepartie est enregistrée dans un compte de dépréciation lié au **compte de titre**, avec l'insertion d'un **9 en 2e position** :

Exemple	Débit	Crédit	Libellé	Débit	Crédit
Le 15/09/N, 100 actions ont été acquises 25 € l'unité pour un placement de trésorerie à court terme. Les titres sont au débit du compte 5031 - Titres cotés. Le cours moyen de bourse pour décembre N s'élève à 20 €. Dépréciation nécessaire : (25 - 20) × 100 = 500 €			31/12/N		
	68665		Dotation aux dépréciations des VMP	500	
		59031	Dépréciations des actions cotées		500
			Dépréciation titres N		

2 La dépréciation des stocks

La valorisation des stocks à l'actif du bilan résulte de quantités de produits valorisés soit au **PEPS**, soit au **CUMP** (voir mémo *Le suivi des stocks*).

A. L'estimation de la dépréciation à constater

Pour estimer la dépréciation, la définition de la **valeur actuelle** dépend de la nature des stocks.

Stocks destinés à être revendus en l'état Marchandises – Produits finis	Stocks destinés au processus de production Matières premières – Matières consommables
Valeur vénale Valeur de marché des produits	**Valeur d'usage** Estimée par rapport à la valeur du produit fini

ESTIMATION DE LA DÉPRÉCIATION

Comparaison entre la valeur comptable et la valeur actuelle

2 approches possibles selon les produits stockés

- Évaluation unité par unité
- Évaluation par catégorie de biens

Valeur actuelle > Valeur comptable Pas de dépréciation	**Valeur comptable > Valeur actuelle** Dépréciation = Valeur comptable – Valeur actuelle

B. L'enregistrement comptable de la dépréciation

La dépréciation estimée constitue pour l'entreprise une **charge d'exploitation** qui vient réduire la valeur des stocks à l'actif du bilan.

En cas de hausse de la dépréciation, débit du : **68173 – Dotation aux dépréciations des stocks et en-cours**	En cas de baisse de la dépréciation, crédit du : **78173 – Reprise sur dépréciations des stocks et en-cours**

La contrepartie est enregistrée dans un compte de dépréciation lié au **compte de stock**, avec l'insertion d'un **9 en 2e position** :

Le 31/12/N, des produits en stock de matières premières sont inutilisables pour la production. Leur valeur au bilan est de 1 700 €. Ils peuvent être revendus 900 € en l'état.

	31/12/N		
68173	Dotation aux dépréciations des stocks	800	
391	Dépréciations des matières premières		800
	Dépréciation stocks MP (1 700 - 900)		

			Débit	Crédit
Le 31/12/N+1, un lot de matières premières est à déprécier de 500 €. La dépréciation existante doit donc être reprise de 800 - 500 = 300 €.	391 78173	31/12/N+1 Dépréciations des matières premières Reprise sur dépréciations des stocks *Ajustement dépréciation stocks MP*	300	 300

3 La dépréciation des créances clients

Les sommes à recevoir des clients figurent au bilan pour leur valeur nominale, TVA incluse. L'entreprise n'est pas toujours certaine de pourvoir encaisser (recouvrer) les sommes correspondantes.

A. Les différents types de créances clients

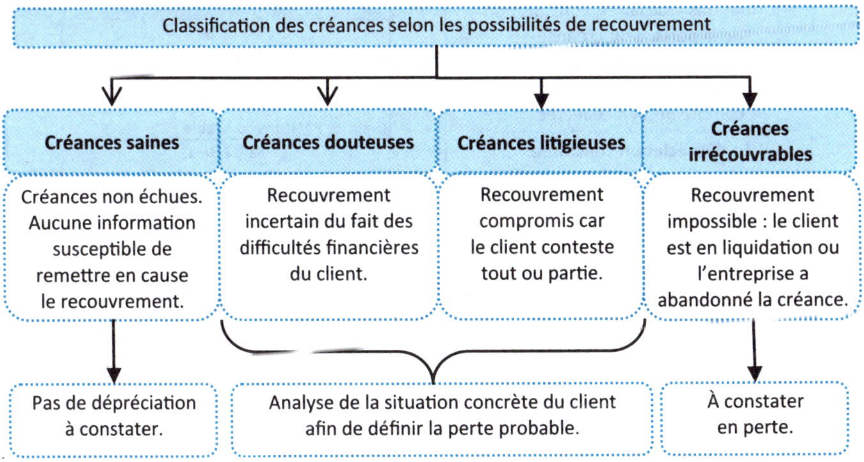

B. Le traitement des créances douteuses et litigieuses

L'entreprise collecte la TVA auprès des clients et au profit de l'État. Lorsque le recouvrement client semble compromis, l'entreprise pourra récupérer cette TVA collectée auprès de l'État.

Le compte de dépréciation est lié au compte client, avec l'insertion d'un 9 en 2e position.

Créances douteuses | **Créances litigieuses**

① Créances à isoler pour leur **valeur TTC** dans un compte client adapté :
416 – Clients douteux ou litigieux

Le client PAUL n'est pas en mesure de régler sa créance (1 200 €).

	31/12/N		
416	Clients douteux ou litigieux	1 200	
411	Clients		1 200
	PAUL nouveau douteux : 1 200 € TTC		

② Au cas par cas, en fonction de la perte probable estimée, **calcul** de la dépréciation à constater sur la base de la **valeur HT de la créance**

Enregistrement comptable de la **dépréciation**

On pense pouvoir recouvrer seulement 40 % de la créance PAUL.
Perte probable = 1 – 40 % soit 60 %
Base de calcul de la dépréciation = (1 200/1,2) = 1 000
Dépréciation à constater = 1 000 x 60 % = 600

	31/12/N		
68714	Dotation pour dépréciation des créances	600	
491	Dépréciations des comptes de clients		600
	Dépréciation créance PAUL		

③ Au cas par cas, en fonction des informations judiciaires, constatation de la **perte** pour créance irrécouvrable pour la **valeur HT**. La TVA est inscrite au débit du compte de TVA collectée

La **dépréciation** constatée sur cette créance devient sans objet et doit être **reprise**

Au cours de N+1, PAUL est en liquidation judiciaire.

	31/12/N+1		
654	Pertes sur créances irrécouvrables	1 000	
44571	TVA collectée	200	
416	Clients douteux ou litigieux		1 200
	Créance PAUL irrécouvrable		
	31/12/N+1		
491	Dépréciations des comptes de clients	600	
78714	Reprise sur dépréciation des créances		600
	Dépréciation PAUL sans objet		

Les dépréciations et les pertes sont toujours déterminées sur le montant HT, la TVA étant ensuite récupérée auprès de l'État.

Les provisions

La notion de provision pour risques et charges répond de façon précise à la définition donnée par le PCG.

1 Définition et conditions de comptabilisation

PCG 214.5
Une **provision** est un passif dont l'échéance ou le montant n'est pas fixé de façon précise.

3 conditions de comptabilisation

Obligation à l'égard d'un tiers	Sortie probable de ressources sans contrepartie	Évaluation possible
Obligation légale ou contractuelle connue avant la date de clôture de l'exercice.	La sortie au bénéfice d'un tiers ne procure pas d'avantages économiques pour l'entreprise.	Le montant n'est pas connu de façon précise, mais il est possible de l'évaluer.
Garantie accordée aux clients. Indemnisation de salariés pour des licenciements décidés.	Plan de formation pour les salariés licenciés : ils ne travailleront plus pour l'entreprise.	Dommages et intérêts à verser pour un litige en cours : l'estimation faite par l'avocat.

2 Typologie des provisions pour risques et charges

Les principales **provisions pour risques** *Constituées pour faire face à des risques probables liés à l'activité de l'entreprise*		
1511	Provision pour litiges	*Litige commercial en cours*
1514	Provisions pour amendes et pénalités	*Contrôle fiscal en cours*
1515	Provisions pour pertes de change	*Perte de change latente*

Les principales **provisions pour charges** *Constituées pour faire face à des charges probables dont le montant et l'échéance sont incertains*		
154	Provisions pour restructuration	*Indemnités de licenciement, frais de démantèlement d'usine*
1572	Provisions pour gros entretien ou grandes révisions	*Charges prévisibles importantes ne présentant pas un caractère annuel*

3 Enregistrement des provisions pour risques et charges

Les **provisions** font l'objet d'une **estimation** à la clôture de l'exercice

↓

Dotation aux provisions selon la nature du risque ou de la charge
Au débit : le compte de dotation – Au crédit : le compte de provision concerné

- 6815 - **Dotation aux provisions d'exploitation**
  Risque ou charge lié à l'activité courante de l'entreprise
- 6865 - **Dotation aux provisions financières**
  Risque ou charge lié à une opération financière
- 6875 - **Dotation aux provisions exceptionnelles**
  Risque ou charge lié à un élément inhabituel et anormal

Analyse de **l'évolution** au cours de l'exercice suivant – **ajustement** de la provision

- Le **risque** ou la **charge** se sont **réalisés** : la provision devient **sans objet et doit être reprise**
- Le **risque** ou la **charge** ont **diminué** : reprise partielle à réaliser
- Le **risque** ou la **charge** se sont **accrus** : dotation complémentaire à réaliser

Reprise sur provisions selon le compte de dotation utilisé au moment de la constitution de la provision
Au débit : le compte de provision concerné
Au crédit : le compte de reprise

- 7815 **Reprise sur provisions d'exploitation**
- 7865 **Reprise sur provisions financières**
- 7875 **Reprise sur provisions exceptionnelles**

Dotations aux provisions selon le compte de dotation utilisé au moment de la constitution initiale de la provision

Le 31/12/N, l'entreprise est en litige avec un ancien commercial LORET. L'avocat estime les indemnités à verser à un total de 9 000 €. Le litige est directement lié à l'activité de l'entreprise.

Le 31/12/N+1, de nouvelles pièces ont été versées au dossier, réduisant le risque à 6 000 €. Une reprise doit être réalisée : (9 000 – 6 000 = 3 000).

	31/12/N		
6815	Dotation aux provisions d'exploitation	9 000	
1511	Provisions pour litiges		9 000
	Provision pour litige LORET		
	31/12/N+1		
1511	Provisions pour litiges	3 000	
7815	Reprise sur provisions d'exploitation		3 000
	Ajustement provision pourlitige LORET		

Comptes de dotation et de reprise liés

L'énoncé permet de retenir le compte de dotation d'exploitation pour constituer la provision

UE 9

MÉMO 26 L'ajustement des créances et des dettes en devises

Les créances et les dettes en monnaies étrangères sont converties et comptabilisées en monnaie nationale sur la base du dernier cours du change (voir mémo *Les opérations avec l'étranger*).
Les créances et les dettes liées à ces opérations doivent être ajustées à l'inventaire.

1 La notion de différence de conversion

À l'inventaire, les créances et les dettes libellées en devise sont **modifiées temporairement** pour être converties au taux de change de la date de clôture.

En cas de modification à l'avantage de l'entreprise
=
Gain de change latent
477 – Différence de conversion passif

- Augmentation de la créance client
4771 - Différence de conversion PASSIF - augmentation des créances
- Diminution de la dette fournisseur
4772 - Différence de conversion PASSIF – diminution des dettes

En cas de modification au détriment de l'entreprise
=
Perte de change latente
476 – Différences de conversion actif

- Diminution de la créance client
4761 - Différence de conversion ACTIF - diminution des créances
- Augmentation de la dette fournisseur
4762 - Différence de conversion ACTIF – augmentation des dettes

→ Risque de perte de change
Constitution d'une provision pour perte de change - 1515

ZOOM sur la logique de la codification des différences de conversion :
- un gain de change → 47<u>7</u> → à inscrire au passif du bilan
- une perte de change → 47<u>6</u> → à inscrire à l'actif du bilan

La conversion à l'inventaire est temporaire : elle doit être éliminée à l'ouverture de l'exercice suivant.

2 Le suivi comptable des différences de conversion

Créance de devise | **Dette en devise**

↓

Valeur nominale avant inventaire ?
Cours du jour de la facture

> Le 01/12/N, l'entreprise a réalisé une vente auprès d'un client anglais ACE pour 1 000 GBP. Cours du jour 1 GPB = 1,3 €.
> Avant inventaire, la créance figure dans le compte 411 pour une valeur de 1 000 x 1,3 = 1 300 €.

↓

Valeur à l'inventaire ?
Cours du jour de la clôture

> Le 31/12/N, le taux de change est de 1 GPB = 1,25 €.
> La créance doit être modifiée = 1 000 x 1,25 = 1 250 €.
> Elle doit être diminuée de 1 300 – 1 250 = 50 €.

Qualification de la **différence de conversion**

> Diminution de créance = perte de change latente = Différence de conversion Actif de 50 €.

↓

Enregistrement de la différence de conversion à la clôture N

	31/12/N		
4761	Différence de conversion actif – diminution des créances	50	
41102	Client UE		50
	Créance ACE en GBP : 1 300 – 1 250		

Provision pour perte de change **uniquement** s'il s'agit d'une différence ACTIF

	31/12/N		
6815	Dotation aux provisions d'exploitation	50	
1515	Provision pour perte de change		50
	Perte de change latente ACE		

↓

Élimination de la différence de conversion à l'ouverture N+1
Comptes de tiers rétablis au cours du jour de la facture

	01/01/N+1		
41102	Client UE	50	
4761	Différence de conversion actif – diminution des créances		50
	Extourne différence de conversionACE		

↓

Reprise de la provision pour perte de change qui devient sans objet
À la date de règlement du client

> Le 15/01/N+1, le client ACE règle sa créance

	31/12/N		
1515	Provision pour perte de change	50	
7815	Reprises sur provisions d'exploitation		50
	Perte de change latente ACE		

Les enregistrements liés aux différences de conversion sont indépendants de ceux qui permettent la constatation effective des pertes ou des gains de change (voir mémo *Les opérations avec l'étranger*).

3 La présentation des différences de conversion au bilan

Les différences de conversion sont positionnées tout en bas du bilan, juste avant le total général :
- du côté de l'actif pour les comptes **476** – Différence de conversion Actif ;
- du côté du passif pour les comptes **477** – Différence de conversion Passif.

MÉMO 27 Les cessions d'immobilisations incorporelles et corporelles

Les immobilisations corporelles et incorporelles ont été inscrites à l'actif du bilan à leur entrée dans le patrimoine (voir mémo *Les immobilisations corporelles et incorporelles*). La cession est considérée comme une vente, souvent soumise à TVA, et doit entraîner la sortie du bien du patrimoine, ainsi que de tous les éléments comptables liés : amortissement ou dépréciation.

1 Principes généraux applicables à toutes les cessions d'immobilisations

Sortie de l'actif d'une immobilisation incorporelle ou corporelle

- Motifs
  - Le bien est vendu à un tiers
  - Le bien est mis au rebut (il n'est plus utilisé)
- Régime de TVA
  - La plupart des cessions d'actif sont soumises à TVA
- Imputation comptable de la vente
  - Produit exceptionnel **775** - Produits des cessions d'éléments d'actif
- Imputation comptable de la sortie d'actif
  - Charge exceptionnelle **675** - Valeurs comptables des éléments d'actif cédés

Résultat de la cession
Compte 775 - Compte 675

- **Plus-value de cession** : Produit > Charge
- **Moins-value de cession** : Charge > Produit

2 La cession des immobilisations non amortissables

Étapes du traitement de la cession d'une **immobilisation non amortissable**

Un terrain acquis le 01/01/N-7 pour une valeur de 100 000 € est cédé le 15/10/N à un prix de 80 000 €.
La vente n'est pas soumise à TVA.
Le terrain avait fait l'objet d'une dépréciation de 15 000 € au 31/12/N-1.

Étape	Compte débit	Compte crédit	Libellé	Débit	Crédit
① Enregistrement du produit de la cession de l'actif À la date de la vente			15/10/N		
	462		Créances sur cessions d'immobilisations	80 000	
		775	Produits des cessions d'éléments d'actif		80 000
			Cession du terrain - facture n° xxx		
② Enregistrement de la sortie de l'actif du patrimoine À l'inventaire			31/10/N		
	675		Valeur comptable des éléments d'actif cédés	100 000	
		211	Terrains		100 000
			Sortie du terrain suite à la vente		
③ Reprise de l'éventuelle dépréciation (devenue sans objet) À l'inventaire			31/10/N		
	2911		Dépréciation des terrains	15 000	
		7816	Reprise sur dépréciation des immobilisations		15 000
			Dépréciation terrain devenue sans objet		

Le compte 211 - Terrains est soldé

④ Détermination du résultat de cession

Produit de cession : 80 000
Valeur comptable : 100 000
Moins-value de cession = 20 000

3 La cession des immobilisations amortissables

L'existence d'un plan d'amortissement vient alourdir le processus de traitement comptable de la cession lorsque l'immobilisation est amortissable : les amortissements doivent être pris en compte (voir mémo *L'amortissement comptable des immobilisations*).

Un matériel a été acquis le 01/07/N-2 pour une valeur de 100 000 € HT.
Le rythme de consommation des avantages économiques est constant sur 5 ans.
Le matériel est cédé le 01/07/N à un prix de 50 000 € HT. La vente est soumise à TVA.
Le matériel ne fait pas l'objet d'une dépréciation.

① Enregistrement du produit de la cession de l'actif À la date de la vente

	01/07/N	Débit	Crédit
462	Créances sur cessions d'immobilisations	60 000	
775	Produits des cessions d'éléments d'actif		50 000
44571	TVA collectée		10 000
	Cession du matériel -facture n° xxx		

② Calcul de la dotation aux amortissements de l'année N jusqu'à la date de la cession

Année	Amortissement comptable	
N-2	100 000 x (1/5) x (6/12)	10 000
N-1	100 000 x (1/5)	20 000
N	100 000 x (1/5) x (6/12)	10 000
		40 000

③ Enregistrement de la dotation aux amortissements de l'année N

	31/12/N	Débit	Crédit
6811	Dotation aux amortissements	10 000	
28154	Amortissement matériel industriel		10 000
	Dotation amortissement N matériel cédé		

④ Enregistrement de la sortie de l'actif du patrimoine (valeur brute **ET** amortissements)

	31/12/N	Débit	Crédit
28154	Amortissement matériel industriel	40 000	
675	Valeurs comptables des éléments d'actif cédés	60 000	
2154	Matériel industriel		100 000
	Sortie du patrimoine du matériel cédé		

Le compte d'amortissement est soldé

La valeur comptable est la différence entre les 2

Le compte d'immobilisation est soldé

Le traitement de la cession d'un actif immobilisé nécessite une bonne maîtrise de la construction du plan d'amortissement.

MÉMO 28 Les cessions de titres

Les titres financiers acquis par l'entreprise ont été inscrits à l'actif du bilan, soit en tant qu'immobilisation financière, soit en tant qu'actif circulant (voir mémo *Les titres*), selon le motif de détention. La sortie de ces titres du patrimoine est traitée de manière différente dans chacun des cas.

1 La cession des titres immobilisés

La sortie des titres immobilisés du patrimoine suit un traitement comptable identique à la cession des immobilisations non amortissables (voir mémo *Les cessions d'immobilisations incorporelles et corporelles*). Les titres étant des actifs financiers, la vente n'est jamais soumise à TVA.

Étapes du traitement de la **cession de titres immobilisés**

Des titres de participation ont été acquis le 01/01/N-4 pour une valeur de 10 000 €.
Ils sont cédés le 01/11/N à un prix de 9 000 €.
Les titres ont fait l'objet d'une dépréciation de 2 000 € au 31/12/N-1.

Étape	Compte	Libellé	Débit	Crédit
① Enregistrement du produit de la cession de l'actif À la date de la vente		15/10/N		
	462	Créances sur cessions d'immobilisations	9 000	
	775	Produits des cessions d'éléments d'actif		9 000
		Cession des titres de participation		
② Enregistrement de la sortie de l'actif du patrimoine À l'inventaire		31/12/N		
	675	Valeur comptable des éléments d'actif cédés	10 000	
	261	Titres de participation		10 000
		Sortie des titres suite à la vente		
③ Reprise de l'éventuelle dépréciation (devenue sans objet) À l'inventaire		31/12/N		
	2961	Dépréciation des titres de participation	2 000	
	78662	Reprise sur dépréciation des immobilisations financières		2 000
		Dépréciation titres devenue sans objet		

Le compte 261 - Titres de participation est soldé

④ Détermination du résultat de cession

Produit de cession : 9 000
Valeur comptable : 10 000
Moins-value de cessions = 1 000

Le résultat de cession (plus ou moins-value) se calcule toujours avant reprise éventuelle de la dépréciation.

2 La cession des valeurs mobilières de placement

Les titres conservés à brève échéance dans un but de placement de trésorerie sont enregistrés dans les subdivisions du compte **508** qui relève de la classe des comptes financiers. Le traitement comptable de cession des actifs immobilisés ne peut donc pas s'appliquer.

Étapes du traitement de la cession de VMP

- Détermination de la valeur comptable des titres cédés
- Détermination du résultat de cession
- Enregistrement comptable de la cession

A. La détermination de la valeur comptable des titres cédés

La valeur comptable des titres cédés est le **coût d'entrée** des titres dans le patrimoine. Lorsque la cession porte sur une fraction des titres détenus, la valeur d'entrée peut être estimée selon deux méthodes :

Méthodes d'estimation du coût d'entrée des titres

- **Méthode PEPS ou FIFO** — Premier entré – Premier sorti — First In – First Out : Les titres conservés sont les derniers entrés dans le patrimoine.
- **Méthode CUMP** — Coût unitaire moyen pondéré : Les titres cédés sont estimés à un coût moyen.

<table>
<tr><td colspan="2">Acquisition le 10/10 : 10 parts de FCP FILOR à 20 € = 200 €
Acquisition le 15/10 : 15 parts de FCP FILOR à 22 € = 330 €
Cession le 20/10 : 20 parts de FCP FILOR → Quelle est la valeur comptable de ces titres cédés ?</td></tr>
<tr><th>Méthode PEPS</th><th>Méthode CUMP</th></tr>
<tr><td>En comptabilité, les 25 parts acquises ont une valeur unitaire de :
- 20 € pour les 10 parts les plus anciennes
- 22 € pour les 15 parts les plus récentes</td><td>Calcul du CUMP des 25 parts acquises :
(200 € + 330 €)/(10 + 15) = 21,2 €
En comptabilité, les 25 parts acquises ont une valeur unitaire estimée de 21,20 €.</td></tr>
<tr><td>Valeur comptable des 20 parts cédées :
- 20 € × 10 = 200 € pour les plus anciennes
- 22 € × 10 = 220 € pour les plus récentes
Soit au total 200 € + 220 € = 420 €</td><td>Valeur comptable des 20 parts cédées :
20 × 21,2 € = 424 €</td></tr>
<tr><td colspan="2">Constat : lorsque la cession porte seulement sur une fraction des titres, la valeur comptable des titres cédés dépend de la méthode choisie.</td></tr>
</table>

La méthode choisie doit s'appliquer à toutes les VMP en portefeuille en vertu du principe de permanence des méthodes.

B. La détermination du résultat de cession

Résultat de cession : Prix de cession – Valeur comptable des titres cédés

- **Résultat positif** : Prix de cession > Valeur comptable → Profit enregistré au crédit du compte **767** - Produits nets sur cessions de VMP
- **Résultat négatif** : Valeur comptable > Prix de cession → Perte enregistrée au dédit du compte **667** - Charges nettes sur cessions de VMP

Cession le 20/10 : 20 parts de FCP FILOR à un prix de 21,10 €	
Cas 1 : méthode PEPS	**Cas 2 : méthode CUMP**
Prix de cession des parts : 20 × 21,10 € = **422 €**	Prix de cession des parts : 20 × 21,10 € = **422 €**
Valeur comptable des 20 parts cédées : **420 €**	Valeur comptable des 20 parts cédées : **424 €**
Résultat de la cession : 422 - 420 = + 2 € (profit) Produit net sur cession de VMP	Résultat de la cession : 422 - 424 = - 2 € (perte) Charge nette sur cession de VMP

C. L'enregistrement comptable de la cession

L'écriture de cession permet de prendre en compte directement le profit (dans le compte **767**) ou la perte (dans le compte **667**) et de sortir les titres du patrimoine à leur valeur comptable.

Cas 1 : l'entreprise a choisi la méthode PEPS
Elle a dégagé un profit de 2 €

	20/10/N		
465	Créance sur cession de VMP	422	
767	**Produits nets sur cessions de VMP**		2
508	Autres VMP		420
	Cession 20 FCP FILOR		

Cas 2 : l'entreprise a choisi la méthode CUMP
Elle a dégagé une perte de 2 €

	20/10/N		
465	Créance sur cession de VMP	422	
667	**Charges nettes sur cessions de VMP**	**2**	
508	Autres VMP		424
	Cession 20 FCP FILOR		

Valeur comptable des titres

À la différence d'une cession de titres immobilisés, la cession de VMP s'enregistre en une seule écriture.

MÉMO 29 UE9

L'ajustement des charges et des produits

Le principe d'indépendance des exercices doit être respecté lors de l'inventaire. Les opérations ne sont pas toujours comptabilisées au cours de l'exercice concerné et doivent, de ce fait, être ajustées.

PCG 313-1
Pour calculer le résultat par différence entre les produits et les charges de l'exercice, sont rattachés à l'exercice :

- les **produits** acquis à cet exercice
- les **charges** supportées par l'exercice

1 Les charges constatées d'avance et les produits constatés d'avance

A. Analyse des opérations

Opérations déjà **comptabilisées** mais **non rattachables** à l'exercice

Charges constatées d'avance	**Produits constatés d'avance**
Enregistrement au débit du compte 48<u>6</u> - <u>**Charges**</u> constatées d'avance	Enregistrement au crédit d'un compte 48<u>7</u> - <u>**Produits**</u> constatés d'avance
Enregistrement au crédit du compte de charge concerné pour l'annuler	Enregistrement au débit du compte de produit concerné pour l'annuler
Pour les opérations soumises à TVA, la TVA a déjà été déduite. L'**ajustement** est réalisé **hors taxes**.	Pour les opérations soumises à TVA, la TVA a déjà été collectée. L'**ajustement** est réalisé **hors taxes**.

↓

Extourne de l'écriture à l'ouverture de l'exercice suivant

B. Enregistrements comptables

Charges constatées d'avance

Le 01/11/N, la redevance trimestrielle de crédit-bail est enregistrée et payée pour 3 000 € HT :
- elle concerne les mois de novembre, décembre et janvier ;
- le mois de janvier a donc été comptabilisé sur l'exercice N alors qu'il concerne N+1.

① Ajustement : charge constatée d'avance

		Débit	Crédit
	31/12/N		
486	Charges constatées d'avance	1 000	
612	Redevances de crédit-bail		1 000
	CCA 3 000 x 1/3		

Il n'y a pas de TVA dans l'écriture

Le compte de charge est crédité = annulation d'une partie de la charge

② Extourne de l'écriture au 01/01/N+1

		Débit	Crédit
	01/01/N+1		
612	Redevances de crédit-bail	1 000	
486	Charges constatées d'avance		1 000
	Extourne des CCA		

Produits constatés d'avance

Le 01/10/N, le loyer semestriel du local commercial a été facturé et encaissé pour 12 000 € :
- le loyer est celui des mois d'octobre, novembre, décembre, janvier, février et mars ;
- les mois de janvier à mars ont donc été comptabilisés sur l'exercice N alors qu'il concerne N+1.

① Ajustement : produit constaté d'avance

		Débit	Crédit
	31/12/N		
7083	Locations diverses	6 000	
487	Produits constatés d'avance		6 000
	PCA 12 000 x 3/6		

Il n'y a pas de TVA dans l'écriture

Le compte de produit est débité = annulation d'une partie du produit

② Extourne de l'écriture au 01/01/N+1

		Débit	Crédit
	01/01/N+1		
487	Produits constatés d'avance	6 000	
7083	Locations diverses		6 000
	Extourne des PCA		

Lorsque les charges ou les produits sont à cheval sur les deux exercices, une grande vigilance s'impose pour calculer le montant des charges ou des produits à exclure du résultat de l'année N.

2 Les charges à payer et les produits à recevoir

A. Analyse des opérations

Opérations **rattachables** à l'exercice mais **non** encore **comptabilisées**

Charges à payer

Enregistrement au débit d'un compte de charge par nature

Pour les opérations soumises à TVA, dans l'attente de la facture, elle est inscrite au débit du compte 4458 TVA à régulariser

Produits à recevoir

Enregistrement au crédit d'un compte de produit par nature

Pour les opérations soumises à TVA, dans l'attente de la facture, elle est inscrite au crédit du compte 4458 TVA à régulariser

Extourne de l'écriture à l'ouverture de l'exercice suivant

B. Principales codifications comptables

Principaux comptes de tiers pour l'enregistrement des charges à payer	1688 – Intérêts courus	2768 – Intérêts courus
	408 – Fournisseurs – Factures non parvenues	4181 – Clients – Factures à établir
	4198 – RRR à accorder et avoirs à établir	4098 – RRR à obtenir et avoirs non encore reçus
	428 – Personnel – Charges à payer	428 – Personnel – Produits à recevoir
	438 – Organismes sociaux – Charges à payer	438 – Organismes sociaux – Produits à recevoir
	448 – État – Charges à payer	448 – État – Produits à recevoir

La codification comptable des charges à payer et produits à recevoir intègre systématiquement le chiffre 8 en 3e ou 4e position.

C. Enregistrements comptables

Charges à payer

Le 30/12/N, le chef d'entreprise décide de verser une prime de fin d'année à ses salariés pour un total de 5 000 € (charges sociales de 50 % en plus). Cette prime sera versée avec le salaire de janvier N+1. S'agissant de salaires, c'est une opération non soumise à TVA.

① Ajustement : charge à payer

Compte	Libellé	Débit	Crédit
	31/12/N		
6413	Primes et gratifications	5 000	
645	Charges sociales	2 500	
4286	Personnel - autres charges à payer		5 000
4386	Organismes sociaux - autres charges à payer		2 500
	Prime de fin d'année à payer		

Les comptes de charge par nature sont débités.
Au crédit, les comptes de tiers sont adaptés.

② Extourne de l'écriture au 01/01/N+1

Compte	Libellé	Débit	Crédit
	01/01/N+1		
4286	Personnel - autres charges à payer	5 000	
4386	Organismes sociaux - autres charges à payer	2 500	
6413	Primes et gratifications		5 000
645	Charges sociales		2 500
	Extourne prime de fin d'année à payer		

Produits à recevoir

Au 31/12/N, les achats de matières premières réalisés avec le fournisseur ALPHA sont importants et donnent droit à une ristourne de 5 000 € HT.
Le fournisseur établira l'avoir dans le courant du mois de janvier N+1.

① Ajustement : produit à recevoir

Compte	Libellé	Débit	Crédit
	31/12/N		
4098	RRR à obtenir	6 000	
6091	RRR sur achats de matières premières		5 000
4458	TVA à régulariser		1 000
	RRR à obtenir		

La TVA est à régulariser

Le compte de produit par nature est crédité

② Extourne de l'écriture au 01/01/N+1

Compte	Libellé	Débit	Crédit
	01/01/N+1		
6091	RRR sur achats de matières premières	5 000	
4458	TVA à régulariser	1 000	
4098	RRR à obtenir		6 000
	Extourne RRR à obtenir		

Le passage d'un exercice à l'autre

À l'issue des opérations d'inventaire, la comptabilité de l'entreprise est arrêtée et les états financiers sont élaborés pour être soumis à l'approbation des dirigeants. Un nouvel exercice comptable démarre.

▸ Clôture et réouverture des comptes

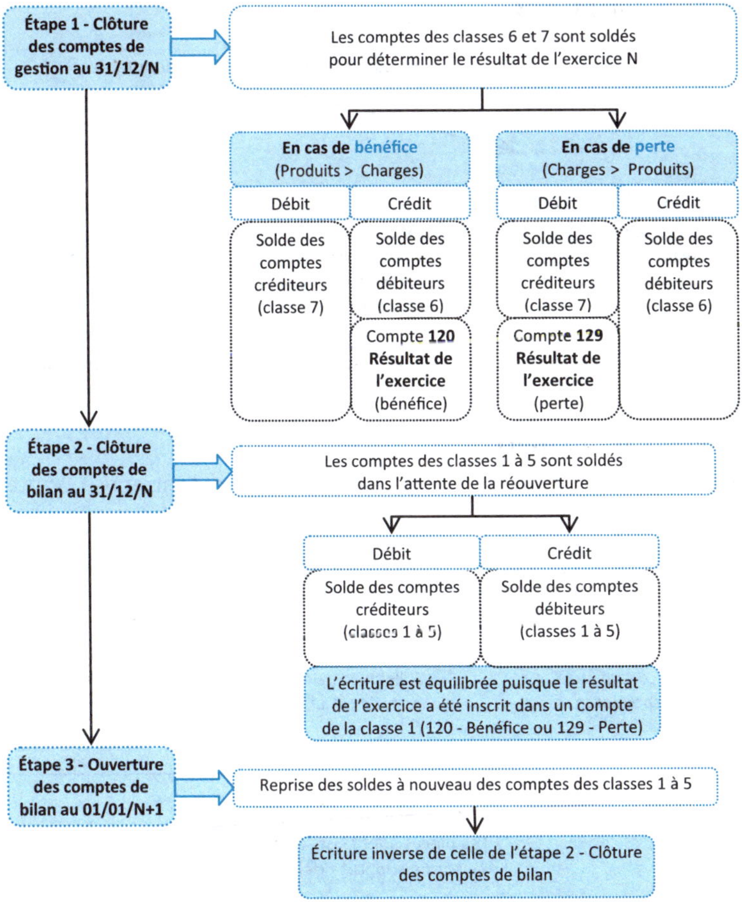

Les comptes de gestion (classes 6 et 7) ne font pas l'objet d'une réouverture de compte au début de l'exercice suivant : ils ont un solde nul et enregistreront en N+1 les écritures relatives à N+1 en vertu du principe d'indépendance des exercices.

MÉMO 31 L'organisation pratique de la comptabilité

Le suivi comptable au sein de l'entreprise doit être organisé pour permettre de satisfaire aux obligations légales et pour assurer la fiabilité des traitements.

1 Les obligations comptables

A. Les livres comptables

Le **PCG** rend obligatoire la tenue de livres comptables

- **Livre-journal**
  - Registre coté et paraphé
  - Document sous forme électronique assorti d'une authentification
- **Grand livre**
  - Aucune forme particulière

Ces livres comptables, obligatoires, sont présentés dans le mémo *La méthode comptable*.

B. Les pièces justificatives

Quel que soit le système comptable adopté par l'entreprise, toute opération enregistrée doit s'appuyer sur une pièce justificative.

Pièces justificatives

- **Pièce émanant de tiers** : Facture, contrat, acte, correspondance
- **Pièce interne** : Bulletin de paie, documents écrits de calcul, note interne
- **Pièce récapitulative** : Bordereau de caisse enregistreuse, livre de ventes quotidien

Délai de conservation de 10 ans.
Les pièces sont classées puis archivées sur un support fidèle et durable.

2 Les systèmes comptables

La tenue de comptabilité est réalisée sur la base de deux systèmes comptables différents : le **système classique** et le **système centralisateur**.

Le système classique
Système basique adapté si les mouvements sont peu nombreux
→ **Journal unique** : Enregistrement de toutes les écritures par ordre chronologique
→ **Grand livre** : Les écritures du journal sont reportées au grand livre

Le système centralisateur
Système évolutif
→ **Journaux auxiliaires** : Création de journaux et enregistrement des écritures en les regroupant par nature (achats, ventes, banque, caisse, etc.)
→ **Grand livre** : Les écritures sont centralisées de façon périodique au grand livre

Le système centralisateur impose l'utilisation de comptes de liaison pour les opérations qui concernent 2 journaux.

Le 15/10/N
Retrait d'argent liquide à la banque pour alimenter la caisse : 1 000 €.

Compte	Libellé	Débit	Crédit
	15/10/N		
580	Virements internes	1 000	
512	Banque		1 000
	Retrait de la banque		
	15/10/N		
531	Caisse	1 000	
580	Virements internes		1 000
	Dépôt à la caisse		

Le compte 580 est soldé

3 La comptabilité informatisée

Caractéristiques des comptabilités informatisées

- **Traitements automatisés** : Une fois les écritures enregistrées, les reports dans les comptes sont automatiques.
- **Aides à l'enregistrement** : De nombreux modèles de saisie proposent les schémas d'écritures courantes.
- **Dématérialisation** : Les pièces justificatives sous forme électronique sont associées aux écritures.
- **États de synthèse** : Les documents de synthèse sont élaborés par le logiciel.
- **Télédéclarations** : Les déclarations fiscales, sociales et comptables sont automatiques et dématérialisées.

UE 9

MÉMO

32 La dématérialisation des traitements comptables

Dans un contexte de transition numérique, la comptabilité est impactée par les évolutions technologiques.

1 La dématérialisation des documents

La dématérialisation est le fait de rendre immatériel un document ou une procédure : le papier est remplacé par des fichiers numériques qui peuvent facilement être stockés et échangés.

A. La fiabilité d'un document numérique

La force probante d'une copie numérique est identique à celle de la pièce originale si son intégrité peut être garantie par le respect des conditions suivantes :

- Le document numérisé doit être une reproduction à l'identique du document papier
- Le document numérisé doit être conservé au format PDF
- Le document numérisé est authentifié par empreinte numérique, signature électronique ou horodatage
- L'archivage doit faire l'objet d'une organisation précise, documentée et doit être contrôlé régulièrement

B. La facture électronique

Selon le Code Général des impôts (article 289), une facture électronique est une facture créée, transmise, reçue et archivée sous forme électronique, quelle qu'elle soit.

<table>
<tr><th colspan="2">Les conditions à respecter pour l'émission d'une facture électronique</th></tr>
<tr><td colspan="2">• Nécessité d'un accord préalable explicite du destinataire</td></tr>
<tr><td>• Garantie de l'authenticité de son origine</td><td>• Soit au moyen d'une signature électronique
• Soit par la mise en place de contrôles permettant de tracer une piste d'audit fiable entre la livraison et la facture
• Soit par le biais d'un fichier structuré par une norme de type EDI (ex. : format XML)</td></tr>
<tr><td colspan="2">• Garantie de l'intégrité du contenu (document non modifiable)</td></tr>
<tr><td colspan="2">• Respect des mentions obligatoires identiques à celles d'une facture papier</td></tr>
</table>

C. Le stockage et l'archivage des documents

Selon l'importance des documents numériques stockés, l'entreprise peut les stocker dans une GED ou dans un coffre-fort numérique.

La GED (Gestion électronique des documents) est un système informatisé de capture, de classement, de stockage et de diffusion des documents.

Capture	Classement	Stockage	Diffusion
Numérisation de documents papiers existants Documents électroniques Fichiers issus d'Échanges de Données Informatisés	Description du document et de son contenu Indexation par type Attribution de mots-clés	Support adapté au volume Organisation rationnelle des documents Respect des durées de conservation Sécurité des documents	Mise à disposition des documents Accès local ou par le Web

Le coffre-fort numérique est un espace numérique permettant de conserver durablement, de façon sécurisée et confidentielle les documents vitaux d'une organisation.

Utilité d'un coffre-fort numérique		
	Archivage à vocation probatoire	Conservation durable des documents électroniques en conservant leur force probante vis-à-vis des tiers, de l'administration ou des tribunaux
	Confidentialité des documents et des échanges	Protection face aux risques de consultation et de détournement des documents par des tiers
	Sécurité des données	Protection face aux risques de perte ou détérioration des documents

2 La dématérialisation des procédures

Les administrations imposent aux redevables des procédures dématérialisées, entraînant pour les entreprises la nécessité de disposer d'outils logiciels conformes capables de produire les fichiers exigés.

32 La dématérialisation des traitements comptables

A. Les téléprocédures fiscales

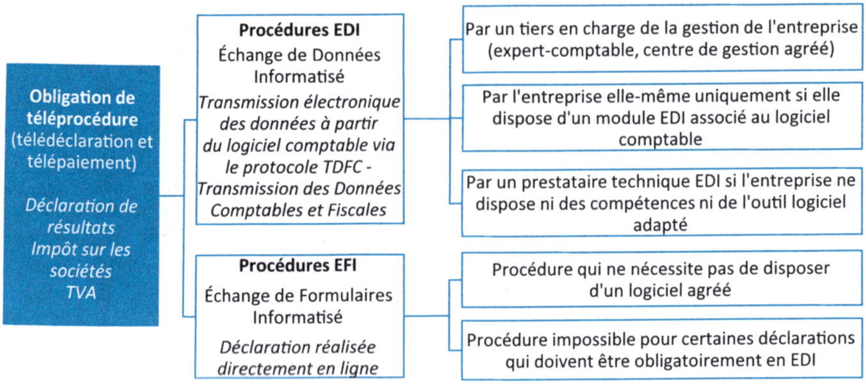

B. Le fichier des écritures comptables

En cas de contrôle de l'administration fiscale, les contribuables qui tiennent leur comptabilité au moyen de systèmes informatisés doivent la présenter sous la forme d'un fichier FEC : le Fichier des Écritures Comptables.

Pourquoi faut-il établir un FEC ?	L'administration fiscale a rendu obligatoire la production du FEC pour servir de base de vérification des comptabilités informatisées.
Quand faut-il fournir le FEC ?	Le FEC doit être remis au vérificateur dès le début du contrôle. Il doit être établi de façon préventive à la clôture de chaque exercice comptable.
Quelles entreprises sont concernées ?	Toutes les sociétés astreintes à des obligations comptables et qui tiennent la comptabilité sous une forme informatisée.
Quel est le contenu d'un FEC ?	Toutes les écritures comptables de l'exercice par ordre chronologique.
Quel format respecter ?	Fichier texte présentant les items de façon structurée. Fichier structuré codé en xml (langage à balise).
Comment générer le FEC ?	Directement à partir du logiciel de comptabilité.

MÉMO 33 UE9

La comptabilité informatisée

1 Les différentes solutions logicielles

Toutes les entités qui n'externalisent pas leur comptabilité doivent disposer d'un outil comptable qui s'adaptera à leurs besoins spécifiques.

Logiciel de comptabilité	•Logiciel autonome assurant l'essentiel des obligations comptables et fiscales
Suite logicielle de gestion	•Ensemble de logiciels compatibles (Comptabilité - Gestion commerciale - Immobilisations - Paie)
ERP Enterprise Resource Planning	•Également appelé PGI •Modules logiciels de gestion de tous les processus opérationnels organisés autour d'une base de données unique

2 Les fonctionnalités d'un logiciel comptable

La fonction première d'un logiciel de comptabilité est la tenue de la comptabilité de l'entreprise, mais de nombreuses fonctionnalités additionnelles permettent d'en faire un outil de gestion complet.

Enregistrer	Contrôler	Déclarer	Analyser	Communiquer
•Plan comptable •Journaux •Saisies	•Balances •Lettrage •Rapprochement	•TVA •Résultats •FEC	•Comptabilité de gestion •Tableaux de bord	•Exports •Intégration bancaire •Lecture optique

3 Le paramétrage du logiciel comptable

Paramétrer un logiciel permet d'adapter son utilisation aux spécificités de l'activité et aux besoins des utilisateurs.

Identité	Identification et coordonnées de l'entreprise Dates de l'exercice comptable
Journaux	Journaux auxiliaires adaptés à l'entreprise
Plan de compte	Personnalisation des comptes à l'activité de l'entreprise
Gestion des tiers	Comptes de tiers - contacts et conditions commerciales
Gestion de la TVA	Régime et taux de TVA Paramétrage de la déclaration de TVA

4 L'automatisation des saisies comptables

La saisie comptable, qui permet l'enregistrement des écritures dans les différents journaux, est une tâche fréquemment automatisée.

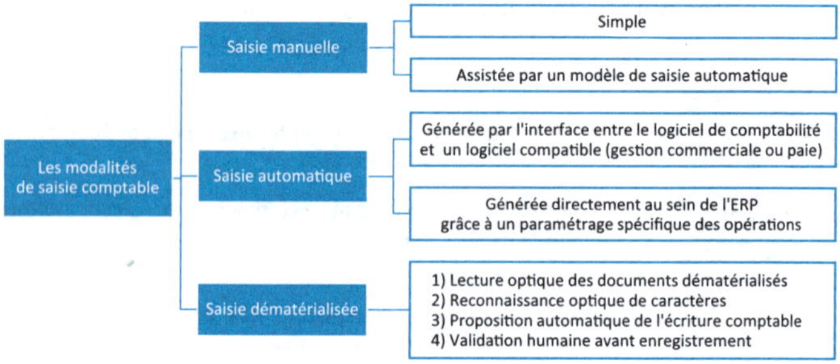

5 Les impacts de la transformation digitale sur les pratiques comptables

La digitalisation dans le domaine comptable se traduit par une dématérialisation des flux entrants, des flux sortants et du stockage des documents.

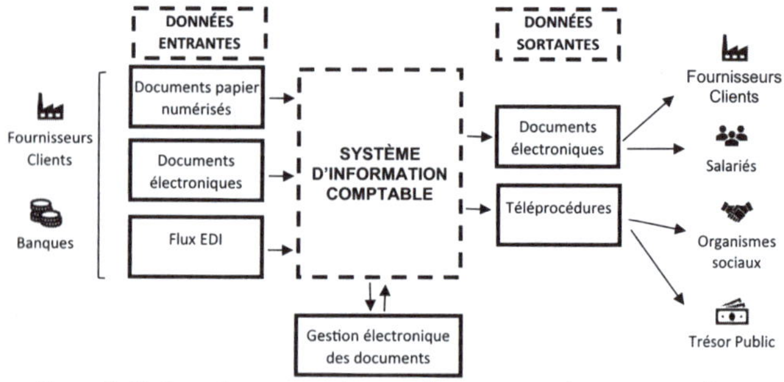

La transformation digitale est source de nombreux avantages pour les organisations, à condition de prendre en considération les conditions pour générer les bénéfices attendus.

Les avantages		Les points de vigilance	
	Gagner du temps		Disposer d'un système d'information performant
	Limiter le risque d'erreur		Paramétrer de façon rigoureuse les logiciels
	Faciliter les recherches		Former les salariés
	Tracer et sécuriser les flux		Mettre en place une solution d'assistance
	Gagner de la place		Maîtriser les règles juridiques de validité des documents

Conception graphique : Sylvie Vailllant - Composition : Maury

MV-CK/EG

Imprimé en France par Jouve-Print à Mayenne

N° d'impression : 2965838X - Dépôt légal : 16267-3/01 - Août 2021